Friedrich-Wilhelm Deneke

Psychische Struktur und Gehirn

Die Gestaltung subjektiver Wirklichkeiten

2. Auflage

Psychische Struktur und Gehirn

Die Gestaltung subjektiver Wirklichkeiten

Friedrich-Wilhelm Deneke

2., überarbeitete und erweiterte Auflage

Mit 38 Abbildungen
und 4 Tabellen

 **Schattauer** Stuttgart New York

Prof. Dr.med. Dipl.-Psych. Friedrich-Wilhelm Deneke
Universitäts-Krankenhaus Eppendorf
Medizinische Klinik
Abt. Psychosomatik und Psychotherapie
Martinistraße 52
20246 Hamburg

Die Deutsche Bibliothek - CIP-Einheitsaufnahme
Ein Titeldatensatz für diese Publikation ist bei Der Deutschen Bibliothek erhältlich

Besonderer Hinweis: Die Medizin unterliegt einem fortwährenden Entwicklungsprozeß, so daß alle Angaben, insbesondere zu diagnostischen und therapeutischen Verfahren, immer nur dem Wissensstand zum Zeitpunkt der Drucklegung des Buches entsprechen können. Hinsichtlich der angegebenen Empfehlungen zur Therapie und der Auswahl sowie Dosierung von Medikamenten wurde die größtmögliche Sorgfalt beachtet. Gleichwohl werden die Benutzer aufgefordert, die Beipackzettel und Fachinformationen der Hersteller zur Kontrolle heranzuziehen und im Zweifelsfall einen Spezialisten zu konsultieren. Fragliche Unstimmigkeiten sollten bitte im allgemeinen Interesse dem Verlag mitgeteilt werden. Der Benutzer selbst bleibt verantwortlich für jede diagnostische oder therapeutische Applikation, Medikation und Dosierung.
In diesem Buch sind eingetragene Warenzeichen (geschützte Warennamen) nicht besonders kenntlich gemacht. Es kann also aus dem Fehlen eines entsprechenden Hinweises nicht geschlossen werden, daß es sich um einen freien Warennamen handelt.

© 1999, 2001 by Schattauer GmbH, Verlag für Medizin und Naturwissenschaften, Hölderlinstraße 3, 70174 Stuttgart, Germany
E-Mail: info@schattauer.de
Internet: http://www.schattauer.de
Printed in Germany

Umschlagabbildung: „Das Museum des Königs" von René Magritte. © VG Bild-Kunst, Bonn 2001
Umschlaggestaltung: Bernd Burkart
Satz: W.51 Medien GmbH, Stuttgart
Druck und Einband: AZ Druck und Datentechnik GmbH, Kempten/Allgäu
Gedruckt auf chlor- und säurefrei gebleichtem Papier.

ISBN 3-7945-2133-1

Für Christiane, Mascha und Eva

For Christina, Mason and Ivy

Vorwort zur zweiten Auflage

Es ist für einen Autor natürlich sehr erfreulich, wenn sein Buch in relativ kurzer Zeit in zweiter Auflage erscheint. Zugleich ist es eine gute Gelegenheit, denen zu danken, die es mit wohlwollender Kritik und anregenden Veränderungsvorschlägen aufgenommen haben.

Gegenüber der ersten ist die zweite Auflage um ein Kapitel erweitert worden, in dem die besonderen Phänomene behandelt werden, die Trauma-Erinnerungen eigen sind. Weiterhin werden die neuesten Ergebnisse der Untersuchung dargestellt, die in der Absicht durchgeführt wurde, klinisch relevante Bedürfnisse, Wünsche oder Strebungen von psychoneurotischen oder psychosomatischen Patienten empirisch zu erfassen und dimensional zu ordnen. Der Stichprobenumfang ist noch einmal deutlich erweitert worden. Dabei haben sich die Ergebnisse als bemerkenswert stabil erwiesen. Im übrigen wurden die Literaturbezüge aktualisiert, verbunden mit einigen kurzen Texterweiterungen – so z. B. zur Neurogenese, die inzwischen auch bei Menschen nachgewiesen wurde, und der Frage der funktionalen Integration neugebildeter Neuronen.

Die gedankliche Grundkonzeption der Abhandlung ist ansonsten unverändert geblieben.

Hamburg, im Frühjahr 2001 **Friedrich-Wilhelm Deneke**

Vorwort zur ersten Auflage und Übersicht

„Wer im Streite der Meinungen sich auf die Autorität beruft, der arbeitet mit seinem Gedächtnis, anstatt mit seinem Verstand". Dieses Wort stammt von Leonardo da Vinci, und Freud (1910) hat es in seiner Arbeit „Eine Kindheitserinnerung des Leonardo da Vinci" aufgegriffen. Er schätzte diesen „kühnen Satz" wohl deshalb besonders hoch, weil er für ihn knapp und treffsicher „die Rechtfertigung für alle freie Forschung enthält" (Freud 1910, S. 145) – wie schon P. Gay (1989) in seiner Freud-Biographie, wohl zutreffend, vermutet hat.

Inzwischen ist Freud selbst zu einer überragenden Autorität geworden. Und es gibt nicht wenige Psychoanalytiker, die sich jetzt auf die Autorität Freuds berufen, wenn es darum geht, theoretische Positionen der Psychoanalyse, die angreifbar sind, zu bewahren. Damit entsteht in zweifacher Hinsicht eine paradoxe Situation: Diejenigen, die so verfahren, bringen sich in Widerspruch zu jener Autorität, auf die sie sich berufen, und Freud selbst wird zu dem Mann, der die Fortentwicklung der Theorie behindert, die er selbst begründet hat. Wir sollten solche Paradoxien vermeiden und uns statt dessen – wie Freud! – an das Leonardo-Wort halten.

Es tut den überragenden Leistungen Freuds keinen Abbruch, wenn wir erkennen müssen, daß er trotz aller Genialität in seinem Denken zeitgebunden war. Inzwischen haben andere Wissenschaftszweige, hier denke ich in erster Linie an die Hirnforschung, beeindruckende Fortschritte erzielt und sind zu Erkenntnissen gelangt, über die Freud noch nicht verfügen konnte, aber sehr wahrscheinlich gern verfügt hätte.

Mit den Jahren klinischer Tätigkeit als Psychoanalytiker ist es mir wie vielen anderen auch zunehmend schwerer gefallen, manche Teile der psychoanalytischen Theorie, namentlich der sogenannten Metapsychologie (vgl. zusammenfassend Mertens 1992), zu vertreten. Sie sind mir zu erfahrungsfern und abstrakt. Angewendet auf Patienten, lassen sie deren Lebenswirklichkeit und persönliche Erfahrungsgeschichte unlebendig, mitunter geradezu artifiziell erscheinen. Meine Bedenken beziehen sich u.a. auf das Konstrukt „psychischer Apparat" bzw. das Es-Ich-Über-Ich-Modell als klassische Strukturtheorie, mit dem „Ich" als zentrale Instanz. Im Verlauf dieser Arbeit versuche ich, eine modernere seelisch-geistige Strukturlehre zu entwickeln, die nicht auf diesen oder anderen Konstrukten wie z.B. psychische Energie, Libidoquantitäten, Besetzung, Verschiebung, Wiederholungszwang etc. aufbaut, sondern vom Gehirn selbst und dessen Funktionen ausgeht.

Die Abhandlung ist in fünf Teile untergliedert, die in gedanklicher Folge auseinander hervorgehen.

Teil I: Im ersten Teil wird begründet, daß die Entwicklung seelisch-geistiger Strukturen vom Erleben ihren Ausgang nimmt. Das Erleben ist die sinnlich-unmittelbare Wirklichkeitserfahrung, die das Gehirn in ununterbrochener Folge hervorbringt. Ausgehend von einem Bedrohungsszenario werden zunächst verschiedene Bestimmungsmerkmale identifiziert, die das Erleben phänomenologisch kennzeichnen: Es hat einen virtuellen Mittelpunkt; es ist genuin subjektiv; es ist ein Fließgeschehen; es entspricht einer komplexen und unteilbaren Erfahrungseinheit; es ist ein intentionales Geschehen; es schließt Selbstreflexivität ein; es ist ein episodisches

Geschehen; es ist in unterschiedlicher Weise bewußtseinsfähig; es entspricht Konstruktionen von Wirklichkeit und ist trotz hoher Variabilität ein konstanter, kontinuierlicher und in sich kohärenter Prozeß.

Im Anschluß daran wird der Begriff „Struktur" im Zusammenhang mit den zugehörigen Begriffen „System" und „Funktion" zunächst allgemein in naturwissenschaftlich-philosophischer Perspektive präzisiert, gefolgt von Ausführungen zur Verwendung des Strukturbegriffs im psychoanalytischen Schrifttum, wobei der Schwerpunkt auf der klassischen Strukturtheorie der Psychoanalyse liegt. Diese Theorie wird kritisch diskutiert, wobei sich als Schlußfolgerung ergibt, daß sie aus theorieimmanenten, klinisch-praktischen und nicht zuletzt neurobiologischen Gründen aufgegeben werden sollte. Damit stellt sich die Frage nach einer alternativen Strukturkonzeption für seelisch-geistige Prozesse – das Hauptanliegen meiner Abhandlung. Ich stelle am Ende dieses ersten Teils meine genetisch-dynamischen Strukturüberlegungen zunächst im Überblick dar, um den Leserinnen und Lesern eine erste, natürlich noch globale Orientierung zu ermöglichen, verbunden mit der Frage: Wer oder was erschafft seelisch-geistige Strukturen? Es ist, wie sich m.E. gut begründen läßt, wenig hilfreich, zur Beantwortung dieser Frage auf Konstrukte wie beispielsweise „Ich" oder „Selbst" zurückzugreifen, die nichts erschaffen können, weil es sie nur als gedachte (ideelle), nicht aber als real existierende Systeme gibt. Daraus ergibt sich als Konsequenz die Notwendigkeit, einen Schritt weiterzugehen und sich dem Gehirn zuzuwenden, das als biologisches System (Organ) real existiert und fähig ist, Wirklichkeitsrepräsentationen und deren Strukturierung zu leisten.

Teil II: In diesem Teil befasse ich mich dann mit einigen grundlegenden Funktionsprinzipien des Gehirns. Die Darstellung beginnt mit zwei globalen Modellen zur allgemeinen Arbeitsweise des Gehirns. Das Prinzip der Parallelverarbeitung wird eingeführt. Nach einer gerafften Darstellung der makroskopischen und mikroskopischen Struktur des Nervensystems werden die Inhalte, die behandelt werden, zunehmend spezifischer. Es soll verständlich gemacht werden, daß das Gehirn – trotz parallelverteilt erfolgender Detailanalysen – auf dem Wege des Signalaustausches zwischen verschiedenen, jeweils aufgabenspezifisch tätigen Hirnarealen fähig ist, als Gesamtsystem eine integrierte Wirklichkeitserfahrung, das ganzheitliche Erleben, hervorzubringen. Im einzelnen werden behandelt: das Prinzip topographisch genauer Repräsentationen und deren Entwicklung, verbunden mit der zunehmenden Bedeutung, die individuellen Lebenserfahrungen zukommt; neuronale Kopplungen und deren Steuerung durch Verknüpfungsregeln; neuronale Plastizität; das sogenannte Bindungsproblem und in Ansätzen erkennbare Wege zu seiner Lösung; wichtige neurobiologische Grundlagen zum Verständnis von Gedächtnisleistungen sowie emotionalen und motivationalen Prozessen. Zum Abschluß dieses zweiten Teils werden Fragen behandelt, die die relative Bedeutung von Erb- gegenüber Umwelteinflüssen für die Entwicklung psychischer Funktionen und Störungen betreffen.

Teil III: In diesem Teil setze ich mich mit dem Hirn-Seele-Problem auseinander. Die Beschäftigung mit diesem, bis in die Gegenwart ungelösten Problem ist unausweichlich notwendig, weil sich nach den Teilen I und II im Fortgang der Abhandlung natürlich die Frage stellt, wie die subjektive Qualität des Erlebens mit objektivierbaren physikochemischen Hirnprozessen verknüpft werden kann. Die dualistische Position zur Lösung des Hirn-Seele-Problems wird der monistischen gegenübergestellt. Ich entwickle dann ein pragmatisches Arbeitsmodell, um verständlich zu machen, daß auf der Grundlage des derzeit verfügbaren Wissens über die Arbeitsweise des Gehirns die Diskrepanz zwischen subjektiven Erfahrungsqualitäten und physikochemischer Hirnaktivität zumindest theoretisch überwunden werden kann, wobei allerdings ein letztes Rätsel bleibt, das mir aus grundlegenden Erwägungen prinzipiell unlösbar erscheint.

Teil IV: Vor dem Hintergrund der vorangegangenen Ausführungen entwickle ich in diesem Teil meine genetisch-dynamische Strukturkonzeption. Sie orientiert sich unter entwicklungspsychologischen Gesichtspunkten an Befunden aus der modernen Säuglings-, Kleinkind- und Bindungsforschung, wobei sie den Interaktionserfahrungen die entscheidende Führungsrolle zuschreibt, wenn es darum geht zu verstehen, wie sich die Welterfahrung eines Kindes allmählich organisiert. Episodische Einzelerfahrungen werden zu Erfahrungsmustern generalisiert – ein Prozeß, der die Strukturbildung besonders dann prägt, wenn die interaktionellen Episoden in subjektiver Perspektive emotional und motivational besonders bewegend waren und/oder häufig wiederholt wurden.

Die einzelnen Merkmale der seelisch-geistigen Struktur werden zu drei Hauptkategorien (mit jeweils noch weiteren Unterkategorien) zusammengefaßt: Sinnlich-anschauliche Erinnerungsbilder, dynamische Lebenskonstrukte und seelisch-geistige Funktionen. Es werden dann verschiedene Differenzierungsebenen unterschieden, um diagnostische Befunde aus Erstinterviews oder laufenden Behandlungen, die den verschiedenen Merkmalsaspekten zugeordnet werden können, hinreichend differenziert verstehen und beschreiben zu können.

Jeder Differenzierungsebene entspricht eine bestimmte Fragestellung – u.a. zum Beispiel: Welche Merkmale stärken oder schwächen die Tragfähigkeit der seelisch-geistigen Struktur? Welche Merkmale sind in subjektiver Perspektive zentral wichtig, um das persönliche Identitätsgefühl bewahren zu können? Welche motivationalen und emotionalen Erfahrungen haben bestimmte Eigenarten der seelischen Struktur eines Menschen besonders nachdrücklich geprägt? Inwieweit sind einem Menschen bedeutsame Inhalte, die in seiner Struktur dauerhaft niedergelegt sind und sein Erleben steuern, introspektiv zugänglich? In diesem Zusammenhang versuche ich herauszuarbeiten, daß die klassische Freudsche zweikategoriale Unterscheidung des Bewußtseins in „vorbewußt/bewußt" und „unbewußt" vermutlich falsch ist. Statt dessen ist davon auszugehen, daß das Bewußtsein ein Kontinuum mit unendlich vielen graduellen Abstufungen bildet. Zwischen den Polen „bewußt" und „unbewußt" ist ein weiter Bereich anzunehmen, den ich als „ahnungsbewußt" bezeichne. Ahnungsbewußte Inhalte entsprechen unfertigen, schemenhaften Wirklichkeitsentwürfen, die aber dennoch unser Erleben und das daraus resultierende Verhalten nachdrücklich beeinflussen.

Teil V: In diesem abschließenden Teil werden die bisherigen strukturtheoretischen Ausführungen zusammengefaßt und zur Veranschaulichung auf die Entwicklungs- und Krankheitsgeschichte eines Patienten angewandt. Es wird begründet, daß sich die vorgelegte Strukturkonzeption nicht als operationalisiertes Klassifikationssystem versteht. Diagnostische Klassifikationssysteme zergliedern die lebensgeschichtliche Entwicklung eines Menschen in Teilaspekte. Damit zerfällt seine Geschichte als ein einheitlicher Prozeß, der sich im zeitlichen Verlauf tatsächlich aber kontinuierlich entwickelt, wobei gewachsene Strukturen zwangsläufig determinieren, welche nachfolgenden Wirklichkeitserfahrungen, welches Erleben also, möglich ist oder auch nicht. Es wird von mir vertreten, daß wir, um dem dynamischen Charakter sich entwickelnder seelischer Strukturen gerecht zu werden, eine andere Form (oder Kultur) diagnostischer Urteilsbildung pflegen sollten. Wir sollten die Lebensgeschichten von Patienten nacherzählen und im Nacherzählen deuten. Dieses Vorgehen scheint mir am ehesten geeignet zu sein, um dem individuellen Fall, der immanenten subjektiven Erlebensperspektive und dementsprechend der Einzigartigkeit der seelischen Struktur gerecht zu werden, die jeder Mensch im Rahmen seiner lebensgeschichtlichen Entwicklung ausbildet, und die sich ihrerseits wiederum – neurobiologisch betrachtet – in der Einzigartigkeit seiner Hirnstruktur manifestiert. Zum Schluß wende ich mich der Regulation des Erlebens zu, die stets strukturabhängig und in der Weise erfolgt, daß je nach innerer und äußerer Situation verschiedene Teilstrukturen aktiviert werden.

Danksagung

Auf dem Weg von der Idee zur endgültigen Fertigstellung dieses Buches habe ich viel Unterstützung erfahren. In erster Linie durch meine Frau, Dr. C. Deneke, die mir mit ihrer unbedingten Solidarität, ihren Ermutigungen, aber auch mit ihren klugen Kommentaren eine wertvolle Hilfe war. Sie ist die erste, der ich herzlich danke.

Mein Freund, der Neurologe Dr. A. Arlt, hat mir mit seinem exzellenten Fachwissen in zahlreichen spannenden Gesprächen über neurobiologische Detailfragen ganz wesentlich weitergeholfen. PD Dr. U. Lamparter und PD Dr. U. Stuhr, Freunde und psychoanalytische Kollegen, haben das Buchprojekt mit neugierigem Interesse, mit Anregungen, gelegentlich aber auch (soweit es meine psychoanalysekritischen Positionen betrifft) mit verhaltener, stets allerdings wohlwollender Skepsis begleitet. Frau Dr. L. Köhler hat über die Köhler-Stiftung eine empirische Studie gefördert, deren erste Ergebnisse in diese Abhandlung eingegangen sind. Dr. B. Hilgenstock hat diese Studie, wie die meisten meiner empirischen Arbeiten, methodisch-statistisch betreut – mit dem großen Sachverstand und der, wenn nötig, nüchternen Distanz, die ihm eigen sind.

Frau C. Domdey hat das satzfertige Manuskript erstellt und diese Aufgabe mit hohem Anspruch und großer Sorgfalt souverän erledigt. Frau B. Hanssen hat mich sehr engagiert bei der Literaturbeschaffung unterstützt. Die Zusammenarbeit mit dem Schattauer Verlag war überaus erfreulich. Ich habe mich in jeder Phase der Buchentstehung durch Herrn Dr. W. Bertram, Frau H. Wieland, Frau Dr. P. Aryus und Frau H. Rieble sehr fachkompetent und in einer angenehm persönlichen Weise betreut gefühlt.

Dieses Buch hätte in seinen klinischen Bezügen ohne die indirekte Mithilfe meiner Patienten – ohne die Erfahrungen, die sie mir vermittelt haben, und ohne die Denkanstöße, die ich durch sie erhalten habe – nicht geschrieben werden können. Mein besonderer Dank gilt den Patienten, die mir erlaubt haben, auf einige Passagen unserer gemeinsamen Arbeit zurückzugreifen. In anderen Fällen, in denen ich biographische Details nicht oder bestenfalls sehr verhüllt aufgegriffen habe, muß dieser Dank leider anonym bleiben.

Ich hätte diese Arbeit gern meinem Förderer und väterlichen Freund Prof. Dr. Dr. A.-E. Meyer zur Beurteilung vorgelegt. Leider hat es sein Schicksal anders gewollt. So bleibt mir nur, mich mit ihm über seinen Tod hinaus in der kritischen Liebe zur Psychoanalyse verbunden zu fühlen.

Hamburg, im November 1998 **Friedrich-Wilhelm Deneke**

Inhaltsverzeichnis

Teil I

Teil V

Teil I

Einführende Überlegungen

Der Ausgangspunkt: Ein Unbehagen

O. Sacks hat seinem Buch „Eine Anthropologin auf dem Mars" (1995) ein Motto vorangestellt, das, so Sacks, „William Osler zugeschrieben" wird. Das Motto lautet: „Frage nicht, welche Krankheit die Person hat, sondern welche Person die Krankheit hat".

Dieses Motto verweist uns auf die Person „hinter" der Krankheit und damit indirekt auf die Geschichte dieser Person. Und dies wiederum leitet zu den Gründen über, die mich bewegt haben, diese Abhandlung zu schreiben. Unter diesen Gründen spielt ein Moment eine ganz zentrale Rolle: Ich meine das Unbehagen, das ich immer wieder verspüre, wenn andere oder ich selbst die Lebensgeschichten von Patienten in die Begriffssprache psychologischer Theorien übersetzen. Solche Übersetzungen sind ja im Prinzip Erklärungsversuche. Sie dienen dazu, seelische Vorgänge nicht nur zu beschreiben, sondern in ihrer Entwicklung und ursächlichen Bedingtheit verstehbar zu machen, sie somit also zu erklären.

Das Unbehagen stellt sich ein, wenn mir deutlich wird, daß die Lebendigkeit, Anschaulichkeit und Unmittelbarkeit einer Lebensgeschichte, die im direkten Vis-à-vis-Kontakt mit dem Patienten oder mittelbar in der Supervision noch deutlich spürbar waren, weitgehend verlorengegangen sind, nachdem diese Lebensgeschichte in den Erklärungsrahmen einer psychologischen Theorie überführt worden ist. In den theoriegestützten diagnostischen Beurteilungen ist dann kaum noch etwas wahrnehmbar von beispielsweise der Leidenschaftlichkeit eines Begehrens, der Verzweiflung angesichts eines noch unverarbeiteten Verlustes, einer Hoffnung, die wider jede Vernunft aufrechterhalten wird, eines Hasses, der das gehaßte Objekt seelisch tötet etc.

Dies muß uns nun besonders verwundern, wenn wir uns speziell der psychoanalytischen Untersuchungssituation zuwenden. Wir fordern ja für das psychoanalytische Interview, unser zentrales Untersuchungsinstrument, daß sich der Psychoanalytiker mit besonderer Aufmerksamkeit den lebendigen, emotional bewegenden Aspekten des Interviewgeschehens zuwendet: den Szenen, die der Patient schildert, einschließlich der Art und Weise, *wie* er das Erlebte wiedergibt; der Qualität von Interaktion und Beziehung, wie sie sich zwischen Patient und Analytiker entwickelt und gegebenenfalls im Verlauf des Interviews verändert hat; den (Gegenübertragungs-)Reaktionen des Psychoanalytikers, also den Gefühlen, Phantasien, Handlungsimpulsen, die der Patient im Analytiker ausgelöst hat.

Fragen wir uns, woran es liegen mag, daß sich diese Dynamik oftmals verflüchtigt hat, sobald der Patient zum „Fall" und seine Geschichte in ein psychodynamisches Erklärungsmodell überführt worden ist. Ich halte zwei Gründe, die untereinander verknüpft sind, für wesentlich.

Der erste Grund hat mit einem Perspektivwechsel zu tun. Der Patient, der uns die Geschichte seines Lebens erzählt, berichtet von Leiden, Hoffnung, Schmerz, Wut, Liebe oder er versucht, genau diese Gemütsbewegungen auszusparen, womit er uns aber gleichfalls etwas Wichtiges mitteilt. Was immer er uns erzählt, sein Bericht ist *subjektiv*. Diese Perspektive steht, zumindest bei jenen, die sich einer positivistischen wissenschaftstheoretischen Position verpflichtet haben, gerade wegen ihrer Subjektivität in dem schlechten Ruf, unwissenschaftlich zu sein.

Der Analytiker, der zuhört, nachfragt, vielleicht in ersten Annäherungen interpretiert, pendelt fortlaufend zwischen zwei Haltungen: Einerseits versucht er nachzuempfinden, was der Patient erlebt hat, andererseits bemüht er sich, diese Identifikation mit dem Patienten wieder aufzulösen, um das Gehörte kognitiv zu ordnen. Schließlich setzt er sich hin und formuliert seine psychodynamischen Hypothesen, die sich auf Fragen nach zentralen Konflikten (z.B. einem Autonomie-Abhängigkeits-Konflikt), nach deren unteroptimaler Lösung in Symptomen, nach spezifischen Abwehrmechanismen, nach psychosexuellen Fixierungen, nach der (z.B. oral-dependenten, anankastischen oder hysterischen) Persönlichkeitsstruktur des Patienten beziehen. Jetzt wird das Interviewmaterial also theoriegeleitet aufbereitet. Der Psychoanalytiker, während des Interviews noch *in* einer Beziehung mit dem Patienten, nimmt nun gegenüber dessen Geschichte eine objektal-distanzierende Position ein. Der Patient wird zum Gegenüber. Die Perspektive, unter der der Patient jetzt wahrgenommen und eingeschätzt wird, ist zu einer „objektiven" geworden – zumindest der Intention nach. Damit hat der Analytiker eine Perspektive gewählt, die in dem guten Ruf steht, wissenschaftlich zu sein.

Die Geschichte des Patienten hat nun aber einen Perspektivwechsel erfahren: in „subjektiver" Perspektive erzählt, ist sie jetzt in „objektivierender" Perspektive betrachtet, gedeutet und in der dazugehörigen Theoriesprache niedergelegt worden.

Searle (1993) trifft im Prinzip die gleiche Unterscheidung, wenn er im Rahmen seiner philosophischen Erörterung des Bewußtseins feststellt, daß Bewußtseinszustände wie z.B. der Schmerz zunächst einmal nur als Erste-Person-Phänomene existieren („ich habe Schmerzen"), die vom Standpunkt eines Beobachters aus u.U. gar nicht oder gänzlich falsch wahrgenommen werden können, in keinem Fall aber so, wie der Patient subjektiv seine Schmerzen erlebt.

Nun könnte man argumentieren, der Verlust an Lebendigkeit und Anschaulichkeit, den die Geschichte eines Patienten erfährt, wenn sie einem solchen Perspektivwechsel unterliegt, sei nicht zu vermeiden. Schließlich müßten theoriegestützte Erklärungsmodelle individualgeschichtlicher Entwicklungsverläufe notwendigerweise abstrahieren. Dem kann prinzipiell kaum widersprochen werden. Es ist aber nicht das Problem, *daß* abstrahiert werden muß, vielmehr stellt sich die Frage, ob zwangsläufig *in der Weise* abstrahiert werden muß, daß die lebendige, die erlebte Geschichte eines Patienten bzw. der Bezug zu dieser Geschichte weitgehend verlorengehen.

Wenden wir uns aber zunächst dem zweiten Grund zu, den ich für wesentlich halte, um das Unbehagen, von dem ich eingangs sprach, auszulösen. Dieses Unbehagen stellt sich nicht nur ein, wenn ich die theoriegestützten Deutungen von Fallgeschichten lese; ich empfinde es in gleicher Weise oft, wenn ich die Theorien selbst betrachte, die zur erklärenden Interpretation von Befunden aus diagnostischen Interviews oder psychotherapeutischen Behandlungsverläufen herangezogen werden. Dies gilt allemal für verhaltens-, kommunikations-, kognitions- oder systemtheoretische Konzepte, die der akademischen Psychologie entstammen. Es gilt leider aber auch für Teilbereiche der sog. Metapsychologie der Psychoanalyse.

In der Metapsychologie werden die allgemeinsten und abstraktesten theoretischen Annahmen der Psychoanalyse zusammengefaßt und unter fünf Gesichtspunkten geordnet (vgl. Loch 1971; Meyer et al., 1977; Rapaport 1959). Unterschieden werden 1. ein ökonomischer (oder energetischer), 2. ein struktureller (der bis 1925 als „topographischer" bezeichnet werden kann), 3. ein genetischer, 4. ein dynamischer und 5. ein adaptiver Gesichtspunkt. Jedem dieser Gesichtspunkte entspricht eine andere Zugangsweise, um seelische Vorgänge möglichst umfassend und widerspruchsfrei erklären zu können. Die einzelnen Gesichtspunkte bzw. die ihnen entsprechenden Erklärungsprinzipien haben sich als wissenschaftlich unterschiedlich haltbar und praktisch-klinisch unterschiedlich nützlich erwiesen.

Das energetische bzw. ökonomische Erklärungsprinzip – die Lehre von psychischen Energien, die psychische oder physische Funktionen bzw. Vorstellungsinhalte „besetzen", oder die verschoben, transformiert und „abgeführt" werden können – muß inzwischen (s. später) stark in Zweifel gezogen werden. Die Untergliederung des seelischen „Apparates" in die Instanzen „Es", „Ich" und „Über-Ich" erscheint zu vereinfachend und starr, dabei gleichzeitig zu abstrakt-erfahrungsfern, um seelisch-geistige Prozesse in ihrer hochgradigen Komplexität und permanenten Veränderung abbilden und erklären zu können. Dieses Drei-Instanzen-Modell wird später eingehender diskutiert, mit dem Ergebnis, daß es gleichfalls aufgegeben werden sollte – nicht zuletzt auch deshalb, weil es sich nicht einmal ansatzweise mit den Ergebnissen der modernen Hirnforschung vereinbaren läßt.

Demgegenüber werden unter dem psychogenetischen und dynamischen Gesichtspunkt Erklärungsprinzipien bereitgestellt, die sich theoretisch wie klinisch als sehr fruchtbar erwiesen haben. Diese Einschätzung muß m.E. aber mit dem einschränkenden Zusatz versehen werden: nützlich und fruchtbar unter der Bedingung, daß sowohl die individualgeschichtliche Entwicklung eines Menschen (psychogenetischer Aspekt) als auch das Spiel unterschiedlicher, mit- und gegeneinander wirkender Motiv-„Kräfte" (dynamischer Aspekt) *nicht ausschließlich* unter dem Gesichtspunkt eines Triebgeschehens betrachtet werden.

Keines der fünf metapsychologischen Theoreme nimmt explizit auf das *Erleben* eines Menschen Bezug. Dabei ist es aber doch gerade das Erleben in seiner sinnlichen Unmittelbarkeit und Lebhaftigkeit, das unsere subjektive Wirklichkeit konstituiert und unsere Selbstwahrnehmung bestimmt: Wir amüsieren uns königlich, erstarren vor Schreck, kämpfen verzweifelt, fühlen uns zum Gotterbarmen elend, begehren leidenschaftlich, verfolgen einen anderen mit gnadenlosem Haß. Demgegenüber wird uns wohl kein Mensch, den wir fragen, was ihn momentan bewege, zur Antwort geben, daß er gerade dabei sei, sich optimal an seine Umwelt anzupassen – um mit dem „adaptiven" auch noch den letzten der fünf metapsychologischen Gesichtspunkte einzubeziehen.

Kehren wir zum Unbehagen zurück. Mir scheint, daß auf dem Wege der metapsychologischen Theoriebildung etwas sehr Wesentliches – das Lebendige in der Unmittelbarkeit des *Erlebens* – verlorengegangen ist, was dann mitunter den Eindruck einer seelenlosen Seelentheorie entstehen läßt. Was schließlich prägt und gestaltet die persönliche Welt eines Menschen so nachdrücklich wie gerade das, was er erlebt? Wie ist es möglich, daß die Psychoanalyse, die wie keine andere Lehre vom Seelenleben des Menschen dem *Verstehen* seelischer Vorgänge eine so zentrale Position einräumt, in ihren theoretischen Entwürfen das Erleben vernachlässigt? Steht nicht jede Theorie, die für sich beansprucht, das Seelenleben erklären zu wollen, dabei aber *nicht* von der persönlichen Erfahrung eines Menschen ausgeht, in der Gefahr, genau das zu verfehlen, was sie eigentlich erklären soll: die im Erleben sich verwirklichende persönliche Geschichte und damit die subjektive Wirklichkeitserfahrung dieses Menschen?

So läßt sich fragen, ob man eine erlebte, eine persönliche Geschichte hinreichend verstehen und erklären kann, indem man auf unpersönliche physikalische Kräfte (wie Energien) oder unpersönliche biologische Kräfte (wie „der Trieb") oder biologische Wirkmechanismen (wie „die Anpassung an die Umwelt") zurückgreift? Wohl kaum. Und in den Beiträgen zur Metapsychologie ist das in dieser vereinfachenden Weise auch niemals versucht worden. Dennoch scheint mir gerade die Metapsychologie in einzelnen Bereichen passende Beispiele zu liefern, um die Gefahr zu verdeutlichen, die sich ergibt, wenn wir die Subjektivität um einer vermeintlich „objektiven" Wissenschaftlichkeit zuliebe vernachlässigen.

Konsequenzen für eine Theorie, die die subjektive Erlebensperspektive einbezieht

Jede psychologische Theorie erzwingt eine gewisse Abstraktion. Damit geht einher, daß in wissenschaftlich-objektivierender Perspektive bestimmte Konzepte und Begriffe entwickelt werden, die es so im Erleben eines Menschen – in dessen subjektiver Perspektive also – nicht gibt. Es ist grundsätzlich wichtig, sich dieser Differenz bewußt zu sein, um nicht zwei fundamental verschiedene Perspektiven unbedacht miteinander zu verwechseln.

Nehmen wir als Beispiel einen Psychoanalytiker, der behauptet, daß einer seiner Patienten ein „böses mütterliches Introjekt" in sich trage. Der Patient mag nun in seiner inneren Auseinandersetzung mit seiner Mutter vieles erinnern, träumen oder phantasieren, was ihn selbst seine Mutter „böse" erleben läßt. Er wird seine Mutter aber niemals in dem Sinne als ein „böses Introjekt" erleben, wie dieses Introjekt im theoretischen Verständnis des Analytikers „böse" ist.

Hier tut sich jene Diskrepanz auf, die mit den unterschiedlichen Perspektiven von Analytiker und Patient zusammenhängt. Diese Diskrepanz ist prinzipiell unvermeidlich. Beide, Analytiker wie Patient, beziehen sich auf den gleichen Sachverhalt: die Beziehung des Patienten zu seiner Mutter. Die Frage ist nun aber, ob das, was der Analytiker im Rahmen seiner Theorie über diese Beziehung *denkt*, dem angemessen ist, wie der Patient diese Beziehung *erlebend* erfahren hat. Diese Frage verweist auf die Gefahr, daß wir mit einer Transformation subjektiv erlebter Wirklichkeiten in den Objektivierungsrahmen einer Theorie scheitern, wenn sich die Begrifflichkeit dieser Theorie *zu weit* von dem Sachverhalt entfernt – hier: das Erlebte, mit dem sich ein Patient auseinandersetzt –, auf den sie sich bezieht. Diese Gefahr wird um so größer sein, je mehr die Theorie auf erfahrungsfernen, metapsychologisch-spekulativen, prinzipiell nicht beweisbaren und insofern axiomatischen Vorannahmen über die „wahre" Natur des Menschen gründet. Das spekulative Konzept eines Todestriebes mag hierfür als Beispiel dienen.

Was sollten wir nun von einer psychologischen Theorie fordern, die solche Eigentümlichkeiten zu vermeiden versucht, die das skizzierte Unbehagen auslösen?

Wir sollten von einer solchen Theorie erwarten, daß sie die *subjektive Wirklichkeitserfahrung* von Menschen zu erfassen und zu erklären vermag. Die subjektive Wirklichkeit: das ist die Wirklichkeit, die ein Mensch – bewußt oder unbewußt, real oder in der Phantasie – in der Vergangenheit *erlebt* hat oder in der Gegenwart *erlebt*. Diese Theorie sollte dementsprechend so entworfen werden, daß die Subjektivität des Erlebens darin ihren zentralen Ort findet. Diese Forderung schließt ein, daß in ihr konkrete lebensgeschichtliche Erfahrungen und generalisierte Erfahrungsbildungen, die Menschen aus Einzelerfahrungen ableiten, als wesentliche *Inhalte* berücksichtigt werden. Entsprechend sollten auch die Wirkmechanismen, die die Theorie beschreibt, den inneren Bezug zur subjektiven Wirklichkeit des in der Vergangenheit Erlebten und des gegenwärtigen Erlebens bewahren. Somit sollten diese Wirkmechanismen möglichst einfach – d.h. ohne allzu spekulative Vorannahmen bemühen zu müssen – auf das Erleben angewandt, also aus der Welt der Theorie in die Welt des Erlebens rückübersetzt werden können.

Wir sollten davon ausgehen, daß für eine Theorie seelisch-geistiger Vorgänge – im Unterschied zu allen Theorien, die sich mit rein materiellen Prozessen beschäftigen – besondere Bedingungen gelten: Seelentheorien *müssen* der Gefahr entgehen, die Subjektivität als immanente Eigenschaft des Erlebens aus den Augen zu verlieren. Sie neigen dazu, weil jede Theoriebildung notwendigerweise Verallgemeinerungen und Abstraktionen einschließt. Dies ist aber im Falle einer Theorie für seelisch-geistige Prozesse nur begrenzt akzeptabel, weil das Prozeßgeschehen damit in einem seiner zentralen Aspekte *denaturiert* und mithin die modellhafte

Abbildung auf die Theorie qualitativ unangemessen wird. Mit anderen Worten: Seelentheorien müssen so natürlich, anschaulich und „lebenspraktisch" wie möglich sein, weil sie nur so den Bezug zu ihrem Objekt bewahren können, das sie verstehbar machen wollen: den Menschen, der sich vorrangig deshalb als ein lebendiges Wesen erfährt, weil er etwas erlebt.

Jede Theorie ist in ihren Erklärungsmöglichkeiten begrenzt. Dies gilt insbesondere für Seelentheorien und damit natürlich auch für die Psychoanalyse. Die Anerkennung eigener Grenzen sollte den neugierigen Blick auf andere Wissenschaftszweige und deren Erkenntnismöglichkeiten eröffnen. Dieser Blick über die eigenen Grenzen hinweg kann uns zum einen mit Sichtweisen und Befunden konfrontieren, die die eigene Perspektive erweitern und neue Wege wissenschaftsübergreifender Erkenntnis weisen – natürlich ohne Positionen aufzugeben, die wir für richtig und gut gestützt halten, und die wiederum in den anderen Wissenschaftszweigen nur unzureichend oder gar nicht berücksichtigt worden sind, also deren Grenzen markieren. Zum anderen aber fördert diese Perspektiverweiterung die selbstkritische Reflexion eigener Positionen: Welche Positionen werden durch Befunde aus anderen Wissenschaftsgebieten gestützt, welche dagegen sind im Licht dieser Befunde nicht mehr haltbar?

In diesem Sinne werden wir in späteren Zusammenhängen, was nach den bisherigen Ausführungen eher verwundern mag, auf einen Zweig naturwissenschaftlicher Forschung Bezug nehmen müssen, der gemeinhin in dem Ruf steht, daß er sich besonders exakter oder „objektiver" Methoden bedient: die Hirnforschung. Ich werde aber zu zeigen versuchen, daß ein solcher Bezug möglich ist, ohne das unbehagliche Gefühl entstehen zu lassen, daß dabei die Subjektivität der Wirklichkeitserfahrung verloren geht.

Das Gegenteil wird der Fall sein. Die moderne Hirnforschung verweist auf die Einzigartigkeit eines jeden Individuums – eine Einzigartigkeit, die daraus resultiert, daß sich die Hirnstruktur in wesentlicher Abhängigkeit von individuellen (Lern-)Erfahrungen entwickelt. Schon während der Embryonalzeit wird das neuronale Wachstum von individuellen Umgebungsbedingungen beeinflußt. Spezifische Erfahrungen des einzelnen wirken sich im weiteren Verlauf der Entwicklung darauf aus, welche Neuronen zu welchem Netzwerk verknüpft werden. Nachdem sich dieses Netzwerk gebildet hat, sind es wiederum die Bedingungen der individuellen Erfahrungsgeschichte, die entscheidenden Einfluß darauf haben, welche Verknüpfungen *innerhalb* des neuronalen Netzwerkes funktional zum Aufbau neuronaler Aktivitätsmuster genutzt werden (und welche nicht), um schließlich jene hochkomplexen und je individuellen Aktivitätsmuster erzeugen zu können, die unser hochkomplexes und je individuelles Erleben ermöglichen.

Verschaffen wir uns aber zunächst für das Erleben bzw. die subjektive Erlebensperspektive, wovon in diesen einleitenden Überlegungen so viel die Rede war, eine gewisse Anschaulichkeit.

Das Erleben

Zur Veranschaulichung: Ein Szenario

Ich möchte Sie – die Leserin oder den Leser – bitten, mir in ein Szenario zu folgen. Stellen Sie sich bitte vor, daß genau jetzt, da Sie diese Zeilen lesen, das Telefon läutet.

Am anderen Ende der Leitung meldet sich eine Schwester der chirurgischen Aufnahmestation eines Krankenhauses in Ihrer Nähe. Die Schwester sagt, daß sie Sie sofort mit dem diensthabenden Arzt verbinden würde. Auf Ihre erregte Nachfrage, was passiert sei, erfahren Sie von einem schweren Verkehrsunfall. Genaues wisse sie, die Schwester, nicht. Es dauert dann noch etwa 20 Sekunden, bis sich der Arzt meldet.

Was mag in Ihnen in diesen Wartesekunden vorgehen? Vielleicht versuchen Sie, sich mit größter Anstrengung zur Ruhe zu zwingen und einen klaren Gedanken zu fassen: Wer könnte verunglückt sein? Wer kann es auf jeden Fall nicht sein? Vielleicht aber ist Ihre Angsterregung so groß, daß Sie in der raschen Folge von Schreckensbildern und Gedankenfetzen nichts ordnen können. Vielleicht fühlen Sie sich schockartig gelähmt, erleben die Szene wie in einer Trance – so als geschehe dies alles nicht wirklich.

Vielleicht erinnern Sie sich blitzartig an eine vergleichbare Situation, in der Sie sich angesichts eines übermächtig bedrohlichen Geschehens ähnlich hilflos und ausgeliefert gefühlt haben. Vielleicht taucht in Ihnen ein Wunschgedanke auf, der Sie in der späteren Rückerinnerung mit besonders quälenden Schuld- und Schamgefühlen verfolgen wird: Wenn schon etwas Furchtbares passiert sein sollte, gerade „sie" oder gerade „ihn" sollte es nicht getroffen haben – wenn schon, dann lieber...

Vielleicht beginnen Sie zu zittern, Ihr Gang wird unsicher, und Sie haben für kurze Zeit das Gefühl, ohnmächtig zu werden. Oder es taucht in Ihnen der absurde Gedanke auf, Sie könnten sich der Bedrohung, die unausweichlich auf Sie zukommt, durch Flucht entziehen.

Schließlich meldet sich der Arzt. Sie erfahren, daß es sich bei dem Unfallopfer um eine Person handelt, die Ihnen sehr nahe steht. Der Arzt berichtet, daß diese Person tief bewußtlos sei, so daß die Gefahr eines schweren Schädel-Hirn-Traumas bestünde. Der neurologische Konsiliarius sei auf dem Wege. Erst nach dessen Untersuchung und auf der Basis des Computertomogramms sei eine genauere Beurteilung möglich. Der Arzt bittet Sie schließlich, so schnell wie möglich in die Klinik zu kommen.

Ihre anfänglich unbestimmte Angst hat jetzt, zumindest was die äußeren Tatsachen betrifft, eine faßbarere Gestalt angenommen. Sie wissen, wem etwas sehr Bedrohliches passiert ist. Und vielleicht tauchen in Ihnen erste vage Vorstellungen von einer Zukunft auf, in der es „ihn" oder „sie" nicht mehr gibt. Zugleich wehrt sich alles in Ihnen gegen diese Vorstellung. Vielleicht wenden Sie sich innerlich flehentlich an ein gütiges Schicksal oder einen gütigen Gott, oder Sie bemerken, daß in Ihnen das Bild eines Menschen auftaucht, der Ihnen früher einmal beigestanden hatte, als Sie in Not waren.

Anfänglich ist es Ihnen schwer vorstellbar, daß Sie ihren Wagen selbsttätig zur Klinik lenken könnten, weil Sie das Gefühl haben, Ihr Körper bewege sich mechanisch wie ein Automat. Als Sie schließlich im Wagen sitzen, stellen Sie – anfänglich fast ungläubig – fest, daß Sie den Weg zur Klinik überlegt planen und sich koordiniert im Verkehr bewegen können. Sie beginnen, sich wieder handlungsfähiger zu fühlen.

Der Arzt, auf den Sie in der Klinik treffen, wirkt auf Sie ernst und gewissenhaft. Plötzlich fühlen Sie sich zuversichtlicher. Es ist, als hätten Sie den Arzt in wenigen Augenblicken mit geradezu übermächtigen, magischen Kräften ausgestattet. Binnen kürzester Zeit ist er zum Träger all Ihrer Hoffnungen geworden, verbunden mit dem Gefühl, die erdrückende Last des Geschehens nicht mehr gänzlich allein tragen zu müssen. In der späteren Rückerinnerung wird Ihnen deutlich, daß er dem Arzt ähnelte, der Sie in der Kindheit während einer längeren Krankheit behandelt und allmählich Ihr Vertrauen gewonnen hatte.

Auf dem Wege zum Patienten, kurz vor dem Betreten des Krankenzimmers, bemerken Sie, wie sich unwillkürlich Ihr Schritt zu verlangsamen scheint. Es ist, als müßten Sie eine unsichtbare Wand durchbrechen und eine geheimnisvolle Macht in Ihnen versuchte, Sie daran zu hindern. Offensichtlich haben Sie Angst vor dem, was Sie hinter der Tür erwartet – Angst gerade deshalb, weil Sie es sich in ihrer vorauseilenden Phantasie schon längst in verschiedenen Schreckensbildern ausgemalt haben.

Als Sie schließlich am Krankenbett stehen, erfahren Sie von dem Neurologen, der inzwischen seine Untersuchungen abgeschlossen hat, daß sich im Computertomogramm keine Hinweise auf ausgedehntere Einblutungen ergeben hätten. Noch sei nicht absehbar, wie lange die Ohnmacht andauern würde, und für die nächsten Stunden bestünde weiterhin die Gefahr, daß sich ein Hirnödem entwickeln könne, wobei er aber zuversichtlich sei, daß sich diese eventuelle Komplikation therapeutisch gut beherrschen ließe. Glück im Unglück, wie es scheint – so sein knapper abschließender Kommentar.

Kurze Zeit später sind Sie mit „ihr" oder „ihm" allein. Vielleicht bemerken Sie anfänglich eine gewisse Scheu, mit der Sie sich der geliebten Person nähern, die immer noch tief bewußtlos ist und inmitten der Verkabelungen mit technischen Geräten irgendwie fremd wirkt, so daß sie „ihn" oder „sie" instinktiv nur sehr behutsam und vorsichtig berühren und streicheln. Allmählich aber werden Sie vertrauter mit der Situation, und die verhalten optimistischen Äußerungen des Neurologen tun ihr übriges, um zu bewirken, daß sich Ihre Anspannung langsam zu lösen beginnt. Der Fluß Ihrer Vorstellungen, Gedanken und Erinnerungen, der sich vorher überstürzt hatte, wird gleichförmiger. Und in den nun folgenden Stunden am Krankenbett wird vieles auftauchen, was Sie in der Vergangenheit mit der oder dem Kranken erlebt haben – Beglückendes, Schmerzliches, Trauriges, Verletzendes –, und Sie werden vielleicht bemerken, daß Sie in Ihren Szenarien immer wieder aus der Vergangenheit mit Sorge und Hoffnung in die Zukunft wechseln und zurück.

Jetzt wird vielleicht eine Überlegung Raum greifen, die wiederholte Male vorher schon schattenhaft aufgetaucht war, ohne eine klare Kontur zu gewinnen. Sie erinnern sich jetzt deutlich an einen Streit, der kurze Zeit zurückliegt, und bis heute nicht wirklich geklärt worden ist, weil er eine Grundproblematik Ihrer beider Beziehung berührt hatte, wie Ihnen jetzt deutlicher als je zuvor bewußt wird. Begleitet von tiefer Nachdenklichkeit, Selbstvorwürfen, Reue- und Schuldgefühlen stellen Sie sich immer wieder dieselbe Frage, ohne sie beantworten zu können: Könnte es sein, daß der Unfall mit dieser Auseinandersetzung zusammenhängt, die viel grundsätzlicher war, als ich bisher habe wahrnehmen wollen?

Über allem aber wird die ahnungsvolle Gewißheit liegen, daß Ihr Leben und das Leben der geliebten Person dort im Krankenbett nie wieder ganz so werden können, wie sie es vor dem Unfall waren.

Brechen wir das Szenario an dieser Stelle ab.

Wir können erwarten, daß uns im Laufe unseres Lebens irgendwann einmal ein solches oder ein ähnliches Ereignis trifft. Ich hätte Sie auch bitten können, mir in ein anderes Szenario zu folgen, das nicht von Bedrohung und Angst, sondern statt dessen von Begehren, Leidenschaft, Ausweglosigkeit, gähnender Langeweile, ohnmächtiger Wut oder z. B. körperlichem Schmerz handelt. Jedes dieser alternativ phantasierbaren Szenarien hätte herangezogen werden können, um die subjektive Wirklichkeit als sinnlich unmittelbare Erfahrung, also als Erleben zu veranschaulichen. Nur in dieser Wirklichkeit können wir uns selbst und die Welt außerhalb unserer selbst erfahren.

Behalten wir im Gedächtnis, daß wir nach einer psychologischen Theorie suchen, die unser Erleben, wie immer es sich auch im einzelnen gestalten mag, erklären kann. Bevor wir diese Suche fortsetzen, müssen wir uns aber zunächst fragen: Was ist das Erleben? Von welcher Qualität sind die Merkmale, die dem Erleben eigen sind?

Bestimmungsmerkmale des Erlebens

Wir haben in dem Szenario das Erleben eines Menschen über wenige Stunden verfolgt. Dies ist, auf ein ganzes Leben gesehen, ein sehr schmales Zeitfenster. Es mag aber genügen, um die folgenden Merkmale beschreiben zu können, die das Erleben in seiner Eigenart charakterisieren, und die insofern generalisierbar sind, als sich diese Bestimmungsmerkmale auch finden ließen, wenn wir andere oder größere Zeitfenster gewählt hätten.

a. Der virtuelle Mittelpunkt

Jedem Erleben ist eigen, daß selbstverständlich „ich" es bin, der im Mittelpunkt des Geschehens steht, das ich erlebe. Diese „Ich"-Person, der virtuelle Mittelpunkt, von dem aus ich meine Welt um mich herum und mich selbst in dieser Welt erlebe und betrachte, bleibt gewöhnlich unbestimmt. In der Regel interessiere ich mich nicht dafür, wer diese „Ich"-Person ist, sondern es genügt mir die präreflexiv selbstverständliche Erfahrungsgewißheit, daß *ich* es bin. Diese Erfahrungsgewißheit kann aber zuzeiten eingeschränkt sein. Bei psychotischen Patienten, vorübergehend bei neurotischen Patienten und, gleichfalls vorübergehend, auch bei Gesunden in einer z. B. außergewöhnlichen Belastungssituation, wie sie in dem Eingangsszenario beschrieben worden ist, kann es zu einem Depersonalisations- und Derealisationserleben kommen.

Bei einem solchen Erleben bleibt aber zumindest bei Gesunden und neurotisch Kranken das (kognitive) Wissen erhalten, daß es die eigene Person ist, die diese irritierende und unheimliche Fremdheit sich selbst und der Umgebung gegenüber erlebt. Was vorübergehend verloren gegangen ist oder sich abgeschwächt hat, ist die Selbstverständlichkeit des Ich-Gefühls, von dem Federn (1956) schreibt: „Dieses Selbsterlebnis ist eine bleibende, wenn auch nie gleichbleibende Einheit, die nicht abstrakt, sondern wirklich ist. Diese Einheit bezieht sich auf die Kontinuität der Person in zeitlicher, räumlicher und kausaler Hinsicht und wird stets subjektiv wahrgenommen und gefühlt" (S. 59).

Abgesehen von psychotischen Zuständen kann die dem Erleben immanente „Ich"-Position als virtueller Mittelpunkt des subjektiven Wirklichkeitsgeschehens nicht transzendiert werden. Wie sehr ich mich auch in einen anderen Menschen einfühlen mag, immer werde *ich* die Person bleiben, die sich einfühlt – und dies gilt auch dann, wenn ich, was natürlich möglich ist, das *Gefühl* habe, wie die andere Person wahrzunehmen oder zu empfinden.

b. Die Subjektivität des Erlebens

Stellen wir uns – bezogen auf das Szenario – vor, daß inzwischen eine weitere vertraute Person ans Krankenbett gekommen ist, um mit Ihnen gemeinsam zu wachen. Sie beide sind jetzt räumlich und zeitlich in ein objektiv gleiches Geschehen involviert, und doch können Sie beide niemals Identisches erleben.

Zum Teil hat sich dies schon daraus ergeben, daß Sie Ihre Ich-Position nicht verlassen können. Der weitere und wesentlichere Grund ist aber, daß das objektiv gleiche Geschehen in jedem von beiden unterschiedliche bewußte und unbewußte Assoziationen anstößt. Diese Assoziationen können niemals vollkommen gleich sein, weil sie unterschiedlichen Bezugssystemen zugehören. Mit „Bezugssystem" ist hier, zunächst ganz allgemein, die Gesamtheit aller Lebenserfahrungen gemeint, die jeder von Ihnen beiden auf unterschiedliche Weise gemacht und in sich – genauer: seinem Gehirn – niedergelegt hat. (Ausgehend von diesen Lebenserfahrungen wird im Verlauf der späteren Ausführungen versucht, ein subjektorientiertes Strukturkonzept zu entwickeln.)

Nun können Sie versuchen, über die Befürchtungen und Hoffnungen zu sprechen, die Sie beide in dieser Situation erfüllen, die Sie gerade gemeinsam erleben. Und es wird Sie emotional entlasten, wenn Sie Gemeinsamkeiten entdecken. Eine detailliertere Analyse würde aber erbringen, daß z. B. die Angst, von der beide sprechen, in teilweise gänzlich andere Assoziationsnetze eingewoben ist, was eine Totalidentität des Erlebens unmöglich macht. In diesem radikalen Sinne ist also jedes Erleben essentiell subjektiv, und die Einsamkeit dieser Subjektivität kann immer nur mehr oder weniger, niemals aber gänzlich überwunden werden.

c. Das Erleben als ein Fließgeschehen

Wir sprechen gelegentlich von „Momenten", in denen wir etwas Bestimmtes wahrgenommen oder erkannt haben oder uns etwas Besonderes widerfahren ist. Nehmen wir als Beispiel aus dem Eingangsszenario den Moment, in dem wir von dem Arzt erfahren, wer das Unfallopfer ist. Ein solcher Moment kann niemals festgehalten werden, wovon sich jeder überzeugen kann, der versucht, den Augenblick des „Jetzt" zu fixieren. Wir werden die Erfahrung machen, daß das „Jetzt" in genau diesem Moment schon wieder verschwunden ist. Diese Erfahrung kann uns verdeutlichen, daß das Erleben ein Fließgeschehen ist – ein lebenslang ununterbrochener Prozeß fortlaufend sich verändernder subjektiver Wirklichkeitserfahrung. Dieser Prozeß beginnt irgendwann vorgeburtlich und endet (wenn, naturwissenschaftlich betrachtet, nicht alles täuscht) mit dem Hirntod.

Der Prozeß des Erlebens kann zu Lebzeiten niemals gestoppt werden, wie sehr wir uns dies manchmal auch wünschen mögen. Er kann nicht gestoppt werden, weil er kausal an elektrochemische Aktivitäten des Gehirns gekoppelt ist. Da das Gehirn dauerhaft-ununterbrochen aktiv ist, ist es der Prozeß des Erlebens auch. Die Aktivitätsmuster des Gehirns sind derart hochkomplex, daß die Wahrscheinlichkeit gegen Null geht, jemals auf exakt identische Aktivitätsmuster in ein und demselben Gehirn zu stoßen. Entsprechend geht auch die Wahrscheinlichkeit gegen Null, jemals dasselbe zu erleben. Und schließlich: die Aktivitätsmuster des Gehirns verändern sich in Abhängigkeit von Stimulationen, die uns aus der Außenwelt erreichen oder im

Gehirn selbst entstehen, fortlaufend; demzufolge verändert sich – wiederum kausal zwingend – auch unser Erleben fortlaufend. (Zu dem Verhältnis von subjektivem Erleben und Hirnaktivität, hier im Vorgriff erwähnt, wird in späteren Zusammenhängen ausführlicher Stellung genommen.)

Kehren wir zu dem Augenblick des „Jetzt" zurück, der im Erleben der Erfahrung von „Gegenwart" entspricht. Unsere persönliche Geschichte ereignet oder verwirklicht sich in der unmittelbaren Gegenwart dieses „Jetzt". Mit jedem Gedanken oder Gefühl, jeder Phantasie, Erinnerung, Körpererfahrung oder Handlung verändert sich die Szenerie des Erlebens. Das „Jetzt" wird umgehend zu Vergangenheit, muß einem neuen „Jetzt" weichen, das wiederum sofort vergangen ist, und so fort.

Wenn wir uns fragen, welche Person mit welcher Geschichte wir sind, so gibt es darauf nur die Antwort: Wir sind immer die Person, als die wir uns „gerade jetzt" erleben. Unsere persönliche Vergangenheit existiert als *lebendige Erfahrung* nur unter der Bedingung, daß sie „gerade jetzt" als bewußte, unbewußte oder ahnungsbewußte Erinnerung *aktiviert* worden ist. Nur im Brennpunkt des „Jetzt" ist die Vergangenheit direkt und unmittelbar lebendig. Außerhalb dieses Brennpunktes kann die Vergangenheit auf das, was in unserem Gehirn „gerade jetzt" als subjektive Wirklichkeit entworfen wird, nur indirekt und mittelbar einwirken: auf dem Wege der Strukturbildung, d. h. der Repräsentation und Systematisierung von Erfahrungen. Als „Struktur" niedergelegt, ist die Vergangenheit dann allerdings, wenn auch indirekt und mittelbar, ungeheuer wirkmächtig.

Halten wir fest: als *lebendig, wirklich und existent* – verstanden als sinnlich unmittelbare Erfahrung unserer selbst – können wir uns immer nur im fortlaufend sich wandelnden Strom des „Jetzt" erleben.

d. Das Erleben als komplexe und unteilbare Erfahrungseinheit

Jedes Erleben bildet zu jedem „Jetzt"-Zeitpunkt eine vieldimensionale Gestalt: Wir nehmen Reize, Reizmuster oder allgemeiner: Informationen aus der Umwelt auf, die in Bruchteilen von Sekunden in unserem Gehirn verarbeitet werden. Oder es entstehen in uns selbst Vorstellungsbilder, Phantasien oder Erinnerungen. Mit jeder Art von externer oder interner Stimulation sind in synchroner oder diachroner Zeitperspektive vielfältige kortikale und subkortikale Verarbeitungsprozesse verkoppelt, die die jeweils einmalige Gestalt des Erlebens erzeugen – also die subjektive Wirklichkeit in ihrer spezifischen Konfiguration aus Wahrnehmungen, Körperempfindungen, Gefühlen, Gedanken, Phantasien oder Erinnerungen.

Die jeweilige Konfiguration oder Gestalt des Erlebens bildet zu jeder Zeit eine *Einheit*, die prinzipiell nicht teilbar ist. So ist es z. B. nicht möglich, den Schreck – den wir erleben, als sich am Telefon die Schwester der chirurgischen Aufnahmestation meldet – aus dem Kontext der synchron und diachron erlebten Gesamtsituation zu lösen, zu der neben dem Schreck alles gehört, was an Gedanken, Phantasien, Körperempfindungen etc. innerlich die Gesamtsituation konstituiert.

Aus dem Erleben als einem Fließgeschehen ergibt sich, daß es sich auch in seiner spezifischen Gestalt unaufhörlich verändert. So haben wir nach Erhalt der Unfallnachricht z. B. plötzlich das Empfinden einer nahenden Ohnmacht. Vorübergehend wird also unser Erleben von einem Körperempfinden beherrscht. Auf dem Wege ins Krankenhaus dominieren perzeptuelle und kognitive Prozesse. Nachdem uns der Neurologe seine verhalten optimistische Beurteilung mitgeteilt hat, werden wir von Gefühlen der Erleichterung, Hoffnung und Dankbarkeit geradezu überschwemmt. Trotz dieser großen Variabilität in der Gestalt des Erlebens mit wechselnder Dominanz einzelner Facetten geht die Ganzheitlichkeit des Erlebens als *ein* Prozeß nicht verloren – wie auch immer die verschiedenen Facetten des Prozeßgeschehens gerade kovariieren mögen.

Diese Ganzheitlichkeit ist kausal in der neuronalen Netzwerkstruktur des Gehirns begründet. Das Gehirn arbeitet als ein System, in dem neuronale Aktivitäten in Subsystemen über fortgeleitete Signale die Aktivitäten in anderen Subsystemen und damit dem Gesamtsystem Gehirn verändern – wie umgekehrt der momentane Aktivitätszustand des Gesamtsystems seine Subsysteme beeinflußt. Diese hochkomplexe neuroanatomische und neurophysiologisch-funktionale Vernetzung ist eine Systemeigenschaft des Gehirns. Diese Systemeigenschaft hat zwingend kausal zur Folge, daß das, was das Gehirn u.a. auch erzeugt – das subjektive Wirklichkeitserleben – in der Vielfalt seiner Erscheinungsweisen auch hochkomplex verkoppelt oder vernetzt ist.

e. Das Erleben als intentionales Geschehen

Zu jedem „Jetzt"-Zeitpunkt *wollen* wir etwas. Das, was uns innerlich bewegt, antreibt oder motiviert, kann bewußt, ahnungsbewußt oder unbewußt sein. Wir können vieles auf einmal oder etwas ganz Bestimmtes und dieses wiederum mit mäßiger oder drängender Intensität wollen. Das, was wir wollen, kann uns kurzfristig oder ein Leben lang beherrschen. Die Wünsche können untereinander vereinbar oder kompromißfähig sein, sie können aber auch wechselseitig unvereinbar und insofern konfliktträchtig sein. Die Ziele oder Zielobjekte, auf die wir hinstreben, können nahe oder fern liegen, erreichbar oder unerreichbar sein. Sie können wechseln oder gleichbleiben. Wir können die Ziele beharrlich verfolgen oder rasch aus den Augen verlieren. Nur eines können wir nicht: Wir können niemals nichts wollen, weil wir schon wieder etwas wollen, wenn wir nichts wollen.

Wir können zwei Motivatorensysteme unterscheiden: Wünsche, Bedürfnisse, Strebungen auf der einen Seite und Gefühle auf der anderen. Beide Systeme sind im natürlichen Leben – und damit im Gegensatz zu allen unnatürlichen Bemühungen, sie theoretisch oder experimentalpsychologisch gesondert betrachten oder unterscheiden zu wollen – sehr eng verkoppelt. Gefühle aktivieren Bedürfnisse (vgl. Tomkins 1979). Wenn sie angenehm sind, wollen wir, daß sich das Erleben, in das sie eingebettet sind, möglichst lange unverändert so fortsetzt; wenn sie störend, quälend oder unerträglich sind, wollen wir, daß sich die erlebte Wirklichkeit möglichst rasch so verändert, daß auch die unangenehmen Gefühle verschwinden. Und umgekehrt gilt das nämliche: Bedürfnisse sind, wenn wir sie unter dem Aspekt eines vitalen Erlebens betrachten, ohne Gefühle keine Bedürfnisse mehr.

f. Die Selbstreflexivität im Erleben

Menschen unterscheiden sich danach, wie häufig sie absichtsvoll und bewußt über sich selbst, ihre aktuelle Situation, ihre Vergangenheit oder Zukunft nachdenken. In einem solchen Akt gewollter Selbstreflexion tritt aber nur explizit hervor, was jedem Erleben zu jeder Zeit implizit und ohne jede bewußte Reflexionsabsicht eigen ist. Wir können nicht erleben, ohne das, was wir erleben, zugleich auch zu bewerten. Insofern ist das *Bewerten* ein konstitutives Merkmal des Erlebens.

Bewertungen sind nun aber keinesfalls mit kognitiven Prozessen bewußter oder unbewußter Art identisch. Unter dem Aspekt der Regulation des Selbsterlebens (s. später) spielen Kognitionen wahrscheinlich eine sogar eher nachgeordnet wichtige Rolle. Wiederum sind es *Gefühle* und *Bedürfnisse*, die – in Verbindung mit dem assoziativen Kontext spezifischer Erinnerungen, Phantasien oder Zukunftserwartungen, in dem sie auftauchen – oftmals sehr viel wichtiger sind, um dem Erleben seine subjektive *Bedeutung* zu geben. So sind z.B. in der Vision vom möglichen Tod der geliebten Person – dem Unfallopfer unseres Szenarios – zwar fraglos auch kognitive Elemente enthalten, die aber nüchtern und abstrakt bleiben, solange sie nicht in affektgeladene Vorstellungsbilder eingewoben sind. Unser Erleben wird sich aber schlagartig in seiner Qualität und Gestalt verändern, wenn in uns plötzlich das lebendige Vorstellungsbild auftaucht: In dem gemeinsamen Bett wird der Platz neben mir vielleicht leer bleiben, ich werde die geliebte Person dort vielleicht niemals mehr atmen oder sich bewegen hören. Wenn wir vorher vielleicht den Verlust als eine Möglichkeit unter anderen *gedacht* haben, so erleben wir jetzt in sinnlicher Unmittelbarkeit eine Verlustangst und erfahren damit erst das Gegenwartsgeschehen in seiner ganzen bedrohlichen Bedeutung.

In diesem Sinne wird das Erleben, das zunächst einmal einem jeweilig gegenwärtigen Wirklichkeitsentwurf entspricht, zugleich immer auch interpretiert: Es nimmt eine bestimmte sinnlich anschauliche Gestalt an und erfährt darin seine *Bedeutung*, die es für uns hat. Solche Bedeutungszuschreibungen, die uns bewußt werden oder mehr oder weniger unbewußt bleiben, erfolgen automatisch. In jedem Fall aber können sie nur mit Bezug auf unsere bisherige Erfahrungsgeschichte erfolgen.

g. Das Erleben als episodisches Geschehen

Wenn es auch ein Fließgeschehen ist und sich in seiner Gestalt fortlaufend verändert, so wird das Erleben im natürlichen Lebensprozeß doch ganz spontan in Zeitabschnitte – Episoden – untergliedert. Episoden haben einen ungefähren Beginn und ein ungefähres Ende. Sie sind in einen situativen Kontext eingebettet. Und sie sind durch eine Veränderungsgestalt charakterisierbar, die durch das sich ändernde Erleben im zeitlichen Verlauf des episodischen Geschehens näher beschrieben werden kann.

So könnte – bezogen auf unser Szenario – der gesamte Zeitabschnitt vom Anruf der Schwester bis zu dem Tag, an dem das Unfallopfer wieder bei Ihnen zu Hause ist, eine solche Episode sein. In der Regel wird eine gesamte Episode in weitere kürzere Episoden unterteilt: z.B. die ersten 20 Sekunden banger Ungewißheit bis sich der Arzt meldet und wir über die Identität des Unfallopfers informiert werden; nach dem Auflegen des Hörers dann die Zeit lähmender Ohnmacht angesichts einer überwältigenden Bedrohung bis zur Rückkehr des Gefühls, wieder handlungsfähig zu sein; dann die Fahrt zum Krankenhaus mit dem Erstaunen darüber, zielgerichtet und koordiniert funktionieren zu können etc.

Diese Untergliederungen des kontinuierlichen Erlebens in Episoden orientieren sich im allgemeinen an räumlichen, zeitlichen, situativen, thematischen, kognitiven, affektiven oder intentionalen Charakteristika, die das komplexe Erleben des episodischen Geschehens bestimmt haben. In der Erinnerung und im Wiedererleben, retrograd also, können sich diese Markierungen von Beginn und Ende einer Episode allerdings wieder verändern, einzelne Episoden können sich dehnen und ausdifferenzieren, andere können schrumpfen – je nach den besonderen Bedingungen des subjektiven Erlebens zu dem Zeitpunkt, da wir das Erlebte erinnern und in der Erinnerung wiedererleben.

Dies mag zunächst genügen, um knapp zusammenzufassen: 1. Wir neigen dazu, den kontinuierlichen Prozeß des Erlebens in episodische Erfahrungseinheiten zu untergliedern; 2. die zeitlichen Markierungen solcher Episoden sind variabel; 3. auch eine Episode ist als Erfahrungseinheit unteilbar, worauf insbesondere Stern (1992) nachdrücklich hingewiesen hat. Wir werden darauf später ausführlicher zurückkommen.

h. Verschiedene Bewußtseinsgrade des Erlebens

Die subjektiven Wirklichkeiten von Menschen gehen im zeitlichen Verlauf des Erlebens fließend ineinander über, akzentuieren sich dabei fortlaufend um, erfahren laufend neue Bedeutungen, verbinden sich zu Episoden, die sich wiederum in umfassenderer zeitlicher Perspektive zu Lebensabschnitten ordnen. Von allen diesen Vorgängen wird uns einiges, vieles aber nicht bewußt. Das, was uns bewußt wird, ist genauso wie das Erleben selbst ständigen Veränderungen unterworfen. Die introspektive Zugänglichkeit zu dem, was wir erleben, schwankt kontinuierlich zwischen voll bewußt und tief unbewußt. Dazwischen gibt es Formen des Bewußtseins, die eine besondere Qualität besitzen, und uns eine bestimmte Art von Wissen über Vorgänge in uns selbst oder der Welt draußen zugänglich machen: Wir nehmen etwas wahr, denken oder fühlen etwas, das in seiner Gestalt diffus, nicht eindeutig bestimmbar bleibt, obwohl es „da" ist. Diese Art von Wissen über subjektive Wirklichkeitserfahrungen nenne ich „ahnungsbewußt". Wir wissen etwas, aber nicht genau, nur ungefähr.

i. Das Erleben als Konstruktion von Wirklichkeit

Wir haben das Erleben als ganzheitliche und unteilbare Wirklichkeitserfahrung eines Menschen zu einem bestimmten „Jetzt"-Zeitpunkt beschrieben. Zeit unseres Lebens entwerfen wir in uns diese Wirklichkeit, gliedern und ordnen sie. Dies ist ein aktiver Vorgang, kein passives Geschehen. Es ist eine Konstruktionsleistung unseres Gehirns: „... die Realität, auf die wir reagieren und die die einzige Realität ist, die wir kennen, ist eine Konstruktion des Gehirns des jeweiligen Betrachters" (Basch 1992, S. 63).

Eine wie auch immer geartete „objektive" Wirklichkeit ist unerfahrbar und wird es immer bleiben. Es gibt nur die subjektive Wirklichkeit, die unser Gehirn entwirft, indem es seine Funktionen (Wahrnehmung, Denken, Gedächtnis, Phantasie etc.) benutzt und dabei auf seine Vorerfahrungen zurückgreift – also frühere Wirklichkeitsentwürfe, die im Gedächtnis niedergelegt sind. Das Gehirn verwirft bestimmte Aspekte der äußeren Welt oder der vorgestellten inneren, wählt andere dagegen aus, deutet sie im Sinne vorherrschender Wünsche, Affekte oder Erwartungen um, verzerrt sie also, phantasiert Neues hinzu, assoziiert Erinnerungen und für alle diese Vorgänge gilt, daß uns immer nur ein kleiner Teil der vom Gehirn entworfenen subjektiven Wirklichkeit bewußt wird.

Am sinnfälligsten tritt der konstruktivistische Aspekt der Hirnaktivität hervor, wenn wir vergleichsweise einfache Mechanismen der Wahrnehmungsorganisation an Beispielen aus der Wahrnehmungspsychologie studieren.

In Abbildung 1.1 meinen wir ein Dreieck zu „sehen", das offensichtlich gar nicht da ist. Abbildung 1.2 zeigt eine Versuchsperson, die das Innere einer Hohlkugel betrachtet, deren Innenfläche keine sichtbare Struktur hat, gleichmäßig ausgeleuchtet ist und der Versuchsperson infolgedessen homogen grau erscheint. Unter dieser Bedingung (s. Abb. 1.3a unten) entsprechen die physikalische Reizgegebenheit und der subjektive Wahrnehmungseindruck einander.

Diese Reizvorlage wird nun aber so verändert, daß die Beleuchtungsintensität in der Hohlkugel von links nach rechts zunimmt. Die typische Versuchsperson bemerkt diese Veränderung aber nicht, sieht vielmehr weiterhin ein homogenes Graufeld (s. Abb. 1.3b unten) – ein Phänomen, das als *Assimilation* bezeichnet wird, weil tatsächliche, physikalisch gegebene Reizunterschiede subjektiv ausgeglichen werden. Im nächsten Schritt wird nun ein eben sichtbarer vertikaler Trennstrich in die Mitte der Kugelinnenfläche projiziert (Abb. 1.3c oben). Jetzt sieht die typische Versuchsperson beide Hälften in sich homogen, wobei ihr aber die linke deutlich dunkler erscheint als die rechte (Abb. 1.3c unten). Innerhalb beider Hälften werden die Reizunterschiede in der subjektiven Wahrnehmung also assimilierend zum Verschwinden gebracht, zwischen den beiden Hälften aber werden sie überbetont, was insbesondere in der Nähe der vertikalen Trennlinie zu einer scharfen Hell-dunkel-Kontrastierung führt. Dieses Phänomen wird als *Kontrast* bezeichnet – die Überzeichnung von Differenzen zum Zwecke einer möglichst einfachen, eindeutigen und damit stabilen Wahrnehmungsorganisation.

Wenn wir die in Abbildung 1.4 dargestellte Figur betrachten (Zeichnung von E. Boring), werden wir nach einer gewissen Zeit plötzlich ein eindrucksvolles Kipp-Phänomen beobachten. Obwohl die physikalische Reizvorlage in ihrer Konfiguration objektiv gleich bleibt, wird die Figur unvermittelt auf gänzlich andere Weise gesehen: als junge Frau und dann plötzlich als alte, oder umgekehrt – je nachdem, wie wir die Frau zuerst wahrgenommen haben. Dieses Beispiel ist besonders bemerkenswert, weil sich mit dem Kipp-Phänomen nicht nur die Wahrnehmung der Gestalt, sondern umfassender unser Wahrnehmungserleben schlagartig verändert, also auch die mit der jeweiligen Gestaltwahrnehmung einhergehenden Phantasien, begleitenden Affekte, Assoziationen und möglicherweise sogar die angestoßenen Erinnerungen. Abbildung 1.5 schließlich können wir auf zwei Weisen lesen: als Vase und als Doppelsilhouette. Mit jedem Wahrnehmungsinhalt wechselt automatisch, was jeweils den Vorder- bzw. Hintergrund bildet.

j. Trotz hoher Variabilität: Das Erleben von Konstanz, Kontinuität und Kohärenz

Bislang wurde das Erleben als ein Prozeß dargestellt, der durch fortlaufende Veränderungen gekennzeichnet ist. Demnach müßten wir uns eigentlich dauerhaft chaotisch und „verrückt" fühlen. Tatsächlich sind wir es nicht, zumindest erleben wir uns nicht so. Wir haben im Gegenteil trotz aller Veränderlichkeit (und von passageren Ausnahmen abgesehen) das Gefühl, z.B. konstant dieselbe Ichperson zu bleiben, in einem ununterbrochenen Lebensprozeß zu stehen, als Person „ganz" zu sein und eine Einheit zu bilden, deren verschiedene Erscheinungsweisen, wie sie uns in der Vielgestalt des Erlebens zugänglich werden, natürlich (!) – wie wir spontan sagen möchten – zusammengehören.

Dies alles haben wir der phänomenalen Fähigkeit unseres Gehirns zu verdanken, sich selbst organisieren und aus der unablässigen Flut externer und interner Stimulationen eine „Struktur" herausbilden zu können, die diese Flut einigermaßen gut kanalisiert, lenkt und ordnet.

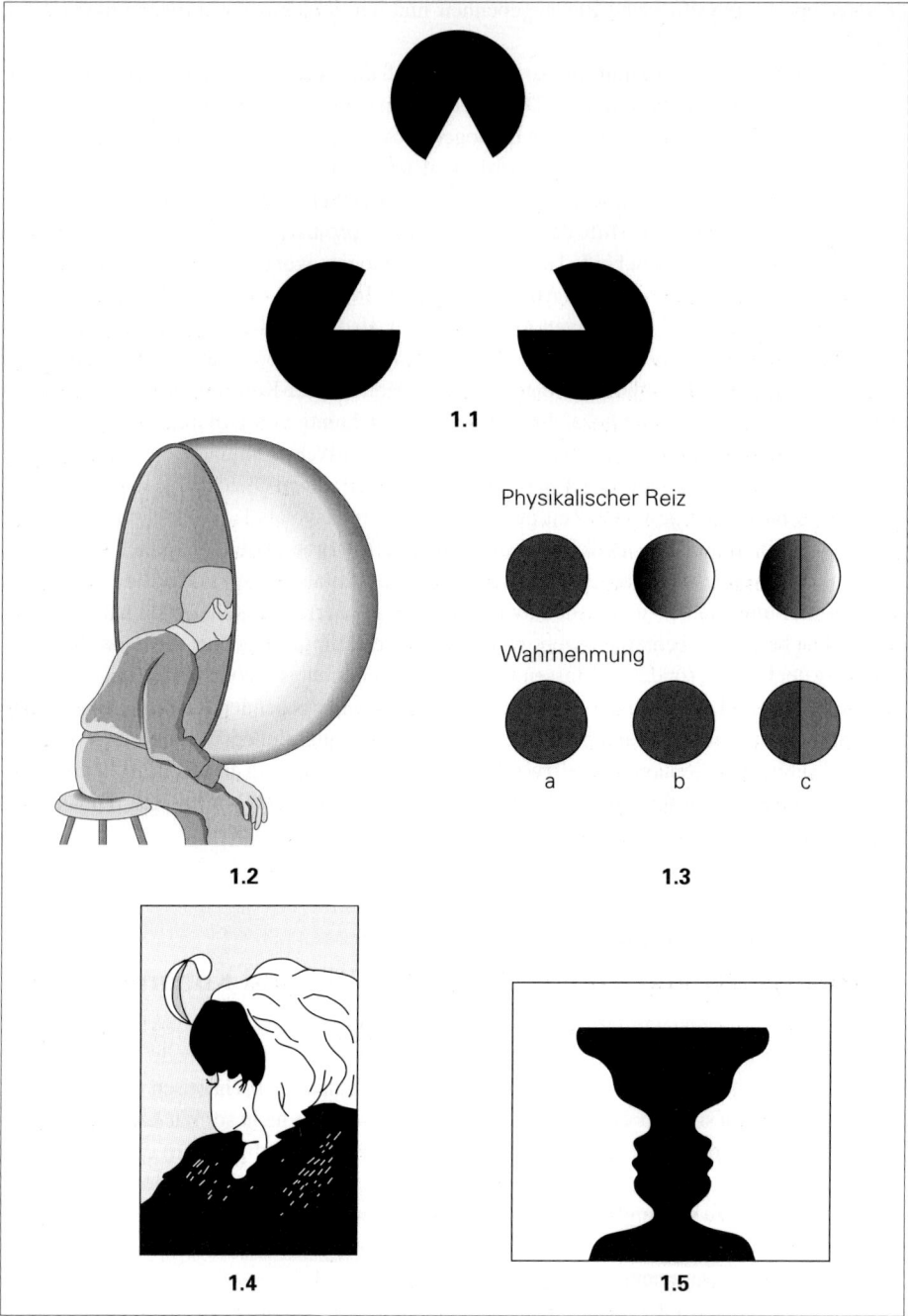

Abb. 1 Einfache Mechanismen der Wahrnehmungsorganisation und Beispiele für optische Täuschungen. Erläuterungen siehe Text.

Die Struktur

Was immer wir momentan erleben, ist wesentlich durch das determiniert, was wir bisher als persönliche Geschichte erlebt und in uns niedergelegt haben. Diese Niederschriften verweisen uns auf den Begriff einer seelisch-geistigen Struktur, die ordnend, regulierend, steuernd etc. das Erleben bestimmt. Die seelisch-geistige Struktur ist individualgeschichtlich gewachsen. Insofern kann sie als „geronnene Entwicklung" (Hörz 1991, S. 847) verstanden werden.

Diese Struktur legt mit hoher Stringenz fest, *wie* wir etwas erleben. Sie kann demgegenüber nicht mit gleicher Stringenz festlegen, *was* wir erleben. Manche Geschehnisse wie z.B. Schicksalsschläge oder Naturkatastrophen ereignen sich, ohne daß wir darauf als Einzelpersonen haben Einfluß nehmen können. Anderes ereilt uns aber nur scheinbar und vordergründig schicksalhaft-passiv, ist tatsächlich vielmehr das Resultat einer unbewußten Dynamik, die strukturell in uns verankert ist und sich mit unheimlicher Konsequenz und Zwangsläufigkeit und häufig genug über subtile Interaktionsprozesse vermittelt in äußeren Ereignissen manifestiert.

Was ist nun genauer unter „Struktur" zu verstehen? Wir werden zunächst kurz der Frage nachgehen, wie sich der Strukturbegriff im Kontext der zugehörigen Begriffe „System" und „Funktion" näher bestimmen läßt, um uns anschließend damit zu beschäftigen, wie er in der Psychoanalyse verwendet wird. Diese Vorklärungen sollen uns schließlich zu einem spezifisch genetisch-dynamischen Strukturverständnis hinführen.

Struktur, System und Funktion: Begriffsklärungen in naturwissenschaftlich-philosophischer Perspektive

Das „System" stellt gegenüber seiner Struktur und den Funktionen, über die es verfügt, die umfassendere Betrachtungseinheit dar. Demnach soll zunächst versucht werden, begrifflich zu klären, was gemeint ist, wenn von einem materiellen oder geistigen System die Rede ist.

Der Begriff „System" bedeutete im Griechischen ursprünglich das „Zusammengesetzte", das eine Ganzheit bildet. Der Begriff hat in der Wissenschaftsgeschichte dann allmählich eine Umakzentuierung und Ausdifferenzierung seines Bedeutungsgehaltes erfahren, wobei nun nicht mehr lediglich das aus Elementen ganzheitlich „Zusammengesetzte" seinen begrifflichen Gehalt ausmachte, sondern die Beziehungen zwischen den Elementen, die ein System konstituieren – und spezifisch: die Qualität, Intensität und Kontinuität dieser Beziehungen –, eine zunehmend größere Bedeutung erfuhren (vgl. Steinbacher 1990). Der System-Begriff verband sich also allmählich mit Vorstellungen von der inneren Gliederung der ein System bildenden Elemente, die trotz der Vielgestalt dieser Elemente oder Objekte nach bestimmten Prinzipien organisiert sind.

In den verschiedenen Einzelwissenschaften werden – in Abhängigkeit von dem erreichten Erkenntnisstand und den zu beschreibenden Sachverhalten – in Teilbereichen sich unterscheidende Systembegriffe mit spezifischer Terminologie verwendet. Unabhängig von diesen speziellen Entwicklungen sind dabei aber mit dem Systemgedanken in der Regel immer Vorstellungen von einer hierarchischen Gliederung eines solchen Systems verknüpft. Danach werden Teilsysteme auf jeweils höheren Organisationsstufen zu neuen Systemeinheiten verbunden. In dieser Logik führt der Weg von Elementarteilchen über Atome, Moleküle etc. schließlich zu Vorstellungen von dem gegliederten Aufbau des gesamten Universums als einem „System von Systemen" (Klaus u. Liebscher 1972, S. 1059). Aus dieser hierarchisch orientierten Sichtweise folgt, daß sich eine Einheit wie z. B. das Wasserstoffatom, das auf einer bestimmten Betrachtungsebene als „Element" eines Systems erscheint, bei größerer Auflösung – wie z. B. in der Atomphysik – wiederum als ein „System" identifizieren läßt.

Versucht man, die verschiedenartigsten Systeme zu klassifizieren, so bietet sich (vgl. Liebscher 1991) die Unterscheidung von materiellen und ideellen Systemen als einfachste Form einer Kategorisierung an. Zu den *materiellen* Systemen gehören alle materiellen Objekte und dynamischen materiellen Prozesse, zu den *ideellen* Systemen alle Begriffe und Aussagen, schließlich aber auch alle gedanklichen Modelle, die erdacht werden, um Objekte und Prozesse der materiellen und ideellen Welt in ihrem Aufbau und ihrer Funktionsdynamik möglichst realitätsgerecht nachzubilden oder (wie im Falle des Linné-Systems der Pflanzen und Tiere) zu kategorisieren.

Systeme lassen sich weiterhin danach unterscheiden, ob sie offen oder geschlossen sind (vgl. Klaus u. Liebscher 1972). *Geschlossene Systeme* stehen nicht in einem Austausch mit ihrer Umgebung, ihre Elemente und Subsysteme können sich nur innerhalb des Systems wechselseitig beeinflussen. *Offene Systeme* – wie z. B. das Gehirn in Kopplung mit seinen Sinnes- und Effektororganen – können demgegenüber mit ihrer Umgebung interagieren, können also ihre Umgebung verändern oder durch Umgebungseinflüsse selbst verändert werden.

Nun gibt es materielle dynamische Systeme, die – zumindest innerhalb bestimmter systemimmanenter Grenzen – fähig sind, sich selbst in Richtung auf einen gewünschten Soll-Zustand wie z. B. den der Homöostase auszusteuern. Diese Soll-Zustände können innerhalb des Systems konstant bleiben oder sich in Abhängigkeit von hierarchisch übergeordneten Steuerungssystemen verändern. Die Aussteuerung in Richtung auf den gewünschten Soll-Zustand erfolgt in der Weise, daß eine Reglereinheit die Abweichung des Ist- vom Soll-Zustand feststellt und geeignete Maßnahmen veranlaßt, um diese Abweichung zu verringern. Um dies leisten zu können, muß sich das System fortlaufend über die Effekte der eingeleiteten Korrekturmaßnahmen informieren, was über sog. Rückkopplungsschleifen erfolgt. Negative Rückkopplungen sichern die Stabilität des Systems, weil sie die Ist-Sollwert-Differenz minimieren. Positive Rückkopplungen destabilisieren das System, weil sie diese Differenz fortlaufend vergrößern – verbunden mit der Gefahr, daß das System zusammenbricht, wenn kritische Grenzwertzustände überschritten werden. Dynamische Systeme, die in der beschriebenen Weise über Rückkopplungen verfügen, werden als *kybernetische Systeme* bezeichnet.

Solche kybernetischen Systeme werden dann *lernfähige* oder *lernende Systeme* genannt, wenn sie fähig sind, ihre eigenen prozessualen Tätigkeiten und deren Effekte im Sinne einer Erfahrungsbildung in sich selbst zu repräsentieren und nachfolgende Prozeßaktivitäten auf der Grundlage und nach Maßgabe dieser Erfahrungsbildungen zu verändern. Lernende kybernetische Systeme erschaffen sich also modellartige Abbildungen sowohl von ihrer Umgebung, mit der sie interagieren, als auch von den dynamischen Austauschprozessen mit dieser Umgebung. In diesem Sinne ist das menschliche Gehirn das lernende System, das den höchsten Entwicklungsstand erreicht hat (Klaus u. Liebscher 1972).

Das Gehirn ist zugleich dasjenige Organ, das unter allen uns bekannten Systemen in phänomenaler Weise zu einer *Selbstorganisation* fähig ist. Mit „Selbstorganisation" wird die Eigenschaft komplexer, aus Subsystemen hierarchisch aufgebauter Systeme bezeichnet, sich unter bestimmten Bedingungen spontan selbst zu ordnen (vgl. Ebeling 1991).

Im Rahmen dieser systemtheoretischen Konzeptionen läßt sich nun der Begriff der „*Struktur*" näher bestimmen. Die **Struktur** – der Begriff leitet sich vom lateinischen struere = bauen her – bezeichnet die Gesamtheit der Beziehungen, die zwischen den Elementen oder Subsystemen eines jeweils betrachteten Systems bestehen (vgl. Hörz 1991). Die Wechselwirkungen zwischen den Elementen und Subsystemen, die die Systemstruktur bilden, ereignen sich nicht zufällig, sie folgen vielmehr Regelhaftigkeiten, die die dynamische Binnenordnung eines Systems konstituieren. Erst durch diese dynamische Binnenordnung wird es überhaupt möglich, Systemstrukturen zu identifizieren. Solche dynamischen Strukturen sind in lernenden Systemen relativ invariant. Sie sind „relativ" invariant, weil sie innerhalb enger Zeitmarken zwar weitgehend konstant bleiben, sich im Verlauf größerer Zeiträume aber, und in Abhängigkeit von Änderungen in der Umgebung, mit der ein System interagiert, ihrerseits verändern müssen, um den Bestand des Systems zu garantieren. Sofern also die Struktur die Binnenordnung eines Systems bildet, führen Strukturveränderungen auch zu Systemveränderungen bzw. -entwicklungen.

Wir sind es üblicherweise gewohnt, mit dem Strukturgedanken eine bestimmte Aufgabe zu verbinden: Strukturen sollen verhindern, daß es in Systemen zu groben Zustandsveränderungen kommt. Inzwischen haben aber der Nobelpreisträger I. Prigogine und seine Mitarbeiter Vorgänge beobachtet und untersucht, die eine andere Entwicklungsdynamik zeigen. „Wir wissen inzwischen, daß fern vom Gleichgewicht neue Strukturtypen spontan entstehen können. Unordnung und Chaos können sich unter gleichgewichtsfernen Bedingungen in Ordnung verwandeln" (Prigogine und Stengers 1981, S. 21). Diese neuen Strukturen, die sie als „dissipative Strukturen" bezeichnen, können dann entstehen, wenn Systeme, die üblicherweise so ausgesteuert werden, daß ein bestimmter mittlerer Schwankungsbereich nicht überschritten wird, plötzlich solche Veränderungen erfahren, daß dieser Stabilitätsbereich durchbrochen wird und das System gänzlich neue Verhaltensweisen hervorbringt (vgl. Dell und Goolishian 1981).

Mit der „Struktur" ist der Begriff der *Funktion* eng verbunden. Der Funktionsbegriff spielt in vielen Wissenschaftsbereichen eine zentrale Rolle, ohne allerdings – mit Ausnahme jener, die sich eines mathematischen Funktionsbegriffes bedienen – übergreifend einheitlich definiert zu sein. Allgemein wird er (vgl. Schott 1991) im Sinne von Tätigkeit oder Verrichtung benutzt. In Wissenschaftsbereichen, die sich wie Biologie, Medizin, Psychologie mit lebenden Systemen beschäftigen, bezeichnet der Begriff „Funktion" spezifische umschriebene Leistungen, Verhaltensweisen oder Tätigkeiten eines Systems – eines Organs z. B. –, die bestimmten Zwecken dienen und insofern wichtig und sinnvoll sind: „Die Funktion eines Systems ist seine durch die Struktur mögliche Verhaltensweise, die die Existenz, Veränderung und Entwicklung des Systems garantiert" (Hörz 1991, S. 849).

Pulver (1991) hat vorgeschlagen, im Zusammenhang mit Vorgängen, die sich auf ein seelisches oder geistiges Geschehen beziehen, die Begriffe „Funktion" und „Prozeß" zu unterscheiden. Beide bezeichneten zwar Aktivitäten, wobei aber „die Funktion" spezifischer die zugrunde liegende Absicht kennzeichnen würde, während „der Prozeß" vorrangig auf Art und Qualität dieser Aktivität bezogen sei. Da aber die meisten seelisch-geistigen Aktivitäten (wenn auch oft auf verborgene und schwer identifizierbare Weise) funktional sind, halte ich diese Differenzierung für weitgehend verzichtbar und werde den Funktionsbegriff im weiteren Verlauf der Abhandlung, Hörz (1991) folgend, im teleologischen Sinne verwenden – als Tätigkeit, die zweck- und zielorientiert ist.

Der Struktur-Begriff in der Psychoanalyse: Konzepte, deren Kritik und eine Konsequenz

Im psychoanalytischen Schrifttum hat der Begriff „System" eine vernachlässigbar kleine Rolle gespielt. Er wird entweder im obigen allgemeinen Sinne verwendet, um etwas Zusammengesetztes als Einheit zu bezeichnen (wie z. B. Freuds Systeme Ubw, Vbw oder Bw), oder er wird dort, wo er gemeinsam mit dem Struktur-Begriff benutzt wird, unscharf von diesem abgegrenzt oder praktisch synonym gebraucht.

Demgegenüber darf der Struktur-Begriff wohl mit Recht zu den Begriffen gezählt werden, die in der Psychoanalyse eine zentrale Bedeutung erlangt haben (vgl. die verschiedenen Beiträge in Wallerstein 1991), und dies trifft vor allem auf sein begriffliches Geschwister zu: die Strukturveränderung. Von dieser „Strukturveränderung" wird häufig explizit oder zumindest implizit angenommen, daß nur die sog. große Psychoanalyse und im weiteren die von ihr abgeleiteten Therapieverfahren in der Lage seien, eine solche Veränderung erreichen zu können. Angesichts dieser hohen Wertschätzung, der sich der Struktur-Begriff in der Psychoanalyse erfreuen kann, ist es schon verwunderlich, daß der begriffliche Gehalt von „Struktur" alles andere als eindeutig ist, der Begriff häufig vielmehr gänzlich undefiniert bleibt oder verschwommen-unscharf oder lediglich metaphorisch gebraucht wird.

Freud selbst hat niemals den Versuch unternommen, „die Struktur" (verstanden als seelisch-geistige Struktur) zu definieren. Es finden sich in Freuds Schriften – folgt man dem Index zur Gesamtausgabe – nur drei Textzusammenhänge, in denen die Worte „Struktur" oder „strukturell" auftauchen. In zwei dieser Textzusammenhänge (Freud 1923, 1937) wird dabei lediglich allgemein auf die Ordnungsstruktur seelischer Phänomene oder Prozesse hingewiesen. Die dritte Textstelle (Freud 1933) ist demgegenüber schon etwas spezifischer. Hier greift Freud auf seine berühmt gewordene Zeichnung zurück (und nennt sie eine „anspruchslose"), mit deren Hilfe er die „Strukturverhältnisse der seelischen Persönlichkeit" (ebd. S. 85) – gemeint ist das Es-Ich-Über-Ich-Modell – graphisch veranschaulichen wollte.

J.K. Meyer (1991) verweist aber darauf, daß sich die Strukturidee – im Sinne von „organization of a variety of mental elements into a system" (ebd. S. 110) – schon vor 1923, dem Erscheinungsjahr von „Das Es und das Ich", an verschiedenen Stellen des Freudschen Schrifttums findet. In dieser Arbeit wurde die bis dahin gültige Vorstellung vom Aufbau des seelischen „Apparates" – das erste Modell – grundsätzlich überarbeitet und verändert.

Zunächst zu dem ersten Modell, das häufig als das „topographische" (vgl. A.-E. Meyer 1969) bezeichnet wird. Dieses Schichtenmodell orientierte sich am Kriterium des Bewußtseinsgrades und unterschied zwei „Systeme": Im System Ubw wurden alle unbewußten körpernah-triebhaften Bedürfnisse zusammengefaßt, die auf Befriedigung drängen, wobei alle Abläufe in diesem System primärprozeßhafter Natur sind; dem System Bw wurden alle bewußten und problemlos bewußtseinsfähigen (vorbewußten) Inhalte und Funktionen zugeordnet, die den Regeln des rational gesteuerten (sekundärprozeßhaften) Denkens und Handelns folgen. Das System Bw sollte vorrangig die aus dem System Ubw andrängenden Triebimpulse kontrollieren und somit die Anpassung an die Realität garantieren.

Das erste Schichtenmodell erwies sich aber als unhaltbar. Es scheiterte an verschiedenen Unstimmigkeiten (vgl. sehr detailliert A.-E. Meyer 1969), deren wichtigste aus der Beobachtung resultierte, daß Abwehrprozesse zumeist unbewußt eingeleitet werden und unbewußt ablaufen, obwohl sie in der Logik des Modells dem System Bw zugeordnet werden müssen.

Dieses Seelenmodell wurde dann, wie bereits erwähnt, von Freud (1923) in das zweite, das Es-Ich-Über-Ich-Modell überführt. Das vormalige Ubw-System entsprach jetzt weitgehend der

Instanz „Es", das vormalige Bw-Vbw-System weitgehend der Instanz „Ich" (vgl. Rapaport 1959), wobei A.-E. Meyer (1969) nachweisen konnte, daß in der gedanklichen Konstruktion dieses zweiten Modells die inneren Unstimmigkeiten, die die Unhaltbarkeit des ersten Modells begründet hatten, mehrheitlich ausgeräumt werden konnten.

Folgt man der Mehrheitsmeinung (vgl. A.-E. Meyer et al. 1977), so enthält das „Es" die triebhaft-drängenden, körpernahen Bedürfnisse und die abgewehrten Persönlichkeitsanteile, die gleichfalls ins Bewußtsein drängen. Das „Ich" wird überwiegend durch die ihm zugeordneten Funktionen definiert: die Wahrnehmungs-, Denk-, Gedächtnis-, Sprachfunktionen, die Motorik, das Bewußtsein, die Realitätsprüfung, die allgemeinen Abwehrfunktionen und die spezifischen Abwehrmechanismen sowie sog. integrierende Funktionen. Das „Über-Ich" umfaßt (vgl. Loch 1971) zwei Anteile: das Gewissen und das Ich-Ideal.

Nachdem das Es-Ich-Über-Ich-Modell eingeführt worden war, galt hinfort der strukturelle Konflikt *zwischen* diesen drei Instanzen als „die Essenz des Konfliktbegriffs" (Rapaport 1959, S. 57) – späterhin von Hartmann (1960) dahingehend erweitert, daß es auch Konflikte *innerhalb* der einzelnen Instanzen geben könne.

In der Zeit nach Freud hat sich in der psychoanalytischen Literatur dann der Begriff „Strukturtheorie" durchgesetzt, um damit das Drei-Instanzen-Modell (Mentzos 1984) zu bezeichnen. Es ist bis heute unklar (vgl. Boesky 1991; Chasseguet-Smirgel u. Goyena 1993), wer eigentlich namengebend die Bezeichnung „Strukturtheorie" eingeführt hat. Freud selbst war es jedenfalls nicht, statt dessen mit hoher Wahrscheinlichkeit ein Mitglied aus der Gruppe jener als „Ich-Psychologen" bezeichneten Psychoanalytiker, die das Drei-Instanzen-Modell – und dabei insbesondere das „Ich" in seiner vermittelnden Funktion – in das Zentrum ihrer theoretischen und klinischen Arbeit gerückt haben.

Der strukturelle Gesichtspunkt ist dann von Rapaport (1959) mit dem erkennbaren Anspruch, theoretisch bündig und allgemeinverbindlich zu sein, ausformuliert und folgendermaßen zusammengefaßt worden: „1. Die strukturellen Determinanten des Verhaltens wurden als vermittelnde Variablen eingeführt, welche der Beobachtung Rechnung tragen, daß Motivationen das Verhalten nicht in einem Eins-zu-Eins-Verhältnis determinieren. 2. Strukturelle Determinanten unterscheiden sich von motivierenden Determinanten, insofern sie relativ dauerhaft sind: Ihr Veränderungstempo ist relativ langsam. 3. Es gibt sowohl angeborene als auch erworbene Strukturen: Apparate von primärer und sekundärer Autonomie. 4. Strukturbildung formt die Motivationen um und veranlaßt das Entstehen neuer Motivationen von höherer Neutralisierung. 5. Strukturen und die aus ihnen erwachsenden Motivationen können zu relativ autonomen Determinanten des Verhaltens werden" (S. 61). Rapaport meint mit „strukturelle Determinanten" in erster Linie die Kontroll- und Abwehrmechanismen des Ich und die anderen Ich-Funktionen; weiterhin sind damit aber auch solche Teilstrukturen gemeint, die aus Identifikationsprozessen hervorgehen. Die Begriffe „Motivation" und „motivierende Determinante" verweisen demgegenüber auf die Triebe bzw. Triebrepräsentanzen und deren Abkömmlinge.

Diese Rapaportschen Formulierungen wirken sehr abstrakt und sind auch in den ihnen vorangehenden näheren Ausführungen nicht wesentlich konkreter gefaßt worden. Dennoch gilt die Rapaportsche als *die* Ausformulierung des strukturellen Gesichtspunktes überhaupt (und entsprechend wird er regelhaft zitiert, wenn in der psychoanalytischen Literatur der Strukturgedanke thematisiert wird). Zusammenfassend können wir feststellen, daß sich die Vorstellungen von einer Binnenordnung oder Untergliederung von Systemen, die wissenschaftsübergreifend dem Strukturgedanken immanent sind, zumindest prinzipiell in den Schichtenmodellen und Strukturkonzepten der Psychoanalyse wiederfinden.

Das andere Merkmal, das allgemein zur Strukturidee gehört – die relative Stabilität –, ist bislang nicht erwähnt worden, findet sich gleichwohl aber schon vor 1923 in Freuds Schriften.

Es hatte z.B., wie wiederum Rapaport (1959) ausführt, seinen Ausdruck in dem Konzept der Gegenbesetzungen gefunden, die dauerhaft aufrechterhalten werden und dadurch die Trieb-Abfuhr verhindern oder zumindest verzögern. Diese Qualität des Beständigen ist dann nach Einführung des Drei-Instanzen-Modells mit prinzipiell gleicher Begründung dem Ich bzw. Über-Ich zugeschrieben worden. Diese Instanzen müssen überdauernd fortbestehen und aktiviert sein, um der gleichfalls überdauernden Gefahr einer unkontrollierten Trieb-Abfuhr oder allgemeiner: einer Wiederkehr des Verdrängten, begegnen zu können – was im Falle des Versagens dieser Instanzen in der Folge dann die Realitätsanpassung erheblich gefährden würde.

Versucht man nun, die Verwendung des Strukturbegriffs in der Psychoanalyse im Überblick einzuschätzen, so entsteht weit mehr Verwirrung als Klarheit. Die „Struktur" zählt in der Tat zu den zentralen und zugleich höchstproblematischen Konzepten in der Psychoanalyse (vgl. Wallerstein 1991, S. 241). Versuchen wir, einige Gründe hierfür zusammenzutragen.

1. Unpräzise Begriffsverwendung

Auf die häufig fehlende oder unzureichend klare Definition von „Struktur" wurde bereits hingewiesen, wobei dem jetzt noch hinzuzufügen ist, daß nicht immer eindeutig erkennbar ist, ob der Begriff allgemein oder mit spezifischem Bezug auf die sog. Strukturtheorie benutzt wird.

2. Schulenspezifische Strukturkonzeption

Innerhalb verschiedener psychoanalytischer Schulen wird der Begriff mit Bedeutungsinhalten assoziiert, die schulenspezifisch zentrale Positionen markieren. Wallerstein (1991) führt dies in Beispielen aus: Der ich-psychologisch orientierte Psychoanalytiker verknüpft die Struktur mit Impuls-Abwehr-Konfigurationen; der Psychoanalytiker Kleinianischer Richtung verbindet die Strukturidee mit Vorstellungen von getrennt gehaltenen guten oder bösen Partialobjekten (in der paranoiden Position) oder ambivalent erlebten ganzen Objekten (in der depressiven Position); der Objektbeziehungstheoretiker rückt wie z.B. Kernberg (1978) die Selbst- und Objektrepräsentanzen mit den zugehörigen Affektdispositionen ins Zentrum; der selbst-psychologisch orientierte Psychoanalytiker fokussiert auf den Zustand des bipolaren Selbst (und fragt sich, ob es kohäsiv oder von Zerfall bedroht ist).

3. Unscharfe Abgrenzung gegenüber dem Begriff „Charakter"

Mit Struktur wird im klinischen Alltag häufig der Charakter – die relativ zeitstabile Konfiguration bestimmter Persönlichkeits- und Verhaltensmerkmale – einer Person bezeichnet. Mentzos (1984) hat in diesem Zusammenhang ausgeführt, daß diese Begriffsverwendung nur in Verbindung mit einem spezifizierenden Adjektiv – also z.B. depressive oder hysterische Struktur – sinnvoll ist. Dies kann aber auch keine befriedigende Lösung sein, weil es die Klärungsbedürftigkeit dann nur in Richtung der Frage verschiebt, was denn nun genau unter z.B. einer „hysterischen Struktur" zu verstehen sei – um mit der „Hysterie" ein besonders problematisches Beispiel zu wählen.

Die nachfolgend aufgeführten Gründe, die den Strukturbegriff in der Psychoanalyse verwirrend vieldeutig erscheinen lassen, beziehen sich spezifisch auf die sog. Strukturtheorie, also das Es-Ich-Über-Ich-Modell.

4. Hoher Abstraktionsgrad

Wallerstein (1991) hat darauf hingewiesen, daß das Es-Ich-Über-Ich-Modell insbesondere unter Forschungsgesichtspunkten kaum anwendbar sei, weil zu abstrakt, zu erfahrungsfern und praktisch nicht operationalisierbar. Diese Einschätzung kann ohne wesentliche Einschränkungen auf den klinischen Alltag übertragen werden, wenn es darum geht, den einzelnen Patienten mit Hilfe dieses Drei-Instanzen-Modells zu verstehen.

5. Uneinheitlichkeit in den Auffassungen

Die sog. Strukturtheorie wird im übrigen keineswegs übereinstimmend aufgefaßt. A.-E. Meyer (1969) hat aufgezeigt, daß einige wenige Analytiker die Strukturtheorie überhaupt nicht aufgegriffen haben, stattdessen mit dem früheren Ubw-Bw-Schema arbeiten, einige beide Gliederungsschemata parallel verwenden, und sich bei den Analytikern, die der Strukturtheorie folgen, fünf „nicht miteinander vereinbare Definitionen finden, nach welchen das Es vom Ich unterschieden wird" (ebd. S. 589).

6. Konstrukte werden zu quasirealen Gegebenheiten

Obwohl eigentlich jeder weiß, daß es sich bei den drei Instanzen um *Konstrukte* handelt – also um kognitive Modellannahmen, die reale und beobachtbare Phänomene möglichst sinnvoll und widerspruchsfrei erklären sollen – werden sie und andere psychoanalytische Konstrukte unter Psychoanalytikern häufig so behandelt, als würden sie quasireal existieren. Dieser Entwicklung zu einer mangelhaften Unterscheidung zwischen theoretischer Modellannahme und realer Existenz des theoretisch Postulierten hat Freud selbst Vorschub geleistet – und zwar paradoxerweise gerade deshalb, weil er über eine außergewöhnliche Sprachbegabung verfügte, die es ihm ermöglichte, seine Ideen lebendig und anschaulich darzustellen. Nehmen wir als Beispiel die folgende Textstelle, worin er seine Vorstellungen veranschaulicht, wie die drei Instanzen untereinander und im Verhältnis zur äußeren Realität wechselspielen, wobei das Hauptaugenmerk auf die Rolle des Ich gerichtet ist:

„Ein Sprichwort warnt davor, gleichzeitig zwei Herren zu dienen. Das arme Ich hat es noch schwerer, es dient drei gestrengen Herren, ist bemüht, deren Ansprüche und Forderungen in Einklang miteinander zu bringen… Die drei Zwingherren sind die Außenwelt, das Über-Ich und das Es. Wenn man die Anstrengungen des Ichs verfolgt, ihnen gleichzeitig gerecht zu werden, besser gesagt: ihnen gleichzeitig zu gehorchen, dann kann man nicht bereuen, dieses Ich personifiziert, es als ein besonderes Wesen hingestellt zu haben. Es fühlt sich von drei Seiten her eingeengt, von dreierlei Gefahren bedroht, auf die es im Falle der Bedrängnis mit Angstentwicklung reagiert. Durch seine Herkunft aus den Erfahrungen des Wahrnehmungssystems ist es dazu bestimmt, die Anforderungen der Außenwelt zu vertreten, aber es will auch der getreue Diener des Es sein, im Einvernehmen mit ihm bleiben, sich ihm als Objekt empfehlen, seine Libido auf sich ziehen. In seinem Vermittlungsbestreben zwischen Es und Realität ist es oft nötig, die ubw Gebote des Es mit seinen vbw Rationalisierungen zu bekleiden, die Konflikte des Es mit der Realität zu vertuschen, mit diplomatischer Unaufrichtigkeit eine Rücksichtnahme auf die Realität vorzuspiegeln, auch wenn das Es starr und unnachgiebig geblieben ist. Andererseits wird es auf Schritt und Tritt von dem gestrengen Über-Ich beobachtet, das ihm bestimmte Normen des Verhaltens vorhält, ohne Rücksicht auf die Schwierigkeiten von Seiten des Es und der Außenwelt zu nehmen, und es im Falle der Nichteinhaltung mit den Span-nungsgefühlen der Minderwertigkeit und des Schuldbewußtseins bestraft. So vom Es getrie-ben, vom Über-Ich eingeengt, von der Realität zurückgestoßen, ringt das Ich um die Bewälti-gung seiner ökonomischen Aufgabe, die Harmonie unter den Kräften und Einflüssen herzustellen, die in ihm und auf es wirken, und wir verstehen, warum wir so oft den Ausruf nicht unterdrücken können: 'Das Leben ist nicht leicht!'" (Freud 1933, S. 84-85).

Fragen wir uns zunächst, was in dieser bilderreichen Veranschaulichung tatsächlichen und somit auch der Möglichkeit nach beobachtbaren Gegebenheiten, was demgegenüber theoreti-schen Konstruktionen entspricht. *Tatsächlich* gibt es nur die äußere Wirklichkeit und gewisse Funktionen, die in einer gedanklichen Operation jeweils einer der drei Instanzen zugeordnet werden können. Demgegenüber existieren Ich, Es und Über-Ich *nicht wirklich*, es gibt sie nur als gedachte, insofern also ideelle Systeme.

Überläßt man sich aber dem Text, wird man geradezu suggestiv verführt, sich als Zuschauer eines Dramas zu fühlen, in dem ein heldenmütiges „Ich" einen ausweglos erscheinenden Kampf gegen Mächte führt, denen es, weil heroisch und gewitzt, zwar lange widerstehen kann, ständig aber zu unterliegen droht. Ja, dieses Ich wird tatsächlich, wie Freud selbst formuliert, „personifiziert" und als „besonderes Wesen" hingestellt. Damit werden die Verhältnisse gerade-zu auf den Kopf gestellt: Die Funktionen, die es als Tätigkeiten (wie z. B. als Abwehr- oder Phantasietätigkeit) wirklich gibt und die an ihren Wirkungen zumindest indirekt beobachtbar sind, werden einer Instanz unterstellt, die rein fiktiv ist, und diese Instanz „Ich" kann nun steu-ern und lenken, obwohl es sie gar nicht gibt.

Man müßte diesen Punkt nicht weiter betonen und könnte ihn zur Not unter „Metaphorik" ablegen, wenn wir dieser Unschärfe im Umgang mit Konstrukten nicht häufig im Diskurs unter uns Psychoanalytikern (oder solchen, die sich dafür halten) begegnen würden. Da ist „das Unbe-wußte" unergründlich oder in der Wahl seiner Mittel grenzenlos erfinderisch, „das Ich" schwach oder stark, „das Über-Ich" streng und verfolgend etc. Dies alles wäre weniger bedenklich, wenn man sicher sein könnte, daß Aussagen wie diese oder ähnliche wirklich metaphorisch gemeint sind. Mir drängt sich aber nicht selten der Eindruck auf, daß manche Autoren oder Diskutan-ten irgendwie *doch* an die *Realexistenz* solcher Konstrukte glauben und Sprachformeln der beschriebenen Art für Realformeln halten, mit denen man trefflich argumentieren und ver-meintliche „Tatsachen" beschreiben kann – eine wissenschaftlich gleichermaßen unhaltbare wie unredliche Methode.

7. Innerer gedanklicher Widerspruch

Die Strukturtheorie leidet an einer gedanklichen Unschärfe. Um dies zu verdeutlichen, müssen wir noch einmal zu dem Freud-Zitat von oben zurückkehren. Dort begegnet uns ein Ich, das als *übergeordnete Einheit*, eben als personifiziertes Wesen, behandelt wird und zu Leistungen fähig ist, die eigentlich nur die ganze Person mit allen ihr zu Gebote stehenden Funktionen erbrin-gen kann. So kann das Ich die einwirkende Außenwelt und gleichzeitig die anderen Instanzen überblicken. Es muß, aus logischen Gründen zwingend, in diesen Supervisionsrang erhoben werden, um überhaupt die Vermittlungsarbeit zwischen den Instanzen und der äußeren Realität leisten zu können. Das gleiche „Ich" ist nun aber in der Logik des Es-Ich-Über-Ich-Modells wiederum nur *eine* Instanz unter anderen, also ein Teilsystem. Damit ist das „Ich" in eine Posi-tion gebracht worden, die bekanntermaßen logisch unmöglich ist: ein Etwas, wie in diesem Fall das „Ich", kann nicht gleichzeitig Teil und übergeordnetes Ganzes sein.

8. Das „Ich" – Agglomeration von Funktionen ohne funktionale Verknüpfungen

Das Ich soll zwischen den verschiedenen Instanzen und der Außenwelt vermitteln. Insofern ist auf dieser Ebene, der Ebene *zwischen* den Instanzen, prinzipiell zumindest eine dynamische Wechselbeziehung vorgesehen. Betrachtet man aber die einzelnen Instanzen, und hier insbesondere das Ich in seiner zentralen Vermittlungsfunktion, so stellt sich die Frage, *wie* das Ich seine Aufgaben bewerkstelligen soll. In der Konzeption der klassischen Strukturtheorie ist dies so zu lösen versucht worden, daß dem Ich eine Vielfalt von Funktionen – Wahrnehmungs-, Denk-, Gedächtnis-, Abwehrfunktionen etc. – unterstellt wurden, die oben bereits in kursorischer Übersicht dargestellt worden sind.

Ein Komplex von Funktionen – die Abwehrmechanismen, die zu „der Abwehr" zusammengefaßt werden – ist im Rahmen der Strukturtheorie detailliert inhaltlich ausgearbeitet worden, einschließlich der Antworten auf die Fragen, wodurch die Abwehr mobilisiert wird (vorrangig: durch die Entwicklung von Angst), und welchem Zweck sie dient (vorrangig und allgemein: der Unlustvermeidung). Die Abwehrlehre ist einer der mit Abstand fruchtbarsten Beiträge, die die Psychoanalyse zum Verständnis gesunder und pathologischer seelischer Abläufe geliefert hat. Die Bedeutung der Abwehrlehre ist aber in keiner Weise daran gebunden, daß die Abwehr dem „Ich" subordiniert wird, und sie wird in keiner Weise gemindert, wenn sie aus dieser Subordination entbunden werden würde. Das gleiche gilt für andere Funktionen auch, die ansonsten allein dadurch, daß sie „Ich-Funktionen" genannt werden, in keiner Weise irgendeine besondere Qualität hinzugewinnen.

Im übrigen sind keine systematisierten, allgemein akzeptierten theoretischen Vorstellungen entwickelt worden, wie die heterogenen Ich-Funktionen dynamisch zusammenwirken. Es kann aber nicht genügen, diese Funktionen lediglich für den Herrschaftsbereich des „Ich" requiriert zu haben und sie ansonsten weitgehend unverbunden nebeneinander bestehen zu lassen. Hier klafft eine riesige Theorielücke. Sie zu füllen hieße, sich über die Grenzen der klassischen Strukturtheorie hinausgehend mit den Befunden z.B. der Neurophysiologie, der Gedächtnisforschung, der allgemeinen Psychologie auseinanderzusetzen, und die Strukturtheorie, insbesondere die Funktionsweise des „Ich", fortlaufend daraufhin zu überarbeiten. Dies geschieht aber faktisch nicht, zumindest nicht in systematischer Weise. Diejenigen Psychoanalytiker, die von „Struktur" reden und die Strukturtheorie meinen, scheinen (ohne die Theorielücke wirklich zu realisieren) stillschweigend darauf zu vertrauen, daß das „Ich" die hochkomplexen Wechselwirkungsprozesse zwischen den (Ich-)Funktionen schon irgendwie regeln werde, nachdem es einmal in den Rang einer zentralen Lenkungsinstanz erhoben worden ist – verbunden mit der schon angesprochenen Tendenz, das Ich zu einem quasirealen Agens, zu einer Art Deus ex machina zu machen und dabei zu übersehen, daß es realiter nichts mehr und nichts weniger als ein Konstrukt ist.

9. Reduktion auf zwei Grundtriebe

Die klassische Strukturkonzeption ist in ihrer logischen Anlage triebtheoretisch verankert und auf ausschließlich zwei Arten von Triebimpulsen (erotisch-sexuelle und aggressive) zentriert. Andere innere Beweggründe – z.B. Sicherheitsbedürfnisse, Bindungswünsche, Kompetenzstreben, Bedürfnisse nach kreativer Gestaltung, Ehrgeiz, Machtstreben, Passivitätswünsche o.ä. – werden entweder aus den beiden Grundtrieben abgeleitet oder bleiben gänzlich unberücksichtigt. Wenn Rapaport (1959) den sogenannten Ich-Funktionen auch eine gewisse Unabhängigkeit zuschreibt, so bleiben sie doch primär darauf ausgerichtet, *Triebimpulse zu kanalisieren* und mit den Erfordernissen der Realität abzugleichen.

10. Rückgriff auf eine unbewiesene Form von „Energie"

Die Strukturtheorie arbeitet mit einem höchst fragwürdigen Energie-Konzept. Die Energie wird – abgesehen von der später hinzugekommenen Annahme, wonach dem seelischen Apparat auch neutralisierte Energie zur Verfügung stehen würde – den Trieben zugeordnet, also primär im Es lokalisiert, von wo aus sie verschoben oder umgewandelt werden kann, vor allem aber auf Abfuhr drängt: „… weil das Es die Triebradikale und die verdrängten Triebtendenzen … enthält, hat es entscheidende Wirkmacht, drängen doch beide Faktorengruppen auf Entspannung der ihnen eigenen energetischen Potentiale" (Loch und Hinz 1999, S. 55).

Von dieser psychischen Energie wird dann angenommen, daß mit ihr innerhalb des seelischen Apparates verschiedenes geschehen kann: Sie kann verschoben werden; sie kann bestimmte Funktionen oder Repräsentanzen „besetzen", sich dort gleichsam anheften; sie kann auf geheimnisvolle Weise transformiert, von z. B. sexueller Energie (Libido) in desexualisierte, neutralisierte Energie umgewandelt werden; sie kann schließlich entladen oder abgeführt werden, wobei niemand jemals genau anzugeben wußte, wo sie dann eigentlich bleibt. Die Theorie der psychischen Energie und der mit ihr verbundenen Prozesse kann in keiner Hinsicht, wie Rosenblatt und Thickstun (1977) bereits detaillierter ausgeführt haben, den Kriterien genügen, die für Modellannahmen zu fordern sind, die wissenschaftlich genannt werden können.

Die Begrifflichkeit, die mit der Annahme einer psychischen Energie verbunden ist, hat sich bis in die Gegenwart erhalten. Ein Beispiel mag das verdeutlichen. Hartmann (1950) hat den Narzißmus als „libidinöse Besetzung des Selbst" definiert. Diese Definition wird nach wie vor gern zitiert – wohl deshalb, weil sie in ihrer Kürze und scheinbaren Prägnanz prima facie bestechend elegant wirkt. Auf den zweiten Blick ist an dieser Definition aber alles fragwürdig, was nur fragwürdig sein kann. „Libidinös" nimmt Bezug auf die dem Sexualtrieb eigene psychische Energie (Libido), die in der Perspektive moderner neurophysiologischer Erkenntnisse kaum haltbar erscheint. „Besetzung" impliziert die Verschieblichkeit der Libidoquantitäten, verbunden mit der Vorstellung, daß sie irgendwo ankoppeln können – in diesem Fall an das Selbst bzw. die Selbstrepräsentanzen. Wenn man davon ausgeht, wie ich es tue, daß das energetisch-quantitative Libidomodell schwerlich zu halten sein wird, hat sich damit auch das Besetzungskonzept automatisch erledigt. Selbst dann, wenn man diese Modellvorstellungen nurmehr metaphorisch versteht, erweisen sie sich in vielen Fällen auch klinisch als wenig nützlich. Bleiben wir bei der Narzißmus-Definition von Hartmann (ebd.) als Beispiel. Unter der Annahme, daß die insgesamt verfügbare Libidomenge gleich bleibt, folgt aus dem Verschiebungs-Besetzungs-Modell, daß die Libidoquantitäten, die an die Selbstrepräsentanzen gebunden sind, nicht mehr für die Besetzung von Objektrepräsentanzen verfügbar sind und vice versa. Die klinische Erfahrung widerspricht den Folgerungen aus diesem Modell. Statt dessen ist überwiegend und von Fällen extremer Selbstliebe oder scheinbarer Selbstlosigkeit abgesehen das Gegenteil zu beobachten: Die Fähigkeit zur Objektliebe hat in der Regel gerade zur Voraussetzung, daß ein Mensch sich auch selbst lieben kann. Was schließlich ist das „Selbst", das dritte Bestimmungsstück in der Definition von Hartmann? Auch dieser Begriff ist alles andere als eindeutig bestimmt, worauf später gesondert zurückgekommen wird.

11. Verankerung in überholten naturwissenschaftlichen Denkmodellen

Die kritischen Fragen, die die psychische Energie betreffen, sind Teil eines umfassenderen Problems, das weitere Annahmen betrifft, die der klassischen Strukturtheorie der Psychoanalyse immanent sind.

Freud hat in seiner Arbeit „Entwurf einer wissenschaftlichen Psychologie" (1895) – sie wurde von ihm selbst niemals veröffentlicht, sondern erst posthum (1950) zugänglich – den Versuch unternommen, *psychische* Prozesse im Rahmen eines *neurophysiologischen* Modells zu beschreiben und zu erklären. Diese Arbeit ist auf der Grundlage des seinerzeit verfügbaren naturwissenschaftlichen Wissens verfaßt worden. In ihr tauchen in streng neurophysiologischen Erklärungszusammenhängen bereits Termini auf, die später zum festen Begriffsinventar der Psychoanalyse gehören werden. So ist beispielsweise die Rede von (energetischen) „Quantitäten"; von Besetzung, Verdrängung, Verschiebung, Primärvorgang; vom „Ich" als einem „Komplex von Neuronen, die ihre Besetzung festhalten", wobei diese Neuronen die „endogene Quantität durch Leitungen empfangen und auf dem Wege zur inneren Veränderung abführen" (Freud 1895, S. 368).

Freud, der als einer der bestausgebildeten Neurologen seiner Zeit gelten kann, wußte bereits, daß die Neuronen untereinander verbunden sind. Die Funktion der Synapsen war dagegen ebenso unbekannt wir diejenige des Aktionspotentials als elektrische Veränderung, das als Signal im Neuron erzeugt und weitergeleitet wird. Statt dessen stellte man sich (vgl. W. H. König 1981) das System der Neuronen als eine Art Röhrensystem vor, in dem Energieströme fließen wie elektischer Strom in einem Leitersystem. Freud (1895) hielt das „Protoplasma" der Neuronen für das leitende Medium, wobei er unterschied zwischen undifferenziertem Protoplasma und differenziertem, das er für leitfähiger und damit besser geeignet hielt, um (energetische) Quantitäten über längere Strecken fließen zu lassen. In diesem „Entwurf einer wissenschaftlichen Psychologie" ist aber mit „Quantitäten" eindeutig noch eine *physikalische* Energie gemeint.

Freud hat dann, wie bekannt, sehr rasch darauf verzichtet, seine psychologischen Vorstellungen neurophysiologisch fundieren zu wollen. Statt dessen hat er mit seinen Konzepten vom Aufbau des seelischen Apparates – zuerst, wie dargestellt, dem sogenannten topographischen, dann dem klassischen strukturellen Modell – *ideelle* Systeme geschaffen (vgl. R. R. Holt 1963). Jetzt werden mit Quantitäten nicht mehr physikalische, sondern psychische Energien bezeichnet. Freud hat also nicht den Fehler begangen, in ein ideelles System eine Energieform einzuführen, die es nur in der physikalischen Welt gibt. Er hat aber etwas anderes gemacht: Er hat die psychische Energie per Analogieschluß mit Qualitäten ausgestattet (Verschiebung, Besetzung, Umwandlung, Abfuhr etc.), die, den physikalischen Modellvorstellungen seiner Zeit entsprechend, nur der physikalischen Energie eigen sind. Obwohl er sich also formallogisch korrekt in einem ideellen, lediglich als gedankliche Konstruktion existenten psychischen System bewegt (und insofern konsequent nur von psychischer Energie spricht), bleibt er in der Art und Weise, *wie* er sich die Funktionsweise des psychischen Apparates vorstellt, eben doch physikalischen Modellen verhaftet – ein intellektueller Kunstgriff mit fatalen Folgen für die Stringenz und Validität klassisch-strukturtheoretischer Modellvorstellungen der Psychoanalyse, der auch von Psychoanalytikern nachfolgender Generationen nur unzureichend selbstkritisch reflektiert wurde, oder deren Kritik ohne Resonanz verhallte. Der Umgang mit dem Energiebegriff ist nur ein Beispiel.

Andere Beispiele (vgl. W. H. König 1981) können verdeutlichen, daß Freud sich im gedanklichen Schutzraum ideeller Systeme – und darin logisch scheinbar unangreifbar – faktisch weiterer hydrodynamischer und mechanischer, also wiederum physikalischer Erklärungsprinzipien bediente. So ist z. B. in den Vorstellungen von Besetzung und Gegenbesetzung das hydrodynamische Prinzip der Stauung deutlich erkennbar, die entsteht, wenn zwei Flüssigkeiten in ein gemeinsames Endrohr mit kleinerem Durchmesser abfließen – per Analogie: die gestaute Triebenergie, die keine Abfuhr erfahren kann. An diesem Beispiel läßt sich veranschaulichen, daß die analogisierende Übernahme energetischer Modellvorstellungen noch aus einem weiteren Grund fragwürdig ist. In der Physik ist die Energie eine ungerichtete Größe. Der von Freud hypothetisch angenommenen psychischen Energie wird aber eine Richtung zugeschrieben, wie im übrigen schon ein vorangehendes Zitat hatte deutlich werden lassen: ... „die Triebradikale und die verdrängten Triebtendenzen ... drängen ... auf Entspannung der ihnen eigenen energetischen Potentiale" (Loch und Hinz 1999, S. 55). Mit der Annahme eines Drängens auf Entspannung oder Abfuhr wird die psychische Energie (vgl. Peterfreund 1971; W. H. König 1981) unvermittelt zu einer vektoriellen Größe – und damit zu einer „Kraft", jener Größe, die in Mechanik-Modellen der Physik des ausgehenden neunzehnten Jahrhunderts eine führende Rolle spielte. Es wird also erkennbar, „daß bei der Zuschreibung der Eigenschaften zur Libido ebenso der Kraftbegriff Pate gestanden hat wie der Energiebegriff. Wiederum ein Zeichen für den recht unbekümmerten Umgang mit den Konzepten einer anderen Wissenschaft; der Begriff der psychischen Energie muß uns nämlich jetzt als eine Art Bastard zwischen dem Kraft- und Energiekonzept erscheinen, wiewohl beide in der Physik durchaus sorgfältig unterschieden werden" (W. H. König 1981, S. 92).

12. Das Metapher-Argument ist nur sehr begrenzt zulässig

Man begegnet häufig unter Psychoanalytikern dem Argument, daß klinische oder theoretische Formulierungen, die auf metapsychologische oder speziell klassisch-strukturtheoretische Konzepte Bezug nehmen, nicht wörtlich, sondern metaphorisch zu verstehen seien. Gegen dieses Argument wäre im Prinzip nichts einzuwenden, wenn die voraussetzenden Bedingungen als erfüllt gelten könnten. So ist es im wissenschaftlichen Erkenntnisprozeß ohne Frage zulässig, beim Vorstoß in neue Forschungsbereiche anfallende Beobachtungsdaten zunächst unter Rückgriff auf wissenschaflich bewährte Erklärungsprinzipien, per Analogieschluß also, vorläufig zu interpretieren (vgl. W. H. König 1981; Thomä u. Kächele 1985). Nichts anderes hat Freud getan, was ihm wahrlich nicht anzulasten ist. Uns aber, den nachfolgenden Analytikerinnen und Analytikern, ist anzulasten, daß wir mit diesen Metaphern immer noch arbeiten und damit auf Modellvorstellungen zurückgreifen, die in den Wissenschaftsbereichen der Neurophysiologie oder funktionellen Neuroanatomie, denen sie faktisch entstammen, längst ad acta gelegt worden sind. Damit werden die analogisierenden Metaphern leer, ein Rückgriff auf sie ist nicht mehr zu begründen.

Die Verwendung von Metaphern geht mit einer weiteren Gefahr einher, auf die W. H. König (1981) nachdrücklich hingewiesen hat. Die Gefahr, der Freud selbst oft erlegen ist, besteht darin, die Metapher mit dem Erklärungsprinzip zu verwechseln. Veranschaulichen wir uns dies am einfachen Beispiel eines Menschen, der seinen eigenen Körper nicht lieben kann. Im energetischen Verschiebungs-Besetzungs-Modell ausgedrückt, könnten wir sagen, daß er seinen Körper bzw. seine Körperrepräsentanz nicht libidinös besetzen kann. Der psychologische Gehalt unserer Aussage hat sich damit im Kern, nüchtern betrachtet, in rein gar nichts verändert. In der physikalistischen Metapherformulierung haben wir jetzt aber stillschweigend ein erklärendes Prinzip, die nicht gelungene Besetzung, eingeführt – ein Prinzip, das nichts erklären kann, weil ihm die validen Grundlagen fehlen, um Erklärungswert haben zu können.

Schließlich müssen diejenigen, die sich eines Metapher-Argumentes bedienen, eine plausible Antwort auf eine ebenso naheliegende wie simple Frage finden: Wie soll sich eine Theorie, die zum Teil auf Annahmen und Modellvorstellungen gründet, die „nur noch metaphorisch" gemeint und verstanden werden können, im kritischen Diskurs mit anderen Wissenschaftsbereichen behaupten?

13. Unvereinbarkeit mit den Erkenntnissen moderner Hirnforschung

Die moderne Neurophysiologie beschäftigt sich mit neuronalen Netzwerken von schier unvorstellbarer Komplexität. Ihre empirischen Befunde liefern keinerlei Hinweise darauf, daß sich im Gehirn eine strukturell-anatomische oder dynamisch-funktionelle Binnenorganisation finden ließe, die das Konzept einer Einfachstruktur im Sinne einer Dreischichtengliederung des Seelenapparates mit einem „Ich" in der Funktion einer zentralen Lenkungs- und Steuerungsinstanz rechtfertigen könnte.

Wenn wir unserem Erleben, soweit es sich der Selbstbeobachtung erschließt, folgen, werden wir allerdings nur allzu bereit sein anzunehmen, daß es in uns eine strukturelle Einheit geben muß, die eine übergeordnete Leitungsfunktion wahrnimmt, und die wir dann z.B. „Ich" oder „Selbst" zu nennen geneigt sind. Diese Selbstwahrnehmung aber täuscht gründlich. Tatsächlich gibt es eine solche Zentrale mit an Sicherheit grenzender Wahrscheinlichkeit nicht. Vielmehr sind die Hirnleistungen, die in unserer Selbstbeobachtung die Qualitäten der Ordnung und Gerichtetheit aufweisen – und uns zur Annahme einer zentralistischen Instanz verleiten – Ausdruck einer Gesamtaktivität, an der sehr verschiedene Bereiche des Gehirns beteiligt sind, die untereinander wechselwirken und sich, wie ein Orchester ohne Dirigent, über wechselseitigen Signalaustausch selbst zu einer konzertierten Aktivität organisieren.

Damit kommen wir zur Frage der Konsequenz.

Was folgt aus diesen kritischen Anmerkungen zur klassischen Strukturtheorie? Können wir sie erfolgversprechend überarbeiten? Ich glaube das nicht. Ich glaube statt dessen, daß es am sinnvollsten und konsequentesten ist, sie aufzugeben. Dies schließt natürlich nicht ein, daß alle Funktionen und Inhalte, die im Rahmen dieses Modells erarbeitet oder dieser Strukturkonzeption zugeordnet worden sind, gleichfalls aufzugeben wären. So muß z.B. alles das, was sich unter den Kennworten „Abwehr" und „Gewissens-/Idealbildung" (dem klassischen Über-Ich) zusammenfassen läßt, erhalten bleiben, weil es klinisch wie theoretisch bedeutsam ist.

Wenn wir uns von der klassischen Strukturtheorie trennen, müssen wir über Alternativen nachdenken. Beginnen wir mit einem weiteren Kritikpunkt an dieser Theorie, der mich vielleicht sogar am meisten veranlaßt hat, über alternative Strukturkonzeptionen nachzudenken.

Genetisch-dynamische Struktur-
überlegungen: Ein erster Überblick

Ich habe mich immer gefragt, wo in der klassischen Strukturtheorie die persönliche Geschichte eines Menschen Berücksichtigung findet, das, was er an konkreten angstvollen, beglückenden, überwältigenden oder wie auch immer gearteten persönlichen Erfahrungen gemacht, kurz: alles das, was er erlebt hat.

Nun kann man einwenden, daß die erlebte persönliche Geschichte in den Konzepten der Selbst- und Objektrepräsentanzen berücksichtigt wird, die dann, wie unter anderen von z.B. Kernberg (1988) vorgeschlagen, als Substrukturen des Ich aufgefaßt werden könnten. Dies kann aber keine hinreichend befriedigende Antwort sein. Vor allem deshalb nicht, weil es sich bei den Selbst- und Objektrepräsentanzen um *Generalisierungen* aus Einzelerfahrungen handelt, nicht aber um die Einzelerfahrungen selbst. Während des Prozesses, der zur Bildung dieser Repräsentanzen führt, wird ja gerade von den einzelnen episodischen Erfahrungen abstrahiert. Damit geht einher, daß deren Charakter als sinnlich-unmittelbares, episodisch-ganzheitliches Geschehen verloren geht. Anders ausgedrückt: Die Geschehnisse, aus denen sich die Selbst- und Objektrepräsentanzen herleiten, verblassen und ihre raum-zeitliche Einheit aus aktivierten Bedürfnissen, begleitenden Affekten, Phantasien, Körperempfindungen etc. zerfällt, sobald sie zu Selbst- oder Objektrepräsentanzen ausgearbeitet worden sind.

Klinisch wird dies direkt beobachtbar, wenn Patienten relativ emotionslos und distanziert z.B. ihren Vater als rücksichtslos, brutal oder gleichgültig, ihre Mutter als abweisend oder kalt schildern. Die Situation kann sich aber u.U. radikal verändern, wenn sich die Patienten an konkret erlebte Episoden erinnern, in denen diese väterlichen oder mütterlichen Eigenschaften mit besonderer Deutlichkeit zutage getreten waren. Plötzlich sind die Patienten deutlich spürbar emotional bewegt und wir, die Interviewer oder behandelnden Analytiker, spüren diese Bewegung auch in uns selbst. Die bis dahin mehr oder weniger abstrakten Repräsentanzen „Vater" oder „Mutter" sind jetzt im Zusammenhang mit der erinnerten Szene oder einer entsprechenden Phantasie unmittelbar lebendig geworden.

Nachdem sie sich einmal gebildet haben, beeinflussen diese oder ähnliche Repräsentanzen das Erleben und in der Folge das Verhalten eines Menschen natürlich entscheidend – wie „abstrakt" auch immer sie sein mögen. Dies steht völlig außer Frage. Wichtig ist in diesem Zusammenhang aber etwas anderes. Selbst- und Objektrepräsentanzen sind *Folgen und Ergebnisse* des Strukturbildungsprozesses, nicht aber dessen Grundlagen. *Grundlagen* sind vielmehr konkrete, sinnlich-unmittelbare Erlebnisse. Die subjektive Erfahrungswelt ist vorrangig in Erinnerungen an solche Erlebnisse niedergelegt und festgehalten – wie auch immer die Erinnerungen dann im Laufe des Lebens umgearbeitet, abgespalten, vergessen, idealisierend verklärt oder sonstwie aus Abwehrgründen modifiziert werden mögen.

Damit ist der Ausgangspunkt für eigene Überlegungen zu einer psychogenetisch-dynamischen Strukturtheorie markiert. Im Zentrum dieser Überlegungen steht die Überzeugung, daß wir eine psychoanalytische Strukturtheorie benötigen, die Menschen nicht vorrangig unter dem

Gesichtspunkt von *Funktionen* betrachtet, die vielmehr auch die persönlich erlebte Geschichte – die innere Repräsentation von Erfahrungen, von *Inhalten* also – in die Strukturkonzeption einbezieht.

In diesem Abschnitt will ich zunächst versuchen, die Grundzüge dieser Strukturüberlegungen im Überblick zu skizzieren, die dann später detaillierter ausgearbeitet werden sollen.

Was läßt sich vor dem Hintergrund der bisherigen Darstellungen *allgemein* zur Verwendung des Strukturbegriffs aussagen, der uns helfen soll, seelische Vorgänge zu verstehen (vgl. Schwartz 1981)? Der Begriff bezieht sich auf eine relativ stabile Organisation von Gegebenheiten, die einer Folge von mentalen Phänomenen bzw. Aktivitäten oder Handlungen zugrunde liegen. Die „Struktur" ist ein Konstrukt. Sie ist nicht direkt beobachtbar (vgl. entsprechend Pulver 1991), sie kann vielmehr nur aus Regelhaftigkeiten, Mustern oder relativ gleichbleibenden Wiederholungen, die wir an uns selbst oder an anderen beobachten können, erschlossen werden. Ja, diese beobachtbaren Regelhaftigkeiten lassen überhaupt erst den Gedanken an eine „dahinter" oder „darunter" liegende Stuktur entstehen. Mit Strukturbildung ist nun allgemein gemeint, daß wir Regelhaftigkeiten, die der Interaktion mit unserer Umgebung eigen sind, allmählich verinnerlichen und uns somit von der Kontrolle durch Umgebungseinflüsse, zumindest tendenziell, befreien können. Der Begriff einer seelisch-geistigen Struktur bezieht sich somit auf relativ „stabile Aspekte der Persönlichkeit und auf zielgerichtete Funktionen, die nicht jedesmal *de novo* aufgebaut werden müssen, wenn eine ähnliche Situation vorliegt" (Schwartz 1981, S.71).

Auf dem Wege zu einer Strukturkonzeption, wie sie mir vorschwebt, scheint es mir sinnvoll zu sein, vom *Erleben* eines Menschen auszugehen. Im Erleben verwirklicht sich die persönliche Geschichte. Das Erleben ist, wie oben bereits dargestellt, identisch mit der jeweilig momentanen subjektiven Wirklichkeitserfahrung eines Menschen. Insofern ist das Erleben die lebendige und somit zugleich auch natürliche Basis für den Prozeß der Strukturbildung.

Die subjektive Wirklichkeit, die unser Gehirn in unendlicher Folge ständig neu entwirft, bildet in jedem Moment eine Einheit aus Vorstellungsbildern, Wünschen, Gefühlen, Phantasien, Körperempfindungen, Handlungsentwürfen und tatsächlichen Handlungen. Diese Einheit ist prinzipiell unteilbar – auch dann, wenn wir uns als „geteilt" erleben. Dann ist das Erleben eines irgendwie „geteilten Selbst" doch wieder etwas Ganzes.

Jedes Erleben eines Menschen wird nun zu jedem Jetzt-Zeitpunkt durch das bisher Erlebte bestimmt. Die Gesamtheit des Erlebten organisiert sich in unserem Gehirn zu einem „Modell" jener Welt, die wir einzig und allein kennen: unsere subjektive Welt, wie wir sie erlebend erfahren haben.

Dieses subjektive Weltmodell ist kein Abbild des Erlebten, sondern eine Konstruktion aus den Elementen der erlebten persönlichen Geschichte eines Menschen. Diese Konstruktion bildet das innere Bezugssystem, um neue Erfahrungen verstehen, einordnen und verarbeiten zu können. Die Entwicklung und Ausformung dieses organisierten persönlichen Weltmodells ist identisch mit dem, was ich unter „Strukturbildung" verstehe. Die seelisch-geistige Struktur ist demnach das Ergebnis der Lebenserfahrung eines Menschen – genauer: der Art und Weise, wie er seine persönliche Geschichte erlebt, in seinem Gehirn organisiert, repräsentiert und mnestisch gespeichert hat.

Warum spreche ich von einer „genetisch-dynamischen" Struktur? Das Adjektiv „genetisch" verwende ich, um zum Ausdruck zu bringen, daß die seelisch-geistige Struktur individualgeschichtlich gewachsen ist und im fortlaufenden Prozeß des Erlebens ständig überarbeitet wird, sich also – trotz ihrer relativen Stabilität – ständig in Entwicklung befindet. „Dynamisch" ist diese Struktur in zweifacher Hinsicht: Sie bildet sich im Kontext dessen, was wir erleben, und sie legt gleichzeitig fest, wie wir das erleben und verarbeiten werden, was uns in der Zukunft an Ereignissen oder Belastungen erwartet.

Wie entwickelt sich diese Struktur?

Wie viele psychoanalytisch orientierte Säuglings- und Kleinkindforscher (vgl. Stern 1985, 1992), sehe ich in den *Episoden*, die wir im Zusammenleben mit unseren wichtigen Bezugspersonen erlebt haben – in der frühen Kindheit sind dies vorrangig natürlich unsere Eltern –, *die* Determinanten, die entscheidend die sich allmählich herausformenden Weltvorstellungen eines Kindes prägen, wobei die episodischen Einzelerfahrungen dann in einem hochkomplexen Prozeß allmählich zu Erfahrungsmustern generalisiert werden.

Episodische Erfahrungen führen nun besonders dann zur Strukturbildung, wenn im Kontext des Erlebens 1. zentrale Bedürfnisse aktiviert, befriedigt oder frustriert worden sind, 2. das episodische Geschehen emotional als besonders beglückend oder im Gegenteil: als vernichtend, traumatisierend erlebt worden ist, oder 3. die einzelnen Episoden Elemente in einer Kette sich wiederholender Erfahrungen waren, die jeweils für sich genommen keine nachhaltigen positiven oder negativen Eindrücke hinterlassen haben, sondern erst in der Wiederholungssummation strukturbildend gewirkt haben.

In der genetisch-dynamischen Strukturlehre werden drei Gruppen (Arten oder Klassen) von Strukturmerkmalen unterschieden, wie in Abbildung 2 schematisch dargestellt.

Sinnlich-anschauliche Erinnerungsbilder: Es handelt sich dabei um lebendige Erinnerungen an episodische Geschehnisse, Menschen oder besondere Momente, die für einen Menschen „sein" Leben sind, sei es nun, daß er sich bewußt und absichtsvoll daran erinnert, oder diese Erinnerungen im Zuge einer bewußten, ahnungsbewußten oder unbewußten Assoziationskette aktiviert werden. In solchen Erinnerungsbildern ist die Erfahrungsgeschichte eines Menschen lebendig festgehalten.

Dynamische Lebenskonstrukte: Einzelepisodische Erfahrungen werden zu zeitlich überdauernden allgemeinen Strukturen ausgearbeitet. Dazu zählen: grundlegende Selbst- und Objektrepräsentanzen, Beziehungsmatrizen, Identifikationen, Normen und Ideale (der klassische Über-Ich-Aspekt), stereotype Phantasiemuster oder bestimmte Wesensstrukturen. Diese

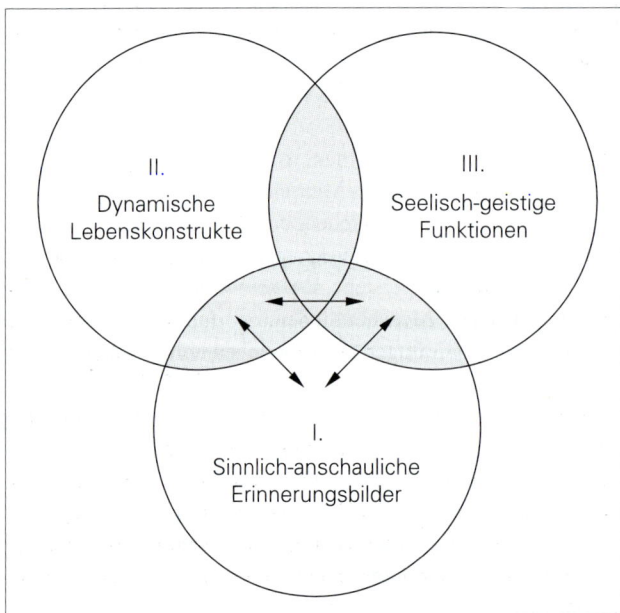

Abb. 2 Drei Gruppen von Strukturmerkmalen. Die Gruppen überlappen sich inhaltlich. Die Pfeile sollen andeuten, daß die Strukturmerkmale der unterschiedlichen Gruppen dynamisch aufeinander bezogen sind. Im Prozeß des Erlebens und dessen Regulation aktivieren sie sich wechselseitig.

generalisierten Erfahrungsbildungen nenne ich „dynamische Lebenskonstrukte", weil sie als fundamentale Gestaltungs- und Regulationsprinzipien das Erleben und dessen Regulation zentral bestimmen.

Seelisch-geistige Funktionen: Auf der Grundlage und im Rahmen unzähliger episodischer Erfahrungen differenziert ein Mensch zugleich eine Vielzahl seelisch-geistiger Funktionen aus, um seine Bedürfnisse befriedigen und seine Lebensanforderungen bewältigen zu können. Die Funktionen werden u. a. danach unterschieden, ob sie „im Dienste der Abwehr" oder „im Dienste der Progression" stehen.

Dieses Schema ist hochabstrakt und damit leblos. Mit Leben füllen können wir es nur, wenn wir die persönliche Geschichte des einzelnen Patienten betrachten und nachempfindend zu verstehen versuchen, *was* er *warum* aus seiner Geschichte gemacht hat, bzw. was er warum *nicht* daraus hat machen können.

Dieses Schema wird also erst lebendig, wenn wir jeweils *individuell* konkrete lebensgeschichtliche Ereignisse, daraus abgeleitete Erfahrungsbildungen, dynamische Gestaltungsprinzipien, Funktionen etc. eingetragen haben.

Jede „Eintragung" in dieses Schema sollte dahingehend überprüft werden, ob sie die *Tragfähigkeit* der Struktur erhöht oder schwächt. Veranschaulichen wir uns das an einem Beispiel: Inzwischen weisen eine Reihe empirischer Befunde darauf hin (vgl. Rohde-Dachser 1996), daß überproportional viele Borderline-Patientinnen in ihrer Kindheit Opfer sexuellen Mißbrauchs, viele Boderline-Patienten Opfer aggressiver Mißhandlungen waren. Demnach müssen wir also grundsätzlich erwarten, daß Mißbrauchs-/Mißhandlungserfahrungen die Tragfähigkeit der Struktur schwächen. Führen solche Erfahrungen nun aber *zwangsläufig* zu einer schweren Entwicklungsstörung, einer Borderline-Erkrankung beispielsweise? Offensichtlich nicht – wie unsere klinischen Beobachtungen und empirische Untersuchungsergebnisse (vgl. Egle et al 1997) belegen.

Die Entwicklung psychischer oder psychosomatischer Störungen hängt nicht linear von lebensgeschichtlich frühen Erfahrungen ab. Auch frühe Traumatisierungen, die ein Mensch erlitten hat, sind kompensierbar, wenn günstige Lebensumstände zusammenkommen, die die Tragfähigkeit seiner Struktur erhöhen – z. B. spätere positive Beziehungserfahrungen, die er nutzen kann; konstruktive, ihn stützende Fähigkeiten und Fertigkeiten, die er entwickelt hat; Werte und Überzeugungen, die ihn zuverlässig leiten können. Die Entscheidung über Krankheit oder Gesundheit fällt in Abhängigkeit von einem komplex-dynamischen Bedingungsgefüge, das sich im Verlauf eines Lebens umstrukturieren kann, also selbst einem Prozeß unterliegt.

Ein Mensch versucht nun, sein jeweilig momentanes Erleben – die subjektive Wirklichkeitserfahrung genau dieses Moments – so gut auszusteuern, wie dies unter den in seiner Struktur verankerten Bedingungen nur irgend möglich ist. Er bewegt sich dabei, betrachten wir dies von den Extremen her, zwischen zwei Polen: Entweder ist er in seinen Bemühungen erfolgreich, so daß er sich ausgeglichen und zufrieden, zuversichtlich und hoffnungsvoll, insgesamt aktiv und gesund fühlt; oder er scheitert trotz vielfältiger Anstrengungen immer wieder, findet kein inneres Gleichgewicht, so daß er schlußendlich in einen Zustand der Ohnmacht, Hilflosigkeit, Perspektivlosigkeit oder Verzweiflung gerät, der ihn intensive Angst erleben läßt, verbunden mit dem Gefühl, dieser Angstflut niemals mehr entkommen zu können.

Denken wir uns zwischen diesen beiden Polen – hier ein gut organisiertes, dort ein bedrohlich desorganisiertes Erleben – ein Kontinuum mit unendlich vielen Abstufungen. Das Erleben eines Menschen wird so als eine ständige Wanderungsbewegung auf diesem Kontinuum vorstellbar, wobei er mit großer Wahrscheinlichkeit irgendwann einmal in seinem Leben auch mit den beiden Polbereichen dieses Kontinuums in Kontakt kommen wird.

Die Regulationsvorgänge, die im Gehirn eines Menschen ablaufen, sind darauf ausgerichtet, Zustände einer unter Umständen höchst bedrohlichen Desorganisation zu vermeiden und die Chancen für ein subjektiv befriedigendes Erleben zu optimieren. Die Bemühungen des Menschen werden dabei bestimmt und zugleich begrenzt durch die Mittel, die in seiner Struktur bereitliegen. Warum?

Das subjektive organisierte Weltmodell eines Menschen – also seine Struktur, wie sie hier verstanden wird – birgt unendlich viele Möglichkeiten, um ein Gegenwartserleben so oder anders gestalten zu können. Welche dieser Möglichkeiten sich tatsächlich realisiert, wird zwar durch die äußere Situation mitbestimmt, hängt letztlich aber insofern wieder von der gewachsenen Struktur selbst ab, als diese allein festlegt, *wie* die Situation erlebt oder auch gerade nicht erlebt wird.

Denken wir an unser Eingangsszenario mit der plötzlich hereinbrechenden bedrohlichen Situation, daß eine nahestehende Person einen schweren Verkehrsunfall erlitten hat. Durch diese Nachricht wird sich unser Erleben in jedem Fall – wo auch immer wir uns gerade auf dem oben skizzierten Kontinuum befinden mögen – radikal verändern. Der weitere Verlauf unseres Erlebens und des daraus resultierenden Verhaltens wird aber durch die Bedingungen der in uns gewachsenen Struktur diktiert. Weitere Ereignisse, die uns in der Folge aus der äußeren Realität erreichen, verändern zwar neuerlich unser Erleben – wiederum aber nur nach Maßgabe der inneren Strukturbedingungen.

Die *Regulation* des Erlebens ist ein lebenslang ununterbrochener Prozeß. Im Rahmen dieses Prozesses werden aus dem Repertoire der gewachsenen Struktur (dem subjektiven Weltmodell) fortlaufend und in ständig wechselnden Konfigurationen einzelne Teilstrukturen aktiviert.

Beziehen wir uns wiederum auf das Eingangsszenario. So können z. B. Erinnerungen an episodische Geschehnisse belebt werden, die ähnlich bedrohlich waren. Oder es werden Erinnerungen an Menschen reaktiviert, die uns früher einmal hilfreich zur Seite gestanden oder im Gegenteil: im Stich gelassen haben. Oder es werden bestimmte Funktionen angestoßen, die uns im Dienste der Abwehr und Kompensation helfen sollen, die aufsteigenden Ängste beherrschen zu können. Oder es werden bestimmte fundamentale Gestaltungsprinzipien – also dynamische Lebenskonstrukte – aktiviert, die den Fluß unserer Vorstellungsbilder, Überlegungen, vorauseilenden Phantasien oder Planungen in bestimmender Weise dominieren – mit der Folge, daß wir entweder grundsätzlich hoffnungsvoll und trotz der realen Bedrohung zuversichtlich bleiben, oder umgekehrt genau das erwarten, was wir immer erwarten: z. B. ein ungutes Ende, die endgültige Bestätigung einer permanent düsteren Zukunftsperspektive. Schließlich können wir im Rahmen der Regulation des Erlebens auch auf strukturelle Mängel stoßen, wie z. B. die Unfähigkeit, eine reale Bedrohung auch als solche, realitätsgerecht also, wahrnehmen und einschließlich der begleitenden Affekte ertragen zu können. Erst das Zusammenspiel der verschiedenen stabilisierenden und destabilisierenden Teilstrukturen entscheidet darüber, welchen Verlauf das Erleben in einer gegebenen Situation und in längerfristiger Zeitperspektive tatsächlich nehmen wird.

Wir entwickeln im Laufe unseres Lebens unendlich viele Teilstrukturen. Zusammengenommen und untereinander verknüpft bilden sie das persönliche organisierte Weltmodell eines Menschen, die dynamische Gesamtstruktur. Aus sinnlich unmittelbaren Erfahrungen hervorgegangen, bestimmt diese Struktur nachfolgende Erfahrungen – also das, was wir, wiederum sinnlich unmittelbar, erleben. Die Struktur und das Erleben bedingen sich somit in einer ununterbrochenen Folge rückgekoppelter Schleifen.

Welche Teilstrukturen werden nun zu einem bestimmten Zeitpunkt und in einer bestimmten Situation aus dem gesamten strukturellen Repertoire aktiviert? Ausgehend vom aktuellen Erleben werden jene Teilstrukturen – bestimmte Erinnerungen oder Phantasien z. B. – aktiviert, die einen lebensgeschichtlich begründeten Bezug zu dem Gegenwartserleben aufweisen, oder die benötigt werden, um das momentane Erleben in eine gewünschte Richtung lenken zu können. Dabei ist die gewünschte Richtung schon wieder strukturell determiniert. Die Regulation des Erlebens erfolgt also in jedem Fall strukturbezogen.

Dies mag zunächst genügen, um in einer ersten Annäherung den Gedankengang aufgenommen zu haben, der dann später fortgeführt werden soll. Zunächst aber müssen wir uns der Frage stellen: Wer oder was erschafft diese seelisch-geistige Struktur?

Es ist nicht ein „Ich", nicht ein „Selbst" oder welche fiktive Einheit wir auch immer für den Prozeß der Strukturbildung heranziehen möchten. „Ich" oder „Selbst" sind Konstrukte. Und Konstrukte können nichts erschaffen, einfach deshalb nicht, weil es sie nicht wirklich gibt. Das Gehirn aber gibt es wirklich. Es ist das Organ – naturwissenschaftlich-philosophisch ausgedrückt: das dynamische materielle System –, das die seelisch-geistige Struktur erschafft.

Teil II

Das „Wunderwerk" Gehirn

Wir werden uns in den folgenden Abschnitten mit ausgewählten Aspekten der Funktionsweise des Gehirns beschäftigen. Der Grund für diese Beschäftigung ist nicht, daß wir uns direkt verwertbare Antworten auf psychologische Fragen versprechen sollten, die uns klinisch beispielsweise interessieren. Der Grund für diese Beschäftigung ist ein anderer.

Alles spricht dafür, daß das, was wir jeweils aktuell erleben, ein komplexer Hirnvorgang ist, und sich vieles von dem, was wir erlebt haben, in strukturellen und funktionellen Veränderungen des Gehirns repräsentiert hat. Wenn also das Erleben selbst und dessen Repräsentation Hirnereignisse sind, folgt daraus, daß unsere theoretischen Vorstellungen von seelisch-geistigen Prozessen und inhaltlichen Repräsentationen mit neurophysiologischen Erkenntnissen und Modellannahmen kompatibel sein müssen.

Es sollte also verhindert werden, daß wir unsere Überlegungen zur seelisch-geistigen Struktur nahezu ausschließlich in dem mehr oder weniger abstrakten Raum rein psychologischer Konstrukte ansiedeln. So zu verfahren, mag subjektiv befriedigend sein. Es erhöht fraglos das persönliche Sicherheitsgefühl, weil man sich in der vermeintlichen Gewißheit wähnen kann, über ein Denksystem zu verfügen, das vieles (wenn nicht alles) zu erklären vermag – einfach deshalb, weil dieses Denksystem, abgeschirmt vor kritischen Infragestellungen durch andere Wissenschaftszweige, in sich scheinbar widerspruchsfrei, geschlossen und somit subjektiv stimmig erscheint. Erkenntnisfördernd ist dieses Verfahren nicht. Das Objekt, mit dem wir uns theoretisch und klinisch beschäftigen – die „Seele", der „Geist" oder, weil seelische und geistige Vorgänge praktisch nicht trennbar sind, die „Geistseele" –, ist offensichtlich hochgradig komplex strukturiert. Viele Neurowissenschaftler haben daraus eine Folgerung abgeleitet, die, wie ich meine, absolut berechtigt ist: Die Beschäftigung mit Geist, Seele oder Geistseele erfordert Interdisziplinarität. Dementsprechend betonen sie die Notwendigkeit der Zusammenarbeit mit der Neuropsychologie, der Neuroinformatik, den Kognitionswissenschaften, der Neurologie, der Psychiatrie und der Philosophie. Die Psychoanalyse bleibt in diesem Zusammenhang zumeist unerwähnt. Das kann nicht gut sein.

Zwei globale Modelle zur Funktionsweise des Gehirns: Unterschiede und sich abzeichnende Konvergenzen

Ein kurzer Blick in die Geschichte der Hirnforschung – Kandel (1996a) folgend – soll uns zunächst mit den zwei grundlegenden Modellvorstellungen vertraut machen, die entwickelt worden sind, um global erklärbar zu machen, wie das Wunderwerk Gehirn funktioniert: die äquipotentialtheoretische (holistische) und die lokalisationstheoretische Position.

Franz Joseph Gall (1757 – 1828) – Begründer der sogenannten Phrenologie – kann als erster Lokalisationstheoretiker bezeichnet werden. Er nahm an, daß einzelne charakterologische Eigenschaften von Menschen verschiedenen Gehirn-„Organen" (Gall hat mehr als 30 unterschieden) zugeordnet werden können. Häufige Ausübung der diesen Eigenschaften entsprechenden Funktionen habe zur Folge, so die Annahme, daß die zugehörigen Organe an Umfang zunähmen. Die Schädeldecke sei demzufolge an diesen Stellen ausgebuchtet, was den Rückschluß von der Schädelformation auf die Ausprägung der entsprechenden Hirnorgane bzw. charakterologischen Eigenschaften erlauben würde. Pierre Flourens (1794 – 1867) fand die Gallschen Annahmen nicht bestätigt, als er sie experimentell zu überprüfen versuchte, indem er Tieren die von Gall postulierten Hirnzentren entfernte und nicht die Ausfälle beobachten konnte, die theoriegemäß zu erwarten waren. Er entwickelte daraufhin eine diametral entgegengesetzte, holistische Theorie von der Funktionsweise des Gehirns (vgl. Rosenfield 1992), die dann später als Äquipotentialtheorie bezeichnet wurde. Dieser Theorie zufolge sind immer alle Teile des Gehirns an allen Hirnleistungen beteiligt.

Dieses holistische Modell wurde nun seinerseits durch die Arbeiten von Broca und Wernicke erschüttert. Broca (1824 – 1880) hatte Patienten untersucht, die unter einer bestimmten, später „motorische Aphasie" genannten Sprachstörung litten. Diese Patienten konnten Sprache verstehen, aber nicht artikulieren. Bei der Sektion der Gehirne dieser Patienten wurden Schädigungen im Bereich des linken hinteren Frontallappens gefunden – in einer Region, die heute den Namen „Broca-Areal" trägt. Wernicke (1848 – 1905) beschrieb einen anderen Aphasie-Typ. Patienten mit einer sogenannten sensorischen Aphasie können zwar sprechen, sind aber unfähig, Worte (einschließlich der eigenen) zu verstehen. Bei diesen Patienten fanden sich bei der Sektion Schädigungen in einer später als „Wernicke-Areal" bezeichneten Region, die sich im linken hinteren Temporallappen im Grenzbereich zum Parietal- und Okzipitallappen befindet.

Die lokalisationstheoretische Position wurde dann in den folgenden Jahrzehnten durch eine Fülle empirischer Befunde gestützt. So ließ sich beispielsweise zeigen, daß durch elektrische Reizung der Hirnrinde, die in spezifischen Arealen erfolgte, in der Peripherie bestimmt lokalisierte und zuverlässig reproduzierbare skelettalmotorische Reaktionen ausgelöst werden konnten. Und umgekehrt (von der Peripherie ausgehend) führten Reizungen der Haut, in umschriebenen Bereichen appliziert, zu kortikalen Antworten in ihrerseits wiederum umschriebenen Arealen. Periphere Reizung und zentrale Antwort oder zentrale Reizung und periphere Antwort waren also jeweils eindeutig korreliert. Dank moderner nichtinvasiver bildgebender Verfahren, z. B. der Positronen-Emissions-Tomographie (PET), ist es inzwischen möglich, in vivo zu überprüfen, welche Hirnregionen bei welcher geistigen Tätigkeit eine erhöhte neuronale Aktivität aufweisen.

Inzwischen darf die Lokalisationstheorie als im Prinzip richtig gelten. Das Gehirn ist demnach also regional spezialisiert (vgl. Kandel 1996a). Verschiedene Regionen nehmen verschiedene Aufgaben wahr. Diese Gültigkeitsannahme ist aber zugleich einzuschränken, weil keine dieser Regionen *für sich allein* in der Lage ist, *komplexe* Funktionsleistungen zu erbringen. Solche komplexen Leistungen ergeben sich vielmehr erst dadurch, daß Teilleistungen, die das Gehirn an verschiedenen Orten erarbeitet hat, und an denen verschiedene, räumlich getrennte Nervenbahnen beteiligt sind, wechselseitig verknüpft werden.

Nehmen wir als Beispiel eine Szene, die sich vor unseren Augen – in unserem Gesichtsfeld also – abspielt. Die zerebrale Analyse und Repräsentation dieser Szene erfolgt im Prinzip in der Weise, daß das ganzheitliche Geschehen zunächst in einzelne Komponenten zerlegt wird. Das heißt: verschiedene Gruppen von Rezeptoren der Netzhaut und jener Neuronen, die den retinalen Rezeptoren nachgeschaltet sind, reagieren selektiv auf verschiedene Merkmalsaspekte von Objekten oder Personen, die sich im Gesichtsfeld befinden oder bewegen. Einige reagieren beispielsweise auf Konturen oder Umrisse, also Formaspekte, andere auf Farben, wieder andere auf Bewegungen.

Unsere Sinnesorgane – im Beispiel die Rezeptoren der Netzhaut – sind unsere Tore zur Welt. Ausschließlich sie sind es, die uns über Objekte und Vorgänge außerhalb unserer selbst informieren. Dabei nehmen wir über die Sinnesorgane zunächst nur physikalische (im Falle des Geruchssinnes: chemische) Reize auf. Zu Informationen (vgl. Roth 1994), die für das Nervensystem Bedeutung tragen, werden die Reize erst, nachdem sie in den merkmalsspezifischen Rezeptoren der Sinnesorgane transformiert worden sind und in Gestalt bestimmter Signale – den Aktionspotentialen – von der Peripherie zum Gehirn weitergeleitet werden.

Die Kodierung der Reize erfolgt dabei auf vier Weisen: 1. Die Stärke der Reize bestimmt die Impulsdichte (Frequenz) der Aktionspotentiale. 2. Die Dauer eines Reizes wird über die Zeitdauer, während derer Aktionspotentiale ausgelöst und weitergeleitet werden, kodiert. 3. Die Nervenbahnen schließlich, über die die Aktionspotentiale fortgeleitet werden, informieren über die Qualität der Reizmerkmale, weil verschiedene Merkmalsaspekte über anatomisch getrennte, jeweils aber spezifische Nervenbahnen an das Gehirn übermittelt werden. Auf dem Weg von der Peripherie zur Zentrale werden die Signale – seriell also – schon teilweise analysiert und integriert. 4. Ein einzelnes Neuron ist in seiner Fähigkeit, die Reizstärke zu kodieren, nach oben begrenzt. Das sensorische System insgesamt unterliegt dieser Beschränkung aber nicht, weil starke Reize zusätzlich dadurch verschlüsselt werden können, daß sie mehr als einen Rezeptor aktivieren (Martin u. Jessell 1996).

Mit den bisherigen Ausführungen ist ein zentrales Funktionsprinzip des Nervensystems und speziell des Gehirns im Grundsatz zumindest bereits gekennzeichnet worden: das Prinzip der Parallelverarbeitung (vgl. Kandel u. Kupfermann 1996a). Bleiben wir bei dem Beispiel einer Szene, die sich in unserem Gesichtsfeld abspielt, und nehmen wir an, daß wir unsere Aufmerksamkeit jetzt speziell auf eine Person richten, die sich dort bewegt, die spricht oder lacht, die wir körperlich berühren oder die uns berührt. Verschiedene Rezeptorengruppen verschiedener Sinnessysteme – des visuellen, auditiven, taktilen, olfaktorischen etc. – werden also aktiviert, die die komplex-ganzheitliche Erscheinung dieser Person in (wie schon angedeutet) viele einzelne Komponenten aufgliedern. In jedem einzelnen sensorischen System werden also unterschiedliche Aspekte der Person erfaßt. Sie werden innerhalb eines jeden Systems in merkmalsspezifischen Nervenbahnen fortgeleitet und in speziellen Hirnregionen repräsentiert.

Damit stellt sich aber das grundlegende Problem: Wie werden die einzelnen Komponenten miteinander verknüpft, zu einem einheitlichen Wahrnehmungseindruck integriert? Schließlich nehmen wir die Person in realen Szenen wie der hier beispielhaft vorgestellten doch als *eine* Person wahr. Zeki (1993) hat dieses Problem, zunächst eingeschränkt auf das visuelle System, präzise umrissen: „Im ersten Augenblick mag das Problem der Integration recht einfach erscheinen. Es erfordert logisch nicht mehr, als daß alle Signale aus spezialisierten visuellen Regionen zusammengebracht werden, um die Ergebnisse ihrer Operationen an eine zentrale kortikale Region zu ʻberichtenʼ. Man könnte denken, daß diese zentrale Region dann die aus den unterschiedlichen Quellen einlaufende Information integriert und ein endgültiges Bild erzeugt. Aber das Gehirn folgt einer anderen Logik … Wenn alle visuellen Areale einer zentralen kortikalen Region berichten, wem oder was berichtet dann aber diese einzelne Region? Um es anschaulicher zu sagen, wer ʻbetrachtetʼ das Bild, das von der zentralen Region geliefert wird? Das Problem betrifft nicht nur das Sehen oder den visuellen Kortex. Wer z.B. hört sich die Musik an, die von einer zentralen auditorischen Region bereitgestellt wird, wer empfindet den Geruch, der von einer zentralen olfaktorischen Region geliefert wird? Es ist in der Tat sinnlos, diesen grandiosen Entwurf weiter zu verfolgen. Denn man stößt dabei auf eine wichtige anatomische Tatsache, die zwar ihrer Konzeption nach weniger großartig sein mag, aber am Ende vielleicht doch aufschlußreicher ist: *Es gibt kein einzelnes zentrales Areal, dem alle anderen Areale ausschließlich berichten, weder im visuellen, noch in einem anderen System.*" (Zeki 1993, zitiert nach der Übersetzung in Kandel 1996c, S. 410/411.)

Die sich modellartig abzeichnende Lösung des Integrationsproblems unterstützt partiell sowohl die lokalisationstheoretische als auch die holistische Position. Genauer: Sie ist im Grundsatz, auf der Ebene der Elementarprozesse, zwar lokalisationstheoretisch, im Ergebnis aber holistisch. Dieser Lösungsweg eröffnet sich (vgl. Kandel 1996a), wenn man die neuronale Aktivität als *einen* Prozeß begreift, der sich aus vielen Teilprozessen zusammensetzt. Die verschiedenen Teilprozesse laufen zwar zunächst in verschiedenen Verarbeitungskanälen und Hirnregionen ab, die hochgradige neuronale Vernetzung ermöglicht aber einen Signalaustausch zwischen den verschiedenen Kanälen und spezialisierten Hirnregionen. So gibt es aufsteigende und absteigende Verknüpfungen zwischen Verarbeitungskanälen *innerhalb* eines Systems wie auch solche *zwischen* verschiedenen Systemen. Außerdem existieren Verbindungen zwischen Neuronengruppen, die einen wechselseitigen, in die eine oder andere Richtung verlaufenden Signalaustausch ermöglichen – ein Verknüpfungsmodus, den Edelman (1993) als reziproke Kopplung bezeichnet hat. Die skizzierten vielfältigen Möglichkeiten des Signalaustausches bestehen zudem auf verschiedenen zerebralen Verarbeitungsebenen.

Zeki (1994) hat auf der Basis seiner Untersuchungen des visuellen Systems die Vorstellung entwickelt, daß die Integration der Teilprozesse *mehrstufig*, also auf den verschiedenen Verarbeitungsebenen erfolgt und nicht erst zu einem Zeitpunkt, da die Verarbeitungsprozesse in einzelnen neuronalen Kanälen bereits abgeschlossen sind. Eine überaus wichtige und spannende Frage bleibt dabei aber zunächst noch offen: *Wie* hat man sich den Signalaustausch und die Integration der Teilprozesse vorzustellen, über welchen Mechanismus könnten sie vermittelt werden? Wir werden auf diese Frage an späterer Stelle zurückkommen.

Nach dieser globalen Betrachtung müssen wir uns aber zunächst in einer gerafften Darstellung über Aufbau und Gliederung des Nervensystems informieren, um spätere Details besser einordnen zu können.

Das Nervensystem: Eine anatomisch-funktionelle Übersicht

Aufbau und Gliederung des Nervensystems

Das Nervensystem wird in zwei anatomisch getrennte Subsysteme unterteilt, die aber funktionell eng verkoppelt sind (vgl. Jessell 1996a): das periphere Nervensystem und das Zentralnervensystem.

Das *periphere Nervensystem* wird seinerseits in einen somatischen und einen autonomen Teil untergliedert. Sein somatischer Teil umfaßt die sensorischen Neuronen der dorsalen Wurzeln des Rückenmarks und der Hirnnervenganglien. Über diese sensorischen Neuronen, die als periphere Nerven außerhalb von Gehirn und Rückenmark verlaufen, werden Reize aus der Peripherie (der Haut, den Gelenken, den Muskeln) an das Zentralnervensystem weitergeleitet. Der autonome Teil des peripheren Nervensystems reguliert die glatte Muskulatur von z.B. Gefäßen, Bronchien oder Darm und die Tätigkeit der exokrinen Drüsen. Dieser autonome Teil des peripheren Nervensystems wird seinerseits in drei Subsysteme untergliedert: Das sympathische Nervensystem vermittelt somatische Reaktionen auf psychophysische Belastungen; das parasympathische Nervensystem dient der Aufrechterhaltung und Wiederherstellung eines somatischen Ruhegleichgewichtes; das enterale Nervensystem schließlich kontrolliert die glatte Muskulatur des Darmes.

Das *Zentralnervensystem (ZNS)*, bestehend aus Rückenmark und Gehirn, umfaßt sieben Teile, die in Abbildung 3 in einer Übersicht dargestellt sind.

Die einzelnen Teile sollen in den wesentlichen Funktionen, an denen sie teilhaben, wenigstens summarisch beschrieben werden (vgl. Jessell 1996a):

1. Das *Rückenmark* kontrolliert die Bewegungen der Muskeln von Rumpf und Extremitäten; es nimmt sensorische Informationen aus der Haut, den Gelenken, den Muskeln der Extremitäten und des Rumpfes auf, die es z.T. verarbeitet und ansonsten an übergeordnete Gehirnareale weiterleitet.
2. Die *Medulla oblongata* (verlängertes Mark) kontrolliert zentrale Funktionen wie Atmung, Verdauung und Herzschlag.
3. Die *Pons* (Brücke) leitet Bewegungsinformationen von der Großhirnrinde an das Cerebellum (Kleinhirn) weiter.
4. Das *Cerebellum* nimmt wichtige Funktionen im Rahmen der Steuerung und des Erlernens von Bewegungen wahr.
5. Das *Mesencephalon* (Mittelhirn) übernimmt wichtige Aufgaben bei der Kontrolle sensorischer und motorischer Funktionen und steuert visuelle und auditorische Reflexe.

Drei der vorgenannten Teile des Gehirns – Medulla oblongata, Pons und Mesencephalon – werden zum *Hirnstamm* zusammengefaßt, in dem die Kerne der zwölf Hirnnerven liegen. Diese Kerne, die von eng zusammenliegenden Nervenzellkörpern gebildet werden, nehmen verschiedene Funktionen wahr: u.a. Regulation der Muskulatur von Hals und Kopf einschließlich

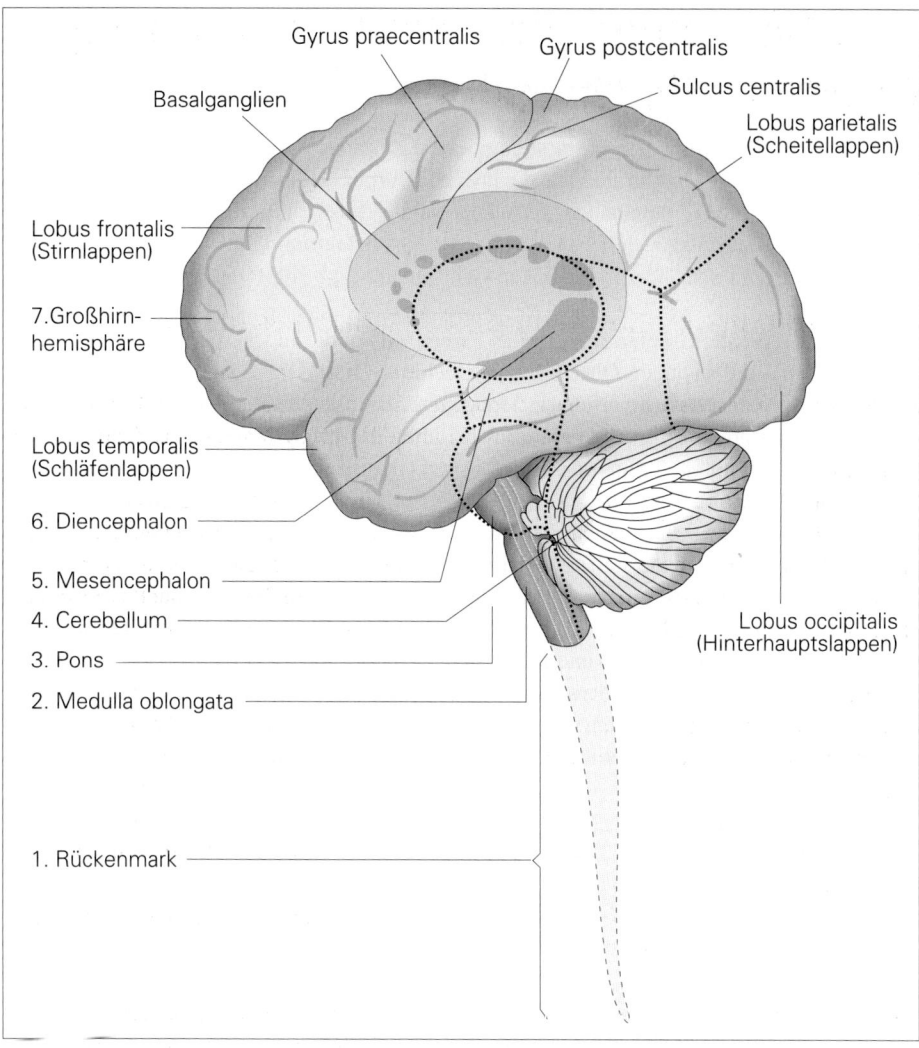

Abb. 3 Untergliederung des Zentralnervensystems in sieben Teile. Einzelheiten siehe Text. (Nach Kandel 1996a)

der Augenmuskulatur; Verarbeitung von Gehörs- und Geschmacksinformationen sowie Informationen aus dem Gleichgewichtsorgan. Über die im Hirnstamm diffus verteilte Zellformation der sogenannten *Formatio reticularis* werden die Zustände von Wachheit und Aufmerksamkeit anteilig gesteuert.

6. Das *Diencephalon* (Zwischenhirn) wird von Thalamus und Hypothalamus gebildet. Der *Thalamus* hat wesentlichen Anteil an der Verarbeitung und Weiterleitung von motorischen und sensorischen Informationen, die zur Großhirnrinde (Kortex) gelangen sollen. Er ist weiterhin daran beteiligt, emotionale Empfindungsqualitäten und den Wachheitsgrad zu regulieren. Der *Hypothalamus* steuert auf dem Weg über die Hypophyse die Hormonsekretion und reguliert weiterhin die Aktivität des autonomen Nervensystems.

7. Die beiden *Großhirnhemisphären* – getrennt durch eine von vorn nach hinten durchgehende Furche (Fissura longitudinalis cerebri) – bestehen aus der Großhirnrinde (Cortex cerebri) und drei tiefer gelegenen Nervenzellansammlungen: Die *Basalganglien* (1) sind wesentlich an der Bewegungssteuerung beteiligt; der *Hippocampus* (2) ist für die Gedächtnisbildung wichtig; die *Amygdala* (3) verknüpft emotionale Zustände mit autonomen und endokrinen Reaktionen. Beide Großhirnhälften, die über das Corpus callosum (Balken) – ein mächtiges Nervenbahnsystem – miteinander verbunden sind, nehmen partiell unterschiedliche Funktionen wahr. So findet sich beispielsweise das Sprachzentrum bei 96 % der Rechtshänder und 70 % der Linkshänder in der linken Gehirnhälfte (vgl. Kupfermann 1996).

Der Cortex cerebri (die Großhirnrinde) bildet – wenn wir uns die knöcherne Schädeldecke abgetragen denken – die sichtbare Oberfläche des Gehirns. Diese Oberfläche ist charakteristisch gefaltet. Wir sehen wulstartig erhobene Strukturen bzw. Windungen (Gyri) und dazwischen Furchen (Sulci). Orientiert an den tieferen Sulci wird die Großhirnrinde in vier Lappen unterteilt (s. Abb. 4): Frontal-, Temporal-, Parietal- und Okzipitallappen. Diese Unterteilung folgt der sichtbaren Anatomie.

Unter Funktionsgesichtspunkten – der Frage also, welche Hirnareale mit welchen Aufgaben betraut sind – ergibt sich eine andere Aufteilung (s. Jessell 1996a). In der Abbildung 4 sind drei funktionell wichtige Kortexareale dargestellt. Der *primäre motorische Kortex* befindet sich stirnwärts vor der Zentralfurche (Sulcus centralis) im Frontallappen. Er steuert Willkürbewegungen der Muskeln des Rumpfes und der Extremitäten. Der *primäre somatosensorische Kortex*, in Richtung Hinterhaupt hinter dem Sulcus centralis gelegen, empfängt sensorische Informationen von peripheren Rezeptoren, vorrangig der Haut und den Gelenken. Der *primäre visuelle Kortex* empfängt und verarbeitet die sensorischen Signale des visuellen Systems.

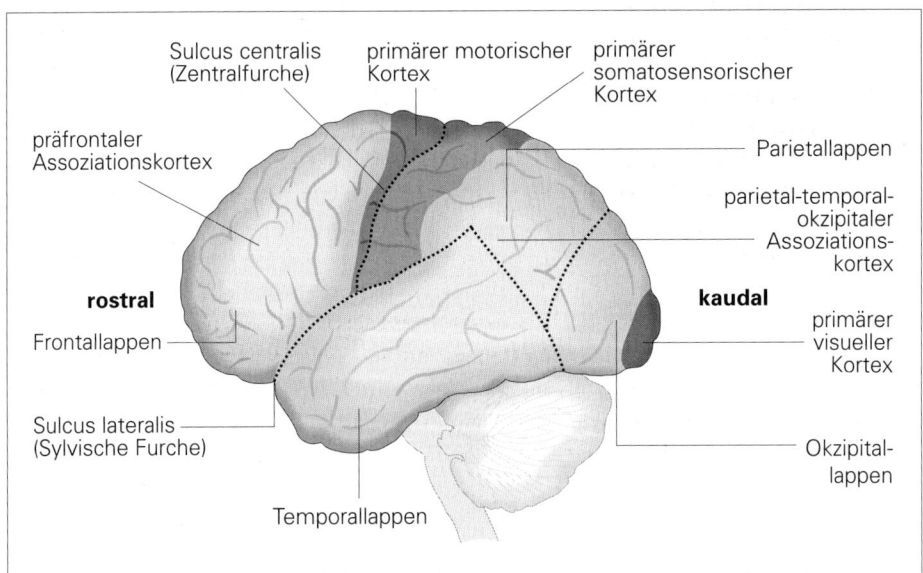

Abb. 4 Unterteilung der Großhirnrinde (Cortex cerebri) des Menschen in vier Lappen und verschiedene Hirnareale, die unter funktionellen Gesichtspunkten besonders wichtig sind. (Nach Jessell 1996 a)

In der Umgebung dieser primären befinden sich jeweils noch sekundäre und tertiäre Kortexareale, die damit befaßt sind, komplexe Merkmalsaspekte sensorischer Informationen weiterzuverarbeiten oder motorische Aktivitäten vorzubereiten. Im räumlichen Umfeld dieser primären, sekundären und tertiären Kortexareale finden sich Gebiete, die als Assoziationsfelder bezeichnet werden. Sie sind unerläßlich, um dem Gehirn komplex-integrative Funktionsleistungen zu ermöglichen. Es werden drei große Assoziationsfelder unterschieden: Dem *präfrontalen Assoziationskortex*, der größere Bereiche des Frontallappens umfaßt, obliegt vorrangig die Planung von Willkürbewegungen. Der *parietal-temporal-okzipitale Assoziationskortex* verknüpft somatosensorische, auditorische und visuelle Sinnesinformationen miteinander zu komplexen Wahrnehmungen. Der *limbische Assoziationskortex* schließlich – in der Aufsichtperspektive von Abbildung 4 praktisch nicht sichtbar, weil mediane Gebiete des Temporal-, Frontal- und Parietallappens umfassend – erfüllt wichtige Aufgaben, um insbesondere solche komplexen zerebralen Funktionsleistungen wie Motivationsbildung, Gedächtnis und Lernen zu ermöglichen.

Nach Jessell (1996a) lassen sich vier allgemeine Prinzipien unterscheiden, die die anatomisch-funktionelle Organisation von Gehirn und Rückenmark bestimmen:

1. Es gibt drei große neurale Funktionssysteme: das sensorische System, das motorische System und das Motivationssystem. Unter „Motivationssystem" werden dabei neurophysiologisch alle Subsysteme zusammengefaßt, die an der Regulierung basaler somatischer Bedürfnisse wie Hunger und Durst sowie der Befriedigung sexueller Triebbedürfnisse teilhaben. Diese drei großen Funktionssysteme sind über sogenannte *Relaiskerne* untereinander verbunden. Der Thalamus beispielsweise ist ein mächtiges neurales Verschaltungs- und Verarbeitungszentrum, über das praktisch alle sensorischen Signale zur Großhirnrinde weitergeleitet werden, und das seinerseits wiederum aus verschiedenen Großhirnregionen multiple Signale empfängt.

2. Jedes der großen Funktionssysteme verfügt über Subsysteme, die so aufgebaut sind, daß sie aus anatomisch und funktionell getrennten Nervenbahnen bestehen. Die einzelnen Nervenbahnen sind ihrerseits aufgabenspezifisch organisiert. So werden z.B. Schmerz- und Berührungsreize über verschiedene Bahnen des somatosensorischen Systems fortgeleitet.

3. Viele sensorische und motorische Nervenbahnen kreuzen auf unterschiedlicher Höhe von Gehirn oder Rückenmark die mittensenkrechte (mediosagittale) Ebene des Körpers, mit der Folge, daß die linke Körperhälfte sensorisch und motorisch in der rechten Hirnhälfte repräsentiert ist und vice versa.

4. Das sensorische System ist in seinen (visuellen, taktilen etc.) Subsystemen so organisiert, daß die räumliche Anordnung der Rezeptoren in den nachgeschalteten Nervenbahnen und den kortikalen Zielregionen erhalten bleibt. Diese topographische Anordnung (s. später genauer) ist von grundlegender Bedeutung, weil die Realisierung dieses Organisationsprinzips erst die Voraussetzung schafft, um die über die Sinnesorgane zugängliche Welt überhaupt in geordneter Weise wahrnehmen zu können. Das motorische System ist in ähnlicher Weise topographisch angeordnet.

Nach dieser allgemeinen Übersicht werden wir uns jetzt der neuronalen Feinstruktur zuwenden.

Neuronen, Synapsen und das neuronale Netzwerk

Nervenzellen (Neuronen) und Gliazellen sind die beiden Zelltypen, die das Nervensystem aufbauen. Entgegen früheren Annahmen, wonach die Gliazellen lediglich das neuronale Netzwerk stützen sollen, ist inzwischen bekannt, daß sie eine Reihe weiterer Aufgaben wahrnehmen: so die Bildung der elektrisch isolierenden Myelinschicht vieler Axone (als Axon wird der Teil des Neurons bezeichnet, der Impulse weiterleitet), die Beseitigung zugrunde gegangenen Zellmaterials, die Konstanterhaltung der Kaliumionenkonzentration im Extrazellulärraum (vgl. Kandel 1996b). Gliazellen sind aber nicht direkt (möglicherweise aber indirekt modulierend) an der Signalübertragung im Nervensystem beteiligt. Zur direkten Signalübertragung sind nur Nervenzellen fähig, die Signale an andere Nervenzellen – und im weiteren an Muskel- und Drüsenzellen – weiterleiten.

Das Neuron ist die funktionelle Grundeinheit des Nervensystems (vgl. Thompson 1994). Unter funktionellen Gesichtspunkten lassen sich drei Großgruppen von Neuronen unterscheiden: sensorische Neuronen leiten periphere Signale, die der Wahrnehmungsrepräsentation und motorischen Koordination dienen, an das ZNS weiter; Motoneuronen übermitteln Signale aus dem ZNS an Muskeln und Drüsen; Interneuronen verbinden zwei andere Neuronen miteinander.

Es wird heute mehrheitlich angenommen, daß das Gehirn aus ca. 10^{11} (= 100 Milliarden) Nervenzellen aufgebaut ist, wobei sich verschiedene Nervenzelltypen unterscheiden lassen. Der häufigste ist der multipolare Zelltyp, wie er in Abbildung 5 dargestellt ist.

Eine gewöhnliche multipolare Nervenzelle besteht aus einem Zellkörper mit einem Zellkern, der – wie jede Körperzelle – das gesamte genetische Material enthält. Der Zellkörper eines solchen multipolaren Neurons besitzt viele Dendriten, aber nur einen Zellfortsatz, der Erregungen weiterleitet – das Axon. Die dendritischen Fortsätze sind vielfach baumartig verzweigt. Eine einzelne Nervenzelle empfängt viele Signale von anderen Nervenzellen. Die Kontaktstelle wird als Synapse bezeichnet (s. später). Die Synapsen sitzen überwiegend auf den dendritischen Ästen, teilweise aber auch auf dem Zellkörper. Auf einer gewöhnlichen motorischen Nervenzelle im Rückenmark, die Signale an die Rumpf- bzw. Extremitätenmuskulatur weiterleitet, liegen beispielsweise ca. 10.000 Synapsen, davon etwa 8.000 auf den dendritischen Verästelungen und 2.000 auf dem Zellkörper (Kandel 1996b).

Bei einer nichterregten Nervenzelle besteht zwischen der Außenseite und der Innenseite ihrer Zellmembran eine Differenz elektrischer Ladungen. Die Innenseite ist gegenüber der Außenseite negativ (ca. −65 mV) geladen – eine Ladungsdifferenz, die als *Ruhemembranpotential* bezeichnet wird. Diese Ladungsdifferenz ergibt sich aus einer ungleichen Verteilung von Natrium-, Kalium-, Chlorid- und Proteinionen. Das Ruhemembranpotential wird von der unerregten Nervenzelle auf zwei Weisen aufrechterhalten. Zum einen sorgt eine sogenannte Natrium-Kalium-Pumpe dafür, daß ständig positiv geladene Natriumionen aus der Zelle heraus- und gleichfalls positiv geladene Kaliumionen hineingepumpt werden. Zum anderen ist die Zellmembran für Kaliumionen (im Vergleich zu Natriumionen) selektiv erheblich durchlässiger, so daß Kaliumionen entsprechend ihrem Konzentrationsgradienten aus der Zelle herausdiffundieren und dadurch eine relative Negativität des Zellinneren entstehen lassen.

Durch hemmende Impulse, die ein Neuron über seine Synapsen erreichen, nimmt sein Membranpotential zu und seine Erregbarkeit ab (Hyperpolarisation). Bei erregenden Signalzuflüssen verhält es sich umgekehrt: das Membranpotential nimmt ab, und die Zelle wird erregbarer (Depolarisation). Überschreitet die Depolarisation einen bestimmten Schwellenwert, verringert sich also das Membranpotential auf etwa −55 mV, wird am sogenannten Axonhügel ein

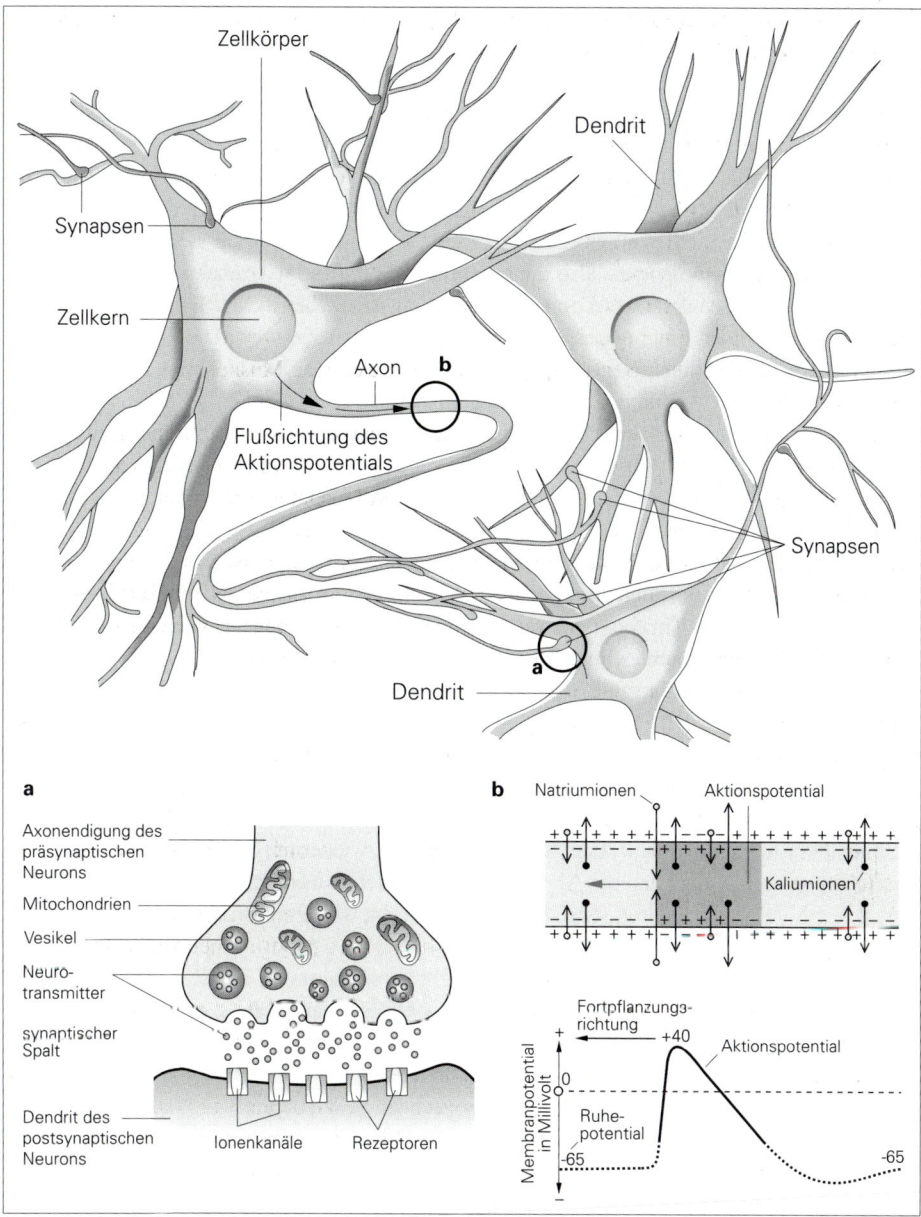

Abb. 5 Signalfortleitung in Neuronen und Signalübertragung zwischen Neuronen in schematischer und stark vereinfachter Darstellung. Einzelheiten siehe Text. (Nach Shatz 1994)

Aktionspotential ausgelöst. Der zugrundeliegende Auslösemechanismus läßt sich – vereinfacht – folgendermaßen darstellen:

In der Membran einer Nervenzelle befinden sich für verschiedene Ionen verschiedene Kanäle, über die Ionen in die Zelle hinein- und aus ihr herausgelangen können. Die Kanäle für Natriumionen sind bei der nichterregten Zelle weitgehend geschlossen. Bei einer überschwelligen Depolarisation springen diese spannungsgesteuerten Natriumionen-Kanäle schlagartig auf, so daß große Mengen Natriumionen, die außerhalb der Zelle in wesentlich höherer Konzentration vorhanden sind, entsprechend ihrem Konzentrationsgradienten durch die geöffneten Natriumkanäle ins Zellinnere strömen. Die Folge ist eine kurzfristige Umkehr der Spannungsverhältnisse, also das Entstehen eines Aktionspotentials. Dadurch wird eine Kettenreaktion ausgelöst, weil sukzessiv in der Fortpflanzungsrichtung weitere Natriumkanäle aufspringen, und das Aktionspotential somit dem Axon entlang weitergeleitet wird (vgl. Thompson 1994). In der Abbildung 5 ist in dem Neuron oben links ein fortgeleitetes Aktionspotential, das am Axonhügel entstanden ist, dargestellt worden. Die detaillierte Graphik in Abb. 5b stellt die Entstehung eines solchen Aktionspotentials, also die geschilderte kurzfristige Umkehrung des Membranpotentials, schematisch dar. Das Aktionspotential ist ein Alles-oder-nichts-Signal, das mit gleichbleibender Amplitude, ohne Abschwächung also, weitergeleitet wird. Die Frequenz der aufeinanderfolgenden Aktionspotentiale wächst mit der Stärke der Depolarisation am Axonhügel.

Folgen wir in der Abbildung 5 dem weiteren Verlauf des Axons, so wird deutlich, daß es sich zum Ende in verschiedene Äste aufspaltet, die zu mehreren Nervenzellen an jeweils verschiedenen Stellen Kontakt aufnehmen. Diese Kontaktstelle wird Synapse genannt. In Abbildung 5a ist eine chemische Synapse[1] dargestellt, wobei die Details zur besseren Veranschaulichung stark vergrößert worden sind.

Die Nervenzelle, über deren Axon ein oder mehrere Aktionspotentiale eine Synapse erreichen, wird *prä*synaptisches Neuron genannt. Wie aus der Abbildung 5a ersichtlich, befinden sich in der präsynaptischen Axonendigung bestimmte Bläschen oder Vesikel, die einen Überträgerstoff – Neurotransmitter genannt – enthalten. Durch das einlaufende Aktionspotential werden die Neurotransmittermoleküle aus den Vesikeln in den sogenannten synaptischen Spalt freigesetzt. Mit Dauer und Frequenz der einlaufenden Aktionspotentiale wird die ausgeschüttete Menge der Transmittermoleküle erhöht. Diese Transmitter diffundieren durch den synaptischen Spalt, der 20 bis 40 Milliardstel eines Meters breit (oder besser: schmal) ist, und erreichen so die *post*synaptische Zelle. Sie heften sich dort an spezielle Rezeptoren auf der Zellmembran des postsynaptischen Neurons, wodurch wiederum Ionenkanäle geöffnet oder geschlossen werden, und sich das Membranpotential der postsynaptischen Zelle lokal verändert, d.h. erhöht oder erniedrigt wird. Diese Veränderung wird *synaptisches Potential* genannt. Wichtig ist dabei, daß der Effekt, den ein Transmitter an der postsynaptischen Nervenzelle erzielt, nicht von der Transmittersubstanz abhängig ist, sondern von dem Rezeptor, an den sich die Substanz anlagert (vgl. Kandel u. Siegelbaum 1996). So kann z. B. Azetylcholin, eine unter vielen Transmittersubstanzen, bestimmte postsynaptische Neuronen hemmen, in ihrer Erregbarkeit also durch Hyperpolarisation dämpfen, andere dagegen erregen.

Solche postsynaptischen Potentiale breiten sich im postsynaptischen Neuron passiv aus. Alle postsynaptischen Potentiale werden nun am Axonhügel der postsynaptischen Nervenzelle räumlich und zeitlich aufsummiert. Bei Überschreiten des Schwellenwertes wird dann in Abhängigkeit von der Höhe der Depolarisation ein Aktionspotential oder eine Salve von Aktionspotentialen ausgelöst. Damit haben sich also elektrische Signale von einem oder mehreren präsynaptischen Neuronen erfolgreich über eine oder gegebenenfalls auch viele Synapsen auf *ein* postsynaptisches Neuron fortgepflanzt.

Ein *einzelnes* Neuron in unserem Gehirn kann Signale von mehreren Tausend anderen Neuronen empfangen, und es kann über seine axonalen Endverzweigungen seinerseits Signale an

---

[1] Es gibt daneben auch elektrische Synapsen, bei denen zwei Nervenzellen über sogenannte Gap-Junctions direkt miteinander verbunden sind, wodurch eine besonders rasche Erregungsüberleitung ermöglicht wird. Da die elektrischen Synapsen aber gegenüber den chemischen in ihrer funktionellen Bedeutung für die Signalübertragung im ZNS weit zurückstehen, müssen wir sie hier nicht weiter behandeln.

mehrere hundert Nervenzellen weiterleiten. So läßt sich in einer ersten Annäherung die ungeheure Komplexität der neuronalen Vernetzung erahnen. Nach Schätzungen, die Braitenberg u.
Schüz (1990) mitteilen, enthält allein die menschliche Großhirnrinde – bei einer Fläche von
1000 cm^2 und einer Dicke von 2 mm – 100 Billionen (10^{14}) Synapsen. Edelman (1995) schätzt
die Zahl der kortikalen Synapsen sogar auf 1 Billiarde (10^{15}). Er hat auf dieser Schätzbasis
errechnet, daß wir erst nach 32 Millionen Jahren zu einem Ende gekommen wären, wenn wir
pro Sekunde eine Synapse zählen würden. In einer weiteren Veranschaulichung verweist er darauf, daß sich in einer Gehirnmasse von der Größe eines Streichholzkopfes schätzungsweise eine
Milliarde Synapsen finden lassen.

Unsere Vorstellungskraft wird vollends überfordert, wenn wir uns vergegenwärtigen, daß
innerhalb des zerebralen neuronalen Netzwerkes ungeheuer viele Verschaltungskombinationen
möglich sind. Es resultiert, wiederum Edelman (1995) folgend, eine Zahl von der Größe einer
Eins mit einer Million Nullen, wobei er darauf verweist, daß sich die Summe der positiv gela-
denen Teilchen im uns bekannten Universum auf eine Zahl von einer Eins mit ungefähr 80
Nullen beläuft.

Topographische Repräsentationen

Die dargestellten Zahlenverhältnisse verdeutlichen die schier unvorstellbare Komplexität des neuronalen Netzwerkes und damit dessen Kapazität, unsere Erfahrungen zu repräsentieren – und zwar so zu repräsentieren, daß immanente Ordnungsstrukturen auch erhalten bleiben. Wir beschränken uns hier zunächst auf Erfahrungen, an deren Repräsentation zwei Sinnessysteme beteiligt sind, die als am besten erforscht gelten: das *somatosensorische System*, das Berührungs-, Druck-, Schmerz- sowie Lageempfindungen vermittelt, und das *visuelle System*. Zunächst zum *somatosensorischen System*.

Beginnen wir mit Rezeptorzellen (primären somatosensorischen Neuronen) der Haut, die beispielsweise auf Druck reagieren. In Abbildung 6 sind zwei solche Rezeptorzellen dargestellt.

Jede einzelne Rezeptorzelle hat ein eigenes *rezeptives Feld*, d.h. sie kann nur auf Reize reagieren, die in dem umschriebenen Bereich ihres zugehörigen rezeptiven Feldes einlaufen (vgl. Martin u. Jessel 1996). Solche rezeptiven Felder, die in Abbildung 6 getrennt dargestellt worden sind, können sich auch überlappen. Wenn die einwirkenden Druckreize ausreichen, um die sensorischen Neuronen über ihren Schwellenwert zu erregen, werden in den primären Sinneszellen Aktionspotentiale ausgelöst, die in dem Abbildungsbeispiel an ein gemeinsames nachgeordnetes Projektionsneuron weitergeleitet werden. Dieses Projektionsneuron hat jetzt ein rezeptives Feld, das sich aus den rezeptiven Feldern der beiden primären Sinneszellen zusammensetzt. In der Regel haben also nachgeschaltete Neuronen auf höheren Verarbeitungsebenen auch größere rezeptive Felder.

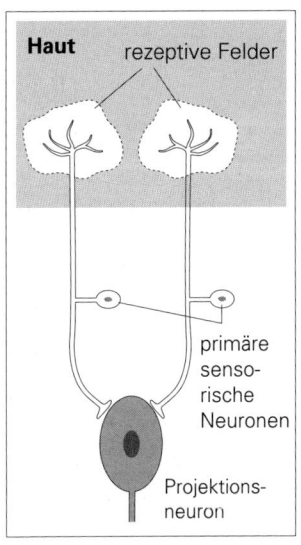

Abb. 6 Schematische Darstellung der rezeptiven Felder von zwei sensorischen Neuronen, die auf ein gemeinsames Projektionsneuron konvergieren. Das rezeptive Feld des Projektionsneurons setzt sich aus den rezeptiven Feldern der beiden sensorischen Neuronen zusammen. (Nach Martin u. Jessel 1996)

In der Haut lassen sich (wie in anderen Sinnessystemen auch) Rezeptoren finden, die unterschiedlich spezialisiert sind. So reagieren z.B. einige auf mechanische Druckreize (Mechanorezeptoren), andere auf gewebeschädigende Reize (Nozizeptoren). Diese Reaktionen der modalitätsspezifischen sensorischen Neuronen werden nun auf anatomisch getrennten Bahnen fortgeleitet, erreichen schließlich die Großhirnrinde und werden dort in einer Region repräsentiert, die uns bereits bekannt ist – dem primären *somatosensorischen Kortex*.

Zwischen diesen afferenten (von der Peripherie zum Kortex verlaufenden) Bahnen bleibt aber ein bestimmtes Ordnungsprinzip gewahrt (vgl. Martin u. Jessel 1996): Benachbarte periphere Rezeptoren mit dementsprechend auch benachbarten rezeptiven Feldern werden im Bahnverlauf und schließlich auch kortikal so repräsentiert, daß die Nachbarschaftsrelationen topographisch erhalten bleiben. Im Gehirn sind somit also *neurale Karten* der Peripherie angelegt. Mit diesem Anordnungsprinzip hat sich das Zentralnervensystem die Möglichkeit eröffnet, Reize, die uns aus der Peripherie oder dem Körperinneren (Viszerozeption) erreichen, zu lokalisieren und unter Erhaltung ihrer räumlichen und raumzeitlichen Konfiguration zu repräsentieren.

Ursprünglich hatte man angenommen, daß der primäre somatosensorische Kortex nur eine Karte der Körperoberfläche enthält. Inzwischen ist bekannt (vgl. Kandel u. Kupfermann 1996a), daß die Körperoberfläche dort in vier Arealen repräsentiert ist, den sogenannten Brodmann-Feldern 1, 2, 3a und 3b. Jede Karte repräsentiert den gesamten Körper so, daß jeweils eine Sinnesmodalität dominiert. Propriozeptive Signale von den Muskeln und Gelenken werden in die Area 3a, Signale von der Haut in die Area 3b weitergeleitet. Die Hautinformationen aus Area 3b werden zur Weiterverarbeitung an die Area 1 geleitet und in Area 2 mit propriozeptiven Informationen verknüpft. In der Abbildung 7 sind beispielhaft nur die Areae 3b und 1 des somatosensorischen Kortex der Eulenkopfmeerkatze (einer Affenart) dargestellt.

Wie ersichtlich, ist die gesamte Körperoberfläche in beiden Areae repräsentiert, wobei die neuralen Karten einzelner Körperteile annäherungsweise spiegelbildlich zueinander liegen. Zugleich wird deutlich, daß einzelne Körperteile in beiden Karten – vergleichen wir z.B. die Repräsentationen der Finger mit denen des Rumpfes – deutlich überproportional vergrößert repräsentiert sind. Diese Größendifferenz ergibt sich, weil die Haut der Finger pro Flächeneinheit sehr viel differenzierter mit Rezeptoren sensibel versorgt wird.

Wie findet nun *innerhalb* eines Areals die Detailverarbeitung der sensorischen Information statt? Wir orientieren uns an Abbildung 8 und betrachten dort – Kandel u. Kupfermann (1996a), folgend – die kortikale Repräsentation des zweiten, dritten und vierten Fingers in Area 3b.

In diesem Areal werden die Signale von zwei Rezeptortypen der Haut repräsentiert: Rezeptoren, die auf Berührungsreize schnell adaptieren (Typ SA) sowie solche, die langsam adaptieren (Typ LA) und erst zu feuern aufhören, wenn die Druckreizung beendet ist.

Der gesamte Kortex (so also auch der somatosensorische) besteht aus sechs Zellschichten. Die modalitätsspezifischen Informationen von Rezeptoren werden aber nicht – wie ursprünglich vermutet – in den einzelnen Schichten repräsentiert, sondern in *Zellsäulen*. Eine solche Säule reicht von der Kortexoberfläche durch alle sechs Schichten bis zur weißen Substanz des Gehirns. Alle Neuronen innerhalb einer solchen Säule reagieren spezifisch auf die Signale eines bestimmten Rezeptortyps. Dieses Ordnungsmuster ist in Abbildung 8 schematisch dargestellt. Es wird erkennbar, daß die Signale von beiden Rezeptortypen – fingerweise getrennt – in separaten Zellsäulen repräsentiert werden.

Die Weiterverarbeitung dieser im primären somatosensorischen Kortex repräsentierten Informationen erfolgt dann – wie dem Prinzip nach weiter oben bereits dargestellt – in nachgeordneten sekundären und tertiären Arealen des somatosensorischen Kortex. Schließlich werden die sensorischen Informationen in den Assoziationskortizes mit Informationen aus anderen Kortexgebieten verknüpft und zu einem umfassenderen Wahrnehmungseindruck integriert.

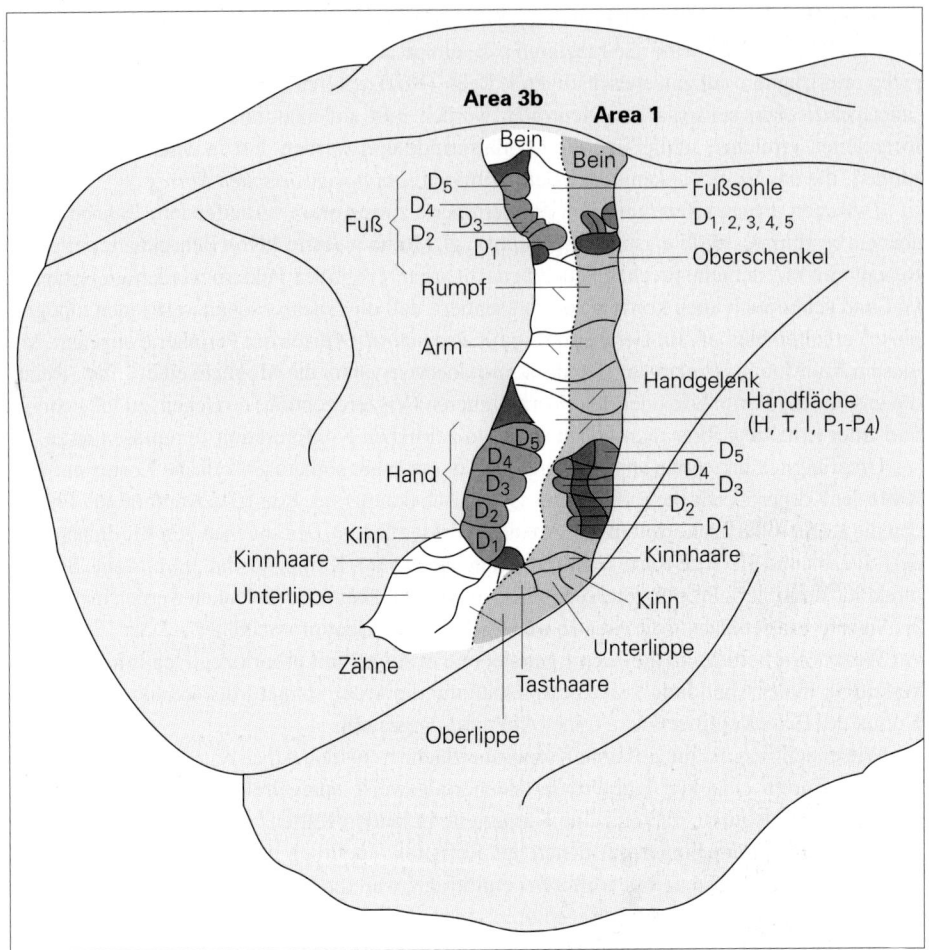

Abb. 7 Zwei (von vier) somatosensorische Karten der Großhirnrinde einer Eulenkopfmeer-katze. Weitere Erklärungen siehe Text. (Ausschnitt aus: Merzenich et al. 1983a. Mit freundlicher Genehmigung von Elsevier Science.)

Wir wenden uns jetzt dem *visuellen System* und damit der Frage zu, wie im visuellen Kortex die topographisch genaue Repräsentation von Reizen erfolgt, die spezifische Rezeptoren der Retina (Netzhaut) des Auges erregen. In Abbildung 9 ist die Sehbahn des Menschen schematisch dargestellt.

Die Rezeptoren der Netzhaut sind über Interneuronen mit den retinalen Ganglienzellen verschaltet, deren Axone den Sehnerv bilden. Am Kreuzungspunkt der Sehnerven, dem Chiasma opticum, wechseln die nasalen Fasern beider Nervenstränge auf die kontralaterale Seite, die temporalen aber nicht. Es entstehen so partiell neue Faserzüge – der linke und der rechte Tractus opticus (Sehbahn). Jeder Tractus leitet Signale der gleichen (ipsilateralen) Retinahälfte weiter: der linke Tractus opticus also beispielsweise solche aus der temporalen Retinahälfte des linken Auges und der nasalen des rechten Auges. Auf diese Weise werden Informationen aus der rechten Hälfte des Gesichtsfeldes über den linken Tractus opticus weitergeleitet (und vice versa beim rechten Tractus opticus). In der Abbildung 9 sind nur jene Fasern des linken und rechten Trac-

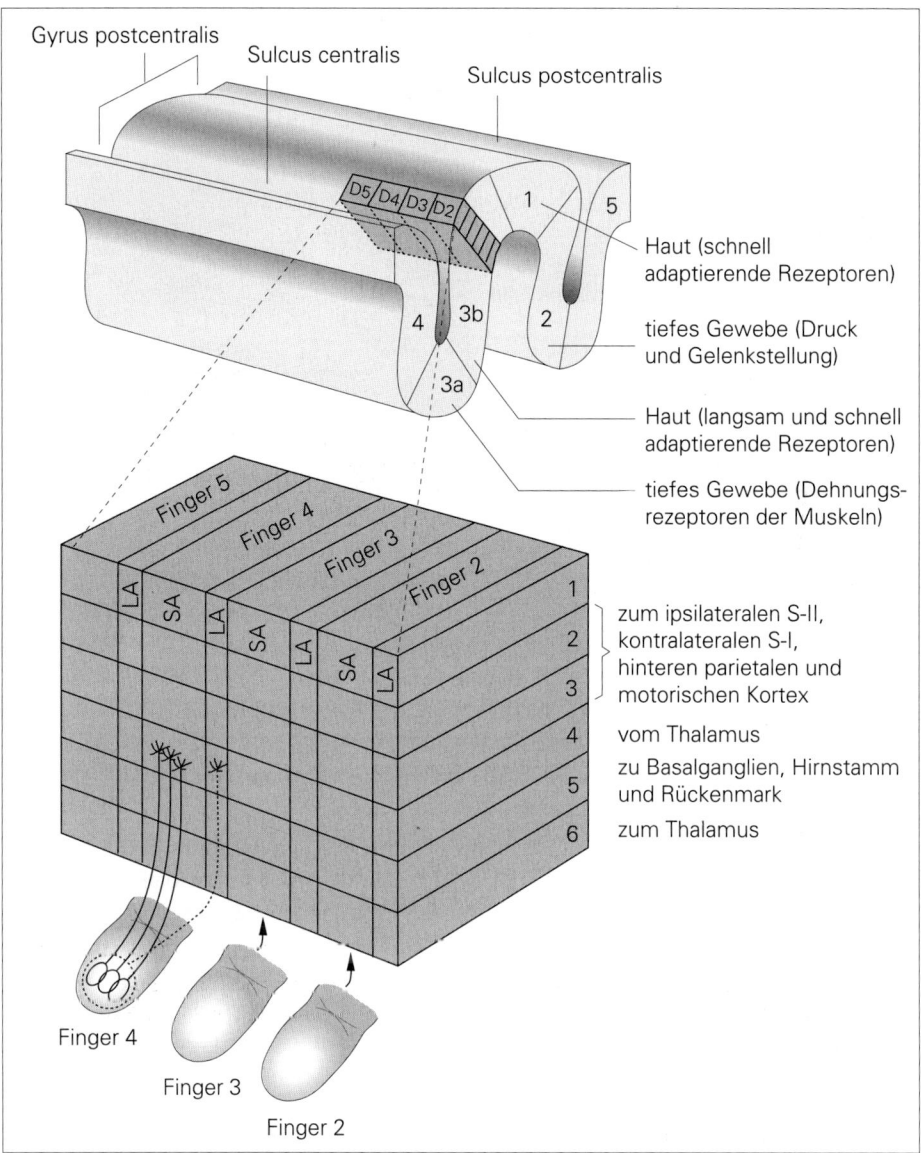

Abb. 8 Modalitätsspezifische Verarbeitung und Repräsentation von sensorischen Informationen in sog. Zellsäulen. Weitere Ausführungen siehe Text. (Mit freundlicher Genehmigung aus Kaas JH, Nelson RJ, Sur M, Lin CS, Merzenich MM. Multiple representations of the body within the primary somatosensory cortex of primates. Science 1979 May 4;204(4392):521-1. © 1979 American Association for the Advancement of Science)

tus opticus dargestellt worden, die visuelle Informationen an die thalamischen Relaisstationen des linken und rechten seitlichen Kniehöckers (Corpus geniculatum laterale) weiterleiten, wo sie auf Neuronen umgeschaltet werden, die schließlich die Eingangsregion des visuellen Kortex, die Area V1, erreichen.

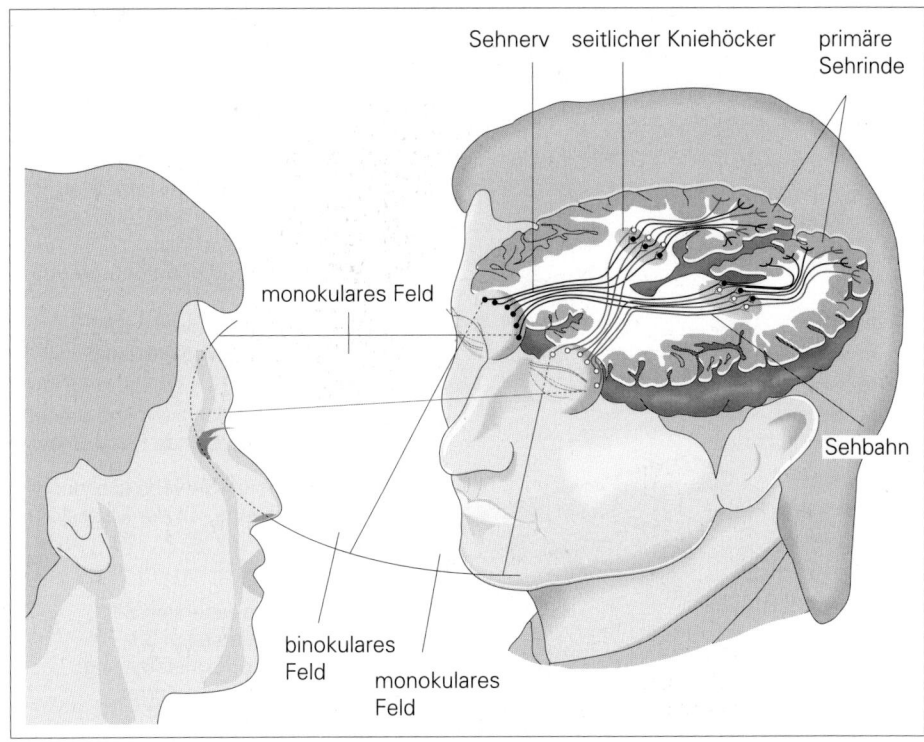

Abb. 9 Schematische Darstellung der Sehbahn eines Erwachsenen. (Nach Shatz 1994)

Nach Kandel (1996c) beginnt die differentielle Verarbeitung visueller Informationen bereits in der Retina, wo sich Ganglienzellen unterschiedlicher Größe finden lassen: kleine (parvozelluläre) P-Zelltypen und große (magnozelluläre) M-Zelltypen. Die jeweiligen P- und M-Zelltypen leiten unterscheidbare Informationen an ihnen zugeordnete und entsprechende parvozelluläre bzw. magnozelluläre Schichten des Corpus geniculatum laterale weiter. Aus diesen räumlich getrennten Schichten im seitlichen Kniehöcker werden jetzt drei Hauptbahnen gebildet – eine aus magnozellulären und zwei aus parvozellulären Schichten –, deren Fasern alle in das V1-(Eingangs-)Areal des visuellen Kortex ziehen.

Die erste Bahn verarbeitet *Farbinformationen*; die zweite reagiert auf *Formaspekte* wie Umrisse und Orientierungen von Objekten im Gesichtsfeld; die dritte ist vorrangig mit der *Bewegungswahrnehmung* befaßt.

Wie im somatosensorischen Kortex sind die Neuronen im primären visuellen Kortex auch in Säulen angeordnet. Es werden (vgl. Kandel u. Mason 1996) drei Säulensysteme unterschieden. Das sogenannte Blob-System (1) ist mit der Analyse von Farben befaßt. Das System der Orientierungssäulen (2) reagiert auf Linien und Konturen von Objekten, die in bestimmter Weise (z.B. horizontal oder vertikal) orientiert sind, wobei jede Säule auf eine Orientierungsrichtung spezialisiert ist. Das System der Augendominanzsäulen (3) empfängt, streng alternierend, immer nur Eingänge von dem einen oder dem anderen Auge – also dem ipsilateralen (I) oder dem kontralateralen (K). In Abbildung 10 ist dargestellt, daß die drei Säulensysteme auf einer Fläche von ca. 1 mm² zusammengefaßt eine sogenannte *Hyperkolumne* bilden, die wie der gesamte Kortex aus sechs Schichten aufgebaut ist.

Jede Hyperkolumne repräsentiert und verarbeitet die Signale von einem Bildpunkt. In ihrer regelmäßigen Anordnung sichern die Hyperkolumnen, daß das gesamte Gesichtsfeld im visu-

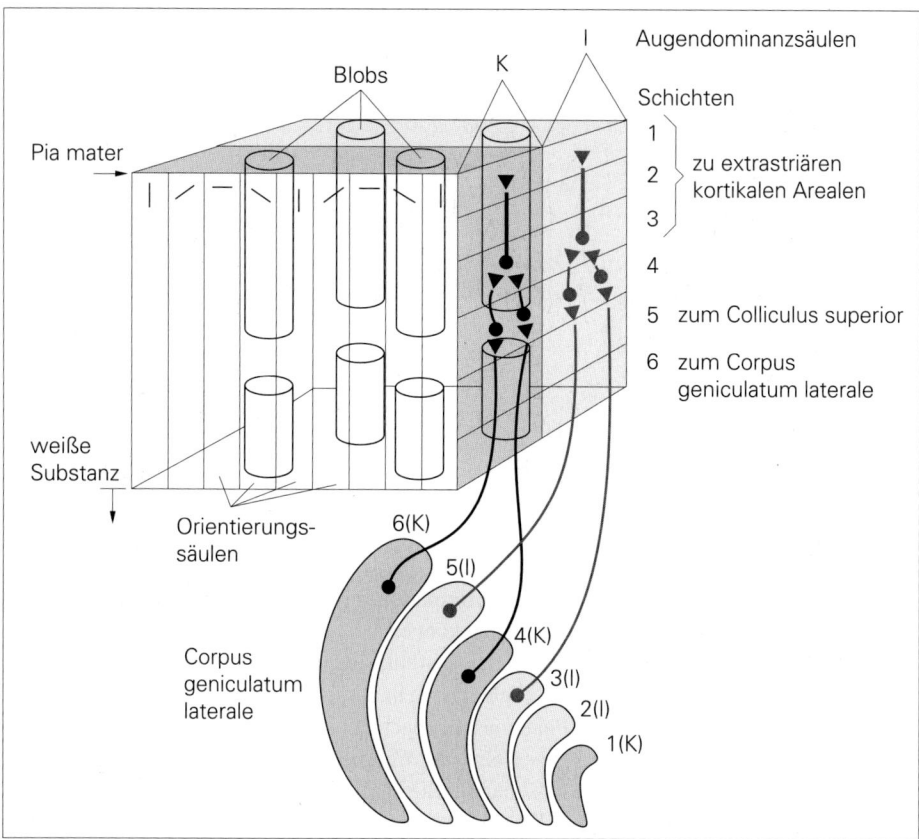

Abb. 10 Schematische Darstellung einer sog. Hyperkolumne des visuellen Kortex, die aus verschiedenen Säulensystemen gebildet wird, die ihrerseits wiederum unterschiedliche Funktionen wahrnehmen. Weitere Einzelheiten siehe Text. (Aus Kandel, Schwartz u. Jessel. Essentials of Neural Science and Behavior. Appleton & Lange 1995)

ellen Kortex repräsentiert wird. Über horizontal verlaufende Querverbindungen sind Säulen verschiedener Hyperkolumnen, die auf gleiche Signale – eine bestimmte Bewegungsrichtung beispielsweise – reagieren, untereinander verbunden (Kandel u. Mason 1996).

Zeki (1994) hat das Eingangsareal in den visuellen Kortex (V1) und das nachgeordnete Areal (V2) anschaulich mit einem Postamt verglichen, das die visuellen Eingangssignale gezielt an nachgeschaltete spezialisierte Areale zur Detailanalyse weiterleitet (s. Abb. 11). Inzwischen sind 32 Areale identifiziert worden, die spezielle Aufgaben wahrnehmen (wahrscheinlich werden es noch mehr werden: vgl. Kandel 1996c). Manche dieser Areale auf höherer Verarbeitungsebene sind nicht mehr – wie das Eingangsareal V1 – topographisch so organisiert, daß sie eine exakte neurale Karte der Netzhaut enthalten. Liefern solche Areale komplexe und abstraktere Informationen – z.B. über Bewegungsmuster von Objekten im Gesichtsfeld –, so sind solche Informationen für das Gehirn nur dann sinnvoll verwertbar, wenn sie auch lokalisierbar sind. Zeki folgert daraus (und empirische Befunde stützen diese Annahme inzwischen), daß es auch rückläufige Verbindungen von höheren visuellen Verarbeitungszentren zum Eingangsareal V1

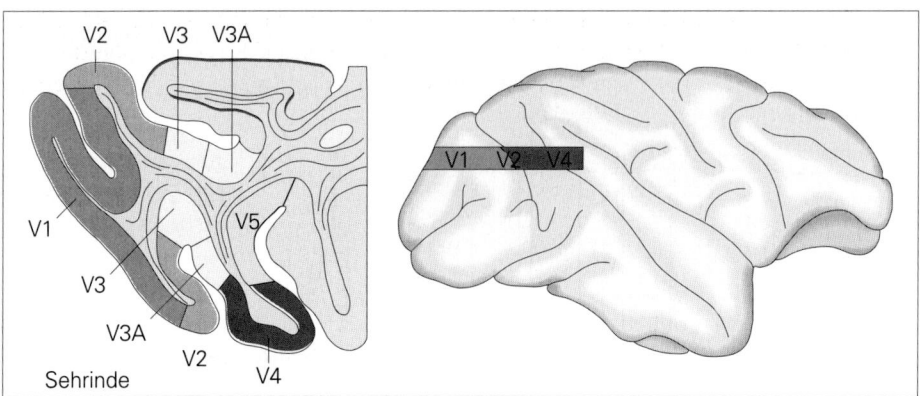

Abb. 11 Einige ausgewählte Areale des inzwischen gut untersuchten visuellen Kortex des Makaken, eine Affenart. (Aus Zeki 1994)

geben muß, um die komplexe Bewegungsinformation mit Hilfe der topographisch genauen Netzhaut-Karte in V1 auch richtig verorten zu können.

Wenn die Eingangsregion V1 vollkommen ausfällt, sind die betroffenen Menschen blind – auch dann, wenn nachgeordnete visuelle Felder noch intakt sind. Bei einigen dieser Betroffenen ist nun ein höchst bemerkenswertes Phänomen beobachtet worden: das sogenannte Blindsehen (Pöppel et al. 1973). Diese Menschen lösen einfache Wahrnehmungsaufgaben wie z.B. die Identifikation von Bewegungen oder Farben überzufällig häufig. Sie haben dabei keinerlei bewußte Wahrnehmungen und begründen ihre Wahrnehmungsleistungen u.U. damit, daß sie gut raten könnten. Inzwischen konnte, wie Zeki (1994) ausführt, sehr wahrscheinlich gemacht werden, daß diese Leistungen darauf zurückzuführen sind, daß einzelne Fasern des visuellen Systems am Eingangsareal V1 vorbei direkt mit höheren visuellen Verarbeitungszentren verknüpft sind, deren intaktes Funktionieren die richtigen Identifikationsleistungen ermöglicht, obwohl die betroffenen Menschen subjektiv fest davon überzeugt sind, nichts gesehen zu haben.

Auf höheren Verarbeitungsebenen des visuellen Systems sind inzwischen Zellen mit erstaunlicher Spezialisierung entdeckt worden. So reagieren einige z.B. selektiv auf die optische Präsentation von Händen, andere auf diejenige von Gesichtern. Menschen, bei denen die gesichterspezifischen Neuronen z.B. infolge eines Schlaganfalles ausfallen, zeigen ein als Prosopagnosie bezeichnetes Störungsbild. Sie erkennen Details wie Nase und Mund und können die gesamte Konfiguration noch als ein Gesicht identifizieren, sie können aber dieses Gesicht nicht mehr einer bestimmten, ihnen bekannten Person zuordnen. So können sie wohlvertraute Menschen nicht mehr an ihrem Gesicht erkennen, u.U. nicht einmal sich selbst, wenn sie sich neben anderen Personen im Spiegel sehen.

Fassen wir zusammen: Das visuelle System ist – wie schon das somatosensorische – gut geeignet, um das Prinzip der Parallelverarbeitung zu veranschaulichen. Qualitativ unterscheidbare visuelle Objektmerkmale werden parallel auf verschiedenen, anatomisch-funktionell getrennten Nervenbahnen verarbeitet. Innerhalb dieser Bahnen werden sie aufsteigend – von der Retina über das Corpus geniculatum laterale, den primären visuellen Kortex, die nachgeordneten Rindenfelder höherer Ordnung mit anschließender Einmündung in die Assoziationskortizes – auch seriell analysiert. Zwischen verschiedenen Bahnen findet auf unterschiedlichen Verarbeitungsebenen ein komplexer Signalaustausch statt, der eine stufenweise erfolgende Signalintegration erlaubt. Die raumzeitliche Lokalisierung von Objekten und Objektbewegungen im Gesichtsfeld wird wesentlich dadurch ermöglicht, daß der visuelle Kortex über eine topographisch genaue Karte der Netzhaut verfügt.

Die Hirnentwicklung: Genetische und epigenetische Einflußfaktoren

Bisher haben wir nur das ausgereifte Gehirn betrachtet. Ausgewählte Beispiele haben uns einen ersten Eindruck davon vermittelt, daß die 100 Milliarden Neuronen des Gehirns ein neuronales Netzwerk bilden, das eine außergewöhnliche Ordnungsstruktur aufweist. Damit stellt sich die Frage, wie diese Ordnung entsteht, in welchem Maße daran genetische und außergenetische (epigenetische) Faktoren jeweilig Anteil haben.

Früher hatte man angenommen (vgl. Shatz 1994), daß die neuronale Vernetzung einem genetisch determinierten Programm folgt. Entsprechend dieser Vorstellung sollte das Gehirn seine Funktion erst aufnehmen, nachdem der Verschaltungsprozeß praktisch abgeschlossen ist. Inzwischen sind Neurophysiologen mehrheitlich der Ansicht, daß die 30.000–40.000 Gene, die in ihrer Gesamtheit das menschliche Genom bilden, bei weitem nicht ausreichen, um die hochgradige Komplexität der neuronalen Kopplungsstruktur determinieren zu können. Statt dessen weisen viele empirische Befunde darauf hin, daß genetische und epigenetische Determinanten während der Hirnentwicklung wechselwirken. Unter den epigenetischen Einflußfaktoren sind die neuronale Aktivität und insbesondere Lernerfahrungen während der frühen postnatalen Entwicklung unerläßlich wichtig, um die endgültige, voll funktionsfähige Netzwerkstruktur entstehen zu lassen.

Bleiben wir bei der Entwicklung des visuellen Systems, das zur Zeit am besten erforscht ist. Während der embryonalen Entwicklung entstehen die Teilstrukturen (retinale Ganglienzellen, die Zellen im Corpus geniculatum laterale und diejenigen im visuellen Kortex), die später das visuelle Gesamtsystem bilden, zunächst räumlich voneinander getrennt (Shatz 1994). Die auswachsenden Axone müssen so ihren Weg suchen, daß sie die nächsthöheren Zielstrukturen nicht nur erreichen, sie müssen dabei vielmehr auch noch topographisch genaue Verknüpfungen herstellen.

Die Wegfindung ist ein komplexer Prozeß (vgl. Jessell 1996b). In frühen Phasen der embryonalen Entwicklung bilden die Axone an ihrer Spitze einen sogenannten Wachstumskegel mit fingerförmigen Fortsätzen aus, die sehr beweglich sind. Ein solcher Wachstumskegel orientiert sich auf seinem Weg u.a. an bestimmten Molekülen, die als chemische Marker eine Leitfunktion wahrnehmen, um das auswachsende Axon in sein „richtiges" Zielgebiet zu lenken. Die genaue Funktion dieser Moleküle, die sich auf Zellen an der Wegstrecke des Axons oder im extrazellulären Umfeld befinden, ist aber umstritten. Der Chemoaffinitäts-Hypothese (vgl. Jessell 1996c) steht die Annahme von Edelman (1995) gegenüber, wonach diese Moleküle – z. B. sogenannte CAMs (cell adhesion molecules) oder SAMs (substrate adhesion molecules) – vor allem regulatorische Funktionen wahrnehmen, indem sie die Haftung oder Bewegung von Zellen steuern. Jenseits dieser Differenzen bleibt aber unstrittig, daß diesen Molekülen eine überaus wichtige Bedeutung zugeschrieben wird.

In späteren Phasen der embryonalen Entwicklung, wenn die Axone ihr Zielgebiet erreicht haben, kommt die *neuronale Aktivität* als wesentlicher, die weitere Entwicklung determinierender Faktor ins Spiel. Jetzt geht es darum, daß die Axone mit nachgeordneten Nervenzellen solche synaptischen Verbindungen knüpfen, daß die retinalen Reizmuster in topographisch exakter Weise zentral repräsentiert werden.

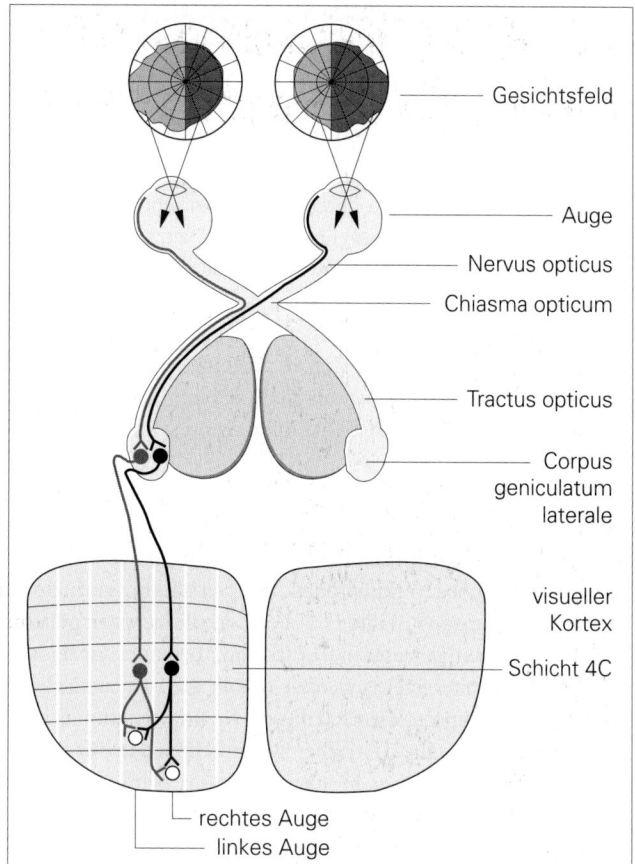

Abb. 12 Schematische Darstellung der Signalübertragung von der Retina über das Corpus geniculatum laterale in den primären visuellen Kortex. Bis in die Schicht 4C des visuellen Kortex werden die Signale von beiden Augen auf getrennten Bahnen weitergeleitet. (Nach Kandel u. Jessell 1996)

Labels in figure: Gesichtsfeld; Auge; Nervus opticus; Chiasma opticum; Tractus opticus; Corpus geniculatum laterale; visueller Kortex; Schicht 4C; rechtes Auge; linkes Auge

Wir richten unsere Aufmerksamkeit zunächst auf die Entwicklung der sogenannten *Augendominanzsäulen*. Im ausgereiften, voll funktionstüchtigen visuellen System verlaufen die Axone von den Ganglienzellen der Netzhaut des linken und des rechten Auges in getrennten Bahnen (s. Abb. 12).

Die Axone der Ganglienzellen erreichen das Corpus geniculatum laterale in getrennten Schichten. Von dort werden sie auf Neuronen umgeschaltet, die ihrerseits mit Neuronen in einer bestimmten Schicht des primären visuellen Kortex – der Schicht 4C – synaptisch verknüpft sind. Diese Neuronen sind, wie bereits in früheren Zusammenhängen dargestellt, säulenartig – in sogenannten Augendominanzsäulen – angeordnet. Jede Augendominanzsäule empfängt somit nur Signale von entweder dem linken oder dem rechten Auge. Bis zu dieser Schicht 4C im visuellen Kortex sind also die Eingangssignale von beiden Augen getrennt.

Die Neuronen aus Schicht 4C sind nun mit Neuronen in Schichten oberhalb und unterhalb von Schicht 4C verbunden, und zwar innerhalb einer Säule wie auch (was besonders wichtig ist) *zwischen* benachbarten Säulen (vgl. Abb. 12). Damit sind jetzt die Voraussetzungen geschaffen, um Signale von beiden Augen auf eine gemeinsame Zielzelle konvergieren zu können. Erst diese Voraussetzung ermöglicht das binokulare, dreidimensionale Tiefensehen (s. später).

Diese neuronale Verschaltungsstruktur mußte etwas ausführlicher dargestellt werden, um die Entwicklungsbedingungen verstehen zu können, die die Anordnung der retinalen Eingänge von beiden Augen in getrennten Schichten (im Corpus geniculatum laterale) bzw. in getrennten Augendominanzsäulen (des primären visuellen Kortex) erst ermöglichen. Beide Anordnungen entwickeln sich in Abhängigkeit von neuronaler Aktivität. Die verantwortliche neuronale Aktivität ist aber jeweils eine andere.

Zunächst zur augenspezifischen Schichtenbildung im Corpus geniculatum laterale, die in der Regel schon zum Zeitpunkt der Geburt abgeschlossen ist. Experimentelle Untersuchungen an Katzen und Frettchen konnten inzwischen sehr wahrscheinlich machen, daß die Schichtenbildung erfolgt, weil die Ganglienzellen der Netzhaut während der Embryonalzeit spontan Salven von Aktionspotentialen mit Ruhepausen dazwischen erzeugen. Die Salven benachbarter Ganglienzellen sind zeitlich korreliert. Diese zeitliche Korrelation nimmt ab, je weiter die Ganglienzellen voneinander entfernt sind (vgl. Shatz 1994). Wird die Fortleitung dieser Salven von Aktionspotentialen zum Corpus geniculatum laterale experimentell unterbunden, so bleibt die Schichtenbildung aus, womit die Bedeutung der zeitlich korrelierten elektrischen Aktivität für die augenspezifische Schichtenbildung im seitlichen Kniehöcker überzeugend untermauert wurde.

Warum aber ist gerade die zeitliche Korrelation der Aktionspotential-Salven von benachbarten Ganglienzellen ein offenbar so bedeutender Ordnungsfaktor für die Schichtenbildung im Corpus geniculatum laterale? Die Antwort verweist auf ein erstmals 1949 von Hebb postuliertes synaptisches Verknüpfungs- und Verstärkungsprinzip. Danach werden Synapsen zwischen Neuronen dann in ihrer Effizienz verstärkt, wenn präsynaptisches und postsynaptisches Neuron gleichzeitig erregt sind. „Effizienz" bedeutet dabei, daß die Stärke der Signale, die über eine Synapse weitergeleitet werden, erhöht wird. Synaptische Verknüpfungen werden dadurch dauerhafter. Synapsen, die nach diesem Prinzip funktionieren – sie werden auch Hebb-Synapsen genannt –, wurden inzwischen u.a. im Hippocampus und visuellen System gefunden.

Diesem Verknüpfungsmechanismus wird heute eine große Bedeutung zugeschrieben – nicht nur bei der entwicklungsgeschichtlichen Verknüpfung von Neuronen, sondern darüber hinaus generell bei Lernvorgängen und der Gedächtnisbildung. Dieser Mechanismus kann verständlich machen, wie die augenspezifische Schichtenbildung im seitlichen Kniehöcker – und zwar aktivitätsabhängig – zustande kommt: Benachbarte retinale Ganglienzellen, die zeitparallel erregt sind, werden verstärkte synaptische Verknüpfungen mit solchen nachgeordneten Neuronen im seitlichen Kniehöcker ausbilden, mit denen sie synaptisch in Kontakt sind. Andere Synapsen, deren präsynaptische Fasern nicht synchron erregt sind – so die Fasern vom anderen Auge –, werden demgegenüber abgeschwächt. Die Fasern von diesem anderen Auge werden ihrerseits wiederum zeitparallel mit *ihren* Nachbarn aktiviert, so daß ihre Synapsen mit nachgeordneten gemeinsamen Zielneuronen verstärkt werden. So wird also nach dem Prinzip der Gleichzeitigkeit das miteinander verbunden, was gemeinsam feuert (vgl. Shatz 1994). Die Schichtenbildung im Corpus geniculatum laterale ist zum Zeitpunkt der Geburt weitgehend abgeschlossen, womit einhergeht, daß die Spontanaktivität der retinalen Ganglienzellen – tierexperimentellen Befunden zufolge – aufhört.

Die Augendominanzsäulen im visuellen Kortex, denen wir uns jetzt zuwenden, haben sich demgegenüber zum Geburtszeitpunkt noch nicht gebildet. Deren Bildung erfolgt erst postnatal – wiederum aktivitätsgesteuert, jetzt aber in Abhängigkeit von *visueller Erfahrung* (Kandel u. Jessell 1996). Daß Seherfahrung grundsätzlich wichtig ist, um eine normale Sehfähigkeit zu entwickeln, war schon länger aus Experimenten mit Affen bekannt, die unmittelbar nach der Geburt über Monate im Dunkeln aufgezogen wurden. Sie waren erheblich und lange andauernd in ihrer Sehfähigkeit eingeschränkt, als sie später der normalen Lichtwelt ausgesetzt wurden. Klinische Beobachtungen an Kindern mit einer Linsentrübung (Katarakt) auf einem Auge hatten zudem gezeigt, daß diese Kinder dauerhaft ihre Sehfähigkeit auf diesem Auge verlieren, wenn sie nicht rechtzeitig operiert werden. Hubel und Wiesel (vgl. Hubel 1989) haben dieses klinische Störungsbild tierexperimentell imitiert, indem sie Katzen unmittelbar nach der Geburt durch eine Lidnaht ein Auge verschlossen. Schon nach wenigen Wochen zeigte sich, daß die Bildung der Augendominanzsäulen gestört war: Jene Säulen, die Signale vom offenen Auge empfingen, waren weit überproportional verbreitert, und zwar in jene Bereiche hinein, die normalerweise vom anderen Auge hätten besetzt werden müssen – wenn es nicht verschlossen worden wäre (Shatz 1994).

Diese Befunde verweisen auf ein Prinzip, das beim Aufbau des neuronalen Netzwerkes eine offenbar überragende Rolle spielt: das *Konkurrenzprinzip*. Präsynaptische Neuronen konkurrieren miteinander um synaptische Verbindungen mit nachgeordneten, postsynaptischen Neuronen. Es siegen entsprechend der oben erwähnten Hebb-Regel diejenigen, die häufiger gemeinsam mit dem postsynaptischen Neuron erregt sind. Werden nun Gruppen präsynaptischer Neuronen benachteiligt – z. B. durch Kataraktbildung oder experimentellen Lidverschluß –, so können sie ihre Zielneuronen synaptisch nicht erobern, was statt dessen die nichtbenachteiligten Neuronen tun. Sind demgegenüber aber die Wettbewerbsbedingungen für beide Augen gleich – verläuft also die Signalübermittlung von beiden Retinae zum visuellen Kortex ungehindert –, bilden sich in der primären Sehrinde auch Augendominanzsäulen aus. Deren Bildung erfolgt offenbar wiederum nach dem Prinzip der zeitkorrelierten Aktivierung.

Dieses Prinzip wird beim Sehen in natürlicher Umgebung dadurch realisiert, daß benachbarte Punkte von Objekten im Gesichtsfeld auch benachbarte retinale Ganglienzellen in dem einen oder anderen Auge erregen. Diese natürliche zeitliche Korrelation hat zur Folge, daß benachbarte fortleitende Fasern eines Auges auch verstärkte und damit überdauernde synaptische Verbindungen in Schicht 4C des primären visuellen Kortex mit jenen Neuronen ausbilden, auf die sie konvergieren. Das Entsprechende gilt für die Fasern des anderen Auges. Die allmähliche Ausbildung der Augendominanzsäulen ist die Folge. Die Bedeutung der Synchronizität der Signaleingänge von einem Auge bei gleichzeitiger Asynchronizität der Eingänge vom anderen Auge wurde inzwischen auch tierexperimentell bestätigt (Shatz 1994). Wurden beide Sehnerven absolut gleichzeitig stimuliert oder wurde in beiden Augen die Weiterleitung der Aktionspotentiale unterbunden, so zeigte sich, daß in beiden Fällen keine Augendominanzsäulen ausgebildet werden konnten.

Mit der Ausbildung von Augendominanzsäulen ist aber der Entwicklungsprozeß zur normalen Sehfähigkeit noch nicht abgeschlossen. Es fehlt noch der Schritt, der es ermöglicht, die Bilder, die von beiden Augen kommen – und die zunächst in getrennten Augendominanzsäulen repräsentiert werden –, im visuellen Kortex so zu einem Bild zu vereinigen, daß zentral der Eindruck räumlicher Tiefe entsteht (s. Abb. 13).

Aus der schematischen Darstellung in Abbildung 13 ist zu ersehen, unter welchen Bedingungen diese Vereinigung gelingt (vgl. Singer 1990). Bei gegebener Fixierstellung beider Augen sind willkürlich die Bildpunkte A und B herausgegriffen worden, die beide im Bereich der Fixationsebene liegen. Beziehen wir uns beispielhaft auf den Bildpunkt B. Wird (Normalsichtigkeit vorausgesetzt) B anvisiert, so erregen die von B kommenden Strahlen retinale Ganglienzellen in den Bereichen B und B' des linken und des rechten Auges. Diese Bereiche entsprechen einander. Es handelt sich um sogenannte korrespondierende Netzhautbereiche. Von hier werden die Signale auf getrennten Bahnen zum visuellen Kortex weitergeleitet und dort auf ein gemeinsames Zielneuron (b) umgeschaltet. Dieses Zielneuron vereinigt dementsprechend die einzelnen rezeptiven Felder der beiden an den Stellen B und B' befindlichen Ganglienzellen eines jeden Auges. Zur Erinnerung: Das rezeptive Feld einer retinalen Ganglienzelle ist jener engumschriebene Ausschnitt des Gesichtsfeldes, der von dieser Zelle erfaßt wird.

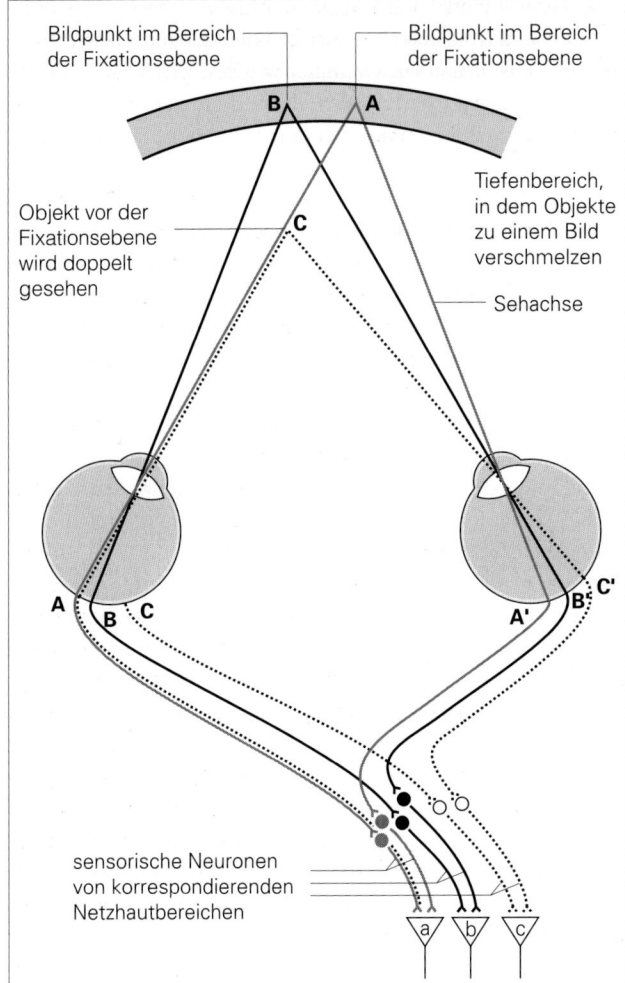

Abb. 13 Weiterleitung der Signale von korrespondierenden Netzhautpunkten auf ein gemeinsames Zielneuron im visuellen Kortex. Das Entstehen des räumlichen Tiefeneindrucks. (Aus Singer 1990)

Wird also ein Objekt auf korrespondierende Netzhautbereiche abgebildet, so werden die Bilder eines jeden Auges zu einem Bild mit Tiefeneindruck verschmolzen. Sofern also die Person in Abbildung 9 den Kopf ihres Gegenübers scharf anvisiert, wird sie plastisch-dreidimensional *einen* Kopf sehen, weil dessen einzelne Bildpunkte auf jeweils korrespondierende Netzhautstellen projiziert werden. Bildpunkte, die nicht im Bereich der Fixationsebene liegen (s. „C" in Abb. 13), können demgegenüber nicht auf ein gemeinsames Zielneuron abgebildet werden, weil sie auf nichtkorrespondierende Netzhautbereiche fallen.

Die exakte Verschaltung von Ganglienzellen aus einander entsprechenden Retinabereichen auf ein gemeinsames Zielneuron ist nicht genetisch determiniert, sondern das Ergebnis eines erfahrungsabhängigen Prozesses, der erst nach der Geburt im visuellen Kontakt mit der natürlichen Umwelt beginnt. Er setzt voraus, daß die beiden Augenachsen auf identische Bildpunkte im Gesichtsfeld eingestellt werden können. Infolge dieser Konvergenzstellung wird das Objekt auf korrespondierende Netzhautbereiche abgebildet. Unter den vielen Axonen der Ganglienzellen, die mit einem solchen Zielneuron verknüpft worden sind – insoweit ist der Prozeß noch mit wesentlichen Anteilen genetisch determiniert –, müssen nun *selektiv* jene synaptischen Verbindungen verstärkt werden, die von Ganglienzellaxonen aus korrespondierenden Netzhautbereichen gebildet werden. Diejenigen aus *nichtkorrespondierenden* Bereichen müssen demgegenüber abgeschwächt oder abgekoppelt werden. Der Vorgang der selektiven Verstärkung oder Abschwächung von Synapsen erfolgt regelgesteuert, worauf wir gleich zurückkommen werden.

Zunächst aber wenden wir uns kurz Kindern mit einer angeborenen Schielstellung zu, die ihre Augenachsen infolge dieser Mißbildung nicht auf beidäugig identische Objekte konvergieren und dementsprechend auch die Bilder beider Augen nicht zu einem Bild verschmelzen können. Um mit den überaus störenden Doppelbildern fertig zu werden, unterdrücken sie entweder alternierend die Bilder vom linken bzw. rechten Auge, oder die visuellen Signale von *einem* Auge werden permanent unterdrückt – mit der Folge, daß die Kinder auf diesem Auge dauerhaft ihre Sehfähigkeit verlieren. Diese als Amblyopie bezeichnete Sehschwäche läßt sich verhindern, wenn die Schielstellung durch Sehschulung oder operativen Eingriff rechtzeitig korrigiert wird. Für diese erfolgreiche Korrektur gibt es allerdings eine sensible Phase. Erfolgt sie nicht spätestens bis zum Einschulungsalter der Kinder, ist die Sehfähigkeit auf dem unterdrückten Auge irreversibel geschädigt.

Kehren wir zum Anfang dieses Abschnittes zurück und damit – zunächst eingegrenzt auf die Entwicklung des visuellen Systems – zu der Frage, wie genetische und epigenetische Einflußfaktoren zusammenwirken. Es wäre völlig unsinnig, diese Frage im Sinne eindeutig bestimmbarer quantitativer Determinationsanteile beantworten zu wollen. Die Entwicklung ist vielmehr ein hochkomplexer Prozeß, in dessen Rahmen sich beide Einflußgrößen wechselseitig beeinflussen, wobei die genetischen Determinanten allerdings während der Embryonalzeit naturgemäß wirkmächtiger sind.

Singer (1989) nennt, auf das visuelle System bezogen, drei Struktureigenschaften, die genetisch determiniert sind. Zum einen handelt es sich dabei um die primären Antworteigenschaften der Neuronen im visuellen Kortex. Somit ist festgelegt, auf welche Merkmale von Objekten im Gesichtsfeld das visuelle System überhaupt kategorisierend reagieren kann: so z. B. auf Orientierungsrichtungen von Konturen, auf Geschwindigkeit und Richtung von Objektbewegungen, auf Licht unterschiedlicher Wellenlänge. Objektmerkmale, für die es keine Detektoren gibt, sind dementsprechend auch weder wahrnehmbar noch klassifizierbar. Zum zweiten folgt die neuronale Vernetzung in ihren Grundzügen genetischen Vorgaben. Die Detailvernetzung erfolgt dann allerdings erfahrungsabhängig. Daraus folgt, daß regional spezialisierte Neuronengruppen, die neuronal nicht verknüpft sind, auch wechselseitig keine Signale austauschen können. Drittens schließlich legt der genetische Code die Regeln fest, nach denen Synapsen verstärkt oder abgeschwächt werden.

Aber auch während der intrauterinen Entwicklungszeit ist das genetisch-epigenetische Wechselwirkungsprinzip nicht außer Kraft gesetzt. So ist z. B. das axonale Wachstum ein Prozeß, der so vielfältig ist, daß er nicht exakt genetisch determiniert ablaufen kann (vgl. Edelman 1995). Jeweils in Abhängigkeit von dem Ort, den ein auswachsendes Axon gerade erreicht hat, werden bestimmte Gene exprimiert (also aktiviert), die die Synthese bestimmter Proteine steuern, die ihrerseits wiederum regulative Funktionen wahrnehmen, um das weitere Wachstum zu lenken und in der Folge weitere Gene zu exprimieren. Diese komplexe Ereignisfolge ist zu wesentlichen Anteilen ein stochastischer Prozeß, also nicht absolut deterministisch festgelegt.

Der Einfluß epigenetischer Faktoren wird schließlich besonders sinnfällig, wenn wir einbeziehen, daß die Entwicklung auch durch exogene Einflüsse mitbestimmt werden kann, die den Embryo über die Mutter erreichen. Von nachweisbarer klinischer Relevanz sind dabei somatische Erkrankungen der Mutter (z.B. eine Rötelninfektion), weiterhin deren Nikotin-, Drogen- oder Alkoholabusus und schließlich vor allem seelische oder körperliche Traumatisierungen, die die Mutter während der Schwangerschaft erleidet.

Im Ergebnis folgt daraus, daß – über die rein genetische Determination hinausgehend – genetisch-epigenetische Wechselwirkungsprozesse zu einer interindividuellen Vielfalt führen, die schon zum Zeitpunkt der Geburt deutlich ausgeprägt ist. So ist nicht einmal die neuronale Netzwerkstruktur bei neugeborenen eineiigen Zwillingen, wie tierexperimentelle Untersuchungen ergeben haben, absolut identisch (vgl. Edelman 1995). *Interindividuelle Vielfalt* bedeutet in anderer Lesart aber gleichzeitig: ausgeprägte *individualspezifische Eigenart.*

Neuronale Kopplungen: Ein aktivitäts- und erfahrungsabhängiger Prozeß

Vorangestellter Exkurs: Untergang und Neubildung von Neuronen

Die interindividuelle Variabilität der neuronalen Netzwerkstruktur wächst noch um ein Vielfaches, wenn sich die Nervenverbindungen nach der Geburt zunehmend mehr in Abhängigkeit und nach Maßgabe persönlicher lebensgeschichtlicher (Lern-)Erfahrungen verändern. In der frühen Ontogenese werden um das Doppelte bis Dreifache mehr Neuronen entwickelt als schließlich im ausgereiften Gehirn übrigbleiben (Singer 1989). Sehr viele Neuronen, deren Synapsen mit anderen Neuronen nicht konsolidiert werden können, gehen also im Verlauf der Embryonalentwicklung wieder zugrunde. Man bezeichnet diesen Vorgang als Apoptose oder programmierten Zelltod (Jessell 1996b). Tierexperimentell konnten inzwischen verschiedene Gene identifiziert werden, die den programmierten Zelltod beeinflussen. Bis in die jüngste Gegenwart waren Neurophysiologen mehrheitlich überzeugt (vgl. Thompson 1994), daß zumindest bei Menschen und Primaten postnatal keine neuen Neuronen mehr gebildet werden. Das Dogma ist mittlerweile aber nicht mehr gültig, nachdem Gould et al. (1998) bei einer Primatenart eine Neubildung spezieller Neuronen, sog. Körnerzellen, im Gyrus dentatus des Hippocampus nachweisen konnten. Diese Forschergruppe fand außerdem, daß die Neubildungsrate unter Streßbelastung signifikant absinkt. Unger und Spitzer (2000) benennen weitere Einflußgrößen (neurotrophe oder hormonelle Faktoren, Neurotransmitter, das Alter), die sich auf die Neubildung von Neuronen und deren Überleben auswirken. Eriksson et al. (1998) haben inzwischen empirisch belegen können, daß auch im Gyrus dentatus des Hippocampus von erwachsenen Menschen neue Neuronen gebildet werden. Vor dem Hintergrund der Tatsache (s. später), daß der Hippocampus bei der Bildung expliziter Gedächtnisinhalte – das „Was" unseres Wissens um Fakten, autobiographische Geschehnisse etc. – eine eminent wichtige Rolle spielt, eröffnen diese Befunde u.U. wesentlich neue Perspektiven zum Verständnis von Lern- und Gedächtnisprozessen, deren Bedeutung sich im Augenblick allerdings noch nicht wirklich abschätzen läßt. So weiß man bislang nicht, ob und gegebenenfalls wie die neugebildeten Neuronen in den Informationsverarbeitungsprozeß integriert werden. Spitzer (2000) verweist in diesem Zusammenhang auf interessante Ergebnisse einer tierexperimentellen Untersuchung von Scharff et al. (2000; vgl. Vogel 2000). Bei einer Gruppe von Zebrafinken waren gezielt spezifische Neuronen zerstört worden; vier von neun Zebrafinken hatten daraufhin in unterschiedlichem Ausmaß ihre Fähigkeit eingebüßt, ihre Melodien zu singen. Nach einer Phase gesteigerter Neubildung jenes Neuronentyps, der experimentell zerstört worden war, hatten sie ihre Fähigkeit zu singen in einem Fall komplett, in drei Fällen partiell wiedererlangt. Diese Befunde verdeutlichen (vgl. Spitzer ebd.), daß die funktionale Integration neugebildeter Neuronen zumindest prinzipiell möglich zu sein scheint.

Neuronale Kopplungen als Selektionsvorgang

Im gegenwärtigen Zusammenhang richten wir unsere Aufmerksamkeit aber auf die synaptischen Kopplungen zwischen Neuronen, die in einem sich entwickelnden wie auch späterhin in einem konsolidierten neuronalen Netzwerk veränderbar sind. Dieser Prozeß läßt sich als Selektionsvorgang beschreiben – ein Gesichtspunkt, den Edelman (1993, 1995) in seiner „Theorie der Selektion neuronaler Gruppen" am differenziertesten ausgearbeitet hat. Diese Theorie basiert auf drei Grundsätzen, die in Abbildung 14 schematisch dargestellt sind.

Der erste Grundsatz (Entwicklungsselektion) bezieht sich auf das, was im Prinzip vorangehend bereits dargestellt worden ist. Schon während der Zeit, in der sich das Gehirn noch entwickelt, stehen die auswachsenden Neuronen im Wettbewerb untereinander. Sie konkurrieren um synaptische Verbindungen mit Zielneuronen.

Verschiedene Faktoren (z. B. Zell- und Substratadhäsionsmoleküle, aber auch neuronale Spontanaktivität) haben Einfluß darauf, welche Neuronen selektiv überleben. Die überlebenden Neuronen, die synaptische Verbindungen mit Zielneuronen herstellen und behaupten können, bilden schließlich das anatomische Nervennetzwerk – in der Terminologie von Edelman (ebd.) das „primäre Repertoire". Dieser Prozeß ist mit der Hirnentwicklung im großen und ganzen zum Abschluß gekommen.

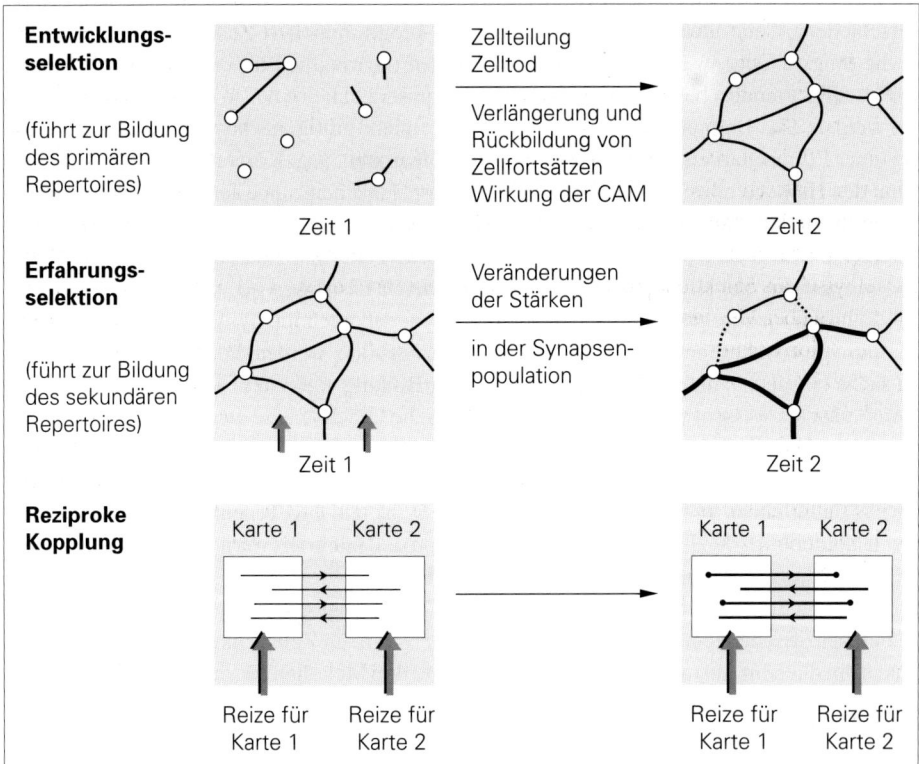

Abb. 14   Drei Grundsätze der „Theorie der Selektion neuronaler Gruppen" (Edelman). Schematische Darstellung, weitere Ausführungen siehe Text. (Aus Edelman 1995. © Piper Verlag GmbH, München 1995)

Auch mit dem zweiten Grundsatz (Erfahrungsselektion) sind wir im Prinzip schon vertraut. Nachdem die Anatomie einmal „steht", sind es jetzt die Synapsenstärken, die selektiv verändert werden. In Abbildung 14 ist dies schematisch dadurch angedeutet worden, daß eine Stärkung synaptischer Verbindungen durch eine fette, eine Schwächung dagegen durch eine gestrichelte Linienführung gekennzeichnet worden ist. Diese Veränderungen sind das Ergebnis unterschiedlicher Erfahrungen, die ein Individuum nach der Geburt in Interaktion mit seiner Umgebung macht. Edelman (ebd.) nennt das resultierende neuronale Netzwerk „sekundäres Repertoire".

Dem dritten Grundsatz schließlich liegt die Annahme zugrunde, daß verschiedene neuronale Karten durch parallele Faserzüge verbunden sind, die einen wechselseitigen, reziprok gekoppelten Signalaustausch zwischen den Karten ermöglichen sollen. Jede Karte ist auf eine andere Aufgabe spezialisiert – im visuellen System beispielsweise auf Form- oder Bewegungsanalysen. Es können aber auch Karten aus verschiedenen Sinnesgebieten reziprok gekoppelt sein, wodurch komplexe Hirnleistungen erst möglich werden. Edelman nimmt an, daß jede Karte intern so aufgebaut ist, daß Einzelneuronen Gruppen bilden, die unterschiedlich groß sind und je nachdem zwischen etwa 50 und 10.000 Neuronen umfassen können. Die Neuronen einer solchen Gruppe sind untereinander besonders eng verbunden. Infolge dieser engen Verbindungen neigen sie dazu, bei entsprechender Reizung gleichzeitig aktiviert zu werden. Inzwischen liegen empirische Befunde vor, die die Annahme der Existenz solcher Neuronengruppen stützen. Wir werden in Kürze darauf zurückkommen.

Die reziproke Kopplung zwischen verschiedenen Karten erfolgt nun, wie Edelman annimmt, qua Signalaustausch zwischen Gruppen oder Kombinationen von Gruppen *einer* Karte mit Gruppen oder Kombinationen von Gruppen einer *anderen* Karte. Dieser Signalaustausch hat zur Folge, daß die Verbindungen zwischen den Gruppen aus verschiedenen Karten selektiv verstärkt werden – ein Vorgang, der in Abbildung 14 dadurch kenntlich gemacht wird, daß die ursprünglich (links unten) dünn ausgezogenen Verbindungslinien zwischen den Karten zu einem späteren Zeitpunkt (rechts unten) sichtbar dicker gezeichnet worden sind.

Je in Abhängigkeit von individuellen Erfahrungen werden also bestimmte Verbindungen zwischen Neuronen bzw. Neuronengruppen verstärkt, andere nicht. Dieser Vorgang, phänomenologisch als Selektionsprozeß beschreibbar, sollte aber nicht zu der Annahme verleiten, daß das Gehirn über Mechanismen verfügen würde, die spezifisch im Dienste der Selektion stehen. Die Selektion ist kein Ziel, das das Gehirn in einem teleologischen Sinne zu erreichen versucht. Selektion ist vielmehr ein Prozeßergebnis, das gleichsam zwangsläufig zustandekommt, weil das Gehirn genetisch determiniert verschiedene Reizgegebenheiten auch verschieden verarbeitet – mit der Konsequenz, daß die am Verarbeitungsprozeß beteiligten Neuronen innerhalb des neuronalen Netzwerkes auch verschieden verschaltet werden. Diese neuronale Kopplungsstruktur ändert sich, wenn sich die Reizgegebenheiten ändern. Solche erfahrungsbedingten Veränderungsprozesse, die lebenslang andauern, erfolgen aktivitätsabhängig und offenbar regelgesteuert.

Verknüpfungsregeln

Singer und Mitarbeiter am Max-Planck-Institut für Hirnforschung in Frankfurt/Main haben in einer Reihe von Experimenten ein System von Regeln gefunden, nach denen die aktivitätsabhängige Verstärkung oder Abschwächung von synaptischen Verbindungen erfolgt (s. Abb. 15).

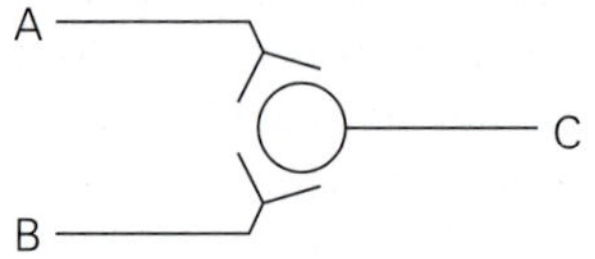

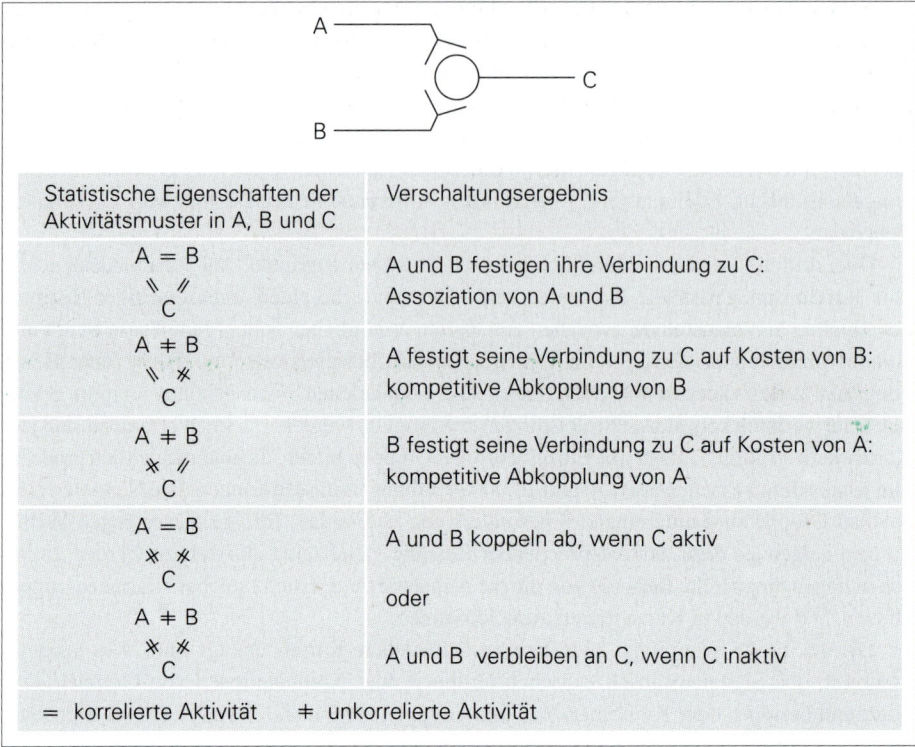

Statistische Eigenschaften der Aktivitätsmuster in A, B und C	Verschaltungsergebnis
A = B \\ // C	A und B festigen ihre Verbindung zu C: Assoziation von A und B
A ≠ B \\ ∦ C	A festigt seine Verbindung zu C auf Kosten von B: kompetitive Abkopplung von B
A ≠ B ∦ // C	B festigt seine Verbindung zu C auf Kosten von A: kompetitive Abkopplung von A
A = B ∦ ∦ C A ≠ B ∦ ∦ C	A und B koppeln ab, wenn C aktiv oder A und B verbleiben an C, wenn C inaktiv
= korrelierte Aktivität ≠ unkorrelierte Aktivität	

Abb.15 System von Regeln, nach denen synaptische Verbindungen zwischen Neuronen aktivitätsabhängig selektiv verstärkt bzw. geschwächt werden oder unverändert bleiben. (Aus Singer 1990)

Die tabellarische Darstellung (Singer 1990) orientiert sich an zwei präsynaptischen Neuronen (A und B), die auf ein gemeinsames Zielneuron (C) verschaltet sind. Je nachdem, ob die Aktivitäten der präsynaptischen Neuronen und des postsynaptischen Neurons zeitlich korreliert oder unkorreliert sind, wird die Effizienz der synaptischen Erregungsübertragungen verändert. Sie erhöht sich, wenn A und B mit dem nachgeschalteten Zielneuron zeitgleich erregt sind. In diesem Fall werden beide Verbindungen – von A *und* B mit C – verstärkt. Beide synaptischen Verbindungen werden konsolidiert und damit dauerhafter. Dieser Befund erinnert an die schon erwähnte Hebbsche Regel. Die Neuronen A und B geraten aber in eine Konkurrenzsituation miteinander, wenn nur ein präsynaptisches Neuron zeitgleich mit C aktiviert ist. Diese Synapse wird selektiv verstärkt. Die synaptische Verbindung des anderen, nicht zeitgleich aktivierten präsynaptischen Neurons wird demgegenüber selektiv geschwächt. Dieses Neuron wird funktionell abgekoppelt. Das Verschaltungsmuster verändert sich hingegen nicht, wenn das postsynaptische Neuron inaktiv ist, also von anderen als den Neuronen A und B keine erregenden Zuflüsse empfängt.

Diese Regeln stellen offenbar grundlegende Verschaltungsprinzipien dar, nach denen das neuronale Netzwerk nicht nur während der Entwicklung, sondern zeitlebens verändert wird. Das Regelsystem arbeitet aber nicht mit gewissermaßen stoischer Gleichförmigkeit.

Es ist seinerseits wiederum, wie Singer (1990) ausführt, wahrscheinlich von übergeordneten Modulationssystemen abhängig, die festlegen, unter welchen Bedingungen das Regelsystem aktiv wird. In experimentellen Untersuchungen konnten inzwischen solche modulierenden Systeme gefunden werden. Sie liegen im Mittel- und Zwischenhirn und können offenbar darüber wachen, ob neuronale Verbindungen aktivitätsabhängig und den skizzierten Verknüpfungsregeln folgend verändert werden sollen oder nicht – und zwar in Abhängigkeit von der momentanen Motivationslage, dem Aufmerksamkeitszustand und der Bedeutsamkeit der Situation, auf die die Aufmerksamkeit gerichtet ist.

Es sei an dieser Stelle schon eine Hypothese erwähnt, auf die ich später bei der Entwicklung einer genetisch-dynamischen Strukturtheorie, die von der Unmittelbarkeit des Erlebens ausgeht, zurückkommen werde. Im Rahmen dieser Theorie wird die Annahme eine zentrale Rolle spielen, daß Erlebnisse, die intensive *Bedürfnisse* und *Gefühle* mobilisieren, in besonderer Weise strukturbildend wirken – u.U. deshalb, weil sie die übergeordneten Modulationssysteme beeinflussen. „Strukturbildung" aber bedeutet auf neurophysiologischer Ebene, daß neuronale Verknüpfungsmuster zeitlich überdauernd verändert werden – so dauerhaft, daß es zur Gedächtnisbildung kommt.

Neuronale Plastizität

Die neuronale Netzwerkstruktur ist funktionell während des ganzen Lebens veränderbar. „Funktionell" bedeutet in diesem Fall, daß die Stärke der Signalübertragung an den Synapsen – die Signalausbeute – erfahrungsabhängig veränderbar ist. Die Veränderungen folgen den beschriebenen Verknüpfungsregeln und werden, wie soeben dargestellt, von modulierenden Systemen überwacht. Diese neuronale Plastizität ist von Merzenich et al. (1983a, b) in einer Reihe von vielbeachteten Experimenten an Affen anschaulich demonstriert worden. Bei einem Teil dieser Experimente wurde der Nervus medianus oberhalb des Handgelenkes durchtrennt. Dieser Nerv versorgt sensibel[2] die Haut der Handinnenfläche von Daumenballen, Hohlhand, Zeigefinger und der Hälfte des Mittelfingers und ist der wichtigste Nerv für die Greifbewegung der Hand. Präoperativ war mittels engmaschiger mikroelektrodischer Ableitungen äußerst genau dokumentiert worden, wie das sensible Versorgungsgebiet des Nervus medianus in den Areae 3B und 1 des somatosensorischen Kortex repräsentiert und umgrenzt wird. Entsprechend wurden auch die kortikalen Repräsentationen des Nervus radialis und des Nervus ulnaris bestimmt, die die Haut der übrigen Hand sensibel versorgen. Zu verschiedenen Zeitpunkten wurde dann postoperativ überprüft, wie sich die zentralen Repräsentationen nach Medianus-Durchtrennung verändern. Es zeigte sich, daß das kortikale Repräsentationsfeld des Nervus medianus innerhalb von ca. 3 Wochen nach Durchtrennung nahezu vollständig besetzt worden war – durch Repräsentationen von Hautoberflächen aus den Versorgungsgebieten der Nervi radialis bzw. ulnaris. Nach dieser generellen kortikalen Landnahme geht aber der Prozeß der Reorganisation im vormaligen Repräsentationsgebiet des Nervus medianus noch über Monate weiter (s. Abb. 16).

Wir beschränken uns bei der Betrachtung der kortikalen Reorganisation auf drei Aspekte. Erstens werden die schweigenden Zonen (schwarz), die postoperativ in keinem Fall durch Hautreizungen stimuliert werden konnten, deutlich sichtbar kleiner. Darin dokumentiert sich die kortikale Landnahme. Zweitens erfolgt die Eroberung durch Hautoberflächen des Handrückens von Repräsentationsinseln aus, die die Nervi radialis bzw. ulnaris – im globalen Repräsentationsgebiet des Nervus medianus – vorher schon besetzt hatten. Dieser Befund spricht dafür, daß die synaptischen Verbindungen anatomisch vorher schon bestanden hatten, funktionell aber

---

[2] Seine motorischen Innervationen müssen uns in diesem Zusammenhang nicht interessieren.

Abb. 16 Reorganisation der kortikalen Repräsentation der Hand eines Affen nach Durchtrennung des Nervus medianus – präoperativ, unmittelbar postoperativ, 11, 22 sowie 144 Tage nach Medianusdurchtrennung. Schwarze Bereiche: schweigende („s" oder „silent") Zonen, die durch Hautreizungen überhaupt nicht stimuliert werden konnten. Graue Bereiche: Repräsentationen von Hautoberflächen des Handrückens. (Aus Merzenich et al. 1983b. Mit freundlicher Genehmigung von Elsevier Science)

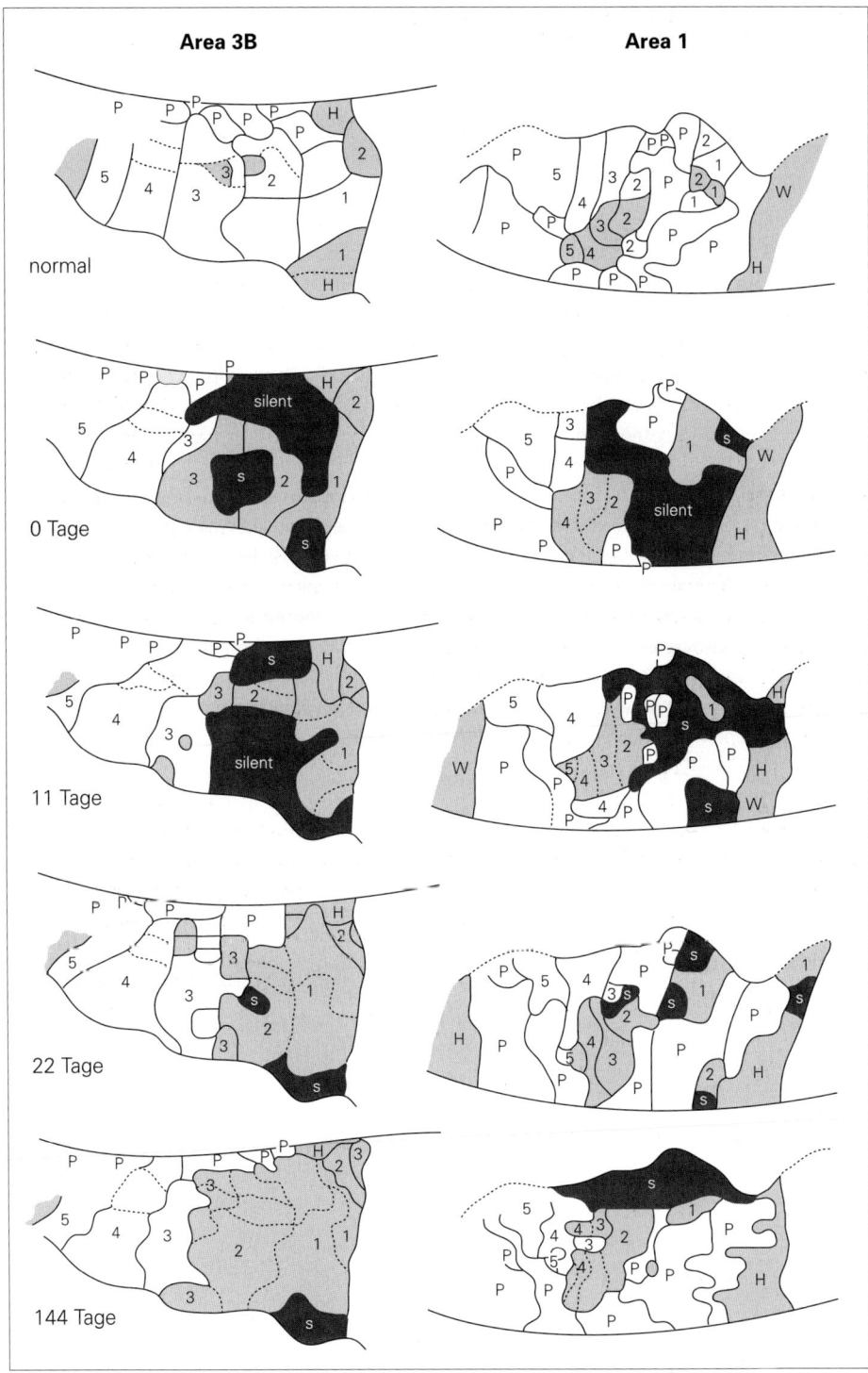

abgekoppelt worden waren, solange der Nervus medianus noch periphere Signale weiterleiten, sein Terrain also behaupten konnte (vgl. Edelman 1993). Drittens ist erkennbar, daß sich die Grenzen der Repräsentationsgebiete, die vom Handrücken erobert worden sind, im Zeitverlauf ständig noch verändern.

Wurden die Stümpfe des Nervus medianus operativ wieder verbunden, so daß er sich regenerieren konnte, eroberte er sich großenteils sein ursprüngliches Repräsentationsgebiet zurück. Die Begrenzungen des rückeroberten Gebietes waren den ursprünglichen ähnlich, sie waren aber nicht mit diesen identisch. Inzwischen liegen auch eindeutige empirische Befunde vor, die zeigen, daß häufige Übung und Nutzung einzelner Finger deren kortikale Repräsentationsflächen binnen weniger Wochen deutlich vergrößern (Jenkins et al. 1990). Dieser Beweis wurde geführt, indem Affen mit Trainingsaufgaben konfrontiert wurden, die den gehäuften Gebrauch einzelner Finger erforderten. Diese neuronale Plastizität ist klinisch von großer Bedeutung. Ihr ist es zu verdanken, daß sich Patienten nach Schädel-Hirn-Traumen oder Schlaganfällen unter Umständen erstaunlich gut erholen. In diesen Fällen sind die Funktionen erfolgreich von anderen, nicht zugrunde gegangenen Neuronenverbänden übernommen worden.

Zusammenfassend wird somit erkennbar, daß das Gehirn als Gesamtsystem dynamisch organisiert ist. Seine Netzwerkstruktur verändert sich funktionell in Abhängigkeit von wechselnden Erfahrungen, wobei die korrelierte Aktivität eine wesentliche Führungsgröße darstellt. Die zentralen Orte, an denen sich die Veränderungen vollziehen, sind die Synapsen, die verstärkt oder abgeschwächt, also in ihrer Fähigkeit zur Signalweiterleitung modifiziert werden können. Die erfahrungsabhängige Plastizität der neuronalen Kopplungsstruktur hat zur Folge, daß ein Gehirn zu keinem Zeitpunkt *funktionell* mit sich selbst vollkommen identisch ist – schon gar nicht mit dem Gehirn eines anderen Menschen, das sich seinerseits ja auch erfahrungsabhängig und damit individualspezifisch fortlaufend verändert.

Area 3B

Area 1

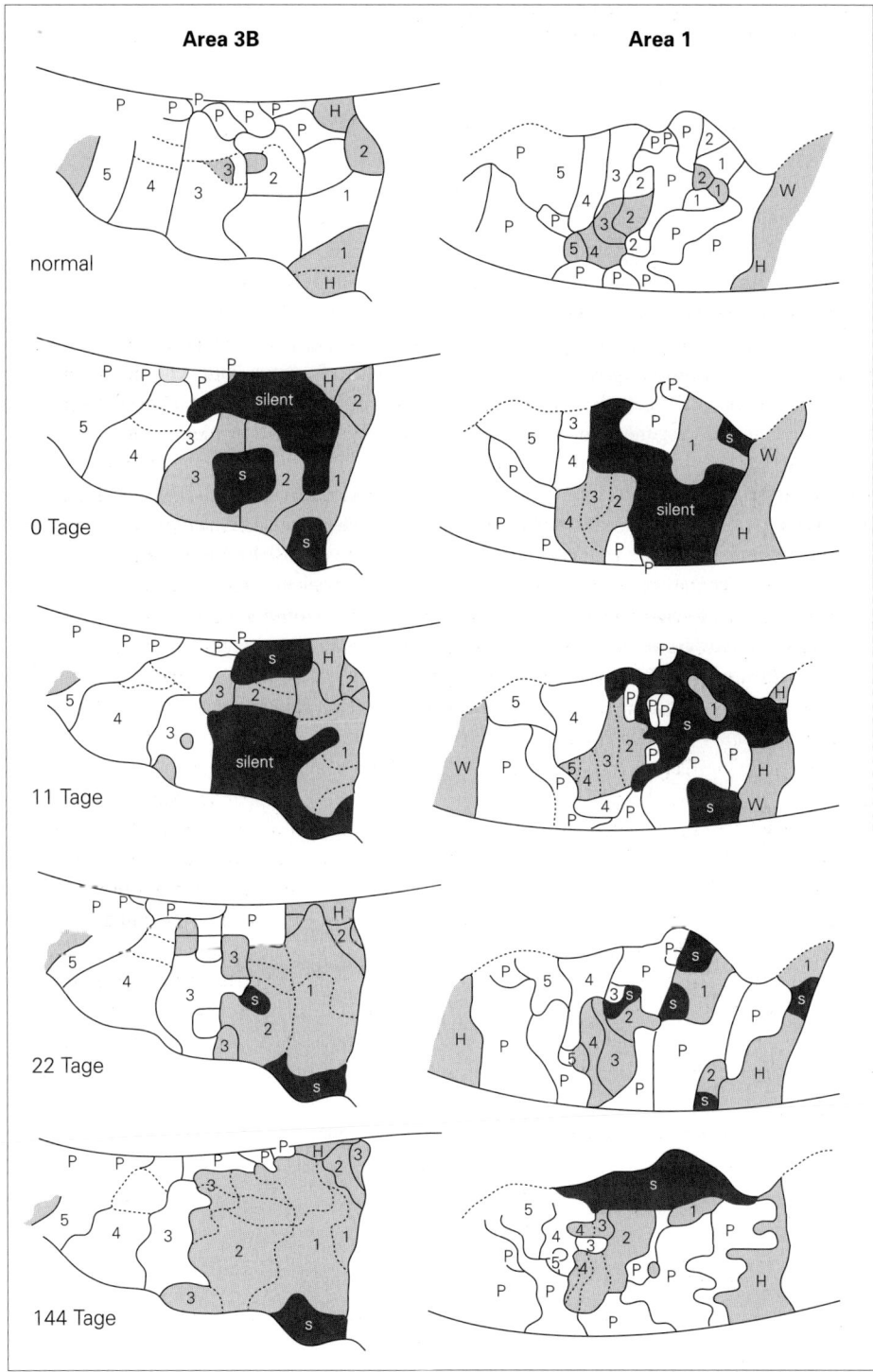

normal

0 Tage

11 Tage

22 Tage

144 Tage

abgekoppelt worden waren, solange der Nervus medianus noch periphere Signale weiterleiten, sein Terrain also behaupten konnte (vgl. Edelman 1993). Drittens ist erkennbar, daß sich die Grenzen der Repräsentationsgebiete, die vom Handrücken erobert worden sind, im Zeitverlauf ständig noch verändern.

Wurden die Stümpfe des Nervus medianus operativ wieder verbunden, so daß er sich regenerieren konnte, eroberte er sich großenteils sein ursprüngliches Repräsentationsgebiet zurück. Die Begrenzungen des rückeroberten Gebietes waren den ursprünglichen ähnlich, sie waren aber nicht mit diesen identisch. Inzwischen liegen auch eindeutige empirische Befunde vor, die zeigen, daß häufige Übung und Nutzung einzelner Finger deren kortikale Repräsentationsflächen binnen weniger Wochen deutlich vergrößern (Jenkins et al. 1990). Dieser Beweis wurde geführt, indem Affen mit Trainingsaufgaben konfrontiert wurden, die den gehäuften Gebrauch einzelner Finger erforderten. Diese neuronale Plastizität ist klinisch von großer Bedeutung. Ihr ist es zu verdanken, daß sich Patienten nach Schädel-Hirn-Traumen oder Schlaganfällen unter Umständen erstaunlich gut erholen. In diesen Fällen sind die Funktionen erfolgreich von anderen, nicht zugrunde gegangenen Neuronenverbänden übernommen worden.

Zusammenfassend wird somit erkennbar, daß das Gehirn als Gesamtsystem dynamisch organisiert ist. Seine Netzwerkstruktur verändert sich funktionell in Abhängigkeit von wechselnden Erfahrungen, wobei die korrelierte Aktivität eine wesentliche Führungsgröße darstellt. Die zentralen Orte, an denen sich die Veränderungen vollziehen, sind die Synapsen, die verstärkt oder abgeschwächt, also in ihrer Fähigkeit zur Signalweiterleitung modifiziert werden können. Die erfahrungsabhängige Plastizität der neuronalen Kopplungsstruktur hat zur Folge, daß ein Gehirn zu keinem Zeitpunkt *funktionell* mit sich selbst vollkommen identisch ist – schon gar nicht mit dem Gehirn eines anderen Menschen, das sich seinerseits ja auch erfahrungsabhängig und damit individualspezifisch fortlaufend verändert.

Das Bindungsproblem und erkennbare Lösungswege

Vorgänge in der uns zugänglichen Erfahrungswelt werden, wie dargestellt, von unserem Gehirn in zunächst sehr viele Einzelmerkmale aufgeschlüsselt und parallel verarbeitet. An diesem Prozeß der Repräsentationsbildung sind große Neuronenverbände beteiligt, die nach dem Prinzip zusammenarbeiten: getrennt marschieren, vereint schlagen. So sind, wenn wir allein das visuelle System betrachten, verschiedene Rezeptoren im Verbund mit den ihnen nachgeschalteten Neuronen unterschiedlich spezialisiert – z. B. auf Farben, Formen, Bewegungsrichtungen von Objekten und die Orientierung der die Objekte umgrenzenden Konturen. Die neurale Aktivität, die diesen Repräsentationsleistungen entspricht, ist u. U. über viele Hirnareale verteilt.

Damit stellt sich das sogenannte Bindungsproblem: Wie wird die diversifizierte neurale Aktivität so geordnet, daß von den Geschehnissen und Objekten, die uns sinnlich zugänglich werden, ein ganzheitlicher und in sich strukturierter Wahrnehmungseindruck entsteht, wir also Objekte als abgegrenzte Entitäten erkennen und von anderen Objekten unterscheiden können? Wir folgen zunächst, um von den Lösungsmöglichkeiten für das Bindungsproblem eine erste Vorstellung zu gewinnen, einem Gedankenexperiment, das Singer (1990) entwickelt hat.

Auf einem Fernsehschirm soll sich, so die Vorstellung, ein Schwarm von Punkten bewegen. Die meisten Punkte bewegen sich ungeordnet, wenige aber – die zusammengefaßt ein Dreieck bilden – wandern gleichsinnig über den Schirm. Nach einer gewissen Zeit werden wir in der Lage sein, in dem Punkteschwarm ein sich bewegendes Dreieck zu erkennen (s. Abb. 17). Warum?

Bevor wir uns der Antwort zuwenden, müssen wir uns daran erinnern, daß viele Sehrindenneuronen spezifisch auf bestimmte Merkmalsaspekte reagieren. In dem Singerschen Gedankenexperiment gilt unser Interesse jenen Neuronen, die selektiv dann feuern, wenn in ihren rezeptiven Feldern Objektpunkte auftauchen, die sich gleichsinnig bewegen. Aufgrund früherer Seherfahrungen in unserer natürlichen Umgebung werden wir schon oft Objekten begegnet sein, die sich in genau der Richtung bewegt haben, wie es jetzt die Dreieckspunkte im Gedankenexperiment tun. Diese Vorerfahrungen waren also in der Weise systematisch, daß die bewegungsspezifisch reagierenden Neuronen häufig zeitlich korreliert erregt worden sind – mit der Folge, daß die synaptischen Verbindungen zwischen ihnen selektiv verstärkt wurden. Diese Neuronen bilden dementsprechend eine Gruppe besonders eng verkoppelter Neuronen – einen kleinen Nervenzellenverband oder ein Ensemble.

Taucht nun im Gesichtsfeld ein Objekt mit Bewegungsmerkmalen auf, die zu diesem Ensemble einfach deshalb „passen", weil sie es selbst konstituiert haben, so wird sich die angestoßene Aktivität mit größerer Wahrscheinlichkeit und vor allem effektiver innerhalb dieses durch Vorerfahrungen stabilisierten kleinen Nervenzellverbandes ausbreiten. Die neuronalen Erregungen werden sich gegenseitig verstärken und allmählich vermutlich kohärent einschwingen. Das Dreieck wird langsam sichtbar (s. Abb. 17). Es hebt sich vom Hintergrund der anderen Punkte ab, die kein passendes Ensemble finden, weil sie sich unkoordiniert in verschiedenste Richtungen bewegen.

Die Verhältnisse werden aber sogleich schwieriger, wenn wir uns natürlichen Umgebungssituationen nähern. Da gibt es plötzlich viele ruhende oder sich bewegende Objekte, die entsprechend viele neuronale Ensembles aktivieren, deren wechselseitige Unterscheidung zunehmend schwieriger wird – zumal dann, wenn sich die Objekte auch noch teilweise überschneiden. Wiederum sind es Ergebnisse aus dem Max-Planck-Institut für Hirnforschung in Frank-

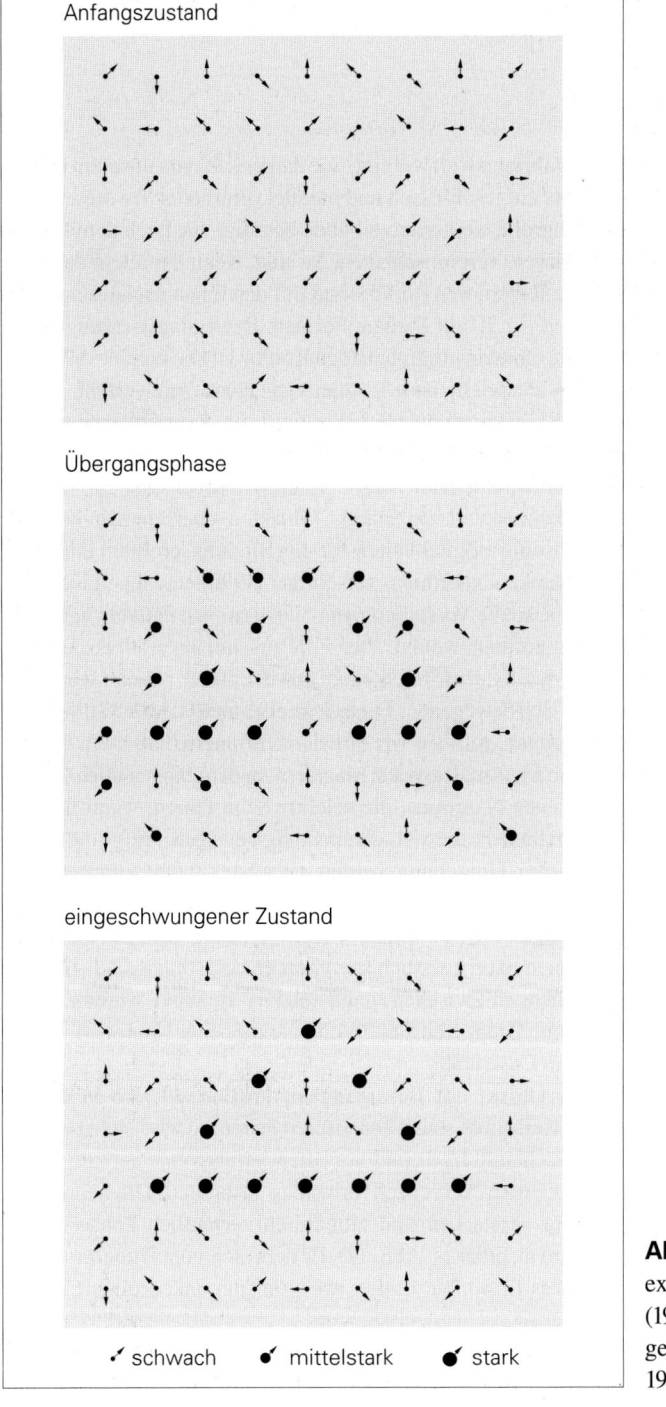

Anfangszustand

Übergangsphase

eingeschwungener Zustand

✓ schwach   ● mittelstark   ● stark

Abb. 17 Ein Gedankenexperiment von Singer (1990). Weitere Erläuterungen siehe Text. (Aus Singer 1990)

furt/Main, die eine erstmals von v. der Malsburg publizierte Hypothese (vgl. v. der Malsburg u. Schneider 1986) empirisch untermauern konnten, und damit einen weiteren Lösungsweg für das Bindungsproblem aufzeigen.

Tierexperimentelle Befunde verdeutlichen, daß besonders Neuronen, die eng benachbart sind und auf ähnliche Merkmalsaspekte (z. B. ähnliche Orientierungswinkel oder Bewegungsrichtungen) reagieren, die Abfolge ihrer Aktionspotentiale synchronisieren, wenn sie durch geeignete Reize stimuliert werden (s. Abb. 18).

In der Abbildung 18 (nach Engel et al. 1994; mit Bezug auf Gray et al. 1989) ist die elektrische Aktivität einer solchen Gruppe von Neuronen dargestellt worden. Die Ableitung erfolgte mit einer Mikroelektrode größerer Reichweite, die die Aktivität von Nervenzellen im Umfeld der Elektrodenspitze als eine Art lokales Elektroenzephalogramm aufzeichnet. Es ist ersichtlich (rechts oben in Abb. 18), daß das abgeleitete Feldpotential rhythmischen Schwankungen unterliegt. Mit Hilfe spezieller apparativer Filterungen konnte herausgearbeitet werden, daß die Neuronen im Elektrodenumfeld salvenartig und jeweils durch Pausen unterbrochen mit einer Frequenz von dreißig bis siebzig Salven pro Sekunde feuern (rechts unten in Abb. 18). Die unterschiedliche Höhe der einzelnen Spikes in dieser Abbildung verdeutlicht, daß sich immer die Aktionspotentiale mehrerer Neuronen überlagern, was in Verbindung mit der charakteristischen Verlaufsstruktur von sich abwechselnden Salven und Pausen dafür spricht, daß die Neuronengruppe im Umfeld der Elektrodenspitze insgesamt synchron aktiv ist.

Weiterhin zeigte sich, daß auch Neuronengruppen, die räumlich weiter entfernt liegen, ihre Oszillationen synchronisieren und in Phase zu schwingen beginnen – so auch Neuronengruppen aus verschiedenen Arealen des visuellen Kortex, die auf unterschiedliche Merkmalsaspekte reagieren. Dieser Synchronisations- oder Zeitkodierungsmechanismus (vgl. Engel et al. 1994) könnte demnach verschiedene Merkmalsaspekte ein und desselben Objektes verbinden, das dann als ein Objekt mehrdimensional-komplex repräsentiert und wahrnehmbar wird. Inzwischen konnte auch gesichert werden, daß die Synchronisation tatsächlich objektspezifisch erfolgt. Qualitativ verschiedene Merkmale anderer Objekte im Gesichtsfeld würden nach dem gleichen Mechanismus verbunden. Zwei Objekte wären dann unterscheidbar, wenn die Neu-

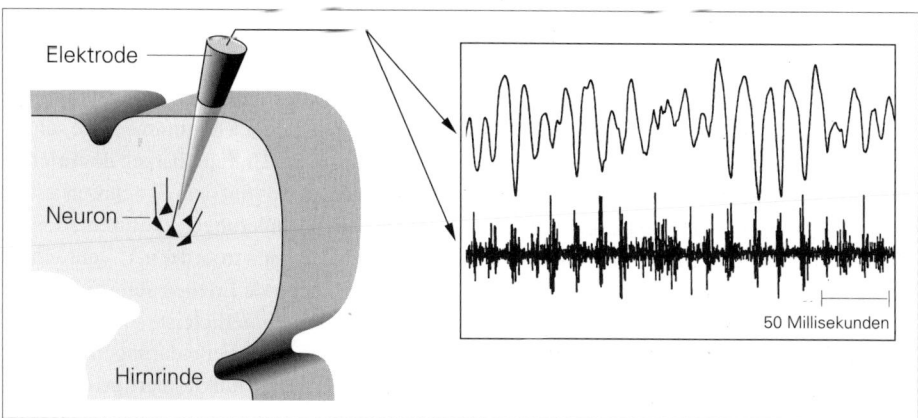

Abb. 18 Synchronisation der Aktionspotentiale von Neuronen. Die Ableitungen erfolgten (linke Seite) aus dem visuellen Kortex einer narkotisierten Katze, die mit Lichtreizen stimuliert wurde. Die Ableitungen selbst (rechte Seite) verdeutlichen, daß die neuronale Aktivität offenbar synchronisiert ist. Weitere Erläuterungen siehe Text. (Aus Engel et al. 1994)

ronen innerhalb ihrer jeweiligen Zellverbände synchron aktiv, die Aktionspotentiale der Neuronen beider Ensembles zeitlich aber nicht korreliert sind. Als unbestreitbar kann inzwischen gelten, daß Synchronisationsphänomene bei verschiedenen Tätigkeiten, die das Gehirn ausführt, in unterschiedlichen Hirnbereichen und über aufgabenspezifische Areale hinweg auftreten und nachweisbar sind. Damit stellt sich die grundsätzliche Frage, ob das Gehirn die synchrone neuronale Aktivität auch als bedeutungsvolle Information verwertet. Nach Singer (1999) rechtfertigen neuere empirische Befunde eine solche Annahme. Das Gehirn kann die synchronisierten Antworten von Neuronen wahrscheinlich als Indikator dafür nutzen, daß zwischen ihnen eine Beziehung besteht – und damit auch zwischen den verschiedenen visuellen Merkmalen eines Objektes z.B., die sie mittels ihrer Aktivität kodieren, so daß wir ein Objekt wahrnehmen, das in sich kohärent ist.

Diese Theorie eines Bindungsmechanismus bietet elegante Lösungen für eine Reihe bislang offener Fragen an (vgl. Singer 1990; Engel et al. 1994). So ist beispielsweise relativ einfach erklärbar, daß neue Objekte sehr schnell repräsentiert werden können. Diese Repräsentationen könnten ebenso schnell wieder abgebaut werden, wenn die Objekte keine Bedeutung erlangen. Ein neuronales Netzwerk, das sich dieses Bindungsmechanismus bedient, ist sehr flexibel. Es kann ein komplexes Geschehen sehr differenziert repräsentieren, indem es Neuronen, die spezifisch und räumlich getrennt auf einzelne Aspekte des Geschehens reagieren, durch Synchronisation so verbindet, daß abgegrenzte Details als in sich zusammenhängende Entitäten herausgearbeitet werden können. Diese abgegrenzten Details können dann von anderen unterschieden werden, weil die Neuronen, die diese anderen Details repräsentieren, ihrerseits synchronisiert werden, wobei die beiden neuronalen Reaktionsmuster aber zeitlich nicht kovariieren. Ein Netzwerk mit Synchronisationsmechanismus kann sich zugleich schnell umstellen, wenn neue Ereignisse wiederum neue Repräsentationsleistungen erzwingen.

Dieses dynamische Funktionsprinzip ist besonders interessant, wenn wir uns daran erinnern, daß wir uns zu Beginn dieser Abhandlung mit dem Erleben beschäftigt haben – dem zentralen Bezugspunkt, von dem m.E. jede Überlegung zur seelisch-geistigen Strukturbildung ihren Ausgang nehmen sollte. Wir hatten das Erleben als jeweilig momentanen subjektiven Wirklichkeitsentwurf bestimmt und dabei unter anderem zwei Eigenarten herausgestellt: das Erleben ist erstens detailreich, also komplex, und zweitens verändert es sich fortwährend. Der dargestellte Synchronisationsmechanismus ist mit beiden phänotypischen Eigenarten des Erlebens kompatibel und könnte sie insofern neurophysiologisch zumindest teilweise erklärbar machen.

Es bleiben aber weiterhin Bindungsprobleme ungelöst. So stellt sich die Frage, wie Detailgeschehnisse, die als in sich zusammenhängend und wechselseitig unterscheidbar repräsentiert werden, wiederum miteinander verknüpft werden. Schließlich bildet jeder momentane subjektive Wirklichkeitsentwurf trotz seiner facettenreichen Vielfalt in der Unmittelbarkeit des Erlebens stets eine Einheit. Weiterhin verändert sich das Erleben laufend, was mit dem Synchronisationsmechanismus prinzipiell gut erklärbar ist, weil er rasche Veränderungen repräsentationaler Zustände ermöglicht. Unklar bleibt aber, wie zu erklären ist, daß wir – trotz der u. U. sehr schnell erfolgenden Umschläge in unserem Erleben – das sich verändernde Erleben selbst wiederum als *einen* Prozeß erfahren, der in sich zusammenhängt, also kontinuierlich ist.

Der Synchronisationsmechanismus erfordert zunächst noch keine Veränderungen der Übergangsstärke von synaptischen Kopplungen (Engel et al. 1994). Er funktioniert prinzipiell in jedem neuronalen Netzwerk, in welchem Zustand seiner Synapsenstärken es sich auch immer befinden mag. Mit einiger Plausibilität läßt sich aber erwarten, daß dieser Mechanismus besonders effektiv und schnell in neuronalen Teilnetzen arbeitet, deren Neuronen oder Neuronengruppen durch systematische Vorerfahrungen – also zeitkorreliert erfolgende Erregungszuflüsse – sehr eng verkoppelt sind. Darüber hinausgehend aber kann der Synchronisationsmechanismus sehr wohl auch, wie Singer (1990) vermutet, wichtige Funktionen übernehmen, um erfahrungsabhängige Veränderungen von synaptischen Kopplungsstärken einzuleiten. Singer (ebd.) verweist darauf, daß solche Veränderungen sehr hohe Aktivierungsschwellen benötigen, die eher erreicht werden, wenn größere neuronale Ensembles synchron erregt sind.

Das Gedächtnis

So wichtig es auch ist, komplexe Geschehnisse differenziert repräsentieren und diese Repräsentationen gegebenenfalls auch wieder rasch verändern zu können – um lebensfähig zu sein, reicht es nicht aus. Wir müssen aus unseren Erfahrungen auch lernen und zumindest das, was wichtig ist, behalten können. Mit Gedächtnis und Lernen werden Vorgänge bezeichnet, die eng miteinander verschränkt sind. Lernen bezieht sich auf den Erwerb von Kenntnissen und Handlungsvollzügen, die einem Individuum im Umgang mit sich selbst und der Welt, die ihn umgibt, zuwachsen. Gedächtnis ist die Fähigkeit, sich das Erworbene merken und es bei Bedarf wieder aufrufen, sich also erinnern zu können. Lernen setzt Gedächtnisfähigkeit voraus (vgl. Edelman 1995), ist ohne die Fähigkeit, Erfahrungen speichern und wiederbeleben zu können, nicht möglich.

Explizites versus implizites Gedächtnis

Kehren wir für kurze Zeit zu unserem Eingangsszenario zurück. Wir hatten verschiedene Möglichkeiten durchgespielt, wie wir die Mitteilung erleben und verarbeiten würden, daß eine nahestehende Person einen schweren Unfall erlitten hat. Unter anderem hatten wir uns vorgestellt, daß Situationen aus unserem Gedächtnis auftauchen, die ähnlich bedrohlich waren, oder wir hatten bemerkt, daß der behandelnde Arzt vertrauenswürdig und angstmindernd auf uns gewirkt hatte, weil er uns an den Arzt aus Kindertagen erinnerte, zu dem wir seinerzeit Vertrauen gefaßt hatten. Unmittelbar nach Erhalt der Nachricht hatten wir uns kurzfristig wie gelähmt gefühlt. Schon bald aber waren unsere perzeptuellen, kognitiven und motorischen Funktionen wieder verfügbar, so daß wir planvoll und gezielt die nächsten Schritte unternehmen konnten, so z. B. die Autofahrt zum Krankenhaus. In diesen Beispielen begegnen wir zwei Gedächtnisformen, die als explizites und implizites Gedächtnis unterschieden werden. Trotz gewisser terminologischer Differenzen wird in der neurowissenschaftlichen Literatur mehrheitlich akzeptiert, daß diese Unterscheidung sinnvoll und begründet ist, weil verschiedene Areale bzw. Systeme des Gehirns mit dem Speichern und Erinnern jeweils expliziter oder impliziter Gedächtnisinhalte befaßt sind.

Von *expliziten* (oder deklarativen) Gedächtnisinhalten spricht man dann, wenn das „Was" des gespeicherten bzw. erinnerten Inhaltes bezeichnet werden soll. Diese Inhalte umfassen einerseits episodische bzw. biographische Geschehnisse einschließlich der örtlichen und situativen Daten, der beteiligten Personen oder Objekte sowie der zeitlichen Abläufe, die das Geschehen insgesamt konstituiert haben – in unserem Beispiel also die Erinnerungen an die früher erlebte Bedrohungssituation oder den Arzt, der uns als Kind erfolgreich behandelt hatte. Zum anderen umfaßt das explizite Gedächtnis unser gesamtes lexikalisches und semantisches Sachwissen, von dem wir im allgemeinen nicht mehr angeben können, wann und wo wir es erworben haben. Den Inhalten des expliziten Gedächtnisses ist gemeinsam, daß sie zum Zeitpunkt der Gedächtnisbildung weitgehend bewußt waren und zum Zeitpunkt der Erinnerung wiederum weitgehend bewußt werden, womit in der Regel einhergeht, daß die Aufmerksamkeit auf diese Inhalte gerichtet wird, die dann (im Prinzip zumindest) auch verbal benannt werden können.

Demgegenüber beziehen sich *implizite* (oder prozedurale) Gedächtnisinhalte auf das „Wie" von Fertigkeiten und Handlungsvollzügen, die durch häufige Wiederholungen allmählich gelernt und dann automatisiert worden sind – so z.B. motorische, perzeptuelle oder kognitive Fertigkeiten, aber auch der Spracherwerb einschließlich des syntaktischen Regelsystems. Diese impliziten Gedächtnisinhalte werden je nach Situation automatisch aktiviert. Diese Aktivierung bedarf keiner bewußten Aufmerksamkeitsfokussierung oder Willensanstrengung, sie „geschieht" einfach. Die gelernten, habituell gewordenen Fertigkeiten und Funktionsabläufe versetzen uns, wenn wir uns wieder auf das Eingangsszenario beziehen, gleichsam wie selbstverständlich in die Lage, den Weg in die Klinik zu finden, das Auto zu lenken, die Worte des Aufnahmearztes zumindest kognitiv zu verstehen (wenn wir auch vielleicht nur sehr eingeschränkt fähig sind, sie in ihrer emotionalen Bedeutung zu erfassen).

Ein wesentlicher Teil des heutigen anatomisch-funktionellen Wissens über Gedächtnisfunktionen entstammt systematischen Beobachtungen und testpsychologischen Untersuchungen von Patienten, die infolge von Schlaganfällen, Hirnverletzungen, operativen Eingriffen, Infektionen, degenerativen Veränderungen (z.B. infolge der Alzheimer-Erkrankung) eine Einschränkung oder einen Verlust der Gedächtnisbildung erlitten haben. In Abbildung 19 findet sich eine Reihe wesentlicher Hirnstrukturen, deren pathologische Veränderungen mit Gedächtnisstörungen korreliert sind.

Der Patient, dessen Leidensgeschichte am besten dokumentiert und am häufigsten zitiert sein dürfte, trägt die Initialen H. M. (vgl. Kolb u. Wishaw 1990). Dieser Patient litt unter einer

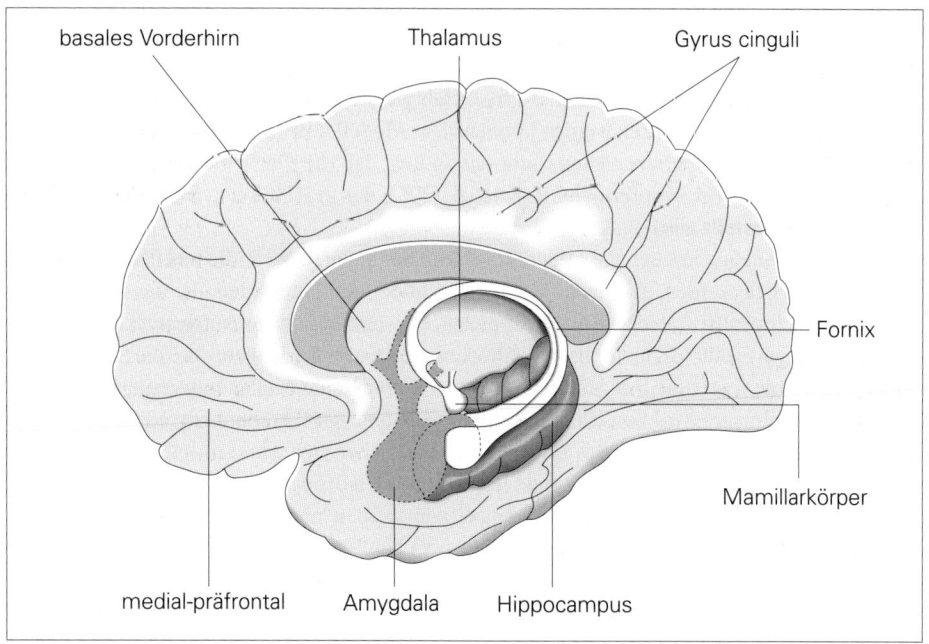

Abb. 19 Hirnstrukturen, deren Schädigung oder Zerstörung die Beeinträchtigung oder den Verlust von Gedächtnisfunktionen bewirken. (Aus Kolb u. Wishaw 1990. © 1990 by Freeman and Company. Mit freundlicher Genehmigung.)

schweren, sich zunehmend noch verstärkenden und medikamentös nicht beeinflußbaren Temporallappenepilepsie. Daher entschloß man sich 1953, beidseitig mediale Teile des Temporallappens unter Einschluß großer Bereiche des Hippocampus (s. Abb. 19) operativ zu entfernen – mit dem Ergebnis, daß die Epilepsie deutlich gebessert wurde. Der Preis dafür aber war hoch. Der Patient H. M. litt nach der Operation unter einer schweren anterograden Amnesie, d.h. er war unfähig, neue Informationen wesentlich länger als eine Minute zu behalten. Sein Gedächtnis für Daten und Ereignisse, die sich *vor* seiner Operation zugetragen hatten (Kindheitserlebnisse, Name, Beruf etc.), war demgegenüber weiterhin gut verfügbar. Später durchgeführte testpsychologische Untersuchungen erbrachten dann aber einen überraschenden Befund. Die Unfähigkeit, Neues zu lernen und zu behalten, war nicht total. Vielmehr zeigte sich, daß H. M. sehr wohl in der Lage war, neue motorische Fertigkeiten zu erwerben. Eine Aufgabe bestand z. B. darin, einen Stern unter der Bedingung nachzuzeichnen, daß er den Stern und seine nachzeichnende Hand nur im Spiegel sehen konnte. Seine Lernleistung verbesserte sich über Tage ständig und entsprach darin praktisch derjenigen gesunder Probanden – mit dem entscheidenden Unterschied aber, daß H. M. über keinerlei Erinnerungen an den Lernvorgang verfügte, er also vollkommen vergessen hatte, daß er in den Vortagen diese Aufgabe schon wiederholte Male bearbeitet hatte. Diese Befunde, unterstützt durch vergleichbare Beobachtungen an Patienten mit ähnlich lokalisierten Läsionen, lieferten entscheidende Hinweise für die Existenz der beiden Gedächtnisformen – des expliziten bzw. impliziten Gedächtnisses –, für deren Aufbau, Langzeitspeicherung und Abrufbarkeit offenbar verschiedene Hirnsysteme verantwortlich sind.

Kurzzeit- und Langzeitgedächtnis

Wie werden aus sinnlich-unmittelbaren (Lern-)Erfahrungen zeitlich überdauernde Erinnerungen, die dann auch wieder abgerufen werden können? Das Modell, das die vorliegenden empirischen Befunde am besten integrieren kann, geht davon aus, daß die Gedächtnisbildung ein mehrstufiger Prozeß ist (vgl. Kupfermann u. Kandel 1996), der in Abbildung 20 schematisch und vereinfacht dargestellt wird.

Danach gelangen Geschehnisse oder Objekte in der äußeren Welt, die uns über die Sinnesorgane zugänglich werden, aber auch Vorstellungsbilder und Phantasien, die das Gehirn autonom erzeugt, zunächst in einen Kurzzeitspeicher, der eine begrenzte Aufnahmekapazität hat. Wenn die Ereignisse für uns bzw. unser Gehirn keine Bedeutung erlangen, oder die Signale nicht wiederholt werden, geht die Information nach etwa einer Minute wieder verloren. Innerhalb des Kurzzeitgedächtnisses wird von einigen Autoren noch eine Art Ultrakurzzeitgedächtnis für das visuelle System unterschieden, das mit fotografieähnlicher Genauigkeit optisch dargebotene Reizobjekte für etwa eine Zehntelsekunde festhält und sich dann abbaut (vgl. Thompson 1994). Im Kurzzeitgedächtnis gespeicherte Informationen werden nachfolgend in das Langzeitgedächtnis überführt, wenn sie Bedeutung erlangen oder häufiger wiederholt werden. Im Langzeitgedächtnis gespeichert, können sie dann unter Umständen ein Leben lang verfügbar sein. In dem Modell der stufenweise erfolgenden Gedächtnisbildung wird angenommen, daß das Gehirn über ein Such- und Abrufsystem verfügt, das die Gedächtnissysteme auf solche gespeicherten Inhalte bzw. Informationen absucht, die für eine Gegenwartssituation gerade relevant sind.

Es war bereits darauf hingewiesen worden, daß für die Speicherung expliziter bzw. impliziter Informationen jeweilig andere Systeme im Gehirn verantwortlich sind. Dem Patienten

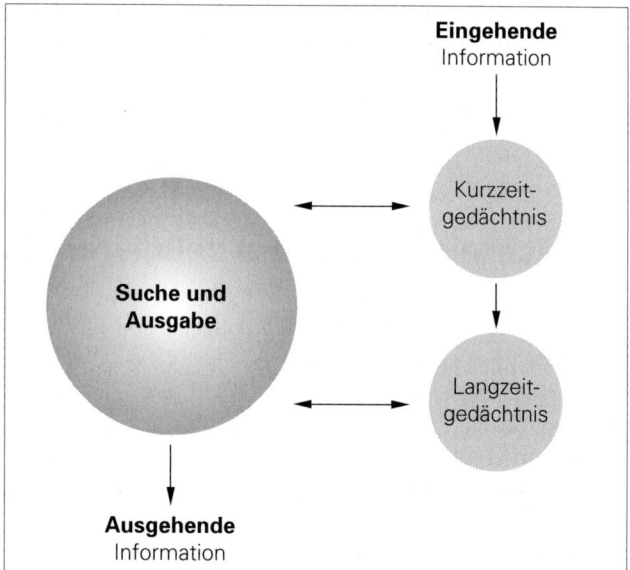

Abb. 20 Gedächtnis-
bildung als mehrstufiger
Prozeß. (Nach Kupfer-
mann u. Kandel 1996)

H. M. waren beidseitig u.a. große Teile des Hippocampus und benachbarter Strukturen im medialen Temporallappen entfernt worden. Wie andere Patienten mit ähnlichen Läsionen war er in der Folge bei intaktem Kurzzeitgedächtnis unfähig, *explizite* Informationen vom Kurzzeit- in das Langzeitgedächtnis zu überführen. Der Hippocampus und seine Nachbarregionen im medialen Temporallappen scheinen also für die dauerhafte Speicherung expliziter Gedächtnis- inhalte essentiell wichtig zu sein. H. M. konnte aber über viele explizite Erfahrungen, die er vor der Operation mnestisch gespeichert hatte, weiterhin verfügen. Dieser und vergleichbare Befunde bei ähnlich geschädigten Patienten deuten darauf hin, daß die *dauerhafte* Niederle- gung expliziter biographischer Erfahrungen nicht im Hippocampus erfolgt. Dabei ist allerdings folgende Frage bislang ungeklärt geblieben (vgl. Kupfermann u. Kandel 1996): Dient der Hip- pocampus lediglich für die Dauer von Wochen bis Monaten als eine Art Interimsspeicher mit allmählich erfolgender Überführung der Gedächtnisinhalte in die Großhirnrinde und dauer- hafter Niederlegung dort, oder speichert er selbst überhaupt nicht, sondern vermittelt nur die Überführung in kortikale Langzeitspeicher?

Patienten mit ausgeprägten Schädigungen im Bereich des Hippocampus und benachbarter Regionen im medialen Temporallappen sind wie der Patient H. M. weiterhin fähig, implizite Gedächtnisinhalte festzuhalten (s.o.). Sie können also das Wissen bewahren, *wie* Lernaufga- ben gelöst oder sonstige perzeptuell-motorisch-kognitive Vollzüge ausgeführt werden. Wo fin- det die Speicherung dieser impliziten Gedächtnisinhalte statt? Mehrheitlich wird angenommen, daß sie in genau den sensorischen, motorischen oder mit komplexen Funktionsleistungen betrauten Systemen des Gehirns erfolgt, die aktiv sind, während wir z.B. eine Lernaufgabe zu lösen oder eine sonstige Anforderungssituation zu bewältigen versuchen (vgl. Kupfermann u. Kandel 1996).

Zusammenfassend hatten die neurologischen und testpsychologischen Untersuchungen hirngeschädigter Patienten erbracht: Erstens sind mindestens zwei Gedächtnisformen zu unter- scheiden (auf eine möglicherweise existierende dritte, das emotionale Gedächtnis, werden wir später zu sprechen kommen), und zweitens sind unterschiedliche Areale bzw. Systeme des Gehirns für das Einspeichern und Abrufen der jeweilig expliziten oder impliziten Gedächtnisinhalte verantwortlich.

Damit stellt sich die Frage, welche Prozesse dabei auf zellulärem Niveau ablaufen.

Gedächtnisbildung auf zellulärer Ebene

Die Fähigkeit, Erinnerungen bilden und wieder abrufen zu können, ist – so wird angenommen – an die zeitlich überdauernde Veränderung der Stärke synaptischer Verbindungen zwischen Populationen von Nervenzellen gebunden. Um die zugrundeliegenden zellulären und molekularen Prozesse zu untersuchen, hat man sich angesichts der Komplexität der Verschaltungsstruktur bei höheren Lebewesen oder gar dem Menschen zunächst mit Wirbellosen beschäftigt, die ein vergleichsweise einfaches Nervensystem besitzen. Viele Untersuchungen wurden an der Meeresschnecke *Aplysia* durchgeführt (vgl. Abb. 21), die zu einfachen Lernleistungen wie der Habituation, Sensitivierung oder klassischen Konditionierung fähig ist – Lernleistungen, in denen sie sich nicht vom Menschen unterscheidet.

Wenden wir uns zunächst der Habituation und Sensitivierung zu. Habituation ist die einfachste Form impliziten Lernens. Sie besteht darin, daß auf einen wiederholt applizierten *nichtschädigenden* Reiz, der bei Tieren und Menschen anfänglich noch Reaktionen auslöst, allmählich nicht mehr reagiert wird. Kurz gesagt: das Nervensystem hat gelernt und als Erfahrung gespeichert, daß dieser Reiz unschädlich ist. Bei der Sensitivierung handelt es sich um einen hierzu gegensätzlichen Vorgang, bei dem es um Reaktionen auf einen *schädigenden* Reiz geht. So reagieren wir auf eine vergleichsweise leichte Berührung sehr viel heftiger, wenn wir kurz vorher einen unangenehmen Reiz, z. B. einen elektrischen Schlag, empfangen haben – auch dann, wenn die leichte Berührung an einer Stelle erfolgt, die nicht mit der Stelle identisch ist, die den starken elektrischen Schlag empfangen hat.

Nehmen wir als Beispiel für Sensitivierungsversuche an Aplysia eine starke elektrische Reizung, die im Schwanzteil der Meeresschnecke appliziert wird (vgl. Kandel 1996d). Die unmit-

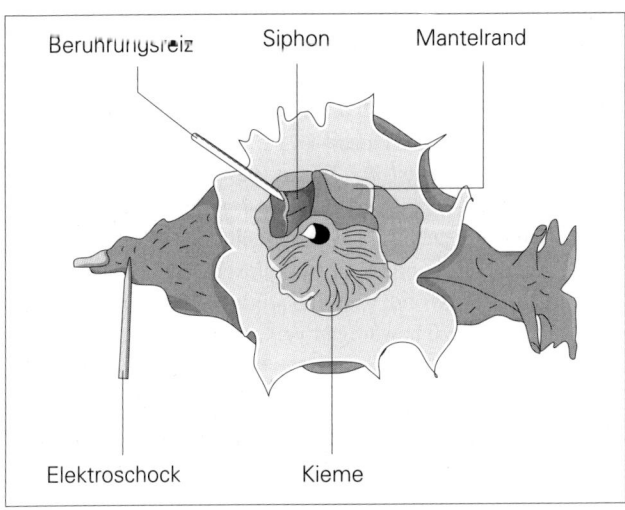

Abb. 21 Die Meeresschnecke Aplysia. Weil sie ein relativ einfaches Nervensystem besitzt, eignet sie sich in besonderer Weise für die Analyse von einfachen Lernprozessen und Gedächtnisbildungen auf zellulärer Ebene. (Nach Kandel 1996d)

telbare Folge ist ein reflektorisches Zurückziehen des Schwanzes. Starke Reizungen der sensorischen Nerven eines anderen Teiles von Aplysia – des sogenannten Siphons – lösen einen Kiemenrückziehreflex aus. Wird der Siphon aber nur schwach gereizt, reagieren die nachgeschalteten, also postsynaptischen Motoneuronen des Kiemenbereiches entsprechend schwach.

Sensorische Neuronen des Schwanzbereiches sind bei Aplysia zugleich aber auch über Interneuronen mit sensorischen Neuronen des Siphon verknüpft. Nach vorangegangener einmaliger Schockreizung des Schwanzes hat eine schwache Reizung des Siphons jetzt aber zur Folge, daß die Motoneuronen des Kiemenbereiches vergleichsweise sehr viel stärker reagieren – eine verstärkte Reaktion, die über die skizzierte interneuronale Schaltung zustande kommt.

Somit ist es jetzt zu einer Sensitivierung der Kieme gekommen, weil die sensorischen Neuronen des Siphons präsynaptisch mehr Transmitter ausschütten, wodurch in der Folge die Erhöhung der postsynaptischen Potentiale der Motoneuronen des Kiemenbereiches bewirkt wird.[3]

Eine solche Kurzzeitsensitivierung von wenigen Minuten Dauer kann in eine Langzeitsensitivierung überführt werden, die dann über eine Woche anhält, wenn die Schockreizung des Schwanzes wiederholte Male erfolgt. Abbildung 22 zeigt (rechts oben) das erhöhte postsynaptische Potential eines Motoneurons bei einer Meeresschnecke, die sensitiviert wurde – im Vergleich zu einem nichtsensitivierten Kontrolltier. Demgegenüber sind die synaptischen Potentiale der sensorischen Neuronen im Siphon bei beiden Tieren praktisch identisch, wodurch angezeigt wird, daß die Reizung mit vergleichbarer Intensität erfolgt ist.

Die lernbedingte Kurzzeit- und Langzeitsensitivierung erfolgt am gleichen Ort: den Verbindungen zwischen sensorischen und motorischen Neuronen, deren Synapsen durch erhöhte präsynaptische Transmitterausschüttung verstärkt werden. Bei *Langzeitsensitivierung* (nicht aber bei Kurzzeitsensitivierung) kommt es schließlich aber noch zu weiteren Veränderungen, die dadurch induziert werden, daß im Zellkern der sensorischen Neuronen bestimmte Gene aktiviert werden. Infolge dieser Genaktivierung werden neue Proteine synthetisiert, die u.a. folgende Effekte erzielen: Die Anzahl präsynaptischer Endigungen der sensorischen Neuronen erhöht sich um das Doppelte. Es werden, wie in Abbildung 23 schematisch dargestellt, neue Synapsen gebildet.[4] Gleichzeitig stellen sich die motorischen Neuronen auf den erhöhten Signaleinstrom ein, indem sie ihre Dendriten sprossen lassen und damit die Kontaktmöglichkeiten für die Ausbildung neuer synaptischer Kopplungen optimieren.

An diesen Befunden ist besonders bemerkenswert, daß es auf dem Niveau einfacher Lernvorgänge (Habituation und Sensitivierung) und über Veränderungen funktioneller Art hinausgehend möglich war, infolge Genaktivierung und Bildung neuer Proteine auch *morphologische Veränderungen* nachzuweisen, die letztlich für den Aufbau eines Langzeitgedächtnisses verantwortlich sind.

Soviel zur Bildung impliziter Gedächtnisinhalte auf zellulärer Ebene.

Wie aber werden explizite Erfahrungen dauerhaft niedergelegt? Es war bereits darauf hingewiesen worden, daß dem Hippocampus – eine Nervenzellformation, die zum limbischen

---

[3] Die Stärke der Signalübertragung läßt sich noch weiter steigern, wenn mit einem klassischen Konditionierungsparadigma gearbeitet wird, wobei der bedingte Reiz wiederholte Male unmittelbar vor dem unbedingten Reiz gesetzt wird. In diesem Fall handelt es sich um ein Beispiel für einen assoziativen Lernvorgang: bedingter und unbedingter Reiz werden zeitlich gekoppelt; der bedingte Reiz befähigt nach wiederholten Lerndurchgängen dazu, den unbedingten Reiz antizipieren zu können (vgl. Kandel 1996d).
[4] Bei Langzeithabituation tritt der gegenteilige Effekt ein: die Anzahl synaptischer Verbindungen reduziert sich.

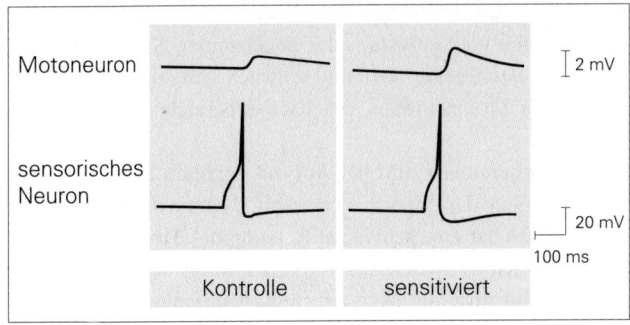

Abb. 22 Beispiel einer Langzeitsensitivierung. Erläuterungen siehe Text. (Nach Kandel 1996d)

System gehört – eine überaus wichtige Rolle bei der Langzeitspeicherung expliziter Gedächtnisinhalte zugeschrieben wird. Der Hippocampus empfängt über den sogenannten entorhinalen Kortex Signaleingänge aus praktisch allen Sinnesgebieten. Wir beschränken uns hier auf Eingänge aus dem visuellen System (s. Abb. 24).

Stellen wir uns vor, es ginge darum, sich das Gesicht eines Menschen zu merken, den wir gerade kennengelernt haben, oder die genaue Ortslage eines Hotels in einer Stadt, die wir das erste Mal besuchen. Die multiplen visuellen Reize, die die Informationen liefern, die dauerhaft repräsentiert werden sollen, gelangen zunächst in den visuellen Kortex mit seinen nachgeschalteten höheren Verarbeitungszentren und von dort über den entorhinalen Kortex in den Hippocampus. Innerhalb des Hippocampus durchlaufen die Informationen in der in Abbildung 24 angegebenen Richtung drei große Umschaltstellen. Der Hippocampus speichert die Informationen vorübergehend und überträgt sie dann wieder in den Kortex zurück, wo sie – so die derzeit dominierende Modellannahme – als Langzeitgedächtnisinhalt niedergelegt werden (vgl. Kupfermann u. Kandel 1996).

Die Neuronen des Hippocampus zeigen ein Phänomen, das in anderen Regionen des Kortex auch gefunden wurde, im Hippocampus aber am besten untersucht worden ist: die sogenannte Langzeitpotenzierung (LTP: long term potentiation). Dieses Phänomen kann experimentell dadurch erzeugt werden, daß die Neuronen des Hippocampus mit einer kurzen, hochfrequenten Impulssalve gereizt werden. Die LTP selbst besteht darin, daß die exzitatori-

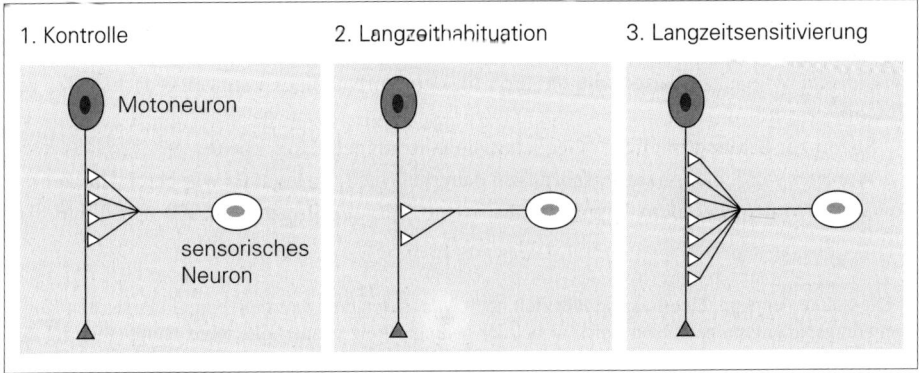

Abb. 23 Schematische Darstellung morphologischer Veränderungen. Die Anzahl synaptischer Verbindungen vermindert sich bei Langzeithabituation. Sie erhöht sich bei Langzeitsensitivierung. (Nach Kandel 1996d)

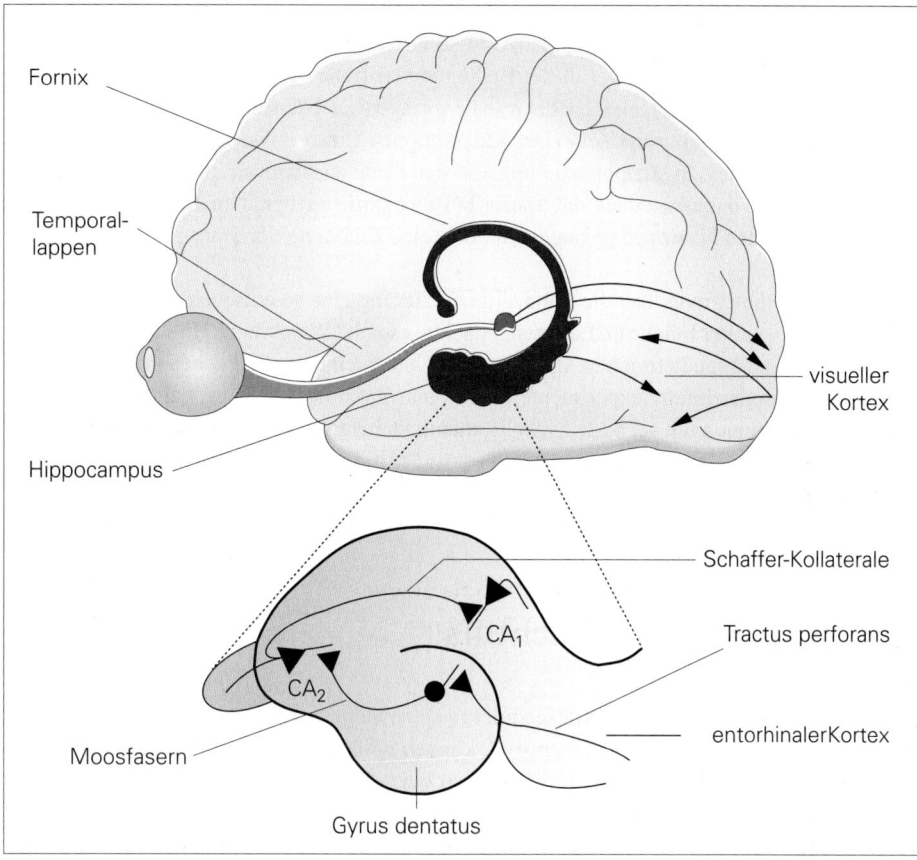

Fornix

Temporal-
lappen

Hippocampus

visueller
Kortex

Schaffer-Kollaterale

CA₁

Tractus perforans

CA₂

entorhinalerKortex

Moosfasern

Gyrus dentatus

Abb. 24 Schematische Darstellung der Weiterleitung visueller Signale, die den Hippocampus durchlaufen, möglicherweise dort nur vorübergehend gespeichert werden und zur Langzeitspeicherung in den Kortex zurückgelangen. (Aus Kandel, Schwartz u. Jessel: Essentials of Neural Science and Behavior. Appleton & Lange 1995)

schen synaptischen Potentiale in den nachgeschalteten, also postsynaptischen Neuronen über Tage bis Wochen erhöht werden. Diese verstärkte Reaktion der postsynaptischen Neuronen ist am besten in der CA_1-Region untersucht worden. Die Langzeitpotenzierung setzt voraus, daß die prä- und postsynaptischen Neuronen gleichzeitig erregt werden – wiederum ein Hinweis auf die schon wiederholt erwähnte Bedeutung zeitkorrelierter Aktivität im Gehirn und damit auf die Bedeutung der Hebbschen Regel. Die der Langzeitpotenzierung in der CA_1-Region zugrundeliegenden molekularen Prozesse sind z.T. bereits gut erforscht. Sie sollen hier – Kandel (1996d) folgend – nur in ihren Grundzügen skizziert werden.

Glutamat ist der Neurotransmitter, der von den Axonen der sogenannten Schaffer-Kollateralen (s. Abb. 24) in die Synapsen mit den postsynaptischen Pyramidenzellen der CA_1-Region freigesetzt wird. In den postsynaptischen Neuronen lagert sich Glutamat an zwei Rezeptortypen an: die NMDA-Rezeptoren[5] und die non-NMDA-Rezeptoren. Bei gewöhnlicher Reizweiterleitung spielen nur die non-NMDA-Rezeptoren eine Rolle. Die NMDA-Rezeptorkanäle bleiben

---

[5] NMDA = N-Methyl-D-aspartat

dabei durch Magnesiumionen blockiert. Diese Blockade kann nur aufgehoben werden, wenn das postsynaptische Neuron über Signalzuflüsse aus zahlreichen präsynaptischen Neuronen multipel depolarisiert wird. Unter dieser Bedingung wird die Magnesiumionen-Blockade der NMDA-Rezeptorkanäle aufgehoben, die Kanäle springen auf, Natriumionen und Kalziumionen strömen in die postsynaptische Zelle. Der Kalziumionen-Einstrom ist dabei der entscheidende Impulsgeber für eine Langzeitpotenzierung, die sich dann, nachdem sie einmal aufgebaut worden ist, zusätzlich dadurch erhält, daß spezielle Botenstoffe retrograd an die Axonendigungen der präsynaptischen Neuronen gelangen und dort eine Erhöhung der Transmitterausschüttung bewirken.

Warum vermutet man, daß die Langzeitpotenzierung eine so entscheidende Rolle für die Speicherung expliziter Inhalte im Langzeitgedächtnis spielt? Wesentliche Hinweise für die Gültigkeit dieser Annahme liefern tierexperimentelle Untersuchungen, bei denen die Entwicklung einer Langzeitpotenzierung experimentell unterbunden wurde. Es zeigte sich z. B., daß Tiere unter diesen Bedingungen bei bestimmten Lernaufgaben versagten, deren Lösung oder Bewältigung die Speicherung von Informationen über die Position von Objekten im Raum (von expliziten Inhalten also) voraussetzt.

Das assoziative Gedächtnis

Jeder von uns kann – metaphorisch ausgedrückt – seine Vergangenheit durchwandern. Geschehnisse, die uns in Erinnerung geblieben sind, können willkürlich aufgerufen werden, oder die Erinnerungen entstehen scheinbar unwillkürlich oder absichtslos. In Wirklichkeit sind diese spontanen Erinnerungen weder unwillkürlich noch absichtslos, ihr Auftauchen ist vielmehr unbewußt oder ahnungsbewußt motiviert und folgt Gesetzmäßigkeiten, die wir in Abhängigkeit von unseren lebensgeschichtlichen Erfahrungen als „Struktur" in unserem Gehirn etabliert haben. Zu den Wanderungen in unserer Vergangenheit gehört die Erfahrung, daß die Erinnerungen Ketten bilden: Bestimmte Details einer Erinnerung stoßen andere Erinnerungen an und so fort. Freud hat diese Erfahrung systematisch zur Methode der freien Assoziation ausgearbeitet – einer seiner vielen genialen Einfälle –, indem er seine Patienten aufforderte, möglichst ungefiltert alles (also nicht nur Erinnerungen, sondern auch Phantasien, Gedanken, Gefühle etc.) mitzuteilen, was ihnen durch den Kopf geht. Er hat mit dieser Methode die Idee verbunden, daß sich auf diese Weise die intrapsychische Abwehr gleichsam überlisten und damit – neben dem „Königsweg" der Traumdeutung – ein weiterer Zugang eröffnen ließe, um unbewußte Motivierungen identifizieren zu können.

Wir beschränken uns hier auf die in Kette angestoßenen Erinnerungen und fragen nach möglichen neurophysiologischen Grundlagen, um das Phänomen erklärbar zu machen, daß Erinnerungen offenbar assoziativ verknüpft sind. Nach unserer bisherigen Kenntnis der Funktionsweise des Gehirns können wir annehmen, daß das Assoziationsphänomen auf synaptischen Veränderungen beruht, die sich erfahrungsabhängig entwickelt und konsolidiert haben. Angesichts der Komplexität neuronaler Verschaltungen im menschlichen Gehirn ist es aber praktisch unmöglich, solche Annahmen unter natürlichen Lebensbedingungen empirisch zu erforschen und zu validieren.

Um unter diesen Komplexitätsbedingungen dennoch zu Erkenntnisfortschritten zu kommen und Modellannahmen überprüfen zu können, hat man sich in den Neurowissenschaften der Methode der Computersimulation bedient. So haben beispielsweise Edelman u. Reeke (1982) auf einem Großrechner einen Wahrnehmungsautomaten installiert, den Edelman (1993) Darwin II nennt. Ein solcher Automat ist natürlich kein wirkliches neuronales Netzwerk. Er verfügt aber über Funktionen, die denjenigen realer Netzwerke künstlich nachgebildet worden sind, und die nach Prinzipien arbeiten, die entweder empirisch gut fundiert oder zumindest plausibel begründbar sind. Darwin II kann z. B. einfache Wahrnehmungsreize verarbeiten, repräsentieren und sich selbstorganisiert so verändern, daß die synaptischen Kopplungen zwischen denjenigen neuronalen Gruppen, die an der Verarbeitung eines Wahrnehmungsreizes beteiligt sind, erfahrungsabhängig verstärkt werden. Dieser Wahrnehmungsautomat hat sich auch als lernfähig erwiesen. So konnte er z. B. wiederholt dargebotene, kategorial unterscheidbare Reize mit zunehmendem Training allmählich so klassifizieren, daß die Zuordnungen zu den Kategorien überzufällig häufig richtig waren. Er konnte auch generalisieren. Hatte er beispielsweise während seines Trainings mit ganz bestimmten Reizen Erfahrungen gesammelt, die verschiedenen Kategorien angehörten, und wurde er in einer späteren Testphase mit neuen Reizen konfrontiert, die den Trainingsreizen lediglich ähnelten (ohne aber mit diesen identisch zu sein), so gelang ihm auch in diesen Fällen eine überproportional richtige Kategorienzuordnung.

Der Automat ist so aufgebaut, daß er Wahrnehmungsreize, die ihm dargeboten werden, über zwei Kanäle verarbeitet, die in Abbildung 25 als Bahn I bzw. II unterschieden werden.

Innerhalb jeder Bahn lassen sich zwei Verarbeitungsebenen unterscheiden: eine Eingangsebene a und eine nachgeschaltete höhere Verarbeitungsebene b – analog den Verhältnissen in biologischen Gehirnen, wenn wir uns nur an das somatosensorische oder visuelle System erinnern. Beide Bahnen sind verschieden spezialisiert – wiederum ein Prinzip, das wir bereits kennen. Veranschaulichen wir uns die unterschiedlichen Arbeitsweisen an der Repräsentation des „X" in Abbildung 25, linke Abteilung. Auf der Bahn I wird das „X" auf der Eingangsebene

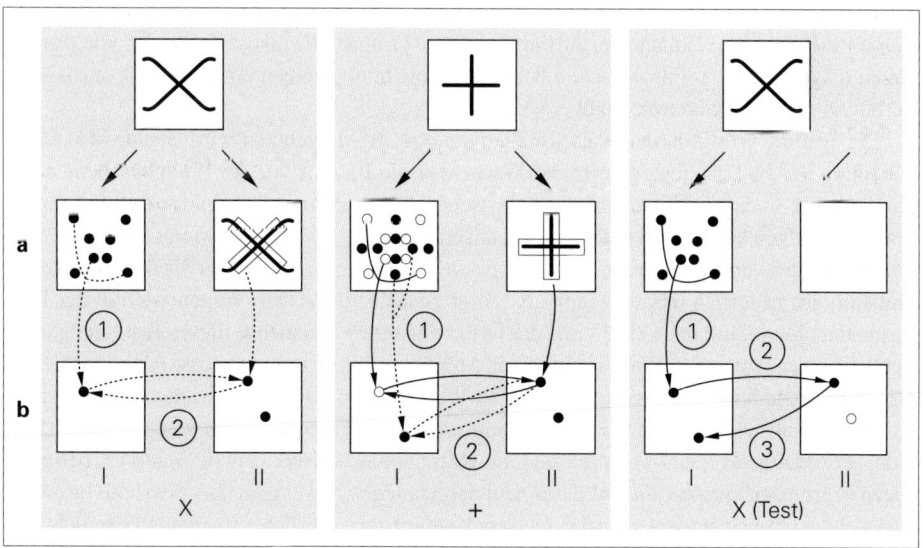

Abb. 25 Aufbau und Arbeitsweise eines Wahrnehmungsautomaten, der zu assoziativen Gedächtnisleistungen fähig ist. Weitere Einzelheiten finden sich im Text. Ausgefüllte Kreise: aktive Gruppen. Offene Kreise: inaktive Gruppen. Durchgezogene Linien zwischen Gruppen: selektiv verstärkte Verbindungen. Gestrichelte Linien: erstmals aktivierte Verbindungen. Eingekreiste Ziffern: die Bahnen werden in Ziffernreihenfolge aktiviert. (Aus Edelman 1993. © Piper Verlag GmbH, München 1993)

zunächst nach topographischen Gesichtspunkten, also relativ abbildgenau repräsentiert. Das spezifische, auf der Ebene a erzeugte Aktivitätsmuster wird dann auf das nachgeschaltete Netzwerk der Ebene b übertragen. Jede neuronale Gruppe auf dieser Ebene b reagiert spezifisch auf ein bestimmtes, im vorgeschalteten Netzwerk erzeugtes Aktivitätsmuster, so daß das „X" nunmehr also nicht mehr abbildgenau, sondern abstrakter repräsentiert worden ist.

Die Bahn II ist nicht nach topographischen Gesichtspunkten organisiert (in Abb. 25 durch die dünne Umrandung des „X" bzw. „+" jeweils kenntlich gemacht), vielmehr so, daß sie Reizobjekte auf der Eingangsebene a eher unter qualitativen Merkmalsaspekten erfaßt. Das Netzwerk auf dieser Ebene fährt z.B. ganze Linien des Reizobjektes ab und stellt dabei fest, daß sich die Linien überschneiden, wobei die topographische Anordnung der Linien selbst keine Rolle spielt. Die so repräsentierte „Information" wird nun auch auf der Bahn II an eine übergeordnetes abstrahierendes Netzwerk der Ebene b weitergeleitet und erregt dort je nach qualitativ-konfigurativer Eigenart eine andere neuronale Gruppe. Wie aus Abbildung 25 ersichtlich, findet jeweils auf der abstrahierenden Ebene b zwischen beiden Bahnen, die auf die Analyse unterschiedlicher Merkmalsaspekte spezialisiert sind, ein Signalaustausch und damit eine Integration der verschiedenen „Informationen" statt, die sich aber auf ein und dasselbe Objekt beziehen.

Der Wahrnehmungsautomat wird jetzt in einem nächsten Schritt mit einem „+" konfrontiert, das er so analysiert und repräsentiert wie in Abbildung 25 (gestrichelte Linien) dargestellt. Während er mit der Analyse des „+" befaßt ist, bleiben die neuronalen Gruppen, die am vorangegangenen Prozeß der Wahrnehmung und Repräsentation des „X" beteiligt waren, verstärkt –, was in Abbildung 25, mittlere senkrechte Abteilung, durch ausgezogene Linien kenntlich gemacht wird. Man beachte jetzt aber ein wichtiges Detail. Auf der Bahn II wird auf der abstrahierenden Ebene b dieselbe neuronale Gruppe wie bei der vorangegangenen Analyse des „X" aktiviert. Der Grund ist, daß diese Bahn auf qualitativ-konfigurative Merkmalsaspekte wie z.B. sich überschneidende Linien spezialisiert ist. Diese Gruppe, die also auf das „X" wie das „+" gleich reagiert, stellt somit zwischen beiden Wahrnehmungsreizen eine indirekte assoziative Verbindung her, die sich testen läßt.

Die Testung erfolgt in der Weise, daß erneut das „X" dargeboten wird (rechte senkrechte Abteilung in Abb. 25), jetzt aber in der Weise, daß die Bahn II vor der Eingangsebene abgeschaltet wird, so daß ein Signalaustausch zwischen beiden Bahnen nur auf der abstrahierenden Ebene b erfolgen kann – und entlang solcher Verbindungen, die durch vorangegangene Erfahrungsbildungen verstärkt worden sind. Was passiert? Der Signalfluß bei der Analyse und Repräsentation des neuerlich dargebotenen „X" folgt zunächst denselben Wegen wie bei der Erstdarbietung. Er verläuft dann aber – und das ist das eigentlich Spannende dieses Testdurchganges – entlang einer neuronalen Wegstrecke, die in Abbildung 25 (rechte senkrechte Abteilung) durch die eingekreiste 3 markiert wird: Obwohl der Wahrnehmungsautomat gerade mit der Analyse des „X" befaßt ist, wird jetzt über Verbindungen, die während vorangegangener Wahrnehmungserfahrungen verstärkt worden sind, im abstrahierenden Netzwerk der Bahn I neben einer ersten neuronalen Gruppe, die auf das erneut dargebotene „X" reagiert, auf assoziativem Wege eine weitere Gruppe aktiviert, die das „+" repräsentiert, das selbst aber momentan gar nicht dargeboten worden war.

Damit hat der Wahrnehmungsautomat auf der Grundlage bekannter neuraler Mechanismen – erfahrungsabhängige Verstärkung synaptischer Verbindungen und Signalaustausch zwischen unterschiedlich spezialisierten Verarbeitungsbahnen – eine Assoziationsleistung vollbracht, die en miniature unserer natürlichen Erfahrung entspricht: Wir erleben etwas, und bestimmte Charakteristika des Erlebens rufen Erinnerungen an früher Erlebtes wach, das aufgrund unserer Vorerfahrungen mit dem Gegenwartserleben verwandt ist, gegenwärtig aber nicht dargeboten wird.

Moderne Gedächtnismodelle basieren, wie dargestellt, überwiegend auf dem Prinzip der Synapsenverstärkung – inzwischen ergänzbar durch die Annahme, daß Synapsenverstärkungen längerfristig in morphologische Veränderungen der neuronalen Kopplungsstruktur überführt werden können. Im Rahmen eines solchen Modells läßt sich dann vermuten, daß bestimmte Inhalte – Wahrnehmungseindrücke, Objekte, aber auch Episoden – in neuronalen Verbänden mnestisch gespeichert werden, deren Neuronen untereinander erfahrungsabhängig eng verknüpft worden sind. Werden diese Neuronenverbände durch Sinneseindrücke oder im Verlauf eines Assoziationsflusses erneut aktiviert, tauchen unmittelbar auch die entsprechenden Inhalte wieder auf – wir erinnern uns also. Dabei genügt es, wie Palm (1990) vermutet, daß ein hinreichend großer Teil des Neuronenverbandes aktiviert wird, um über die konsolidierten Verbindungen zwischen den Neuronen auch die restlichen zu erregen, den gesamten Verband also. Diese Überlegung ist wichtig, weil im natürlichen Leben gegenwärtige und frühere Geschehnisse selten identisch sind. Es ist vermutlich hinreichend, wenn sie nur teilweise ähnlich sind, um Erinnerungen an die früheren Geschehnisse lebendig werden zu lassen.

Erinnerungen: Rekonstruktionen von früheren Wirklichkeitskonstruktionen

Wir kehren aus der Welt molekularer, zellulärer sowie synaptischer Prozesse und deren Nachbildung in Computersimulationen in die uns vertraute Erfahrungswelt zurück und nehmen damit zugleich den klinischen Bezug wieder auf. Bei der Beschäftigung mit dem Gedächtnis müssen wir uns abschließend mit der Frage nach der Natur dessen beschäftigen, was wir Erinnerungen nennen. Wie originalgetreu wird das Ursprungserleben mnestisch gespeichert und dann in den Erinnerungen reproduziert?

Beginnen wir mit klinisch-experimentellen Beobachtungen, über die Penfield und Perot (1963) zusammenfassend berichtet haben. Das Kollektiv, auf das sich ihre Beobachtungen bezieht, umfaßte 1.132 Patienten, die unter therapieresistenten epileptischen Anfällen litten, so daß man sich entschlossen hatte, jene Hirnbereiche, von denen das Anfallsgeschehen seinen Ausgang nahm, operativ zu entfernen. Um möglichst so schonend zu operieren, daß funktionell wichtige Areale nicht entfernt bzw. zerstört werden, wurde das Gehirn nach Öffnung des Schädels direkt mittels feiner Elektroden explorativ milde elektrisch gereizt, um funktionell wichtige und somit schonungsbedürftige Areale zu identifizieren. Bei diesen Reizversuchen wurden von einer Reihe von Patienten unerwarteterweise zwei Arten von Phänomenen beobachtet und mitgeteilt. Diese Phänomene traten allerdings ausschließlich bei einem Teil jener 520 Patienten auf, deren Gehirn im Bereich der Temporallappen an verschiedenen Stellen stimuliert worden war. Beide Arten von Phänomenen sind grundsätzlich aus der Klinik bekannt, weil sie in der Vorphase eines epileptischen Anfalls, der sogenannten Aura, auftreten können. In der Penfieldschen Untersuchungssituation aber wurden sie durch die Elektrostimulation induziert, ohne dabei einen epileptischen Anfall nach sich zu ziehen. Die Patienten waren in der Lage, intraoperativ mit dem jeweiligen Operateur direkt zu kommunizieren, weil das Gehirn selbst über keine Schmerzfasern verfügt, so daß sie – nach Kalottenentfernung unter Lokalanästhesie – bei vollem Bewußtsein blieben. Wegen der zerebralen Anästhesie konnten sie allerdings nicht bemerken, an welchen Stellen und ob überhaupt eine elektrische Reizung erfolgte.

Eine erste Gruppe von stimulationsbedingten Phänomenen bestand darin, daß die Patienten unvermittelt einsetzende Veränderungen ihres aktuellen Erlebens bemerkten. Die Umgebungsgeräusche erschienen ihnen plötzlich lauter oder leiser, entfernter oder näher; optisch wahrnehmbare Objekte veränderten ihren Charakter, wurden klarer oder verschwommener, größer oder kleiner, schienen sich zu nähern oder zu entfernen; das Gegenwartsgeschehen wurde plötzlich nach Art eines Déjà-vu als besonders vertraut oder im Gegenteil als fremd und unwirklich erlebt; schließlich konnte es passieren, daß die Patienten unvermittelt von Gefühlen der Angst, Einsamkeit, Traurigkeit oder des Ekels überfallen wurden. Diese u. U. dramatischen Vorgänge haben uns im gegenwärtigen Zusammenhang aber weniger zu interessieren. Wir nehmen sie hier lediglich als deutlichen experimentellen Beleg für die offensichtliche Tatsache, daß Erlebensvorgänge Hirnprozesse sind, weil punktuell erfolgende direkte Eingriffe in das Hirngeschehen kausal eindeutig Veränderungen des Gegenwartserlebens nach sich gezogen hatten.

Die Phänomene der zweiten Gruppe waren von anderer Art. Knapp 8 % der Patienten fühlten sich nach elektrischer Temporallappenstimulation unvermittelt in die eigene Vergangenheit zurückversetzt. Sie hörten Stimmen von vertrauten Personen, lauschten einer Musik, die sie kannten und die sie auf Aufforderung dann auch nachsummen konnten, oder sie erlebten komplexe Szenen, die, Jahre zurückliegend, plötzlich wieder ganz lebendig geworden zu sein schienen. Eine Patientin beispielsweise hatte in Verbindung mit der Musik, die in ihr angeregt worden war, plötzlich eine intensive Erinnerung an einen weihnachtlichen Kirchenbesuch in Amsterdam, wie er sich vor Jahren tatsächlich zugetragen hatte. Es war in der Kriegszeit. Sie sah viele kanadische Soldaten. (Später hat sie selbst einen kanadischen Soldaten geheiratet, mit dem sie nach Montreal auswanderte, wo sie dann Jahre später operiert wurde und diese Erinnerung produzierte). Es war, als wäre sie erneut in der Amsterdamer Kirche. Sie hörte den Chor und fühlte sich wie damals glücklich – obwohl sie sich gleichzeitig völlig bewußt war, in Montreal auf dem Operationstisch zu liegen.

Dieses anschauliche Beispiel ist aber für die Gesamtheit der „flashbacks" (Rückblenden), wie Penfield sie nennt, insofern eher untypisch, als sich die meisten Rückblenden der Patienten nicht auf außergewöhnliche, sondern eher alltägliche, vergleichsweise wenig bedeutsame frühere Ereignisse beziehen. Allen aber ist gemeinsam, daß sie wahrnehmungsähnlichen Charakter haben – gleichsam so, als wäre die Vergangenheit in der Gegenwart wiederbelebt worden, wobei die Patienten in vielen Fällen in der Lage waren, die beteiligten Personen sowie Zeit und Ort des erinnerten Geschehens recht genau anzugeben. Spätere Untersuchungsergebnisse, die Rosenfield (1988) erwähnt, erbrachten empirische Hinweise, daß solche Rückblenden nur auftreten, wenn Strukturen des limbischen Systems aktiviert werden, dessen Bedeutung für die Gedächtnisbildung – der Hippocampus als Teil dieses Systems wurde oben bereits ausführlicher erwähnt – inzwischen bekannt ist.

Penfield (1966; vgl. Penfield u. Perot 1963) interpretiert die durch Elektrostimulation aktivierbaren autobiographischen Rückblenden als Indikatoren für die Fähigkeit des Gehirns, die gesamte persönliche Lebensgeschichte praktisch lückenlos zu speichern. Er nimmt an, daß es sich dabei um einen normalen Hirnvorgang handelt, der nicht vom epileptischen Prozeßgeschehen abhängig ist, sondern lediglich bei Epileptikern wegen deren erhöhter kortikaler Erregbarkeit leichter aktiviert werden kann. Diese Ansicht, die O. Sacks (1995) beispielsweise uneingeschränkt übernimmt, ist im übrigen bis in die Gegenwart umstritten (vgl. Rosenfield 1988; Kupfermann u. Kandel 1996).

Kritische Einwände dagegen, wonach es sich bei den Rückblenden lediglich um Halluzinationen handeln soll, sind allerdings wenig überzeugend. Es können allein deshalb keine echten Halluzinationen sein, weil die Patienten jederzeit in der Gegenwart voll orientiert blieben und eindeutig wußten, daß sie sich nicht in der erinnerten Szene befanden, wie wirklichkeitsnah ihnen das jeweilige Erinnerungsbild auch immer erschien. Es kann auch nicht genügen, die Rückblenden im Rahmen einer anderen Interpretationsalternative (vgl. Kupfermann u. Kandel 1996) als Resultat einer lokalisierten epileptischen Aktivität zu verstehen. Selbst wenn diese Hypothese zuträfe – Penfields eigene Beobachtungen sprechen dagegen –, so wäre damit noch nicht ausgeschlossen, daß die im epileptischen Miniaturanfall produzierten Erinnerungsphänomene ein tatsächliches früheres Geschehen wiedergeben. Ich selbst nehme an, ohne es beweisen zu können, daß die Penfieldsche Konzeption, wonach das Gehirn den Strom unseres Erlebens kontinuierlich speichert, in dieser Totalität nicht haltbar ist. Zum einen zeigt die Dokumentation der Patientenberichte selbst (Penfield u. Perot 1963), daß die erinnerten Szenen in keinem Fall komplette Reproduktionen waren. Sie blieben, wenn auch im Detail frappierend lebendig und anschaulich, insgesamt doch immer fragmentarisch. Oder sie rissen unvermittelt ab, was regelmäßig geschah, wenn die Elektroden entfernt wurden, gelegentlich aber auch, wenn die Stimulation fortgesetzt wurde. Zum zweiten sprechen die Befunde, die die Unterscheidung einer Kurzzeit- von einer Langzeitspeicherung sinnvoll und gerechtfertigt erscheinen lassen – verbunden mit der Annahme, daß vorrangig subjektiv bedeutungsvolle Informationen in das Langzeitgedächtnis übertragen werden –, gegen die Penfield-Hypothese. Zum dritten wäre zu erwarten, daß wir im Rahmen intensiver psychoanalytischer Behandlungen häufiger dem Phänomen begegnen, daß Patienten lückenlos-komplette Szenerien erinnern – eine Erwartung, die in dieser Weise nicht unserer Beobachtungsrealität entspricht. Dennoch aber kommt den Penfieldschen Befunden eine große klinische Bedeutung zu, wenn man die daraus abgeleitete Totalitätshypothese (nahezu lückenlose Speicherung des Erlebten) einschränkt: *Es wird weit mehr Erlebtes mnestisch gespeichert und ist dann unter bestimmten Bedingungen auch reproduzierbar, als die durchschnittliche Alltagserfahrung erwarten läßt.*

Hierzu zwei klinische Beispiele.

Ein Patient in mittleren Jahren hatte seine persönliche Geschichte während der Erstinterviews und in der Anfangsphase der sich anschließenden analytischen Psychotherapie in einer Weise geschildert, daß der Eindruck entstand, seine Entwicklung sei übermächtig durch die Beziehung zu seiner Mutter bestimmt worden. Die Mutter – körperlich chronisch krank und übermäßig streng in ihren moralischen Grundsätzen – hatte ihn, den Patienten, unter den Kindern zu dem „besonderen", zu „ihrem" Sohn gemacht. Er selbst fühlte sich insgeheim durchaus als der Auserwählte, spürte auf der anderen Seite aber auch den Druck, der damit verbunden war. So mußte er sich jederzeit nach außen selbstlos, gerecht und hilfsbereit gegen andere zeigen, um dem Anspruch der Mutter zu genügen.

Die Beziehung zum Vater blieb demgegenüber anfänglich ausgesprochen blaß, was zunächst seine Erklärung darin zu finden schien, daß der Vater kriegsbedingt erst verspätet in das Leben des Patienten eingetreten war. Das Vaterbild des Patienten war zudem überschattet von dem wutlos-resignativen Grundgefühl, daß der Vater stets seinen Bruder vorgezogen habe. Im Gegensatz dazu tauchte der Vater im weiteren Behandlungsverlauf dann aber in Zusammenhängen auf, die dem Enttäuschungsbild des Patienten von ihm nicht mehr durchgängig zu entsprechen schienen. In dieser Zeit berichtete der Patient eines Tages mit großer Verwunderung, daß er unvermittelt eine Szene mit dem Vater erinnert habe, die über vier Jahrzehnte zurückliege, wobei er sich nicht erinnern könne, seither jemals wieder daran gedacht zu haben. Jetzt aber habe er die Szene wieder so lebendig und deutlich vor Augen gehabt, „als sei es gestern passiert".

Der sehr introspektionsbegabte Patient glaubte zu wissen, daß zum Auftauchen dieser Erinnerung eine Vorgeschichte gehört, die er zunächst erzählte. Ungefähr ein Jahr zurückliegend hatte er auf einem Strandspaziergang mit seiner Frau und seinen beiden kleinen Enkelkindern einen toten Vogel gefunden, der beringt war. Er wisse, was man in solchen Fällen zu tun habe.

So habe er dem toten Vogel zunächst das beringte Bein abgeschnitten, um es anschließend bei einer nahegelegenen Vogelwarte zur Registratur abzugeben. Dies alles habe er den Kindern erklärt und dann mit ihnen gemeinsam den Vogel begraben. Seine Frau hatte ihn anschließend gefragt, ob er die maßlose Bewunderung in den Augen der Kinder bemerkt habe. Er hatte aber nichts dergleichen wahrgenommen und die Geschichte wieder vergessen, bis sie ihm vor kurzem von den Kindern – sie waren erneut an der Vogelwarte vorbeigekommen – wieder in Erinnerung gerufen worden war. Jetzt aber hatte es ihn emotional sehr berührt, daß die Kinder das gemeinsame Erlebnis mit dem toten Vogel nicht vergessen hatten. Kurze Zeit darauf war die weit zurückliegende Begebenheit mit seinem eigenen Vater unvermittelt aufgetaucht, über die er jetzt berichtete.

Im Alter von 11 oder 12 Jahren habe er gemeinsam mit Spielkameraden am Flußufer eine tote Robbe entdeckt, die sich flußaufwärts verirrt hatte und dort verendet war. Alle seien entsetzt und ratlos gewesen. Ihm aber sei plötzlich sein Vater eingefallen. Er sei unvermittelt zum Vater geradelt und hatte ihn bewegen können, sofort zur Fundstelle mitzukommen. Dort angekommen habe der Vater ihm und seinen Freunden mit Ruhe und Sachverstand auseinandergesetzt, wie der Hergang vermutlich zu erklären sei. Details wisse er nicht mehr. Aber die Szene selbst habe er mit großer Deutlichkeit wieder vor Augen: der Vater, der erklärt, und die Jungen, die gebannt zuhören. Vor allem aber sei plötzlich der übergroße Stolz auf den Vater wieder lebendig geworden, den er seinerzeit empfunden hatte. Damit endete seine Erinnerung abrupt.

Dieses Beispiel veranschaulicht, wie eine frühere Erfahrung, über Jahrzehnte verschüttet, unter günstigen Bedingungen wiederbelebt werden kann, nachdem die innere Beschäftigung mit dem Vater und die allmählich erfolgende Korrektur eines überwiegend negativ konnotierten Vaterbildes[6] die assoziativen Verbindungen zu positiven Erfahrungen mit dem Vater wieder zugänglicher gemacht hatten, ein Prozeß, der durch glückliche Umstände – die Szene mit den Enkelkindern, die durch deren Erinnerung unmittelbar reaktiviert wurde – sicherlich begünstigt worden war. Nebenbei sei bemerkt, weil an dieser Stelle nicht unser Thema, daß hier noch ein weiterer Aspekt zutage tritt: In der Szene mit seinen Enkelkindern ist der Patient der Erwachsene, der für sein Handeln bewundert wird; in der über vierzig Jahre zurückliegenden Szene bewundert er aus der Perspektive des Sohnes seinerseits den Vater für dessen Verhalten. Die Ähnlichkeit zwischen dem Handeln beider ist deutlich und vermittelt somit einen lebendigen Einblick, wie über Identifikationsprozesse seelisch-geistige Strukturen geformt werden.

Die Patientin, die ich als zweites Beispiel erwähne, war etwa fünf Jahre alt, als sie für ca. ein Jahr von der Mutter getrennt wurde, die akut psychotisch dekompensiert war. Die Patientin erinnert sehr gut einzelne Details der dramatischen Umstände, die die Klinikeinweisung der Mutter notwendig gemacht hatten. Für die Zeit unmittelbar danach setzen ihre Erinnerungen aber schlagartig aus. Sie weiß lediglich, daß sie die Mutter wohl nur selten habe besuchen können – u.a. deshalb, weil sie für längere Zeit in die Obhut einer Tante in einer anderen Stadt gegeben worden war. Vor allem aber hatte sie keine Erinnerungen daran, wie sie sich seelisch gefühlt hatte. In der Phase der analytischen Psychotherapie, auf die ich mich hier beziehe, hatte sich

---

6 Es stellt sich die Frage, warum das Vaterbild des Patienten diese Enttäuschungszüge trug. Die psychodynamischen Zusammenhänge sind komplex. Erwähnt sei aber immerhin, daß dabei seine Position als „Auserwählter" seiner Mutter eine große Rolle spielte. Mit dieser Position korrespondierte, daß er unbewußt der Überzeugung war, er müsse sich absolut und alternativlos ausschließlich seiner Mutter verbunden fühlen, weil er sich andernfalls schuldig machen und ihre Liebe zu ihm gefährden würde. Es läßt sich vermuten, daß der Vater intuitiv die Exklusivität der Sohn-Mutter-Beziehung erfaßt hat und sich ausgesperrt fühlte, so daß die emotionale Reserve, die der Patient seinerseits wahrnahm, wahrscheinlich einen durchaus realen Kern enthalten hat.

der Freund der Patientin von ihr getrennt. Daraufhin hatten sich Zustände lähmender Depressivität und Antriebslosigkeit wieder verstärkt, die sie ansonsten aber schon seit Jahren kannte, weil sie – vor allem an Wochenenden – unvermittelt auftreten konnten.

Ich hatte mich gefragt, ob in diesen depressiven Phasen möglicherweise etwas von den Zuständen der stummen Verzweiflung auftauchte, die sie nach der traumatischen frühen Trennung von der Mutter erlebt hatte, aber nicht mehr erinnern konnte. Diese Vermutung hatte ich auch der Patientin gegenüber geäußert und sie gefragt, ob ihr in diesen Stunden irgendetwas an Gedanken oder Vorstellungen durch den Kopf gehen würde. Nein, sagte sie, eigentlich nichts, außer zwei Bildern, mit denen sie aber überhaupt nichts anzufangen wisse. Das eine Bild: sie sehe ein großes Haus, das sie nicht kennen würde; bemerkenswert an diesem Haus sei nur, daß es auffallend gelb sei. Das andere Bild erschien ihr noch rätselhafter. Sie sehe ein überdimensional großes Bett, das schräg im Raum schweben würde. Es habe für ein Bett eine merkwürdige Farbe, es sei nämlich intensiv blau.

Offenbar angestoßen durch meine oben erwähnte Vermutung hatte die Patientin dann in der Folgezeit mit Mutter wie Tante das Gespräch gesucht, um nähere Einzelheiten über die damalige Zeit zu erfahren. Im Gespräch mit der Mutter erfuhr sie dabei zu ihrer Überraschung, daß sich die Mutter noch an das Haus erinnern konnte, in dem sie während ihrer Psychiatriezeit untergebracht war, weil es einen auffallenden Anstrich gehabt habe: gelb. Als die Patientin im Gespräch mit der Tante nach dem Zimmer fragte, das man ihr seinerzeit gegeben hatte, war die spontane und für die Patientin gleichermaßen überraschende Antwort: sie habe im „blauen Salon" geschlafen. (Die wohlhabende Tante führte ein großes Haus und pflegte die in verschiedenen Farben gestrichenen Zimmer jeweils als Salons zu bezeichnen).

Die Erinnerungen von Patient und Patientin unterscheiden sich in ihrer Qualität deutlich voneinander. Der Patient hatte die Begebenheit über Jahrzehnte vergessen. Einmal erinnert, war sie dann aber sehr lebendig, und er konnte sie örtlich und zeitlich ziemlich genau lokalisieren. Die Patientin hatte die isolierten Erinnerungsbilder in Zeiten depressiver Lähmung oft verfügbar, konnte sie aber nicht zuordnen. Nachdem durch die Befragung von Mutter und Tante zumindest wahrscheinlich gemacht werden konnte, daß die Bilder einzelhafte Brücken in eine frühe, traumatisch erlebte Vergangenheit schlugen, waren die Bilder selbst für die Patientin zwar weniger rätselhaft und befremdlich, sie blieben aber isoliert, konnten auch im weiteren Behandlungsverlauf niemals in den Kontext zusammenhängender persönlicher Erinnerungen an die damalige Zeit eingefügt werden. In beiden Fällen aber sind die Erinnerungen unvollständig, was im Falle der Patientin evident ist, aber auch für die Erinnerung des Patienten gilt. Manche Einzelheiten des damaligen Geschehens fehlen, und die ganze Erinnerung endet unvermittelt. So konnte sich der Patient z. B. nicht mehr erinnern, wer damals auf welche Weise den Abtransport der toten Robbe organisiert hatte (es habe ihn wohl auch nicht mehr interessiert, sagt er).

Versuchen wir jetzt vor dem Hintergrund dieser Patientenbeispiele, der Befunde von Penfield und des verfügbaren Wissens über die Funktionsweise des Gehirns die Natur von Erinnerungen realistisch zu bestimmen.

Wir erinnern uns in der Gegenwart

Dieser Satz wirkt vordergründig selbstverständlich, fast banal. Es ergeben sich aus ihm aber Konsequenzen, die gemeinhin nicht selbstverständlich mitbedacht werden. Der Satz soll zunächst zum Ausdruck bringen, daß das, was wir erinnern, kein Zufallsprodukt ist, sondern durch die Inhalte und Qualitäten des Gegenwartserlebens determiniert wird – durch situative Gegebenheiten, Wünsche, Gefühle, Gedanken, Phantasien, Handlungsaktivitäten etc., die das momentane Erleben ausmachen. Wir erinnern bestimmte Personen, Ereignisse oder Handlungsmuster, weil das Gegenwartserleben auf die eine oder andere Weise mit einem früheren Geschehen verwandt, mit diesem assoziativ verknüpft ist. Insofern reproduziert der Erinnerungsvorgang, weil er unter dem Diktat des momentanen Erlebensprozesses steht, zwangsläufig *selektiv* bestimmtes Gedächtnismaterial (und anderes nicht). Die Erinnerungen werden aber nicht nur durch die Gegenwartsform des Erlebens in spezifischer Weise angeregt, sie werden dann, wenn sie aufgetaucht sind, auch im Licht der Gegenwart interpretiert, neu bewertet und gegebenenfalls – wenn sie unerträglich sind – verzerrend umgedeutet oder aus dem Wachbewußtsein verdrängt.

Es ist das Verdienst von Laplanche und Pontalis (1992), herausgearbeitet zu haben, daß Freud, obwohl er keine in sich geschlossene Gedächtnistheorie entwickelt hat, an verschiedenen Stellen seines Gesamtwerkes immer wieder den Aspekt der Nachträglichkeit betont hat – der nachträglichen „Umschrift", den unsere Geschichte erfährt, wenn sie in der Gestalt von Erinnerungsspuren in der Gegenwart wieder lebendig wird. So hat er bereits am 06.12.1896 in einem Brief an W. Fließ geschrieben: „... ich arbeite mit der Annahme, daß unser psychischer Mechanismus durch Aufeinanderschichtung entstanden ist, indem von Zeit zu Zeit das vorhandene Material von Erinnerungsspuren eine Umordnung nach neuen Beziehungen, eine Umschrift erfährt". Wie Laplanche und Pontalis (ebd.) ausführen, hat Freud aber mit der Betonung der Nachträglichkeit weniger ein allgemeines, sondern ein spezifisches Prinzip beschreiben wollen. Demnach sollen selektiv nur jene Erinnerungen an Geschehnisse umgeschrieben werden, die erst nachträglich eine pathogene Bedeutung erlangen, weil sie zum Zeitpunkt des Ursprungsgeschehens noch nicht, sondern erst später verstehbar werden, nachdem der emotionale und kognitive Reifungsprozeß fortgeschritten ist. Veranschaulicht am Beispiel des Wolfsmannes nahm Freud beispielsweise an, daß eine Koitusbeobachtung im Alter von eineinhalb Jahren erst im Zusammenhang mit ödipalen Wünschen im Alter von vier Jahren zum traumatisierenden Ereignis geworden ist.

Erinnerungen können ein früheres Erleben immer nur näherungsweise reproduzieren

Frühere Erfahrungen können innerhalb des neuronalen Netzwerkes zeitlich überdauernd bewahrt werden, wenn sie synaptische Veränderungen nach sich ziehen. Sie können später, wie oben am Beispiel des assoziativen Gedächtnisexperimentes von Edelman computergestützt simuliert und veranschaulicht wurde, reaktiviert werden. Diese Reaktivierung wird möglich, weil in der Gegenwart entlang den erfahrungsabhängig verstärkten Verbindungswegen Aktivierungsmuster aufgebaut werden, die mit jenen Aktivierungsmustern teilweise identisch sind, die dem Erleben in der Vergangenheit entsprochen haben. Diese Teilidentität macht es möglich, eine Brücke von der Gegenwart in die Vergangenheit zu schlagen. Damit werden aber Gegenwarts- und Vergangenheitserleben noch nicht identisch. So gehört zu einem Gegenwartserleben immer mehr als die momentan erinnerte Szene, wie lebendig sie auch gerade sein mag. Es gehören z.B. alle Repräsentationsvorgänge dazu, die sichern, daß ich mir überhaupt der Gegenwart als solcher bewußt werden kann – ein Bewußtwerden, das es seinerseits erst möglich macht, die erinnerte Szene als ein Vergangenheitsgeschehen zu identifizieren.

Der Unterschied zwischen dem früheren Erleben und dessen Reaktivierung in der Gegenwart hat aber noch einen weiteren Grund. Das Gehirn, das das Gegenwartserleben hervorbringt, unterscheidet sich funktionell und strukturell von dem Gehirn zum Zeitpunkt des seinerzeitigen

Erlebens. Die synaptischen Veränderungen, zu denen es erfahrungsabhängig in der Zwischenzeit gekommen ist, machen den Unterschied aus. Daraus folgt, daß die Szene, die ich gerade jetzt erinnere, auf assoziativem Wege Vorstellungsinhalte oder andere Erinnerungsbilder anstößt, die seinerzeit noch nicht angestoßen werden konnten, weil ich die entsprechenden Erfahrungen noch gar nicht gemacht hatte. Die erinnerte Szene wird also in der Gegenwart erlebnismäßig in einen anderen Kontext eingebettet. Damit wird sie, partiell zumindest, zu einer anderen Szene.

Aus fragmentarischen Erinnerungen können komplette Episoden rekonstruiert werden

Nach den bisherigen Ausführungen zum Gedächtnis ist es unwahrscheinlich, daß wir unsere persönliche Geschichte vollständig und originalgetreu repräsentieren können. Wie bereits erwähnt, sprechen u.a. die klinischen Erfahrungen und die experimentellen Befunde zur Überführung von Inhalten aus dem Kurzzeit- in das Langzeitgedächtnis dagegen, womit zwangsläufig ein Informationsverlust verbunden ist, weil aus dem lebenslang ununterbrochenen Prozeß des Erlebens selektiv immer nur Teilinformationen längerfristig gespeichert werden. Ich gehe wie Rosenfield (1988) davon aus, daß Erinnerungen – wenn auch graduell abgestuft – grundsätzlich *fragmentarischer* Natur sind. In vielen Fällen sind wir uns aber dieses fragmentarischen Charakters nicht bewußt, statt dessen erinnern wir Szenen, die relativ vollständig und auch in ihrer zeitlichen Abfolge sinnvoll geordnet erscheinen. Wie aber können aus Erinnerungsfragmenten wieder ganze episodenhafte Ereignisse werden?

Eine Möglichkeit, die wahrscheinlich die wichtigste ist, besteht darin, daß das Gehirn das frühere episodische Geschehen rekonstruiert und dabei Leitlinien folgt, die lebensgeschichtlich gewachsen sind. Diese Leitlinien gehen auf viele einzelepisodische Erfahrungen zurück, die dann – als zentraler Teil des Strukturbildungsprozesses – zu generalisierten Erfahrungen ausgearbeitet worden sind. Wir werden sie später als „dynamische Lebenskonstrukte" bezeichnen und detaillierter zu betrachten haben. Sie gestalten jedes Erleben nach Maßgabe der sie konstituierenden Erfahrungsprinzipien   so auch die Erinnerungsfragmente, die im Rahmen des Gegenwartserlebens aktiviert werden. Unter dem Einfluß der generalisierten Erfahrungsbildungen können die Erinnerungen, die jeweils mehr oder weniger unvollständig sind, umgestaltet werden, vor allem aber können auf diesem Wege fehlende, mnestisch nicht mehr zugängliche Versatzstücke so ergänzt werden, daß komplette Szenen resultieren.

Trauma-Erinnerungen

Für die Erinnerungen von Menschen, die einmalig, wiederholt oder über längere Zeiträume schwere traumatische Erfahrungen erlitten und in der Folge eine Posttraumatische Belastungsstörung – engl. PTSD: posttraumatic stress disorder – entwickelt haben, scheint eine Reihe von Besonderheiten zu gelten. Ein Trauma läßt sich als Ereignis definieren, das keine Fluchtmöglichkeiten zuläßt und so überwältigend wirkt, daß die Verarbeitungskapazitäten eines Menschen in gravierender Weise überfordert werden. Die Lebenszeitprävalenz für die Entwicklung einer Posttraumatischen Belastungsstörung wird im DSM-IV mit 1–14 %, die Prävalenzrate für Risikogruppen wie z. B. Kriegsveteranen mit 3–58 % angegeben. Vermutlich sind Unterschiede der eingesetzten Untersuchungsmethoden und der Stichprobenbildung bei verschiedenen Studien für die große Schwankungsbreite in den Zahlenangaben verantwortlich zu machen.

Die außergewöhnlichen Erinnerungsphänomene, auf die gleich zurückgekommen wird, decken allerdings nur einen Teilbereich des Spektrums einer Posttraumatischen Belastungsstörung ab, die in geraffter Darstellung (nach DSM-IV, Saß et al. 1996) folgende Merkmale oder Merkmalskomplexe umfaßt:

- Ein Mensch hat sich im Zusammenhang mit einem traumatischen Ereignis (Tod einer wichtigen Bezugsperson, schwerer Unfall, sexueller Mißbrauch, aggressive Mißhandlung, Zeugenschaft von Mißbrauch oder Mißhandlung, Naturkatastrophe, Krieg etc.) intensiv angstvoll, ohnmächtig, hilflos oder entsetzt erlebt.
- Das Ereignis wird in rezidivierenden Erinnerungen, Träumen, Halluzinationen, Illusionen oder dissoziativen Flashback-Episoden wiedererlebt.
- Aspekte eines inneren oder äußeren Gegenwartsgeschehens, die auf das traumatische Ereignis hinweisen, werden als intensiv belastend erlebt und führen häufig zu heftigen körperlichen Reaktionen.
- Traumabezogene Hinweisreize (Situationen, Menschen, Themen, Gedanken, Gefühle etc.) werden vermieden.
- Wichtige Teile des Traumas können nicht mehr erinnerbar sein.
- Depersonalisations-/Derealisationszustände sowie depressive Verstimmungen (Freudlosigkeit, Verlust der Zukunftsperspektive) können vermehrt auftreten.
- Die Betroffenen bieten Symptome erhöhten Arousals: u.a. Schlafstörungen, aggressive Reizbarkeit, Schreckhaftigkeit, erhöhte Wachsamkeit.

Neben den im DSM-IV-Kriterienkatalog aufgeführten Merkmalen finden sich aber noch weitere, die in das DSM-IV nicht oder lediglich als „zugehörige Merkmale und Störungen" aufgenommen worden sind, die dennoch aber auf der Grundlage klinischer Beobachtungen und empirischer Befunde in engem Zusammenhang mit Traumaerfahrungen stehen. Sie werden unter verschiedenen Begriffen, unter anderem auch als „Komplexe posttraumatische Belastungsstörung" zusammengefaßt, die in einer komprimiert wiedergegebenen Übersicht von Roth et al. (1997) die nachfolgend aufgeführten Merkmalskonfigurationen umfaßt:

- Veränderungen der Regulation von Affekten und Impulsen (u.a. Suizidalität, Selbstdestruktivität, Affektdysregulationen, Aggressivität gegen andere).
- Veränderungen der Aufmerksamkeit oder des Bewußtseins.
- Veränderungen der Beziehungen zu anderen Menschen (Vertrauensverlust, Reinszenierungen des Traumas als „Opfer" oder „Täter").
- Somatisierungen (u a. Entwicklung von Schmerzsymptomen, sexuellen Funktionsstörungen, Konversionssymptomen).
- Veränderungen persönlicher Einstellungen oder Haltungen (u.a. Verzweiflung, Hoffnungslosigkeit, Verlust von Glaubensüberzeugungen).

Kehren wir zu den auffälligen Erinnerungsphänomenen nach Traumaerfahrung mit anschließender Ausbildung einer Posttraumatischen Belastungsstörung zurück. Zu den dramatischen und seit über 100 Jahren gut dokumentierten Folgen zählen die *Amnesien*, die das komplette traumatische Ereignis oder wesentliche seiner Aspekte betreffen (van der Kolk und Fisler 1995). Solche traumabezogenen Amnesien können über Zeiträume von Stunden bis Jahren andauern. Je jünger die Betroffenen zum Zeitpunkt des Traumaerlebens waren und je länger das traumatische Ereignis angedauert hatte, desto größer ist die Wahrscheinlichkeit, daß eine signifikante Amnesie auftritt.

Für das Wiederauftauchen der Traumaerinnerungen aus der Amnesie (s. van der Kolk und Fisler ebd.) lassen sich in der Regel besondere Bedingungen verantwortlich machen: Die

Betroffenen sind in der Gegenwart mit *sensorischen* oder *emotionalen* Reizkonstellationen konfrontiert worden, die spezifische Ähnlichkeitsbezüge zum Traumaereignis aufweisen; vermittelt über diese Assoziationsbahnen haben die Hinweisreize dann Auslösefunktionen gewonnen, um die verschütteten Erinnerungen an das Trauma zu reaktivieren.

Wenn das Trauma nicht der Amnesie unterliegt, sondern erinnerbar ist, stellt sich die Frage, wie die Betroffenen das Ereignis in Erinnerung haben. Dieser Frage sind van der Kolk und Fisler (ebd.) in einer empirischen Studie nachgegangen. Sie haben 46 erwachsene Personen (36 Frauen; 10 Männer; Altersdurchschnitt: 42 Jahre) untersucht, die entweder kürzlich eine traumatische Erfahrung durchlebt hatten oder deren sexuelle bzw. aggressive Traumatisierung bereits in der Kindheit erfolgt war. Die Diagnose einer Posttraumatischen Belastungsstörung war für die untersuchten Personen vorausgehend gesichert worden.

Alle Personen mit Kindheitstrauma und 78 % der Untersuchten mit Traumaerfahrung im Erwachsenenalter gaben an, daß ihnen das Trauma anfänglich nicht als integrierte Erinnerung zugänglich war, die sie in der Form einer zusammenhängenden Geschichte, als „Narrativ", hätten erzählen können. Und dies galt unabhängig davon, ob das Ereignis durchgehend bewußt oder vorübergehend amnestisch war.

Das Trauma wurde statt dessen zuerst in Gestalt *somatosensorischer Rückblenden* (flashback experiences) erinnerbar: als fragmentierte visuelle, auditive, olfaktorische, kinästhetische Eindrücke oder Sinnesempfindungen, verbunden mit intensiven Gefühlen und häufig einhergehend mit Depersonalisations- und Derealisationszuständen (vgl. van der Kolk et al. 1998). Waren die Betroffenen anfänglich nicht oder kaum in der Lage, die dissoziierten Erinnerungsfragmente in Worte zu fassen, so gelang es 41 von 46 Untersuchten mit der Zeit – und nachdem weitere Details bewußt geworden waren – allmählich besser, die Fragmente zu einem Narrativ zusammenzufügen und sprachlich auszudrücken.

Einige Betroffene, insbesondere jene fünf, denen es nicht gelungen war, die Partialerinnerungen in eine subjektiv plausible Geschichte zu integrieren, hatten „flashbacks", die nichtvisueller Natur waren. Es scheint demnach, als sei die nachträgliche Verknüpfung dissoziierter Erinnerungsfragmente zu einer Geschichte wesentlich davon abhängig, daß visuelles Erinnerungsmaterial verfügbar ist.

Aber selbst dann, wenn die Konstruktion von Narrativen gelingt, können weiterhin intrusive Erinnerungsfragmente in Gestalt von „flashbacks" oder Alpträumen auftauchen, die von den Betroffenen häufig erfahren werden, als würden sie das Erinnerte erneut real durchleben, verbunden mit dem Eindruck, die wiederbelebten Fragmente seien in ihrem Gedächtnis praktisch unverändert niedergelegt.

Daß traumatische Erinnerungen invariabel erscheinen – als seien sie gleichsam „eingebrannt" worden -, ist als Phänomen subjektiver Erfahrung vielfach bestätigt worden. Spricht dies aber dafür, daß sich das traumatische Originalgeschehen tatsächlich detailgenau so zugetragen hat, wie es in den intrusiven Erinnerungen erscheint? Vorsicht ist geboten. Schacter (1999) kommt nach gründlicher Literatursichtung zu dem Schluß, daß der „innerste Kern" einer traumatischen Erfahrung „fast immer genau erinnert" wird (ebd., S. 337), im Detail könne es aber sehr wohl zu Verzerrungen kommen. Keinesfalls bietet die subjektive Gewißheit hinreichend Gewähr für den detailgenauen Wahrheitsgehalt von Erinnerungen – seien sie nun traumatischer oder nichttraumatischer Natur. Insbesondere die nachträglichen Konstruktionen von Narrativen dürften anfällig für Verfälschungen sein. Zusammenfassend ist festzustellen, daß wir über keine absolut zuverlässigen und objektiven Kriterien verfügen, die die sichere Unterscheidung unverfälschter von verfälschten Erinnerungen erlauben (vgl. Sachsse 2000).

Das Auftreten dissoziativer Phänomene liefert die sinnfälligsten Hinweise darauf (van der Kolk 1999), daß das Zentralnervensystem von Menschen, die eine posttraumatische Belastungsstörung entwickeln, offenbar unfähig ist, ein emotional überwältigendes Erleben als ganzheitliches Geschehen zu verarbeiten. Peritraumatische, in engem zeitlichen Zusammenhang mit dem traumatischen Ereignis auftretende Dissoziationen (Derealisationen, Depersonalisationen) sind ein signifikanter Prädiktor für die spätere Entwicklung einer Posttraumatischen Belastungsstörung (van der Kolk und Fisler 1995). Die dissoziierende Form der Verarbeitung traumatischer Erlebnisse generalisiert häufig, mit der Folge, daß sich die Betroffenen in vielen belastenden, aber nicht unbedingt traumatischen Situationen mit dissoziierenden Mechanismen zu schützen versuchen. Sie betrachten und erleben das Geschehen dann wie von einer Beobachterposition aus, von außerhalb ihrer selbst und aus Distanz, so, als habe dies alles mit ihrer eigenen Person nichts zu tun. Sie fühlen sich abgestumpft, seelisch und körperlich mehr oder weniger gefühllos – ein quälender Zustand, der häufig nur durch selbstverletzende Handlungen durchbrochen werden kann (van der Kolk 1999).

Zur neurobiologischen Erklärung amnestischer wie dissoziativer Phänomene ist immer wieder eine Hyperaktivierung des Hypothalamus-Hypophysen-Nebennierenrinden-Systems mit überschießender Ausschüttung von Glukokortikoiden (Kortisol ist das physiologisch wichtigste Glukokortikoid) diskutiert worden. Tierexperimentelle Untersuchungen haben Hinweise geliefert (vgl. LeDoux 1998), daß die Gedächtnisfunktionen des Hippocampus unter massiver Streßbelastung beeinträchtigt werden. Vorstellbar ist z. B. (vgl. Markowitsch 2000), daß Informationen nicht mehr abgespeichert oder abgerufen werden können, wenn die überschießend ausgeschütteten Glukokortikoide funktionsnotwendige Rezeptoren besetzen, die damit für die normale Signalübertragung durch spezifische Neurotransmitter blockiert wären. In ihrer einfachen Form ist die Glukokortikoid-Hypothese inzwischen aber stark in Frage gestellt worden, weil zahlreiche empirische Befunde belegen (s. Sachsse 2000), daß das Kortisol bei Patienten mit Posttraumatischer Belastungsstörung oftmals erniedrigt ist, zumindest nicht in dem Maße erhöht, wie die für diese Patienten typischen und häufigen Zustände erhöhten Arousals vermuten ließen. Daß eine gestörte Regulation des Hypothalamus-Hypophysen-Nebennierenrinden-Systems bei der Entwicklung amnestischer und dissoziativer Phänomene eine wichtige Rolle spielt, ist nach wie vor wahrscheinlich, der genaue pathogenetische Mechanismus ist gegenwärtig aber noch nicht bekannt.

Bei länger andauernder Streßbelastung kann es zu Schrumpfungen im Bereich des Hippocampus kommen, was zunächst tierexperimentell gesichert werden konnte (vgl. LeDoux 1998). Inzwischen liegen (überwiegend, aber nicht ausschließlich bestätigende) Befunde vor, daß hippocampale Schrumpfungsprozesse auch bei Menschen mit Posttraumatischer Belastungsstörung eine zentral wichtige Rolle spielen könnten, um Dissoziationsphänomene zu erklären. In zwei Studien an Vietnamkriegsveteranen mit Posttraumatischer Belastungsstörung hatte sich magnetresonanztomographisch zeigen lassen, daß deren Hippocampusvolumina reduziert waren. In der ersten Studie (Bremner et al. 1995) war nur der rechte Hippocampus betroffen: Reduktion um 8 %, verglichen mit einer hinsichtlich Alter, Geschlecht, Rasse, Händigkeit, Größe, Gewicht, sozioökonomischem Status, Ausbildungszeit und Alkoholmißbrauch parallelisierten Stichprobe psychiatrisch unauffälliger Personen. In der zweiten Studie (Gurvits et al. 1996) betraf die Volumenreduktion beide Hippocampi und war zudem mit total 28 % – verglichen mit Veteranen ohne Posttraumatische Belastungsstörung und einer weiteren Stichprobe sogenannter Normalpersonen – deutlich ausgeprägter. Gurvits et al. (ebd.) verweisen noch auf eine weitere Untersuchung (Stein et al. 1995) an Frauen mit sexuellem Mißbrauch in der Kindheit, deren Hippocampusvolumina im Vergleich zu einer Kontrollstichprobe um 7 % reduziert waren. Es ist naheliegend, diese Volumenreduktion mit degenerativen Prozessen im Hippocampus in Verbindung zu bringen, die ihrerseits unter Umständen kausal durch die Traumatisierungen und deren Reaktivierung im Wiedererleben verursacht und chronisch unterhalten werden könnten. So würde vorstellbar (vgl. van der Kolk et al. 1998), daß der Hippocampus in seiner Funktion beeinträchtigt wird, ein Geschehen ganzheitlich, in sich gegliedert und geordnet zu repräsentieren, um es dann allmählich in das Langzeitgedächtnis zu überführen. Kritisch ist allerdings anzumerken, daß bisher die Alternativerklärung empirisch nicht ausgeschlossen wurde, wonach die Hippocampusvolumina bereits prätraumatisch hätten vermindert sein können, so daß sich die Entwicklung einer Posttraumatischen Belastungsstörung nach traumatischen Erlebnissen auch als Folge der somatischen Vorschädigung auffassen ließe (vgl. Gurvits et al. 1996). Grundsätzlich bleibt anzumerken, daß die empirischen Befunde zur traumabedingten hippocampalen Volumenreduktion nicht einheitlich sind. So verweist Sachsse (2000) auf allerdings noch vorläufige Ergebnisse von Shalev (1999), der bei Patienten mit Posttraumatischer Belastungsstörung keine Volumenreduktionen gefunden hat – weder zum Zeitpunkt der Traumatisierung noch im Verlauf des nachfolgenden halben Jahres.

Für einen weiteren Aspekt des Erlebens und Verhaltens von Patienten mit einer Posttraumatischen Belastungsstörung – die relative Unfähigkeit, die Traumaerfahrung und deren Wiedererleben in fragmentarischen Erinnerungsbildern und veränderten Bewußtseinszuständen sprachlich zu bezeichnen und auszudrücken – gibt es inzwischen auch neurobiologische Befunde (vgl. van der Kolk et al. 1998). Patienten mit posttraumatischer Belastungsstörung, denen ihre traumatischen Erfahrungen realitätsnah nacherzählt wurden, zeigten während der Konfrontation unter anderem eine positronenemissionstomographisch nachweisbare reduzierte Aktivierung im linken unteren Frontalhirn, im Bereich des sogenannten Broca-Areals, das für den aktiven sprachlichen Ausdruck innerer Vorgänge zuständig ist. Zugleich wurden in der rechten Hemisphäre erhöhte Aktivierungszustände im Bereich des visuellen Kortex und solcher Areale wie u.a. der Amygdala gefunden, die mit der Verarbeitung emotional bedrohlicher Inhalte befaßt sind. Diese Befunde fügen sich recht gut in das klinische Beobachtungsbild: Im Wiedererleben des traumatischen Geschehens sind visuelle Erinnerungsbilder aktiviert worden, die die Betroffenen emotional erregen, wobei gleichzeitig die Fähigkeit eingeschränkt ist, dem Erleben sprachlichen Ausdruck zu verleihen (Rauch et al. 1996).

Zusammenfassend ergibt sich: Erinnerungen traumatischen Inhalts sind, wie dargestellt, durch einige außergewöhnliche Phänomene gekennzeichnet. Für gewöhnliche Erinnerungen gilt, daß die persönliche Geschichte nicht nach Art einer filmischen Aufzeichnung in einer unabänderlichen Bilderfolge festgehalten wird. Ein früheres Geschehen, seinerseits schon im Moment des Erlebens das Ergebnis eines Konstruktionsprozesses des Gehirns, ist in seiner Originalität und Ganzheitlichkeit ein für allemal verloren. Das Gehirn kann das seinerzeitige Geschehen nur aus Erinnerungsfragmenten unterschiedlicher Unvollständigkeit mehr oder weniger gut zu rekonstruieren versuchen. Auf diese Weise entsteht eine in Teilen zumindest modifizierte, eine neue Geschichte, die wiederum neu und anders ist, wenn das frühere Geschehen zu späterer Zeit ein weiteres Mal erinnert wird – und so weiter. Solche Rekonstruktionen können, müssen aber nicht realitätsverzerrend sein. Auch das Gegenteil ist möglich: Durch den Einfluß der generalisierten Erfahrungsbildungen können Episoden erschaffen werden, die die subjektive Erfahrungswelt so plastisch, anschaulich und lebendig repräsentieren, wie es das Originalerleben vielleicht nicht vermocht hätte. Die persönliche Geschichte wird also in der Rückschau variabel gestaltet. Sie stellt sich im Kontext der erlebten Gegenwart immer wieder verändert dar. Je nach den Besonderheiten des gegenwärtigen Erlebens werden andere Erinnerungsfragmente angestoßen, und es werden andere Gestaltungsprinzipien aktiviert, um aus den Fragmenten ein ganzheitliches Erinnerungsgeschehen zu formen.

Was also entdecken wir auf unserer Wanderung in die persönliche Vergangenheit: Ereignisse, wie sie sich tatsächlich zugetragen haben? Phantasien darüber, wie sich die Dinge zugetragen haben? Phantasien über Dinge, die sich niemals zugetragen haben? Ereignisse, die wir so erinnern, wie wir sie zu erinnern wünschen? Ereignisse, die wir nur vom Hörensagen kennen, weil sie uns z. B. in der Kindheit erzählt worden sind und die wir späterhin als selbst Erlebtes erinnern? Oder Ereignisse, die sich teilweise so zugetragen haben, wie wir sie erinnern, die im übrigen aber nachträglich so umgearbeitet worden sind, daß sie mit Erfahrungsprinzipien übereinstimmen, die erst später entwickelt worden sind, oder mit Phantasien, die wir erst später gebildet haben? Die prinzipielle Antwort auf diese Fragen ist vergleichsweise einfach: für die meisten Erinnerungen gilt, daß anteilig alles zutrifft. Erinnerungen sind Kompositionen, die aus allen angefragten Determinationsquellen gespeist werden. Die klinischen Fragen, die sich daraus ergeben, sind demgegenüber ungleich schwerer zu beantworten: Welche der jeweiligen Determinationsanteile sind wie groß? Vor allem aber: Wie können wir die jeweiligen Anteile voneinander trennen? Dies ist gegenwärtig aber nicht unser Thema.

Unabhängig von den aufgeworfenen klinischen Problemen gilt aber in jedem Fall, daß das Erinnerungsbild, das hier und jetzt in uns entsteht, der momentan verbindlichen *subjektiven Wirklichkeit* entspricht, die wir in der Gegenwart von der Vergangenheit entwerfen. Im subjektiven Erleben *war* die Vergangenheit jeweils so, wie wir sie gerade jetzt erinnern.

Neurophysiologische Aspekte emotionaler und motivationaler Prozesse

Wodurch werden unsere subjektiven Wirklichkeitserfahrungen zu einem dynamischen und vor allem lebendigen Geschehen? Diese Frage macht es notwendig, sich mit der jeweiligen Rolle zu beschäftigen, die emotionale und motivationale Prozesse spielen, um unseren Erfahrungen ihre spezifischen Gefühlsqualitäten zu verleihen und das Erleben selbst auf Ziele auszurichten, die wir zu erreichen versuchen. Wir beschränken uns im gegenwärtigen Zusammenhang auf einige grundlegende neurophysiologische Aspekte. Die psychologische Bedeutung, die Gefühlen und Bedürfnissen für die Regulation des Erlebens und den Prozeß der Strukturbildung zukommt, wird später zu betrachten sein.

Emotionale Prozesse

Jeder weiß aus der Erfahrung seiner selbst, was Gefühle sind. Schwieriger ist es demgegenüber, Gefühle (Emotionen) objektivierend zu beschreiben und begrifflich zu präzisieren. In der Emotionspsychologie werden üblicherweise mindestens vier Aspekte unterschieden, unter denen Emotionen betrachtet werden können (s. Goller 1992).

a. Der Aspekt subjektiver Erfahrung: Emotionen sind zunächst einmal subjektive Phänomene; nur ich selbst kann erlebensunmittelbar wissen, von welcher Art und Qualität sie sind. Bewußt erlebte Emotionen können verbalisiert und damit auch an andere übermittelt werden. Diese Übermittlung (Kommunikation) kann aber aus bewußten oder unbewußten Gründen verfälscht werden. Generell gilt, daß ein erlebtes Gefühl wohl niemals erschöpfend in Worte gefaßt und mit Worten anderen vermittelt werden kann.

b. Der kognitive Aspekt: Emotionale Prozesse sind eng mit kognitiven Prozessen verschränkt (vgl. Ciompi 1986; Basch 1992). Die Kategorisierung von Wahrnehmungen, die Analyse von Situationen unter logisch-rationalen Gesichtspunkten, die rationale Zuschreibung von Bedeutungen, das vernunftorientierte Planen von Handlungen – die meisten dieser kognitiven Prozesse werden durch begleitende emotionale Erfahrungsqualitäten inhaltlich und in ihrer Verlaufsrichtung ständig überformt, wie umgekehrt kognitive Prozesse die emotionalen Qualitäten des Erlebens ständig verändern.

c. Der motorisch-expressive Aspekt: Mit einem gefühlsbetonten Erleben gehen in der Regel motorische Veränderungen einher. Der Tonus der Haltungsmuskulatur verändert sich. Wir bereiten uns z. B. motorisch auf Kampf- oder Fluchtreaktionen vor, oder wir entspannen uns, wenn wir uns behaglich und angstfrei fühlen. Insbesondere aber verändert sich das Innervationsmuster der mimischen Gesichtsmuskulatur. Diese Veränderungen erfolgen in hohem Maße emotionsspezifisch, so daß der mimisch-motorische Ausdruck zu einem Indikator für unsere emotionale Befindlichkeit wird und damit zu einem Kommunikationsmittel, um andere über emotionale Vorgänge in uns zu informieren. Diese automatisierten nonverbalen Ausdruckskomponenten sind willentlich sehr viel schwerer zu kontrollieren und zu verfälschen, als in Worte gefaßte Mitteilungen über die eigene emotionale Verfassung.

d. Der Aspekt körperinterner autonomer Veränderungen: Ein gefühlsbetontes Erleben ist mit physiologischen Veränderungsprozessen verbunden, die über das autonome Nervensystem vermittelt werden. So verändern sich beispielsweise die Herzfrequenz, der Blutdruck, Frequenz und Tiefe der Atmung, die gastrointestinale Motilität oder die Schweißdrüsensekretion. Diese Veränderungen werden an das Gehirn rückgemeldet und gewinnen auf diesem Wege Einfluß auf den weiteren Verlauf des Erlebensprozesses, insbesondere seiner emotionalen Komponenten.

Eine neurophysiologische Theorie der Emotionen müßte in der Lage sein, die skizzierten vier Aspekte angemessen zu berücksichtigen und zu integrieren. Eine solche umfassende, empirisch fundierte und allgemein akzeptierte Theorie ist gegenwärtig noch nicht in Sicht. Es sind aber bemerkenswerte Fortschritte erzielt worden, um eine solche Theorie in ihren Konturen zumindest aufscheinen zu lassen. So ist inzwischen auf der Basis von tierexperimentellen Befunden und Untersuchungen von Patienten mit umschriebenen und lokalisierbaren Hirnläsionen ein sehr detailliertes Wissen darüber verfügbar, welche Hirnstrukturen eine prominente Rolle spielen, um emotionale Prozesse überhaupt zu ermöglichen. Bei dem Versuch, diese Erkenntnisse wenigstens in ihren Grundzügen zu umreißen, orientiere ich mich an der Darstellung von Kandel und Kupfermann (1996b).

Grundsätzlich geht man inzwischen davon aus, daß die emotionalen Komponenten des Erlebens als Resultat eines komplexen Zusammenspiels von subkortikalen und kortikalen Hirnstrukturen entstehen.

Zunächst zu den *subkortikalen Hirnstrukturen*. Der Hypothalamus – er bildet gemeinsam mit dem Thalamus das Zwischenhirn (Dienzephalon) – ist jene subkortikale Struktur, der wesentliche Koordinierungsaufgaben bei der Regulierung vegetativer, endokriner und viszeraler Funktionen zufallen. Der Hypothalamus verfügt über zwei Effektorsysteme: das Hormonsystem und das autonome Nervensystem, das sich seinerseits wiederum in zwei Subsysteme gliedert, die als sympathisches und parasympathisches Nervensystem häufig antagonistisch arbeiten.

Der Hypothalamus reguliert das *endokrine System* entweder direkt oder indirekt. Auf indirektem Wege erfolgt die Kontrolle über Releasing- und Inhibiting-Hormone, die die Synthese und Ausschüttung von Hormonen fördern oder hemmen. Da die Erfahrungen, die mit einem starken Angsterleben einhergehen, die Entwicklung psychischer und psychosomatischer Störungen besonders nachhaltig beeinflussen, ist in Abbildung 26 das Hypothalamus-Hypophysen-Nebennierenrinden-System, das bei intensiver Angstentwicklung stark aktiviert wird, gesondert dargestellt worden.

In diesem Fall wird kaskadenartig eine komplexe Abfolge hormoneller Veränderungen in Gang gesetzt (vgl. Kalin 1994). Der Hypothalamus sezerniert CRH (corticotropin releasing hormone), das die Hypophyse oder Hirnanhangdrüse veranlaßt, das adrenokortikotrope Hormon (ACTH) auszuschütten, das seinerseits wiederum über die Blutbahn die Nebennierenrinde erreicht und dort die Sekretion von Kortisol verursacht. Das Kortisol seinerseits versetzt den Organismus in Verteidigungsbereitschaft, indem es u.a. die Durchblutung von Herz, Gehirn und Muskulatur erhöht. Wie ersichtlich, wird die zentrale Hormonausschüttung in Hypothalamus und Hypophyse wiederum gegenregulatorisch durch das Kortisol kompensiert.

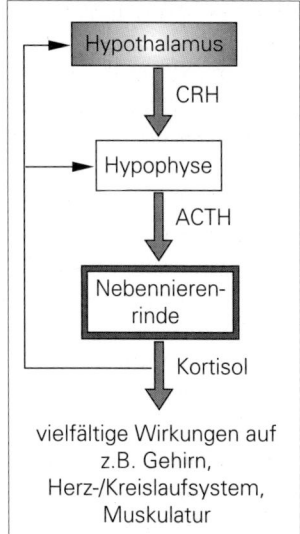

Abb. 26 Das Hypothalamus-Hypophysen-Nebennierenrinden-System. (Nach Kalin 1994)

Auf dem Weg über das andere Effektorsystem, das *autonome Nervensystem*, vermittelt der Hypothalamus jene vielfältigen physiologischen Reaktionen, die mit einem emotionalen Erleben einhergehen. Wenn wir uns beispielsweise bedroht fühlen, entwickeln wir Herzklopfen, der Blutdruck steigt, wir beginnen zu schwitzen, der Mund wird trocken und unsere Atmung beschleunigt und vertieft sich, der Urindrang verstärkt sich, oder wir bekommen Durchfall.

In vielen emotionstheoretischen Modellen spielt die Vorstellung eine zentrale Rolle, daß die Rückmeldungen dieser peripher-physiologischen Veränderungen an das Gehirn die entscheidenden Informationen für die Emotionsentstehung liefern. Dieser Grundgedanke wurde erstmals und unabhängig voneinander von W. James und C. Lange entwickelt. Er ist als sogenannte James-Lange-Theorie in die Literatur eingegangen. Diese Theorie ist später von Schachter und Singer (1962) weiter ausgearbeitet worden, die den physiologischen Veränderungen zwar weiterhin die Führungsrolle bei der Emotionsentstehung zuschreiben, darüber hinaus aber die Bedeutung der Großhirnrinde betonen. Peripher-physiologische Rückmeldungen seien häufig mehrdeutig. Daher erfolge deren endgültige Interpretation als dieses oder jenes Gefühl erst in Abhängigkeit von kognitiven Prozessen der Großhirnrinde. Die Folge sei – und experimentelle Befunde konnten diese Annahme stützen –, daß dieselben peripher-physiologischen Veränderungsmuster ein jeweils anderes Emotionserleben auslösen können, je nachdem, mit welchen Erwartungen ein Mensch in eine aktuelle Situation hineingeht und wie er sie kognitiv interpretiert.

Generell darf als gesichert gelten, daß Rückmeldungen aus dem Körperinnern und solche aus der mimischen Gesichtsmuskulatur das Emotionserleben beeinflussen können. Allen Emotionstheorien aber, die in den Feedback-Mechanismen *die* entscheidenden Determinanten für Entstehung und Verlauf von emotionalen Prozessen sehen, haften entscheidende Mängel an. Sie können die Tatsache nicht erklären, daß sich emotionale Reaktionen häufig schneller als die peripher-physiologischen Veränderungen entwickeln, von denen sie doch angeblich reaktiv abhängig sein sollen. Und sie können gleichermaßen nicht erklären, daß ein Emotionserleben oftmals andauert, obwohl die autonomen und/oder mimisch-motorischen Reaktionen längst abgeklungen sind. „Folglich muß Emotion mehr sein als die Interpretation von Information aus der Peripherie", wie Kandel und Kupfermann (1996b, S. 609) konsequent schlußfolgern.

Wenden wir uns jetzt den *kortikalen Hirnstrukturen* und deren Bedeutung für die emotionalen Komponenten des Erlebens zu. Wir konzentrieren unser Interesse dabei besonders auf die Reize, Situationen oder Gegebenheiten, die Bedrohungscharakter haben. Bis vor wenigen Jahren betrachtete man das limbische System in seiner Gesamtheit als die entscheidend wichtige Struktur, die emotionale Prozesse jeder Art in Gang setzt und deren Regulierung überwacht. Das anatomisch nicht exakt abgegrenzte limbische System wird durch verschiedene Teilstrukturen gebildet: die medianen Abschnitte der Frontal-, Parietal- und Okzipitallappen, die zum sogenannten limbischen Lappen zusammengefaßt werden, sowie ferner der Hippocampus und die Amygdala. Inzwischen ist bekannt, daß für die bedrohlichen Aspekte des emotionalen Erlebens nicht das gesamte limbische System von zentraler Bedeutung ist, sondern vor allem eine seiner Teilstrukturen: die Amygdala (der Mandelkern).

Die *Amygdala* ist über zahlreiche Bahnen mit vielen anderen Hirnregionen verbunden – mit dem *Hypothalamus* (wichtig für die Regulierung autonomer und endokriner Funktionen), mit dem *Hippocampus* (wichtig für die Speicherung expliziter Gedächtnisinhalte), mit dem *Thalamus* (über den die meisten einlaufenden Sinnesinformationen verarbeitet und an die Großhirnrinde weitergeleitet werden), mit dem *Basalkern* und *Zentren im Hirnstamm* (die das Aktivierungsniveau des Kortex steuern) und schließlich mit der *Großhirnrinde* selbst (ohne deren Aktivierung ein bewußtes Erleben von Emotionen wahrscheinlich nicht möglich ist). Viele dieser Verbindungsbahnen sind reziprok angelegt. Das heißt: von der Amygdala ausgehende neuronale Signale erreichen die verschiedenen anderen Hirnregionen, wie umgekehrt von dort ausgehende Signale an die Amygdala weitergeleitet werden. In Abbildung 27 sind die wichtigsten Hirnstrukturen, deren Aktivierung Voraussetzung ist, um die Gefühlskomponenten des Erlebens entwickeln zu können, in einer Übersicht zusammengefaßt worden. Das eingezeichnete Oval soll verdeutlichen, daß diese Hirnstrukturen durch Nervenbahnen untereinander eng verknüpft sind.

Wie entstehen Emotionen, wenn wir in der äußeren Welt auf Ereignisse stoßen, die potentiell gefährlich sind? In dem in Abbildung 28 dargestellten Beispiel von LeDoux (1994) begegnen wir auf einer Wanderung unvermittelt einer Schlange, die sich eingerollt hat. Die einlaufenden sensorischen Informationen erreichen, wie in früheren Zusammenhängen bereits dargestellt, zunächst die auf die Verarbeitung visueller Signale spezialisierte Sehregion des Thalamus. Vom Thalamus aus werden die visuellen Signale dann auf zwei Wegen weitergeleitet.

Der erste Weg verläuft vom Thalamus direkt zur Amygdala. Die visuellen Signale erreichen dort ein Zielgebiet, das als basolateraler Komplex (Kandel u. Kupfermann 1996b) bezeichnet wird. Die auf diesem Wege vermittelte visuelle Information ist, wie in Abbildung 28 dargestellt, noch relativ ungenau. Es ist aber für eine erste, unvermittelt erfolgende Notfallreaktion ausreichend, wenn das Gehirn über ein grobes Schema verfügt, das bei entsprechender Sinnesinformation sofort aktiviert wird und (wie in Abb. 28 dargestellt) die Amygdala veranlaßt, reflexhaft erfolgende motorische Reaktionen und autonome physiologische Anpassungsprozesse einzuleiten. Der direkte Verschaltungsweg vom Thalamus zur Amygdala schafft also offenbar die Voraussetzung, um in bedrohlichen Situationen sehr schnelle archaische Gefühlsreaktionen auslösen zu können. Diese Reaktionen erfolgen, *bevor* die Sinnesinformation – vom Thalamus an die Großhirnrinde weitergeleitet – vom Kortex detailliert analysiert und überhaupt bewußt werden konnte. Es scheint also, als fungiere die Amygdala als frühes Alarmsystem für emotional bedeutungsvolle Sinnesinformationen, das schon vor jeder Bewußtwerdung aktiviert wird.

Parallel zu diesem ersten Verarbeitungsweg, der direkt zur Amygdala verläuft, wird die Sinnesinformation vom Thalamus aus auf einem zweiten Weg (wie ebenfalls in Abb. 28 dargestellt) in die visuellen Felder der Großhirnrinde weitergeleitet. Dort wird sie detailgenau analysiert und als sehr viel präziseres Informationsmuster wiederum der Eingangsregion in der

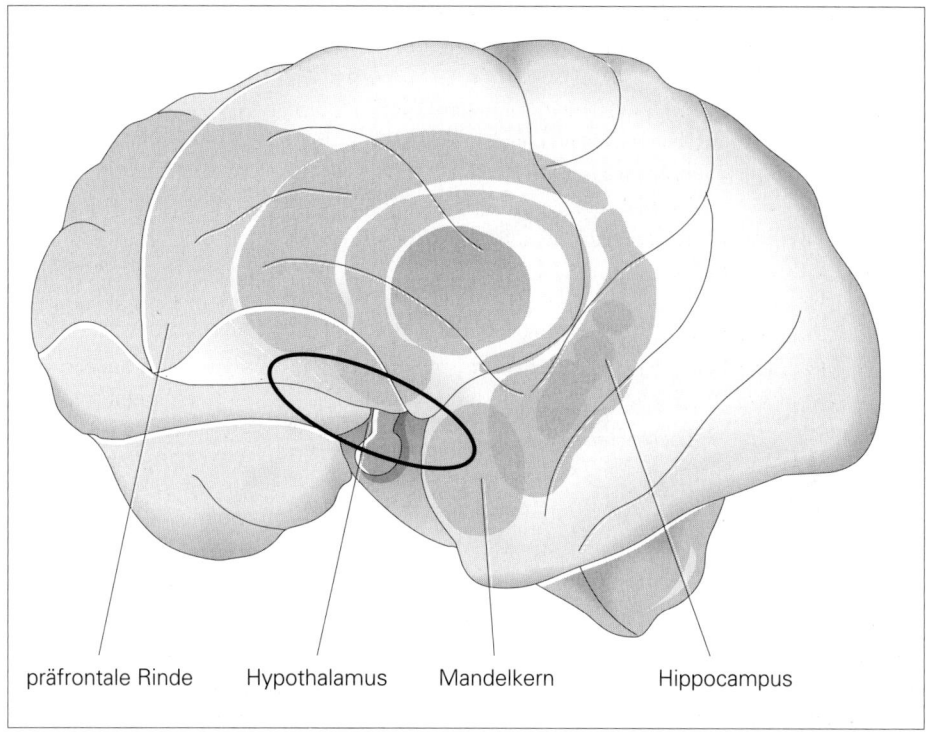

präfrontale Rinde   Hypothalamus   Mandelkern   Hippocampus

Abb. 27 Hirnstrukturen, deren Aktivierung für die Entwicklung und Regulierung von Gefühlen wichtig ist. (Nach Kalin 1994)

Amygdala zugeleitet. Die Amygdala selbst ist inzwischen über die Direkteingänge vom Thalamus bereits vorbereitet, um die zeitverzögert einlaufenden komplexeren Informationen aus der Großhirnrinde zu verarbeiten, nachdem sie dort differenziert analysiert worden sind. Auf der Grundlage dieser detaillierteren Informationen wird es jetzt möglich, die ursprünglich reflexhaft eingeleiteten Notfallreaktionen entsprechend der inzwischen genauer erkannten Gegebenheiten zu verändern und sie situationsadäquat anzupassen.

Der basolaterale Komplex ist die Haupteingangsregion für Signale, die die Amygdala direkt oder auf dem Umweg über die Großhirnrinde erreichen. Von dort werden die Signale an den Nucleus centralis, die wichtigste Ausgangsregion der Amygdala, übermittelt. Der Nucleus centralis leitet die Signale über verschiedene Projektionsbahnen, von denen drei besonders wichtig sind, in andere Hirnregionen weiter. Er projiziert erstens in den Hirnstamm und den Hypothalamus und vermittelt auf diesem Wege autonome und endokrine Reaktionen auf emotional bedeutungsvolle Informationen. Er projiziert zweitens in die Assoziationsfelder der Großhirnrinde, vor allem den frontalen Kortex. Diese Projektionsbahnen dürften entscheidend wichtig sein, wenn es darum geht, ob uns die emotional bedrohlichen Komponenten des Erlebens bewußt werden oder nicht. Mishkin und Appenzeller (1990) haben aufgrund tierexperimenteller Befunde geschlossen, daß drittens speziell die Projektionsbahnen von der Amygdala in die Sinnesfelder der Großhirnrinde grundsätzlich wichtig sind, um Sinneseindrücke von einem Objekt mit dessen gefühlshafter Bedeutung (das Objekt signalisiert z. B. Gefahr) zu verbinden und sich diese assoziative Objekt-Bedeutungs-Verknüpfung auch merken zu können. Sie vermuten weiterhin, daß Gefühle über diese Projektionsbahnen wie ein Filter wirken, um emotio-

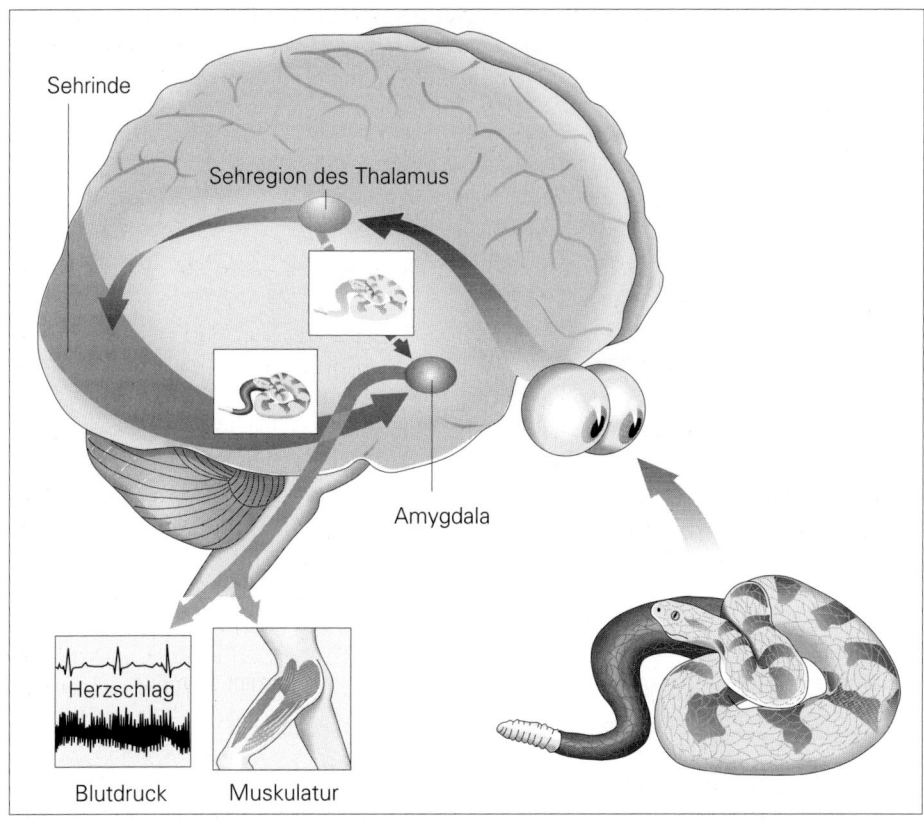

Abb. 28 Schematische Darstellung der Signalverarbeitung bei visuellen Reizen, die Bedrohungscharakter haben. Weitere Erläuterungen im Text. (Aus LeDoux 1994)

nal bedeutungsvolle Sinneseindrücke von bedeutungslosen zu unterscheiden. Auf diese Weise kann eine lebens- und überlebensnotwendige Funktionsweise unseres Gehirns (worin es sich übrigens vom Primatengehirn nicht unterscheidet) zumindest anteilig verstehbar werden: Das, was emotionale Bedeutung erlangt, kann sich uns besonders nachhaltig einprägen, weil wir uns mit erhöhter Wachsamkeit und Aufmerksamkeit auf den bedeutungsvollen Inhalt konzentrieren.

Wir hatten in früheren Zusammenhängen auf die grundlegenden Unterschiede zwischen zwei Gedächtnisformen hingewiesen: Das implizite oder prozedurale Gedächtnis umfaßt alle Fähigkeiten und Fertigkeiten, die nach häufigen Wiederholungen zu Routinen geworden sind und jeweils automatisch aktiviert werden können, um Handlungsvollzüge nach ihrem Muster zu steuern; im expliziten oder deklarativen Gedächtnis sind demgegenüber autobiographische, situative, räumliche und zeitliche Erinnerungen sowie alle Formen sonstigen bewußtseinsfähigen Wissens gespeichert. LeDoux (1994) hat auf der Basis tierexperimenteller Untersuchungsergebnisse die verallgemeinernde Modellvorstellung entwickelt, daß Gefühlserfahrungen bedrohlichen Charakters in einem speziellen Gedächtnissystem mit der Amygdala als zentraler Funktionseinheit niedergelegt werden. Dieses *emotionale (Furcht-)Gedächtnis* sei vom impliziten und expliziten Gedächtnissystem zu unterscheiden. Wichtig ist insbesondere die Unterscheidung des emotionalen vom explizit-deklarativen Gedächtnis.

LeDoux veranschaulicht diese Unterscheidung an einem Beispiel: Im Zusammenhang mit einem Autounfall, bei dem ein Mann verletzt wurde, hatte sich die Hupe so unglücklich verklemmt, daß sie einen Dauerton abgab. Wenn dieser Mann zu einem späteren Zeitpunkt ein langanhaltendes Hupen hört, ist zumeist die Folge, daß er sich recht genau an die Umstände des seinerzeitigen Unfallereignisses erinnern kann, einschließlich des nüchtern-sachlichen Wissens darum, daß er in der Situation intensive Angst erlebt hatte. Die Angst selbst fühlt er zunächst aber noch nicht. Bis zu diesem Zeitpunkt sind lediglich Erinnerungen aus dem explizit-deklarativen Gedächtnis reaktiviert worden. Unvermittelt verändert sich die Szenerie seines Erlebens aber drastisch: panikartige Ängste mit den begleitenden physiologischen Veränderungen wie Herzrasen oder Zittern breiten sich in ihm aus. Jetzt sind plötzlich Gefühlserfahrungen aus dem emotionalen Gedächtnis wiederbelebt worden. Die im deklarativ-expliziten Gedächtnis lediglich als nüchterner Sachverhalt, als reines Faktum niedergelegte seinerzeitige Angsterfahrung ist jetzt durch die Reaktivierung der Gefühlserinnerungen aus dem emotionalen Gedächtnis zu einem ganzheitlichen, erlebensunmittelbaren Erinnerungsbild komplettiert worden.

Üblicherweise arbeiten das explizit-deklarative und das emotionale Gedächtnissystem parallel. Unsere klinischen Erfahrungen verdeutlichen aber, daß sie auch entkoppelt werden können, was auf zwei Weisen beobachtbar wird. Zum einen dann, wenn Patienten ohne spürbare emotionale Erregung vollkommen nüchtern von Geschehnissen berichten, die sie normalerweise sehr bewegen müßten. Beobachtungen dieser Art pflegen wir auf das Wirken des Abwehrmechanismus der Affektisolierung zurückzuführen, der als Selbstschutzmaßnahme aktiv eingesetzt wird, um die Gefühlskomponente eines aktuellen Erlebens oder reaktivierten Erinnerungsgeschehens nicht ertragen zu müssen. Andererseits können Patienten von angstvoll bedrohlichen Erregungszuständen geradezu überflutet werden, ohne einen Zugang zu genaueren Erinnerungs- oder Vorstellungsbildern zu finden, mit denen sie verknüpft sind, und die ihrerseits den Erregungssturm nachvollziehbar erklären könnten.

Die Unterscheidung eines emotionalen von einem explizit-deklarativen Gedächtnissystem eröffnet zudem eine höchst interessante Perspektive, um die frühkindliche Amnesie zu erklären – die fehlende Erinnerung an Ereignisse aus den ersten Lebensjahren, insbesondere solche traumatischer Art. Wie oben bereits dargestellt, ist die Hippocampusformation unverzichtbar wichtig, um explizite Gedächtnisinhalte speichern zu können. Von verschiedener Seite ist inzwischen vermutet worden (vgl. LeDoux 1994, 1998), daß der Hippocampus in den ersten Lebensjahren noch zu unreif ist, um ein systematisiertes und dann auch abrufbares Gedächtnis für explizit-deklarative Inhalte aufbauen zu können. Demgegenüber sei das emotionale Gedächtnis in dieser frühen Lebensphase bereits funktionsfähig. Auf diese Weise würde zwanglos erklärbar, daß lebensgeschichtlich frühe intensive Bedrohungserfahrungen unter Bedingungen, die den Früherfahrungen zumindest partiell ähneln, reaktiviert werden können – ohne daß eine Chance besteht, den zugehörigen Kontext, die seinerzeit erlebte Gesamtsituation, mnestisch zugänglich zu machen.

Die vielfältige Verschaltungsstruktur der Amygdala mit anderen Hirnstrukturen verdeutlicht insgesamt, daß Emotionen keine stationären Zustände sind. Sie sind vielmehr ein Prozeßgeschehen, wie das Erleben insgesamt, das die Emotionen als wesentliche Komponente mitgestalten, ein Prozeßgeschehen ist.

Klinische Erfahrungen belegen, daß Angstreaktionen, zwischenzeitlich erfolgreich behandelt, zu einem späteren Zeitpunkt erneut verstärkt auftreten können. Eine tierexperimentelle Untersuchung liefert eine erste, noch sehr vorläufige modellhafte Vorstellung, wie dieses Rezidivgeschehen neurobiologisch erklärbar sein könnte. Quirk et al. (1995) hatten Ratten erfolgreich konditioniert, auf einen vormals neutralen Reiz, nachdem er wiederholt mit einem aversiven Reiz gekoppelt worden war, mit einem Furchtverhalten zu reagieren. Diese Furchtreaktion war in der anschließenden Extinktionsphase des Experimentes wieder gelöscht worden. Multielektrodische Ableitungen aus der Amygdala lieferten nun aber Hinweise, daß einzelne Neuronen während der Konditionierung ein Zellensemble gebildet hatten, das über die Löschungsphase hinaus bestehen blieb, wie das synchronisierte Aktivitätsmuster der beteiligten Neuronen anzeigte. Diese synchrone Aktivität trat spontan auf, also nicht als Reaktion auf den Konditionierungsreiz und ohne eine manifeste Furchtreaktion nach sich zu ziehen. LeDoux (1998) hat auf dieser experimentellen Grundlage die Hypothese formuliert, das einmal erworbene (gelernte) Angstreaktionen in solchen Zellensembles latent repräsentiert bleiben. In späteren emotionalen Belastungssituationen könnten sie dann erneut aktiviert werden, wobei er auf weitere tierexperimentelle Befunde verweist, die verdeutlichen, daß das Verlernen konditionierter Furchtreaktionen kein passives Geschehen ist, sondern ein aktiver Prozeß der Kontrolle durch den medialen präfrontalen Kortex. Bei Schädigung dieses Areals, das zur Amygdala projiziert, erweist sich die konditionierte Furchtreaktion als löschungsresistent. Es scheint demnach, als seien erworbene Angstreaktionen nicht radikal zu tilgen. Sie sind kontrollierbar, als implizite Erinnerungen aber existieren sie latent weiter, verbunden mit der Gefahr, unter emotionalem Belastungsdruck erneut aufzuleben.

Die klinischen Folgen beidseitiger Amygdalaschädigungen sind von Damasio (2000) am Beispiel einer Patientin anschaulich beschrieben worden. Frau S. litt an einer Erbkrankheit, die sich in der frühen Kindheit zu manifestieren beginnt (Urbach-Wiethe-Syndrom) und im zeitlichen Verlauf zu einer fast vollständigen Verkalkung beider Amygdalae mit komplettem Funktionsausfall geführt hatte. Die Patientin wird als überaus freundliche Frau geschildert, die ohne jedes beobachtbare Mißtrauen auf andere Menschen zugeht. Am auffallendsten ist, daß Frau S. ganz offensichtlich keine Furcht kennt. Sie weiß zwar kognitiv, was potentiell gefährlich ist, kann die zugehörige Angst aber nicht fühlen. Künstlerisch begabt, konnte sie den Gesichtsausdruck verschiedener Gefühle zeichnen – mit Ausnahme der Furcht. Sie konnte auch verschiedene Gefühle mimisch ausdrücken – wiederum aber mit Ausnahme der Furcht. Testpsychologisch ließ sich zeigen, daß sie die Fotografien von Gesichtern, die von normalen Testpersonen als nicht vertrauenswürdig eingeschätzt wurden, unterschiedslos als vertrauenswürdig einstufte. Entsprechende Reaktionen zeigten zwei weitere Patienten mit beidseitig kompletter Amygdalaverkalkung (Adolphs et al. 1998). Dieses Phänomen trat demgegenüber bei Patienten mit einseitigem Amygdalaausfall oder mit anders lokalisierter Hirnschädigung nicht auf. Diese klinischen Beobachtungen und testpsychologischen Befunde verdeutlichen, daß Patienten mit Funktionsausfall beider Amygdalae unfähig sind, signifikante soziale Bedrohungen, die ein anderer z.B. mimisch zum Ausdruck bringt, richtig zu deuten. Entsprechend fanden sich auch, wie Damasio (ebd.) betont, in der Lebensgeschichte von Frau S. zahlreiche Hinweise, daß ihre Gutgläubigkeit und vertrauensvolle soziale Offenheit häufig ausgenutzt worden waren. Ohne beidseitig funktionsfähige Amygdalae sind wir offenbar unfähig, das Böse in der Welt emotional zu entdecken.

Zusammenfassend ergibt sich also, daß die Amygdala als jene Teilstruktur des limbischen Systems identifiziert worden ist, der wesentliche Aufgaben bei der Auslösung, Koordination, Regulierung und mnestischen Speicherung emotionaler Teilprozesse obliegen – insbesondere dann, wenn real oder potentiell gefährliche Reizgegebenheiten zu verarbeiten sind. Sie ist fähig, diese Aufgaben wahrzunehmen, weil sie einerseits via Hypothalamus, autonomes Nervensystem und Hormonsystem das innere Milieu verändern kann und andererseits über reziprok verschaltete Verbindungsbahnen zur Großhirnrinde komplex organisierte Funktionsabläufe wie Wahrnehmen, Denken oder Phantasieren zu beeinflussen in der Lage ist. Umgekehrt können diese potentiell bewußtseinsfähigen kortikalen Prozesse die neuronale Aktivität der Amygdala und damit die emotionalen Qualitäten unseres Erlebens modulieren.

Neben der zentralen Rolle, die sie bei der Angstverarbeitung spielt, ist die Amygdala aber auch am Aufbau assoziativer Kopplungen beteiligt, die Objekt- oder bestimmte Ortsmerkmale mit positiven emotionalen Qualitäten verknüpfen – solchen, die attraktiv sind und insofern Belohnungswert besitzen (Kandel und Kupfermann 1996b). Bei anderen Emotionen sind andere Hirnareale überproportional aktiviert. Untersuchungen mit bildgebenden Verfahren (PET-Scans) zeigten, daß bei Trauer beispielsweise der ventromediale präfrontale Kortex, der Hypothalamus und der Hirnstamm verstärkt aktiviert sind (Damasio 2000).

In der kognitiven Psychologie hat man sich die Frage gestellt (vgl. Goller 1992), ob primär die Gedanken die Gefühle anstoßen oder umgekehrt. Diese sogenannte Kognitions-Emotions-Debatte scheint mir überflüssig wie ein Kropf zu sein, wenn man auf neurophysiologischer Ebene die Komplexität und den Wechselwirkungscharakter der Teilprozesse betrachtet, die uns fühlen lassen – von dem Gesamterleben und dessen Komplexität ganz abgesehen. Die als Alternative formulierte Verursachungsfrage der kognitiven Psychologie wird schließlich auch der Realität des bewußten Erlebens nicht gerecht, soweit es sich unserer Selbstbeobachtung erschließt. Zu einer Zeit verändern unsere Gedanken unsere Gefühle, und zu einer anderen Zeit verändern unsere Gefühle unsere Gedanken. Für die meiste Zeit aber dürfte am ehesten eine Formulierung zutreffend sein, die die Parallelität und enge Verschränkung emotionaler und kognitiver Teilprozesse am Gesamtprozeß des Erlebens betont: wir fühlen, *während* wir denken, und wir denken, *während* wir fühlen.

Motivationale Prozesse

Perzeptuelle, kognitive und emotionale Prozesse haben zunächst einmal die Aufgabe zu erfüllen, die uns zugängliche Wirklichkeit zu repräsentieren und zu bewerten. Motivationale Prozesse stehen demgegenüber primär in der Funktion, die repräsentierte Wirklichkeit zu verändern. Veränderungs-impulse erwachsen aus der Erfahrung eines Mangels, der sich darin ausdrückt, daß wir uns sexuell unbefriedigt fühlen, Hunger oder Durst haben, frieren, uns körperlich krank oder verletzt erleben. Diese Beispiele verweisen zunächst auf körperliche Mangelzustände. Einzelne oder mehrere physiologische Subsysteme befinden sich nicht in einem Gleichgewichtszustand (Homöostase), mit der Folge, daß der Körper bestrebt ist, das Ungleichgewicht gegenregulatorisch auszugleichen.

Die hypothetisch angenommenen Motivationskräfte, die mobilisiert werden, um den Mangelzustand aufzuheben, nennen wir *Triebe*. Sie sind angeboren und auf Triebziele ausgerichtet, um Befriedigung zu erlangen. Die Triebbefriedigung wird, zumindest wenn wir gesund sind, als Lust erlebt. Die Triebziele und die Mittel und Wege, sie zu erreichen, sind aber beim Menschen nicht starr festgelegt. Es gehört zu den großen Leistungen Freuds und der Psychoanalyse, viele Wege und Abwege der Triebbefriedigung und der Ersetzung einzelner Triebziele durch andere Ziele beschrieben und Möglichkeiten aufgewiesen zu haben, die Irrwege klinisch und das heißt: psychodynamisch verstehen zu können.

Der Trieb selbst aber bleibt ein Konstrukt. Auf ihn kann nur geschlossen werden. Es sind vor allem die folgenden Momente, die den Rückschluß auf ein Triebgeschehen nahelegen:

1. Es besteht ein physiologischer Mangelzustand.
2. Das Verhalten, das aus dem Mangelzustand resultiert, ist dranghaft. Damit geht in der Regel einher, daß der Wachheitsgrad erhöht und die Aufmerksamkeit darauf fokussiert ist, den Mangelzustand zu beheben.

3. Das bei uns selbst oder anderen beobachtbare Geschehen verläuft zyklisch. Ist der Mangelzustand behoben, verschwindet die Dranghaftigkeit. Sie stellt sich aber nach unterschiedlich langer Zeit wieder ein, sobald die körperlichen Bedürfnisse erneut stärker geworden sind.

Ein Trieb wird also primär durch innere, körperlich begründete Bedürfnisse aktiviert. Er kann aber auch auf vielfältige andere Weisen stimuliert werden, was in der Regel allerdings eine zumindest mäßige, aus unzureichender Bedürfnisbefriedigung resultierende physiologische Reaktionsbereitschaft voraussetzt. Nehmen wir als Beispiel den Sexualtrieb. Er wird angeregt durch Phantasien, durch eine Vielzahl von Sinnesreizen, die uns von außen erreichen (jeder kennt „seine" Schlüsselreize), schließlich durch direkte Stimulierung der Genitalien oder anderer erogener Zonen des Körpers. Neben diesen körpernahen Triebbedürfnissen gibt es aber noch viele weitere Wünsche oder Strebungen, deren motivierende Kraft entweder überhaupt nicht aus physiologischen Bedürfnissen hergeleitet werden kann, oder die zumindest nicht direkt von körperlichen Mangelzuständen abhängen.

Was ist über die neurobiologischen Grundlagen motivationaler Prozesse bekannt? Wenig, was die komplex organisierten Strebungen betrifft, die nicht primär körperabhängig sind. Denken wir beispielsweise an Autonomiestrebungen, die Neugier, Bindungswünsche, Selbstbehauptungsimpulse, das Geltungsstreben, das Machtstreben etc. Es kann versucht werden – ergänzt durch empirische Einzelbefunde –, theoretisch abzuleiten, welche Hirnstrukturen an der Entwicklung dieser Motivationsprozesse beteiligt sein müssen. Einen solchen Versuch hat beispielsweise J. L. Hadley (1989) unternommen, um das motivationstheoretische Konzept von Lichtenberg (1989) neurophysiologisch zu untermauern. Ein geschlossenes, empirisch fundiertes und hinreichend differenziertes Erklärungssystem wird daraus aber noch nicht.

Es muß gegenwärtig und auf unabsehbare Zeit auch unmöglich erscheinen, ein solches einigermaßen komplettes Erklärungssystem entwickeln zu können, wenn man sich vergegenwärtigt, daß psychologische Motivationsprozesse im Kontext unserer gesamten lebensgeschichtlichen Erfahrungen betrachtet werden müssen. Ist ein Mensch zu irgendeinem Zeitpunkt beispielsweise „neugierig", so ist das Verständnis dessen, warum er gerade jetzt neugierig ist, worauf sich seine Neugier richtet, und was er unternimmt, um seine Neugier zu befriedigen, von seiner bisherigen Erfahrungsgeschichte abhängig, die zu seiner seelisch-geistigen Struktur ausgearbeitet worden ist, die ihrerseits wiederum zu wesentlichen Anteilen bestimmt, warum er worauf neugierig ist. Diese seelisch-geistige Struktur ist zwar wahrscheinlich in morphologischen Veränderungen des Gehirns und funktionellen Veränderungen der Synapsenstärken niedergelegt, die Neurophysiologie ist aber weit davon entfernt, die relevanten Aktivitätsmuster und deren sukzessive Veränderung im Verlauf eines motivationalen Prozesses auf neuronaler Ebene exakt identifizieren zu können. Wir werden an späterer Stelle auf das grundsätzliche Problem der Reduzierbarkeit psychologischer Phänomene auf neurophysiologische Prozesse zu sprechen kommen.

Detailliertere neurophysiologische Erkenntnisse beziehen sich auf basale Regulationsvorgänge, die aktiviert werden, wenn wir beispielsweise frieren, Durst oder Hunger haben, also körperliche Mangelzustände erleiden, die sich zu triebhaften Bedürfnissen steigern können (s. Kupfermann u. Schwartz 1996). Die eingeleiteten Ausgleichsprozesse lassen sich gegenwärtig am besten im Rahmen eines Regelkreismodells beschreiben. Zur Erinnerung: Ein solches Modell sieht vor, daß die Ist-Sollwert-Differenz vom Organismus erkannt und über Rückkopplungsschleifen gegenregulatorisch minimiert wird.

Viele experimentelle Befunde deuten darauf hin, daß der *Hypothalamus* wiederum jene Hirnstruktur ist, die von zentraler Bedeutung ist, um die Homöostase zahlreicher physiologischer Parameter zu sichern und gegebenenfalls wiederherzustellen. Der Hypothalamus kann, wie dargestellt, über das autonome Nervensystem und das Hormonsystem das innere Milieu direkt verändern. Andererseits spielt er aber auch eine wichtige Rolle, um Sollwertabweichungen im inneren Milieu an höhere zerebrale Zentren zu melden. Auf diese Weise können komplexere und prinzipiell dem Bewußtsein zugängliche Regulationsvorgänge und Verhaltensweisen eingeleitet werden, um körperliche Mangelzustände zu beheben, die auf rein physiologischem Niveau gegenregulatorisch nicht kompensiert werden konnten.

Viele Befriedigungen von Bedürfnissen werden als Lust erlebt. Es ist, zumindest bei Menschen, sehr wenig darüber bekannt, welche neuronalen Mechanismen das Lusterleben vermitteln – jene Komponente unseres Erlebens, die, wenn es sie als Erwartungsziel nicht gäbe, viele motivationale Prozesse in sich zusammenfallen oder erst gar nicht in Gang kommen ließe. Man darf aber davon ausgehen, daß bei der Vermittlung von Lustempfindungen ein sogenanntes *Belohnungssystem* im Gehirn eine wichtige Rolle spielt (s. Routtenberg 1988). Erste Hinweise auf ein solches System wurden von Olds und Milner (1954) gefunden. Ratten waren Elektroden in bestimmte Hirnareale implantiert worden, wobei die Versuchsanordnung vorsah, daß sich die Versuchstiere über eine Hebelvorrichtung via Elektrode selbst schwach elektrisch reizen konnten. Bei bestimmter Positionierung der Elektroden, wenn z. B. Nervenfasern des mittleren Vorderhirnbündels gereizt werden konnten, stieg die Selbststimulationsrate der Versuchstiere exponentiell an, woraus geschlossen werden konnte, daß die Reizung offenbar Lustempfindungen auslöst. Diese experimentellen Befunde konnten an anderen Tierarten wie z. B. Rhesusaffen bestätigt werden (vgl. Routtenberg 1988). Wiederholt konnte dabei beobachtet werden, daß die Tiere – eine optimale Elektrodenpositionierung vorausgesetzt – ansonsten sehr attraktive Lustobjekte wie z. B. Sexualpartner oder begehrte Nahrungsmittel in frappierender Weise ignorierten und statt dessen die Selbststimulation des Gehirns vorzogen.

Inzwischen sind die Hirnstrukturen, die neuronale Verbindungen zum Belohnungssystem aufweisen, genauer bekannt. Teile des Belohnungssystems befinden sich in der frontalen Großhirnrinde, im Hypothalamus und weiterhin in Hirnstamm, Brücke und Medulla oblongata. Alle Teile des Belohnungssystems sind neuronal untereinander verbunden. Als gesichert gilt, daß Dopamin die wichtigste Transmittersubstanz des Systems ist. Das Belohnungssystem ist aber nicht nur elektrisch, sondern auch psychopharmakologisch aktivierbar. Dieser Befund ist klinisch von großer Bedeutung, weil die dopaminergen Neuronen des Belohnungssystems durch bekannte Suchtmittel wie Heroin, Kokain, Nikotin oder Alkohol beeinflußt werden, so daß nicht nur jedes gesunde Lustempfinden, sondern auch die Entwicklung einer Sucht in engem Zusammenhang mit Aktivitätsänderungen im Belohnungssystem gesehen werden müssen.

Erbeinflüsse und Genaktivierungen

Die Gehirne verschiedener Menschen können selbst dann, wenn sich die Menschen momentan in ein und derselben physikalischen Umgebung befinden, subjektive Wirklichkeiten in großer interindividueller Vielfalt entwerfen. Diese Vielfalt resultiert aus der Tatsache, daß jedes einzelne Gehirn in Abhängigkeit von individuellen (Lern-)Erfahrungen eine andere funktionelle und neuroanatomische Struktur ausgebildet hat. Bezogen auf den einzelnen wird die Vielfalt der Wirklichkeitsentwürfe, die möglich sind, aber durch zwei Faktorengruppen eingegrenzt: erstens seine bisherigen Erfahrungen, die sich in bestimmten Hirnstrukturen konsolidiert haben, und zweitens seine genetische Ausstattung. Es steht zu hoffen, daß Plomin et al. (1994) wirklich recht haben, wenn sie die Meinung vertreten, daß sich die konträren Positionen, die in der Anlage-Umwelt-Debatte in den ersten Jahrzehnten nach dem zweiten Weltkrieg vertreten wurden – extrem ausgedrückt: alle Verhaltensäußerungen von Menschen sind entweder genetisch oder erfahrungsbedingt –, inzwischen angenähert haben. Die empirische Datenlage läßt eine solche Annäherung inzwischen zwingend notwendig erscheinen.

Die relative Bedeutung von Anlage- und Umweltfaktoren

Es gibt verschiedene Forschungsmethoden, um erbbiologische und erfahrungsbedingte Einflüsse in ihren relativen Determinationseffekten auf die Ausprägung phänotypischer Merkmale abzuschätzen. Neben der Durchführung von Adoptionsstudien, der Erstellung von Familienstammbäumen mit der Bestimmung der Verwandtschaftsverhältnisse zwischen den Personen, die Symptom- oder Krankheitsträger sind, kommt nach wie vor der Zwillingsforschung die größte heuristische Bedeutung zu. Das grundlegende Forschungsdesign (nach Schepank 1996) ist in Abbildung 29 dargestellt.

	konk.	disk.	Konkordanzrate
EZ	a	b	...%
ZZ	c	d	...%

N = ... Paare
erblich, wenn Konkordanzrate der EZ
signif. > Konkordanzrate der ZZ

Abb. 29 Das Vierfelderschema als grundlegendes Design der Zwillingsforschung für diskrete, kategoriale Merkmale. (Aus Schepank 1996)

In dieses Vierfelderschema wird pro Zwillingspaar (EZ = eineiige, ZZ = zweieiige Zwillinge) jeweils eingetragen, ob es bezüglich diskreter, kategorialer Merkmale oder Krankheitseinheiten konkordant oder diskordant ist. Die Differenz der Konkordanzraten (EZ versus ZZ), statistisch auf Signifikanz überprüft, liefert Hinweise auf die relative Bedeutung von Erb- oder Umweltfaktoren. Ein Erbfaktor kann dann als bedeutsam gelten, wenn statistisch signifikant weit mehr eineiige als zweieiige Zwillinge, die jeweils gemeinsam in einer Familie aufgewachsen sind, beispielsweise an einer Schizophrenie erkrankt sind. Wenn in der Literatur, auf das Beispiel „Schizophrenie" bezogen, durchschnittlich EZ-Konkordanzraten von ca. 50 % angegeben werden (vgl. Plomin et al. 1994; Bondy 1993), wird dieses Ergebnis so interpretiert, daß das Auftreten dieses Krankheitsbildes etwa zur Hälfte durch Erbeinflüsse determiniert wird. Das in Abbildung 29 dargestellte grundlegende Forschungsdesign kommt zur Anwendung, wenn diskrete, kategorial von anderen zu unterscheidende Merkmale oder Krankheitsbilder untersucht werden.

Handelt es sich demgegenüber um kontinuierlich verteilte Merkmale (z.B. testpsychologisch gemessene Intelligenz, Angst, emotionale Instabilität bzw. Neurotizismus etc.), so bleibt das forschungsstrategische Rationale der Differenzbestimmung zwischen Ein- und Zweieiigen zwar grundsätzlich erhalten, das Vierfelderschema ist aber nicht mehr anzuwenden. Statt dessen werden Intrapaardifferenzen berechnet und im EZ-ZZ-Vergleich statistisch auf Unterschiede überprüft, wobei ein bedeutsamer Erbfaktor angenommen werden kann, wenn die EZ-Differenzen signifikant kleiner sind[7]. Der Zwillingsmethode zur Bestimmung des Erbfaktors liegt grundsätzlich die Annahme zugrunde, daß ein- und zweieiige Zwillinge, die in der gleichen Familie aufgewachsen sind, damit auch (zumindest in ihrer Kindheit und Jugendzeit) in einer näherungsweise gleichen Umwelt gelebt haben, so daß EZ-ZZ-Differenzen den Determinationseinfluß des Erbfaktors widerspiegeln. Diese Annahme muß prinzipiell in Frage gestellt werden, weil bekannt ist, daß viele eineiige Zwillinge Rollendifferenzierungen entwickeln, um sich als eigenständige Wesen erleben zu können. Wir können diesen Gesichtspunkt hier aber vernachlässigen, weil sich die Bedeutung des Erbfaktors rechnerisch durchschnittlich vermindert, wenn die Diskordanzen innerhalb des eineiigen Zwillingspaares anwachsen.

Schepank (1996) hat auf der Basis eigener und der Literatur entnommener Forschungsergebnisse die Bedeutung erb- versus umweltbedingter Determinationseinflüsse für verschiedene kontinuierlich verteilte Merkmale und kategorial unterscheidbare Krankheitsbilder zusammengefaßt und in zwei Abbildungen dargestellt.

Die Abbildungen sind nach Art einer Erbe-Umwelt-Ergänzungsreihe zu lesen, woraus sich ergibt, daß Erkrankungen wie z.B. die Chorea Huntington und der Phenylketonurie-Schwachsinn zu praktisch 100 % auf erbliche, der Erwerb der Muttersprache auf der anderen Seite in gleichem Ausmaß auf peristatische (umweltbedingte) Einflußfaktoren zurückzuführen sind (s. Abb. 30.1). Wie aus Abbildung 30.2 ersichtlich, sind für die Anorexia nervosa, die männliche Homosexualität und das Stottern in erheblichem Maße erbliche Faktoren anzunehmen, während die genetischen gegenüber den epigenetischen Determinationsanteilen für Persönlichkeitsstörungen, Kontaktstörungen, Zwangsneurosen und die Enuresis in etwa ausgeglichen sind. Für die Psychoneurosen (nächster Block in Abb. 30.2) sind schon überwiegend erfahrungsbedingte Einflüsse als bestimmend anzunehmen. Schepank (1993) hat in der Literatur – eingegrenzt auf einzelne Störungsbilder wie neurotische Depressionen, Zwangsneurosen, frei flottierende Ängste,

---

[7] Eine Alternative besteht darin, für eineiige und zweieiige Zwillinge gesonderte Intraklassenkorrelationen zu berechnen und aus der Differenz der Korrelationen den Erbfaktor für das untersuchte, kontinuierlich verteilte Merkmal abzuschätzen.

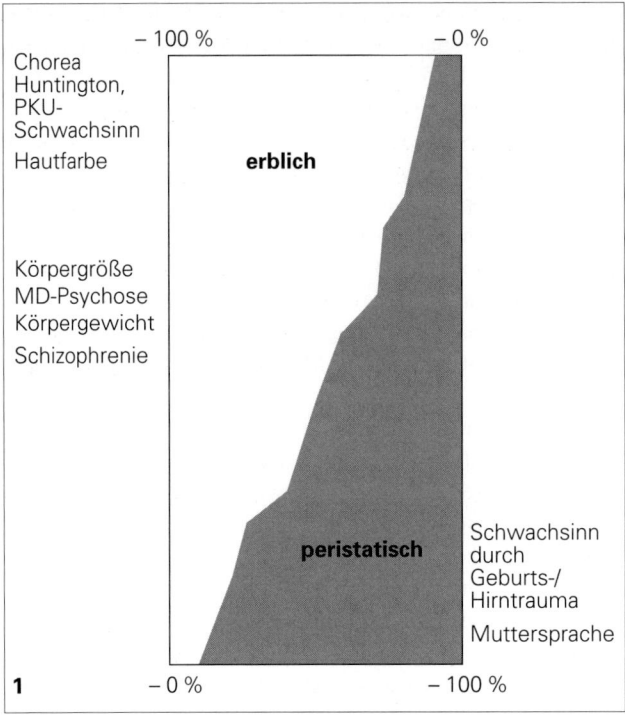

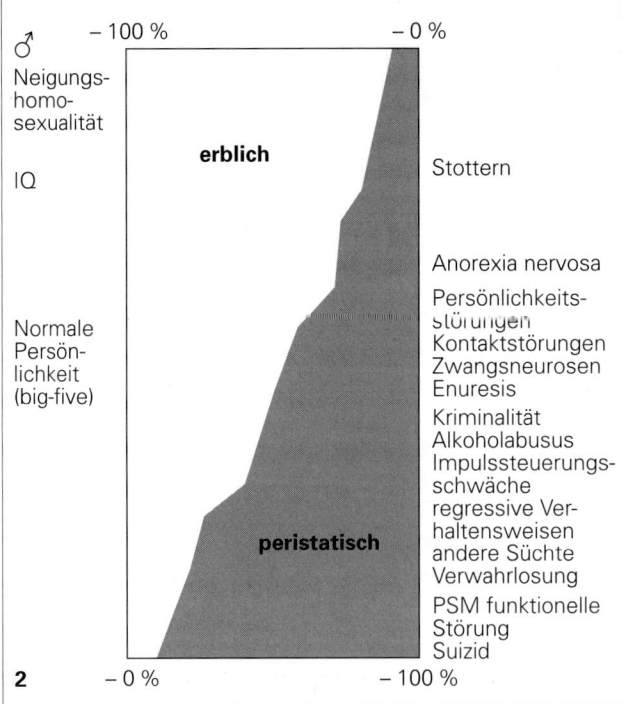

Abb. 30 Merkmale bzw. Krankheiten, die in einer Erbe-Umwelt-Ergänzungsreihe dargestellt werden. Die Stellung der Merkmale bzw. Krankheiten in Abb. 30-1 kann als relativ gesichert gelten. Die Verhältnisse in Abb. 30-2 wurden von Schepank (1996, S. 240) „mit Vorbehalt" geschätzt. Weitere Erläuterungen im Text. (Aus Schepank 1996)

Panikattacken oder umschriebene Phobien – Konkordanzraten zwischen 20–40 % für eineiige und 5–15 % für zweieiige Zwillinge gefunden. Bei psychosomatisch-funktionellen Störungen schließlich scheint der Erbeinfluß vernachlässigbar gering zu sein.

Die von Schepank in beiden wiedergegebenen Abbildungen gewählte Darstellungsform gibt die jeweiligen Determinationsanteile absichtlich nur ungefähr an. Diese Darstellungsform ist, paradox ausgedrückt, gerade deshalb realistisch, weil exaktere Zahlenangaben dem Gewißheitsgrad empirischer Kenntnisse nicht entsprechen würden. Ein Beispiel mag dies verdeutlichen. Torrey (1992) hat den genetischen Determinationsanteil für die Schizophrenie auf der Grundlage publizierter Arbeiten neu geschätzt, wobei er solche Arbeiten ausschloß, die methodisch angreifbar waren – weil die Repräsentativität der Stichprobenerhebung nicht gesichert und die Eiigkeit nicht zuverlässig diagnostiziert worden war. Er errechnete Konkordanzraten von 28 % für eineiige und 6 % für zweieiige Zwillinge. Diese EZ-Konkordanzrate liegt damit deutlich unter jenen ca. 50 %, die üblicherweise in der Literatur mitgeteilt werden. Es ist damit weiterhin vollauf gerechtfertigt, für die Schizophrenie einen hochbedeutsamen Erbfaktor anzunehmen, wenn sich auch die genetisch-epigenetischen Gewichtsanteile nicht unwesentlich verschieben. Auf einen weiteren, grundlegend wichtigen Aspekt, der es fragwürdig erscheinen lassen muß, den Erbfaktor in exakten Zahlen angeben zu wollen, waren wir bereits in früherem Zusammenhang gestoßen: Es hatte sich gezeigt, daß sich genetische und epigenetische Faktoren bei der Hirnentwicklung in komplexer Weise wechselseitig beeinflussen. Geht man realistischerweise davon aus, daß beide Faktorengruppen generell interagieren, folgt daraus, daß eine einfache Dichotomisierung der determinierenden Varianzanteile unmöglich ist, statt dessen bestenfalls orientierende, ungefähre Schätzungen erlaubt sind.

Vom Genotyp zum Phänotyp

Der Genotyp (oder das Genom) bezeichnet die Gesamtheit der Erbanlagen eines Individuums. Ein Genotyp kann sich in Abhängigkeit von verschiedenen Umwelten und damit verschiedenen Erfahrungen in unterschiedlichen Phänotypen realisieren. Der Phänotyp ist die Gesamtheit der zu einem bestimmten Zeitpunkt beobachtbaren, unterschiedlich ausgeprägten Merkmale und Eigenarten eines Individuums. Dank moderner molekulargenetischer Methoden hat sich die Möglichkeit eröffnet, bei solchen phänotypischen Merkmalen und Krankheitsbildern, für die ein genetischer Faktor auf eine der oben skizzierten Weisen nachgewiesen wurde, den relevanten Genort zu identifizieren, zumindest näherungsweise erst einmal die chromosomale Positionierung einzugrenzen. Die Ergebnisse sind bisher – nehmen wir als Beispiel wiederum die schizophrene Psychose, die relativ intensiv beforscht worden ist – wenig befriedigend (vgl. zusammenfassend Bondy 1993). Hierfür sind verschiedene Gründe verantwortlich. Ein Teil der Negativergebnisse bei solchen geno-phänotypischen Kopplungsanalysen geht auf methodische Schwierigkeiten zurück. Dazu zählen z. B. (vgl. Bondy 1993): inkomplette Penetranz der relevanten Gene, deren unterschiedliche Exprimierung; genotypische und phänotypische Heterogenität der untersuchten Probanden, deren unterschiedliches Alter bei Erstmanifestation; weiterhin jene Fälle schizophrener Patienten, deren Erkrankung nichtgenetisch bedingt ist; schließlich Klassifikationsfehler, die bei der Diagnosestellung unterlaufen sind. Der wesentlichste Grund für die per saldo negative Bilanz der bisherigen Forschungsanstrengungen dürfte aber in der Natur der genetischen Determination selbst liegen. Dieser Grund wird besser nachvollziehbar, wenn wir uns zunächst zwei grundlegende Modelle vor Augen führen, die ent-

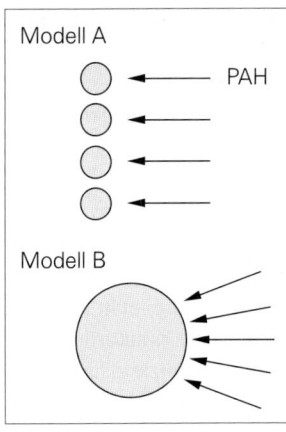

Abb. 31 Zwei genetische Determinationsmodelle.
(Nach Plomin et al. 1994)

wickelt wurden, um die Überführung genetischer Information in phänotypische Krankheitsbilder bzw. Merkmale verständlich zu machen (vgl. Plomin et al. 1994).

Das *Modell A* sieht vor, daß ein bestimmtes Gen für eine bestimmte Erkrankung verantwortlich ist (OGOD-Modell: *one gene one disorder*). Die Chorea Huntington ist ein exempla-
rischer Fall für die Gültigkeit dieser Modellvorstellung. Das OGOD-Modell ist aber auch auf
komplexe Störungsbilder anwendbar – unter der Annahme, daß die verschiedenen Subtypen
oder Aspekte einer phänotypisch komplexen Erkrankung auf die Wirkung jeweils einzelner spezifischer Gene zurückgeführt werden können.

Im Rahmen des *Modells B* wird angenommen, daß eine Störung prinzipiell durch viele Gene
verursacht wird. Im Unterschied zum Modell A ist dieses Multigen-Modell insofern aber ein
statistisches Modell, als es davon ausgeht, daß einzelne Gene oder Genkombinationen lediglich
lich die Erkrankungswahrscheinlichkeit in unterschiedlichem Ausmaß erhöhen, wobei aber ein
Einzelgen weder ausreichend noch notwendig ist, um die Krankheitsmanifestation zu verursachen. In Abbildung 31 sind beide Modelle schematisch dargestellt worden.

Die mentale Retardierung ist (Plomin et al. 1994, folgend) als Beispiel für ein komplexes
Störungsbild gewählt worden, an dem sich veranschaulichen läßt, daß beide Modelle Gültigkeit beanspruchen können. Ein Gen (PAH) dieses Schemas kann spezifiziert werden, womit sich
zugleich das OGOD-Modell veranschaulichen läßt. Bedingt durch Mutationen des Phenyl-
alanin-Hydroxylase(PAH)-Gens auf Chromosom 12 führt die autosomal-rezessiv vererbte Stoffwechselstörung der Phenylketonurie, sofern sie unbehandelt bleibt, zur Ausbildung eines
schweren und komplexen Krankheitsbildes, in dessen Rahmen sich u.a. eine mentale Retardierung (PKU-Schwachsinn) entwickelt.[8]

Die in Abbildung 31 am Beispiel der mentalen Retardierung veranschaulichten genetischen
Verursachungsbedingungen lassen sich auf viele kontinuierlich verteilte psychische Merkmale
und kategorial unterscheidbare Erkrankungen verallgemeinern, für die – wie im Falle der
Schizophrenie (Bondy 1993) oder affektiver Störungen (Maier u. Lichtermann 1993) – ein
Erbfaktor als gesichert gilt. Es ist in diesen Fällen zu erwarten, daß komplexe phänotypische

---

[8] Der Guthrie-Test ermöglicht eine Diagnose bereits bei Neugeborenen. Bei strikter Einhaltung einer
speziellen (phenylalaninarmen) Diät ist diese vererbte Stoffwechselstörung therapeutisch sehr gut
beherrschbar.

Merkmale und Syndrome genetisch multipel determiniert werden, also beide skizzierten Determinationsmodelle gleichzeitig anwendbar sind. Daraus wiederum würde sich erklären, daß einfache geno-phänotypische Zuordnungen bisher nur in Ausnahmefällen nachweisbar waren.

Expression von Genen in Abhängigkeit von Erfahrungen

Jede Körperzelle[9] eines Individuums enthält die exakt gleiche, in mindestens 30.000–40.000 Genen niedergelegte genetische Information. Dennoch unterscheiden sich verschiedene Zelltypen morphologisch erheblich voneinander (vgl. Schwartz u. Kandel 1996). So ist beispielsweise die Morphologie eines Neurons ganz anders als die einer Glia- oder Bindegewebszelle. Die Unterschiede sind die Folge der ontogenetischen Entwicklung des Organismus, in dessen Rahmen sich die Zellen morphologisch und funktionell spezialisiert haben, weil jeweils andere Gene exprimiert worden sind. Das heißt: Aus dem gleichen Gensatz sind unterschiedliche genetische Informationen abgelesen und somit unterschiedliche Proteine produziert worden – ein hochkomplexer Prozeß, der, wie oben am Beispiel der Hirnentwicklung bereits knapp skizziert worden ist, teils durch genetische, teils durch epigenetische Faktoren gesteuert wird. Nachdem die morphologisch-funktionelle Ausreifung und Spezialisierung zum Abschluß gekommen sind, liegt für viele Zellen ihr vorherrschendes Expressionsprogramm fest: Bestimmte Gene werden exprimiert, andere nicht, was dann natürlich auch für Nervenzellen gilt, auf die wir jetzt unser Interesse begrenzen. Unter bestimmten Bedingungen, wozu psychische Belastungen, bestimmte Lernerfahrungen, aber auch Entwicklungsschübe oder hormonelle Umstellungen zählen, können aber Gene exprimiert werden, deren Aktivierung üblicherweise unterdrückt wird. Durchschnittlich werden nur etwa 15 % der Gene einer individuellen Zelle exprimiert (vgl. Brach et al. 1995).

Wir betrachten zunächst – Schwartz u. Kandel (1996) sowie Kandel (1996d) folgend – den Vorgang der Genexpression bei normalen Genen, wie er schematisch und stark vereinfacht in Abbildung 32, A_1 dargestellt wird. Vorauszuschicken ist, daß sich Gene in zwei Regionen mit unterschiedlichen Funktionen unterteilen lassen: eine *kodierende* und eine *regulatorische* Region, die ihrerseits noch (wie dargestellt) in eine Enhancer- und Promotor-Region untergliedert wird. Die Exprimierung von Genen wird dadurch induziert, daß sich bestimmte Regulatorproteine an die Enhancer-Region binden. Die Regulator-Proteine können sich nur anlagern, wenn sie phosphoryliert sind (in der Abb. 32 durch das „P" dargestellt). Durch diese Anbindung gewinnen Regulator-Proteine Einfluß darauf, ob die genetischen Informationen der kodierenden Region, dort als spezifische Basensequenz der Desoxyribonukleinsäure (DNA) niedergelegt, schließlich transkribiert werden oder nicht. Der Transkriptionsvorgang wird durch die RNA-Polymerase (ein Enzym) katalysiert. Er führt zur Bildung einer Messenger-Ribonukleinsäure (mRNA), die die Basensequenz der DNA, der eigentlichen Erbsubstanz, nach Art einer Kopie enthält. Entsprechend dieser Kopie wird schließlich das endgültige Protein synthetisiert, das in der Basensequenz des Gens als dauerhafte Kopiervorlage enkodiert ist. Bei dem Vorgang,

---

[9] Ausnahmen bilden lediglich reife Lymphozyten und Erythrozyten (vgl. Schwartz u. Kandel 1996).

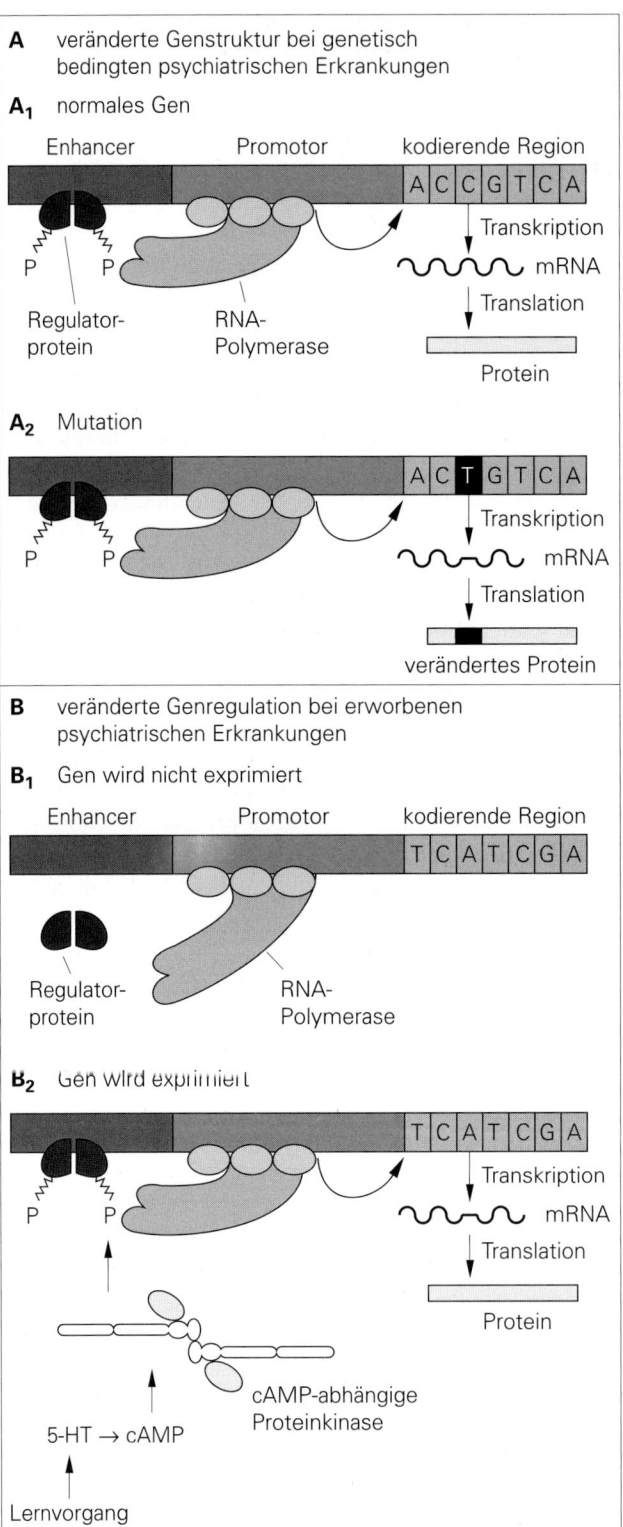

Abb. 32 Genexpression bei gesunder und pathologisch veränderter genetischer Ausstattung. Weitere Erläuterungen siehe Text. (Aus Kandel, Schwartz u. Jessel: Essentials of Neural Science and Behavior. Appleton & Lange 1995)

der von der Messenger-RNA zum endgültigen Protein führt, wird die Basensequenz der mRNA in die Aminosäurensequenz eines Proteins übertragen. Dieser Vorgang wird Translation genannt.

Die Proteinsynthese ist variabel – je nachdem, wieviele Regulatorproteine sich an die Enhancer-Elemente der regulierenden Region eines Gens binden. Über diese Bindungsrate wird der Prozeß der Genexpression und damit der Proteinsynthese steuerbar. Dies ist von grundlegender Bedeutung, weil angenommen wird, daß sich Erfahrungen gänzlich unterschiedlicher Art (z. B. emotional bewegende Erlebnisse, ganz gewöhnliche Lernvorgänge etc.) auf die Genexpression auswirken, wobei dieser Vorgang über die Aktivierung von Regulatorproteinen vermittelt wird.

Wie läßt sich nun auf der Ebene der Genexpression der Unterschied zwischen genetisch und nichtgenetisch bedingten psychischen Störungen erklären? Ein Grundmodell besagt (vgl. Kandel 1996d): Für Störungen oder zumindest relevante Aspekte von Störungen, die erbbedingt sind, sind *strukturelle Veränderungen der Gene* als wesentliche Verursachungsbedingungen anzunehmen; bei nichtgenetischen Störungen ist demgegenüber die Genstruktur intakt, es hat sich lediglich die *Regulation der Genexpression* verändert.

Diese Unterschiede sind in schematischer Darstellung aus Abbildung 32 zu ersehen. Ein normales Gen (A_1) ist in A_2 durch eine Mutation strukturell verändert: In der Basensequenz der kodierenden Region findet sich statt eines Zytosin (C) ein Thymin (T). Diese Genveränderung stellt so lange lediglich eine potentielle Gefährdung dar, als das Gen nicht exprimiert wird. Kommt es aber z. B. in einer besonderen seelischen Belastungssituation zur Genexpression, wird eine veränderte Messenger-RNA aufgebaut, die ihrerseits zur Synthese eines fehlerhaften Proteins führt. Modellhaft wird angenommen, daß sich ein genetischer Defekt über solche Proteinveränderungen auf phänotypische Merkmalsausprägungen und Syndrombildungen auswirkt. Sofern die Keimzellen Träger eines strukturell veränderten Gens sind, wird dieses Gen auch vererbt.

Abgesehen von den oben erwähnten Neurosen (generalisierte Angststörung, Zwangsneurose, umschriebene Phobie, neurotische Depression), für die wahrscheinlich eine erbbiologische Komponente anzunehmen ist, sind viele sonstige neurotische Störungen, insbesondere viele funktionell-psychosomatische Reaktionen, nicht genetisch determiniert. Aber auch in diesen Fällen, die durch lebensgeschichtliche Erfahrungen ausgelöst und aufrechterhalten werden, kommt es im Verlauf der Krankheitsentwicklung vermutlich zu Veränderungen der Genexpression. Vor Beginn der Erkrankung finden sich im genetischen Repertoire dieser Menschen, das keine strukturellen Defekte aufweist, viele Gene, die transkriptionsfähig sind, aber nicht zur Expression kommen, weil die Regulatorproteine nicht phosphoryliert, also nicht aktiviert werden. Dieser Fall ist in Abbildung 32, B_1 dargestellt. Alternativ hierzu ist es auch möglich, daß die Enhancer-Elemente erfolgreich blockiert werden, so daß es den Regulator-Proteinen nicht gelingt, sich anzudocken. Modellhaft wird angenommen, daß sich diese stabilen Verhältnisse unter dem Einfluß belastender Lebensereignisse beispielsweise (in Abb. 32, B_2 mit „Lernvorgang" bezeichnet) verändern können, mit der Konsequenz, daß über die in der Abbildung 32, B_2 beispielhaft dargestellte Aktivierungskette bestimmte Regulatorproteine phosphoryliert, Gene exprimiert und schließlich Proteine synthetisiert werden, die üblicherweise nicht gebildet werden. In diesem Fall hat sich also das Expressionsmuster der Gene verändert, nicht aber die Genstruktur. Insofern ist es zu einer Regulationsstörung der Genexpression gekommen, die initial u.a. die Entwicklung neurotischer oder psychosomatischer Erkrankungen zu beeinflussen in der Lage ist – eine Regulationsstörung allerdings, von der angenommen werden kann, daß sie im Prinzip zumindest reversibel ist.

Wie aber ist vorstellbar, daß solche kurzfristigen Veränderungen – betreffen sie nun die Expression defekter Gene, diejenige nichtdefekter Gene oder beides gleichzeitig – zu zeitlich überdauernden funktionellen oder morphologischen Veränderungen der neuronalen Netzwerkstruktur führen? Post (1992) hat innovative und zum Teil durch tierexperimentelle Befunde untermauerte Modellvorstellungen entwickelt, die m.E. sehr bemerkenswerte theoretische Erklärungsansätze bieten. Er geht von einer vielfach bestätigten klinischen Erfahrung aus, die inzwischen auch durch empirische Studien fundiert werden konnte: Im Langzeitverlauf unipolarer oder bipolarer affektiver (manisch-depressiver) Erkrankungen läßt sich häufig beobachten, daß die erste Krankheitsepisode noch in deutlichem Zusammenhang mit psychosozialen Belastungen auftritt – ein Zusammenhang, der bei rezidivierenden Episoden auffallend seltener zu beobachten ist. Er leitet daraus die Hypothese ab, daß Rezidivfälle in geringerem Maße durch seelische Belastungen „getriggert" werden, stattdessen durch eine erhöhte Vulnerabilität der Patienten, die sich erst infolge des rezidivierenden Krankheitsverlaufes schrittweise entwickelt. Die Folge sei, daß mit der Zeit immer geringere Anlässe schubauslösend wirken, psychische Auslöser u.U. sogar gänzlich fehlen können, so daß eine rezidivierende Krankheitsepisode gleichsam autonom in Gang kommt. Der Grundgedanke ist also, daß Schübe sich selbst reproduzieren, weil mit jedem episodischen Krankheitsgeschehen biologische Veränderungen einhergehen, die sich allmählich konsolidieren, den Organismus vulnerabler machen und somit die Rezidivwahrscheinlichkeit erhöhen.

Kehren wir zur Veranschaulichung erneut zu unserem Eingangsszenario zurück: dem drohenden Verlust eines wichtigen Menschen. Konfrontiert mit dieser Situation, werden sich in unserem Gehirn schlagartig neuronale Aktivitätsmuster aufbauen, die sich wesentlich von jenen vor Eintritt dieses Ereignisses unterscheiden – falls wir uns bis dahin ruhig und gelassen gefühlt hatten. So ist beispielsweise mit großer Wahrscheinlichkeit zu erwarten, daß limbische Strukturen (vor allem die Amygdala) verstärkt am Aufbau der neuronalen Erregungsmuster beteiligt sind. Zugleich kann es nun zu *intrazellulären* Veränderungen kommen: In den Millionen Neuronen, die sich zu einem Neuronenverband formiert haben, dessen Aktivitätsmuster das Bedrohungserleben repräsentiert, werden Gene exprimiert, die ohne Belastung überhaupt nicht oder nur mit niedriger Rate exprimiert werden. Tierexperimentell wurde inzwischen vor allem ein Gen (das Proto-Onkogen c-fos) identifiziert, dessen Expressionsrate belastungsreaktiv in einem Zeitraum von Minuten bis zu mehreren Stunden dramatisch und spezifisch erhöht ist (vgl. Morgan et al. 1987). In den theoretischen Modellvorstellungen von Post wird nun angenommen (und kann teilweise empirisch gestützt werden), daß die zeitbegrenzt erhöhte Rate der c-fos-Expression nur ein erster Veränderungsschritt ist, der seinerseits kaskadenartig weitere Veränderungsprozesse induziert: z.B. die Expression anderer Gene und damit die Synthese anderer Proteine. Post nimmt an, daß die sequentiell eingeleiteten Veränderungsprozesse zeitlich zunehmend überdauern – einschließlich der Möglichkeit, daß sie sich in morphologischen Veränderungen der Hirnstruktur langfristig niederschlagen. Auf diese Möglichkeit waren wir bereits an früherer Stelle gestoßen. Es hatten sich im Rahmen von Sensitivierungsversuchen an Meeresschnecken Langzeiteffekte aufzeigen lassen, die u.a. darin bestanden, daß die Anzahl präsynaptischer Nervenendigungen erhöht und neue Synapsen gebildet wurden.

Vor diesem Hintergrund wird vorstellbar, daß zeitstabile neurobiologische Veränderungen, zu denen es im Rahmen eines rezidivierend verlaufenden Krankheitsprozesses – einer manisch-depressiven Erkrankung beispielsweise – gekommen ist, aus sich selbst heraus das Rezidivrisiko erhöhen. Ich bin der Meinung, daß diese Modellkonzeption auf viele psychiatrische, neurotische und psychosomatische Störungen übertragbar ist.

Teil III

Das Hirn-Seele-Problem

Wir waren zu Beginn dieser Abhandlung vom Erleben ausgegangen und hatten es, veranschaulicht am Beispiel des Eingangsszenarios, näher zu bestimmen versucht. Dabei hatten wir das Erleben als ein ganzheitliches, prinzipiell unteilbares Geschehen beschrieben, das seinem Wesen nach nichts als subjektiv sein kann und unserem jeweilig momentanen Wirklichkeitsentwurf entspricht – einem Wirklichkeitsentwurf, der als persönliche Erfahrung sinnlich-unmittelbar manifest wird und sich damit unserer Selbstwahrnehmung vermittelt.

Wo aber findet das Erleben statt? Wo wird es repräsentiert? In der Beschäftigung mit diesen Fragen hatte es sich als sinnvoll und notwendig erwiesen, uns mit einigen wichtig erscheinenden Aspekten der modernen Hirnforschung zu befassen. Diese Beschäftigung hat uns, wie es scheint, so weit vom Erleben weggeführt, daß es an der Zeit ist zu fragen: Was haben neuronale Aktivitätsmuster, fortgeleitete Aktionspotentiale, erfahrungsabhängig veränderte Synapsenstärken, Ausschüttung von Transmittersubstanzen, Langzeitpotenzierung, sich öffnende oder verschließende Ionenkanäle etc., ... was haben solche physikalisch-chemischen Prozesse mit unserem Erleben zu tun?

Explikation des Problems: Das Bieri-Trilemma

Die meisten von uns würden am liebsten mit einem spontanen „Nichts" antworten und zu einer Begründung neigen, die im Kern besagt, daß physikalisch-chemische Prozesse grundsätzlich von qualitativ anderer Art sind als Gefühle, Gedanken, Erinnerungen, Phantasien, Handlungsentwürfe, die zusammengenommen unser Erleben ausmachen. Mit dieser Antwort würden wir eine Position vertreten, die Bieri (1981) als intuitiven Dualismus bezeichnet hat. Stärker formalisiert und zu einer philosophischen Theorie ausgearbeitet, ließe sich, so Bieri (ebd.), der intuitive in einen ontologischen Dualismus überführen, der besagt, daß die Wirklichkeit in zwei Phänomenbereiche untergliedert werden kann: den Bereich physischer Phänomene und den Bereich nichtphysischer, seelisch-geistiger oder mentaler[10] Phänomene. Die Theorie eines ontologischen Dualismus nimmt an, daß beide Bereiche wechselseitig exklusiv sind, d.h. Phänomene eines Bereiches (z.B. des mentalen) können nicht in diejenigen des anderen überführt werden und vice versa. In der Zwei-Substanzen-Lehre Descartes' hat die dualistische Position ihren klarsten Ausdruck gefunden und seit inzwischen mehr als drei Jahrhunderten die Auseinandersetzung mit dem sogenannten Leib-Seele-Problem am nachhaltigsten beeinflußt. Descartes (1596 – 1650) unterschied die *res extensa* (die ausgedehnte, materielle Substanz) von der

---

[10] In der Philosophie des Geistes werden die seelisch-geistigen Vorgänge oder Inhalte zumeist unter dem Begriff des Mentalen zusammengefaßt.

res cogitans (die denkende, nicht ausgedehnte Substanz), wobei er in einer frühen Art von Wechselwirkungstheorie annahm, daß sich beide Substanzen über die Zirbeldrüse beeinflussen könnten.

Der dualistischen steht die monistische oder physikalistische Weltauffassung gegenüber, die die Existenz zweier qualitativ grundverschiedener Substanzen oder Phänomene ablehnt und statt dessen annimmt, daß es nur eine Art von Substanz – die Materie – und eine Art von Prozessen oder Phänomenen – die materiellen – gibt. In diesem noch sehr allgemein umrissenen Spannungsfeld zwischen monistischer und dualistischer Weltauffassung bewegt sich die Diskussion des Leib-Seele-Problems, das wir im gegenwärtigen Zusammenhang auf das Kernproblem eingegrenzt haben – die Frage nach der speziellen Beziehung zwischen *Hirn*prozessen und seelisch-geistigen oder mentalen Vorgängen bzw. Phänomenen.

Das monistisch-dualistische Spannungsfeld läßt sich detaillierter betrachten, wenn wir uns an drei Basissätzen orientieren, die Bieri (1981) formuliert hat, um das Hirn-Seele-Problem zu explizieren. Diese drei Basissätze sind inzwischen auf dem besten Wege (vgl. A.-E. Meyer 1987; Goller 1992), als „Bieri-Trilemma" zu einem feststehenden Begriff zu werden. Die Sätze lauten (Bieri 1981, S. 5):

1. Mentale Phänomene sind nichtphysische Phänomene.
2. Mentale Phänomene sind im Bereich physischer Phänomene kausal wirksam.
3. Der Bereich physischer Phänomene ist kausal geschlossen.

Jedem dieser Sätze möchten wir spontan zustimmen. Und doch wird sich zeigen, wenn wir der Explikation der Sätze durch Bieri folgen, daß dies nicht möglich sein wird.

Der erste Satz kennzeichnet die Kernaussage des ontologischen Dualismus, der oben bereits knapp skizziert worden ist.

Der zweite Satz sagt aus, daß seelisch-geistige Zustände oder Prozesse physisch-körperliche Zustandsänderungen verursachen können. Diese Annahme ist für eine ganze Fachrichtung innerhalb der Medizin namengebend geworden: die Psychosomatische Medizin. Und die Gültigkeit dieser Satzaussage ist zugleich das Fundament, auf dem die Psychosomatische Medizin ruht.

In dem dritten Satz wird ein gedankliches Prinzip zum Ausdruck gebracht, das die Grundfeste der modernen Physik und der Naturwissenschaften überhaupt bildet. Der Satz besagt, daß physische Zustandsänderungen nur durch physische Einflußfaktoren verursacht werden können, und physische Zustände oder Veränderungen nur durch Rückgriff auf physische Ursachen erklärbar sind. Bieri (ebd.) bezeichnet dieses Prinzip als „methodologischen Physikalismus". Es ist unmittelbar ersichtlich, daß dieses Prinzip zur vorgenannten Aussage des zweiten Satzes in krassem Widerspruch steht. Der methodologische Physikalismus impliziert, daß seelisch-geistige Zustände oder Vorgänge *nur dann* physisch-körperliche Veränderungen verursachen können, wenn sie selbst physischer Natur sind; anderenfalls ist die Aussage des zweiten Satzes für ungültig zu erklären.

Somit zeichnet sich ab, daß die drei Basissätze des Trilemmas nicht gleichzeitig richtig sein können, wie sehr wir auch intuitiv geneigt sind, dies anzunehmen. „Zwei von ihnen implizieren jeweils die Falschheit des dritten: Wenn mentale Phänomene nichtphysische Phänomene sind und wenn es mentale Verursachung gibt, dann kann der Bereich physischer Phänomene nicht kausal geschlossen sein. Wenn er jedoch kausal geschlossen ist und wenn mentale Phänomene nichtphysische Phänomene sind, dann kann es allem Anschein zum Trotz keine mentale Verursachung geben. Und wenn es sie trotz der kausalen Geschlossenheit der physischen Welt gibt, dann kann es nicht sein, daß mentale Phänomene nichtphysische Phänomene sind"

(Bieri ebd., S. 6). Bieri hält den Konflikt zwischen den drei Sätzen, die das Trilemma bilden, für nicht lösbar, sondern lediglich auflösbar, indem ein Satz preisgegeben wird. Aber welcher?

Der dritte Satz, der den Bereich physischer Phänomene als kausal geschlossen beschreibt, scheint als Kandidat auszufallen, weil das Prinzip des methodologischen Physikalismus eine große Erklärungskraft besitzt und sich in der Geschichte der Naturwissenschaften in einem Maße als zutreffend erwiesen hat, daß der Verzicht auf dieses Prinzip abwegig erscheinen muß. Die unbedingte Wahrung dieses Prinzips hat aber zur Folge, daß der zweite Satz (mentale können physische Phänomene verursachen) nur unter der Bedingung gehalten werden kann, daß seelisch-geistige Phänomene eigentlich und in Wahrheit physische Phänomene sind.

Die Position des methodologischen Physikalismus wird in den Neurowissenschaften praktisch ausnahmslos und in der Philosophie des Geistes – jener Richtung innerhalb der Gegenwartsphilosophie, die sich u.a. mit Fragen des Hirn/Leib-Seele-Problems beschäftigt – mehrheitlich vertreten. Ich folge dieser Position, aus der sich als Konsequenz ergibt, daß auch der erste Basissatz des Bieri-Trilemmas (die Annahme, daß seelisch-geistige Phänomene immaterielle, nichtphysische Phänomene sind) aufgegeben werden muß. Diese Konsequenz scheint unvermeidlich zu sein, „wenn verständlich werden soll, wie mentale Phänomene im kausal geschlossenen Bereich physischer Phänomene eine kausale Rolle spielen können" (Bieri ebd., S. 31). Bunge (1984) hat den ontologischen Dualismus ausführlich und kritisch diskutiert und ist zu dem gleichen Ergebnis gekommen, „daß (nämlich) der psychoneurale Dualismus keine gangbare wissenschaftliche Alternative bildet, keine Lehre, die sich die Wissenschaft oder eine wissenschaftlich orientierte Philosophie zu eigen machen könnten" (ebd., S. 31).

Nachdem wir uns entschieden haben, einer monistischen und damit materialistischen Grundkonzeption zu folgen, ist die Problemsituation zumindest in einer Hinsicht überschaubarer geworden, als wir uns nicht mehr fragen müssen, wie es eine immaterielle, nichtphysische Geistseele schafft, physische Zustandsänderungen zuwege zu bringen. Damit sind aber die Probleme nicht aus der Welt. Wir müssen uns nämlich weiterhin genau der Frage stellen, die zu beantworten Dualisten veranlaßt hat, die Existenz einer Seele oder eines Geistes anzunehmen. Die Frage lautet: Wie können z.B. Empfindungen von Wärme oder Kälte, Gefühle von Traurigkeit oder Stolz, ästhetische Urteile über Schönheit oder Häßlichkeit, die den subjektiven Charakter unseres Erlebens ausmachen, physischer Natur sein, wo es doch offensichtlich zu sein scheint, daß sie von gänzlich anderer Qualität sind?

Nagel (1981) hat nachdrücklich betont, daß eine Analyse des Hirn-Seele-Problems so lange absolut unbefriedigend bleibt, als sie die Subjektivität des Erlebens ausklammert oder hierfür keine Erklärungsmöglichkeiten findet. Er führt das beispielhaft aus, indem er sich fragt, wie es für eine Fledermaus sein mag, „eine Fledermaus zu sein" (ebd., S. 264). Alles verfügbare objektive Wissen über die organismische Struktur und die Funktionsmechanismen der Fledermaus, so z.B. ihre Echolot-Wahrnehmungsfunktion, würde uns nicht in die Lage versetzen zu wissen, wie es ist, eine Fledermaus zu sein. In gewisser Weise führt uns das Bemühen um eine objektive Analyse dessen, was die subjektive Erlebensperspektive ist, nicht näher an eine Lösung heran, sondern eher weiter davon weg. Was schließlich bleibt von einem subjektiven Erlebnis übrig, wenn wir es objektiv analysiert haben? Nagel nimmt zwar an, daß subjektive Erfahrungen physikalische Vorgänge sind, weist aber gleichzeitig mit allem Nachdruck darauf hin, daß wir gegenwärtig über keine Konzeptionen verfügen, uns das wirklich vorstellen zu können.

Nagels Diagnose dürfte richtig sein. Sie zwingt uns zu einer nüchternen Bestandsaufnahme. Was haben wir? Keine sich auch nur entfernt abzeichnende wirkliche Lösung des Hirn-Seele-Problems. Was können wir haben? Ich denke, am ehesten ein bescheidenes Arbeitsmodell, das es uns erlaubt, zunächst einmal pragmatisch mit diesem Problem umzugehen. Dieses Arbeitsmodell sollte es uns möglich machen, ein seelisch-geistiges Geschehen als einen physikalischen Prozeß zu verstehen und dabei gleichzeitig zu sichern, daß die Eigenarten dieses seelisch-geistigen Geschehens – das „Wie" des Erlebens, seine subjektiven Qualitäten also, und die damit einhergehende subjektive Erlebensperspektive – uneingeschränkte Berücksichtigung finden.

Wir wenden uns zunächst zwei Lösungsansätzen zu, die in der Philosophie des Geistes eine einflußreiche Bedeutung erlangt haben.

Lösungsversuche

Der emergenztheoretische Ansatz

Die Beschäftigung mit der allgemeinen Funktionsweise des Gehirns hatte uns mit dem grundlegenden Prinzip der Parallelverarbeitung vertraut gemacht. Diesem Arbeitsprinzip folgend, analysiert und verarbeitet das Gehirn komplexe Reizgegebenheiten – so auch jedes momentane Geschehen, an dem wir teilhaben – in verschiedenen Subsystemen, die arbeitsteilig verschiedene Aufgaben wahrnehmen. Die Arbeitsteilung erstreckt sich auf unterschiedlich spezialisierte Rezeptorgruppen, die ihre „Informationen" auf getrennten Nervenbahnen fortleiten, die ihrerseits wiederum räumlich und funktionell unterscheidbare Zielregionen im Gehirn erreichen. Dort werden die verschiedenen Aspekte ein und desselben Geschehens in verschiedenen primären Rindenfeldern repräsentiert und in nachgeordneten Hirnarealen weiterverarbeitet. Die Netzwerkstruktur des Gehirns sichert, daß zwischen den einzelnen Subsystemen ein Signalaustausch erfolgen kann, der das Gehirn als Gesamtsystem befähigt, die parallelverteilt erfolgten Detailanalysen zu einer ganzheitlichen Repräsentation des Geschehens, das wir gerade erleben, zusammenzufügen. Durch interaktiven Signalaustausch zwischen Subsystemen bringt das Gehirn als Gesamtsystem Leistungen hervor, zu denen die Subsysteme und die einzelnen Nervenzellen jeweils für sich allein nicht fähig sind.

Diese allgemeine Charakteristik der Funktionsweise des Gehirns ist mit einem in der Philosophie des Geistes entwickelten Ansatz zur Lösung des Hirn-Seele-Problems gut vereinbar, der unter dem Begriff der „Emergenz" firmiert. Bunge (1984), ein namhafter Vertreter dieses Lösungsansatzes, faßt die Position des emergentistischen psychoneuralen Monismus in drei Thesen zusammen (S. 32):

I.   Alle psychischen Zustände, Vorgänge und Prozesse sind Zustände, Vorgänge und Prozesse in den Gehirnen der höheren Wirbeltiere.
II. Diese Zustände, Vorgänge und Prozesse sind gegenüber solchen der zellulären Komponenten des Gehirns als emergent zu betrachten.
III. Die sogenannten psychophysischen (bzw. psychosomatischen) Beziehungen sind Wechselwirkungen zwischen unterschiedlichen Teilsystemen des Gehirns oder zwischen einigen von ihnen und anderen Teilen des Organismus.

Die zweite These ist die zentrale Aussage der emergentistischen Position. Sie besagt, daß „Psychisches eine emergente Qualität ist" (ebd., S. 36). Anders formuliert bringt diese These zum Ausdruck, daß das Gehirn als Gesamtsystem Eigenschaften besitzt, die seine Teilsysteme oder gar die Neuronen selbst nicht besitzen.

Diese Annahme scheint zunächst plausibel zu sein. Was aber folgt aus ihr? Wer oder was z. B. verursacht seelisch-geistige Zustände oder Prozesse? In einem allgemeinen, damit aber zugleich auch sehr abstrakten Sinne müssen wir, einer monistischen Grundkonzeption folgend, annehmen, daß das Gehirn ursächlich für diese Zustände oder Abläufe verantwortlich ist. Schließlich vermuten wir, daß das Gehirn, sobald es als biologisches System gestorben ist, auch keine Gedanken, Empfindungen, Phantasien etc. mehr hervorbringen kann. Was aber bedeutet diese allgemeine konditionale Kopplung seelisch-geistiger Vorgänge an die biologische Funktionstüchtigkeit des Gehirns faktisch? Konkret gefragt: Wird unser Erleben durch neuronale Aktivität *verursacht*, oder *ist* es neuronale Aktivität?

Searle (1993), der selbst einer emergentistischen Konzeption folgt, legt sich in dieser Frage eindeutig fest. „Das Hirn verursacht gewisse 'geistige' Phänomene, wie z. B. bewußte Geisteszustände, und diese bewußten Zustände sind einfach höherstufige Merkmale des Hirns. Bewußtsein ist eine höherstufige oder emergente Eigenschaft des Hirns – und zwar in dem völlig harmlosen Sinne von 'höherstufig' bzw. 'emergent', in dem Festigkeit eine höherstufige, emergente Eigenschaft von H_2O-Molekülen ist, wenn sie in einer Gitterstruktur angeordnet" (ebd., S. 29), wenn sie also zu Eis geworden sind. Searle verbindet das Emergenzmodell mit einem Verursachungsmodell, indem er Emergenz und Verursachung faktisch gleichsetzt. Was aber ist dieses Etwas (Erleben, Bewußtsein, Schmerzgefühl etc.), das durch das Gehirn verursacht wird? Es scheint so, als gingen Searle und generell viele Emergenztheoretiker (worauf Bieri 1989 hinweist) von der Annahme aus, die Entstehung seelisch-geistiger Phänomene sei durch den Hinweis darauf hinreichend erklärt, daß sie „emergent" seien – alles weitere Nachfragen erübrige sich. Insbesondere Searle weigert sich, die vom Gehirn „verursachten" seelisch-geistigen Zustände ihrerseits wiederum mit neurophysiologischen Hirnzuständen gleichzusetzen.

Der identitätstheoretische Ansatz

Paul Churchland (1994) und Patricia S. Churchland (1996) haben Searles These, daß neurobiologische Prozesse die seelisch-geistigen Phänomene verursachen, heftig kritisiert. Ich denke, daß sie in diesem Punkt recht haben. Patricia Churchland argumentiert, daß die Searlesche These ebensowenig haltbar sei wie beispielsweise Behauptungen der Art: Der Elektronenfluß durch einen Kupferdraht verursacht elektrischen Strom, oder die mittlere molekulare kinetische Energie verursacht Wärme. Statt dessen gelte: Der Elektronenfluß *ist* elektrischer Strom; die mittlere molekulare kinetische Energie *ist* Wärme. Übertragen auf das Hirn-Seele-Problem ergibt sich, daß seelisch-geistige Vorgänge nicht durch Hirnprozesse verursacht werden, sondern selbst Hirnvorgänge *sind*.

Dies ist die Kernaussage der identitätstheoretischen Position, von der ich annehme, daß sie im Grundsatz zutreffend und zugleich mit dem emergenztheoretischen Ansatz vereinbar ist. Bunge (1984) hat dies in seinen emergenztheoretischen Thesen (s.o. seine erste These) zum Ausdruck gebracht und an anderer Stelle (S. 95) gleichzeitig seine identitätstheoretische Grundposition explizit ausformuliert: „Alles, was innerlich als mentaler Vorgang empfunden wird, ist identisch mit einer bestimmten Aktivität des Gehirns".

Die Identitätstheorie gibt es in zwei Varianten (vgl. Bieri 1981). Die Unterschiede zwischen beiden lassen sich an einem Beispiel veranschaulichen, das Philosophen des Geistes gern zu Demonstrationszwecken heranziehen: das Schmerzerleben. In der ersten Variante wird angenommen, daß jedes Schmerzerleben – egal, ob bei einer Person zu verschiedenen Zeitpunkten oder bei verschiedenen Personen – einem stets gleichen neuronalen Aktivitätsmuster entspricht (vgl. Flohr 1989). Man spricht von „type-type-identity", weil ein bestimmter Typ eines mentalen Zustandes (also z. B. Schmerz) mit einem bestimmten Typ neuronaler Aktivierung identisch ist. In der zweiten Variante wird demgegenüber die Individualspezifität betont: dieser Schmerz von Person A zum Zeitpunkt a ist nur mit dem spezifischen neuronalen Aktivitätsmuster bei dieser Person zu diesem Zeitpunkt identisch. Diese Variante der Identitätstheorie wird „token-token-identity" genannt, wobei mit „token" das einzelne Vorkommnis (eines seelisch-geistigen Zustandes und eines zugehörigen neuronalen Aktivitätsmusters) bezeichnet wird.

Beziehen wir beide Varianten auf unser zentrales Thema – das Erleben -, und betrachten wir sie auf der Grundlage unserer Kenntnisse von der Funktionsweise des Gehirns. Es gibt derzeit keine Möglichkeit, die Gültigkeit der einen oder anderen Variante empirisch-experimentell zu überprüfen und eine definitive Gültigkeitsentscheidung zu treffen. Es gibt nur Plausibilitätsbegründungen, die m.E. die erste Variante extrem unwahrscheinlich erscheinen lassen, und die zweite Variante deutlich favorisieren – wenn man denn den identitätstheoretischen Ansatz überhaupt, wie ich es tue, für brauchbar hält. Zu einigen Plausibilitätsargumenten:

Zunächst einmal hat man sich zu vergegenwärtigen, daß es den Schmerz als isoliertes Erleben überhaupt nicht gibt (vgl. entsprechend Flohr 1989). Das Erleben eines Menschen, der Schmerzen hat, wird zwar in der Regel stark vom Schmerz bestimmt, es geht aber niemals völlig darin auf, weil einen Schmerzleidenden außer dem Schmerz noch vieles mehr bewegt, das insgesamt sein momentanes Erleben ausmacht – so z. B. bestimmte Phantasien, Gedanken, Befürchtungen, Hoffnungen, Erinnerungen etc. Das neuronale Aktivitätsmuster, das seinem Schmerz entspricht, ist nur Teil jenes komplexeren Musters, das ganzheitlich sein gegenwärtiges Erleben *ist*. Auch dann, wenn der Schmerz eines Menschen zu zwei Zeitpunkten gleich lokalisiert und gleich intensiv sein sollte, ist die Gesamtheit des Erlebens, in das der Schmerz jeweils eingebettet ist, zu beiden Zeitpunkten mit großer Wahrscheinlichkeit niemals gleich, mit der Konsequenz, daß (die Gültigkeit der Identitätsannahme vorausgesetzt) die neuronalen Erregungsmuster auch nicht gleich sein können. Weil der Schmerzanteil aus dem gesamten Prozeß nicht herauspartialisiert werden kann, geht die Typ-Identität von einer Gegebenheit aus (isolierter Schmerzzustand), die es in der Realität nicht gibt. Es bliebe aber immerhin noch die Möglichkeit, daß ein stark von Schmerzzuständen dominiertes Gesamterleben einen „Typ" bildet, der intra- und interindividuell gleichbleibend mit einem bestimmten „Typ" neuronaler Aktivierung identisch ist. Auch dieser Fall ist unwahrscheinlich, wenn wir uns daran erinnern, daß die Gehirne selbst eineiiger Zwillinge zur Zeit der Geburt nicht gleich sind, und die Ungleichheit mit zunehmender individualspezifischer Erfahrung exponentiell wächst, weil sich die Neuronen erfahrungsabhängig unterschiedlich verknüpfen und die Kopplungen zwischen den Neuronen unterschiedliche Synapsenstärken aufweisen. Auf den einzelnen Menschen bezogen folgt daraus, daß sich sein Gehirn fortlaufend funktionell und vermutlich auch morphologisch-strukturell umbaut. Wenn also schon das Gehirn des einzelnen im zeitlichen Verlauf niemals gleich bleibt, wie sollen dann die Gehirne zweier Menschen jemals gleich sein? Und wenn schon das einzelne Gehirn niemals gleiche Zustände reproduzieren kann, wie sollen dann die Gehirne zweier Menschen jemals neuronale Aktivitätsmuster und damit Weisen des Erlebens hervorbringen, die gleich sind?

Wir können also, wie ich meine, mit guten Gründen schlußfolgern, daß jedes Erleben einmalig ist und einer Konfiguration neurophysiologischer Aktivierungen entspricht, die ihrerseits einmalig ist. Verschiedene Weisen des Erlebens können mehr oder weniger ähnlich, niemals aber vollkommen gleich sein.

Ein pragmatisches Arbeitsmodell

Von einer Lösung des Hirn-Seele-Problems und einer Antwort auf die zentrale Frage „Wie ist das Erleben mit seinen subjektiven Qualitäten neurophysiologisch erklärbar?" sind wir nach wie vor weit entfernt. Immerhin ist inzwischen aber wenigstens die Problemsituation (hoffentlich) etwas klarer geworden, so daß wir einige Positionen für ein Arbeitsmodell zusammentragen können, das uns, wenn schon keine Lösung, so doch wenigstens einen pragmatischen Umgang mit dieser zentralen Frage ermöglicht.

1. Das Erleben ist ein biologischer Vorgang. Es wird nicht von neuronaler Aktivität verursacht, sondern *ist* neuronale Aktivität. Es wird also angenommen, daß die Identitätstheorie im Prinzip richtig ist – wahrscheinlich aber nicht als Typ-Identität, sondern in der Variante, die die Individualspezifität betont. Damit geht die Vorstellung einher, daß jedes Erleben einmalig, also unwiederholbar ist, und einem einmaligen, also unwiederholbaren neuronalen Aktivitätsmuster entspricht.

Wir müssen zunächst versuchen, uns von der *Spezifität* der neuronalen Aktivierung (die das Erleben *ist*) eine gewisse Anschauung zu verschaffen. Abbildung 33 stellt einen solchen Versuch dar, der die realen Verhältnisse in ihrer tatsächlichen Komplexität allerdings bis an die Grenze des Vertretbaren vereinfacht. In Abbildung 33 ist das neuronale Geschehen über eine Zeitstrecke von 9 Sekunden verfolgt worden – und zwar so, daß wir pro Sekunde eine Momentaufnahme des aktuellen Aktivierungsmusters geschossen haben. Die Vereinfachung bezieht sich auf vier Aspekte:

a. Die 100 Milliarden Neuronen des Gehirns sind hier auf ein „Netzwerk" reduziert worden, das lediglich 100 Gruppen von Neuronen umfaßt. Jede Gruppe, die von mehreren Tausend Neuronen gebildet wird, ist auf eine bestimmte Hirnleistung spezialisiert.

b. Die synaptischen Verbindungen zwischen den Gruppen von Neuronen sind nicht dargestellt worden. Die tatsächlichen Verhältnisse sind also ungleich komplizierter, weil die Synapsenstärken in Abhängigkeit von individualspezifischen (Lebens-)Erfahrungen differieren und sich dementsprechend lebenslang verändern.

c. Wir haben die einzelnen neuronalen Momentaufnahmen jeweils als *ein* Muster dargestellt. In der Realität werden wir es mit sehr vielen, vielleicht tausenden Teilmustern zu tun haben, die sich zu einem Gesamtmuster formieren. Diese Vorstellung ergibt sich, wenn wir uns der Ergebnisse der Arbeitsgruppe um Singer (vgl. Engel et al. 1994) erinnern. Deren Befunde hatten zu der Hypothese geführt, daß die abgrenzbaren Details einer komplexen Szene beispielsweise, die wir erleben, in verschiedenen neuronalen Teilnetzen repräsentiert werden, deren Neuronen in synchronisierten Salven von Aktionspotentialen feuern. Verschiedene Details eines Geschehens würden demnach dadurch unterscheidbar, daß die neuronalen Aktivitäten der jeweiligen Teilnetze untereinander zeitlich nicht korreliert sind. Meines Wissens völlig ungelöst ist dabei aber das Problem, nach welchem Mechanismus das Gehirn die unterschiedlich synchronisierte neuronale Aktivität in den vielen Teilnetzen wieder so zu einer Gesamtaktivität verknüpft, daß ein ganzheitliches Erleben resultiert.

d. Wir haben die neuronale Aktivität fiktiv in Momentaufnahmen mit Sekundenabständen dargestellt. Eine genaue Betrachtung der einzelnen Aktivitätsmuster zeigt, daß sie einander ähnlich sind, sich aber in Einzelheiten unterscheiden – entsprechend der Annahme, daß es in einem dynamischen System von der Komplexität des Gehirns mit 10^{11} Neuronen, die Verschaltungsmöglichkeiten in schier unvorstellbarer Größenordnung eröffnen, extrem unwahrscheinlich ist, daß sich jemals absolut gleiche Aktivitätsmuster aufbauen können. Dem entspricht, daß sich unser Erleben (wenn auch vielleicht nur minimal) seinerseits ständig verändert, wovon wir uns bei genauer Selbstbeobachtung jederzeit überzeugen können.

In Abbildung 33 sind die Verhältnisse insofern zusätzlich grob vereinfacht worden, als sich die Aktivitätsmuster in der Realität nicht in Schritten oder Sprüngen, sondern kontinuierlich verändern. Die *neuronale Spezifität*, die dem Erleben entspricht, besteht also in einem Aktivitätsmuster, das eine hochkomplexe Konfiguration bildet, die sich fortlaufend umorganisiert. Daran sind jeweils viele Millionen (vielleicht Milliarden) Neuronen beteiligt. Und diese sich kontinuierlich verändernde Konfiguration neuronaler Aktivität *ist* unser Erleben, wenn wir von der Gültigkeit der Identitätstheorie ausgehen.

Abb. 33 Ein fiktives Beispiel: Veränderungen der neuronalen Aktivitätsmuster in einem Netzwerk, das aus 100 neuronalen Gruppen besteht. Erläuterungen siehe Text.

Wir mußten diesen Fragen zur Spezifität kurz nachgehen, weil sich daraus Konsequenzen für eine Überlegung ergeben, die die Identitätstheorie nahelegt: Wenn sie nämlich richtig ist, ließe sich folgern, daß seelisch-geistige Phänomene auf neuronale Prozesse reduziert werden können, die das Erleben dann hinreichend erklären (wie z. B. von Patricia Churchland 1996 vertreten). Von einer solchen Reduktion müßten wir aber fordern, daß sie auf genau die neuronalen Aktivitätsmuster erfolgt, die spezifisch das Erleben *sind* – und nicht auf solche neurophysiologischen Maße, die die neuronale Aktivität zwar global, nicht aber in dem zu fordernden Sinne spezifisch reflektieren. Wie realistisch ist ein solcher spezifischer Reduktionsansatz?

Es gibt inzwischen über das Elektroenzephalogramm (EEG) hinausgehend weitere moderne diagnostische Verfahren, die es erlauben, das arbeitende Gehirn zu untersuchen. Diese Verfahren sind die Positronenemissionstomographie (PET), die funktionelle Magnetresonanztomographie (fMRT) und die Magnetenzephalographie (MEG). Diese Verfahren haben das Repertoire verfügbarer Methoden zur zerebralen Funktionsdiagnostik in Klinik und Forschung entscheidend erweitert. Die Positronenemissionstomographie sei hier beispielhaft erwähnt. In experimentellen Studien läßt sich deutlich zeigen, daß je nach Versuchsanordnung – z. B. Lesen, Hören oder Aussprechen von Wörtern – verschiedene und anatomisch gut unterscheidbare Hirnareale erhöhte Stoffwechselaktivitäten aufweisen, ein validierender Hinweis darauf, daß verschiedene Hirnareale tatsächlich aufgabenspezifisch unterschiedlich stark aktiv sind.

Trotz ihrer beeindruckenden Leistungsfähigkeit gilt aber für alle Verfahren, daß sie nur summarisch die Aktivität vieler Neuronen in verschiedenen Hirnarealen aufzeichnen und damit lediglich globale Maße für lokal unterschiedliche Hirnaktivitäten liefern. Solche globalen Summenaktivitäten bilden insofern künstliche Entitäten, als ihnen kein spezifisches Erleben entspricht, das mit ihnen identisch wäre. Keines dieser Verfahren – auch nicht das modernste: die Magnetenzephalographie – verfügt auch nur näherungsweise über das Auflösungsvermögen und die Reaktionsgeschwindigkeit, die notwendig wären, um die *spezifische* neuronale Aktivität zu erfassen, die dem Erleben entspricht. Es liegt derzeit außerhalb unserer Vorstellungsmöglichkeiten, ob jemals Verfahren mit einem derartigen Auflösungsvermögen entwickelt werden können, und ob Menschen dann auch fähig sein werden, die Komplexität einer solchen Datenfülle zu interpretieren. Wir werden in Kürze darauf zurückkommen, daß das Hirn-Seele-Problem selbst dann nicht gelöst wäre, wenn Verfahren mit dieser Meßgenauigkeit zur Verfügung stünden – auch dann nicht, wenn es gelänge, seelisch-geistige Vorgänge in der geforderten Weise auf spezifische und sich spezifisch verändernde neuronale Aktivitätsmuster zu reduzieren. Zusammenfassend: Ich halte die Identitätstheorie in ihrer individualspezifischen Variante in ihren Grundzügen für plausibel und zutreffend. Gleichzeitig ist für unabsehbare Zeit nicht erkennbar, wie sie jemals exakt bewiesen werden könnte (vgl. Flohr 1989).

2. Die Identitätstheorie ist mit der Emergenztheorie vereinbar. Die Emergenztheorie stimmt mit Erkenntnissen über die Funktionsweise des Gehirns gut überein. Es darf inzwischen als hinreichend gesichert gelten, daß das Gehirn als Gesamtsystem nach dem Prinzip der Parallelverarbeitung funktioniert. Die Ergebnisse von Detailanalysen, die verschiedene Subsysteme mit jeweilig spezialisierter Aufgabenstellung erarbeiten, werden durch Interaktion zwischen den Subsystemen (Signalaustausch) auf höheren Verarbeitungsebenen integriert. Auf diesem Wege erzeugt das Gesamtsystem „Gehirn" Weisen des Erlebens, denen Qualitäten eigen sind, die insofern emergent sind, als sie den Subsystemen nicht eigen sind. Die als Integrationsleistung resultierenden Erlebensweisen *sind* wiederum spezifische neuronale Aktivitätsmuster – jetzt aber solche komplexerer Art –, an deren Aufbau höhere zerebrale (und vor allem kortikale) Verarbeitungsebenen teilhaben.

Auf diesem Wege wird das Gehirn (und umfassender das gesamte Nervensystem) als ein System vorstellbar, das hinsichtlich seiner komplex-funktionalen Organisation in einer aufsteigenden Hierarchie geordnet ist. Auf hierarchisch tieferer Organisationsstufe lassen sich Prozesse identifizieren, deren Realisierung nicht ausreicht, um seelisch-geistige Phänomene hervorzubringen. Steigen wir die gedachte hierarchische Stufenleiter jedoch weiter hoch, erreichen wir irgendwann eine Ebene, auf der der geheimnisvolle Sprung vom Körperlichen ins Seelische erfolgt zu sein scheint. Auf dieser Ebene können wir uns plötzlich unserer selbst, unseres Körpers, unserer persönlichen Geschichte, unserer Empfindungen und Gefühle und des gesamten Gegenwartsgeschehens bewußt werden.

Tatsächlich ist aber kein Sprung vom Körperlichen ins Seelische erfolgt, sondern ein Sprung von hirnphysiologischen Prozessen, denen keine seelisch-geistigen Qualitäten eigen sind, zu solchen, denen diese Qualitäten eigen sind. Wir haben dabei den Bereich des Körperlichen nicht verlassen. Seelisch-geistige Phänomene bleiben physikalisch-chemische Phänomene und – da sie von einem lebendigen Organismus hervorgebracht werden – damit auch biologische Phänomene (vgl. entsprechend Searle 1993). Es sind nur biologische Phänomene von besonderer Art, die wir wegen ihrer faszinierend andersartigen Qualitäten mit „seelisch" oder „geistig" auch speziell zu bezeichnen pflegen, um ihre Besonderheit zu betonen und sie gegen andere Qualitäten kategorial abzugrenzen.

Um uns die Vorstellung, daß auf hierarchisch höherer Organisationsstufe emergente Eigenschaften entstehen, ein wenig anschaulicher zu machen, können wir auf die weiter oben bereits erwähnte Fallgeschichte des Patienten H. M. zurückgreifen. H. M. waren infolge einer therapeutisch resistenten Temporallappenepilepsie mediale Teile des Temporallappens einschließlich großer hippocampaler Bereiche operativ entfernt worden. Als Operationsfolge zeigte er eine schwere anterograde Amnesie für explizite Gedächtnisinhalte. Neue Geschehnisse konnte er sich nicht mehr merken. Er war aber weiterhin fähig, neues implizites Wissen zu erwerben. So konnte er eine schwierige Lernaufgabe, die motorisches Geschick erforderte, sukzessiv von Tag zu Tag besser bewältigen – ohne sich allerdings bewußt daran erinnern zu können, die Aufgabe an den Vortagen bereits bearbeitet zu haben. Subsysteme seines Gehirns, die den Lernfortschritt ermöglichten, funktionierten also. Als Operationsfolge war sein Gehirn aber nicht mehr in der Lage, solche komplex-integrativen Aktivitätsmuster aufzubauen, die einer höherstufigen, also emergenten Hirnleistung entsprechen: nämlich zu lernen *und* sich gleichzeitig des Lernvorganges selbst und der stattgehabten Lernschritte bewußt zu sein.

3. Wir wenden uns jetzt den höherstufigen Hirnleistungen zu, die es überhaupt erst möglich machen, von einem Erleben zu sprechen, das uns – partiell zumindest – auch bewußt werden kann. Wie können wir uns dem Erleben nähern? Grundsätzlich sind zwei Zugangsweisen zu unterscheiden. Der eine Zugang ist indirekt. Er erfolgt „von außen". Er bedient sich bestimmter technischer Hilfsmittel – EEG, PET, fMRT, MEG –, um etwas über das arbeitende Gehirn zu erfahren. Diesen Zugang wählt der Neurowissenschaftler. Der andere Zugang erfolgt „von innen". Diesen direkteren Weg wählt das Gehirn selbst, um etwas über das in Erfahrung zu bringen, was in ihm vorgeht. Dieser Zugang ist Prozeß und Ergebnis zugleich, sofern wir nur jene Aspekte des Erlebens betrachten, die uns zu irgendeinem Jetzt-Zeitpunkt gerade bewußt sind. Das Erleben ist aber mehr als das, was momentan bewußt ist. Es umfaßt auch subjektive Wirklichkeitserfahrungen, die im Moment unbewußt oder im Sinne eines Ahnungswissens nur diffus-unbestimmt bewußt sind.[11] Wollen wir über diese anderen Aspekte etwas erfahren, wollen wir

[11] Sehr viele Neurowissenschaftler, kognitive Psychologen und Philosophen des Geistes sehen das anders.

also beispielsweise wissen, warum wir uns traurig oder ängstlich fühlen, können wir uns einer Methode bedienen, über die zumindest unser menschliches Gehirn zusätzlich verfügt. Wir nennen diese Methode Selbstbeobachtung oder Introspektion. Wenn wir Glück haben, liefert uns diese Methode zeitverzögert ein Wissen, das uns momentan nicht bewußt ist, zu einem späteren Zeitpunkt aber bewußt werden kann.

Beiden Zugangsweisen zum Erleben entsprechen also bestimmte Perspektiven – die Außenperspektive der neurowissenschaftlichen und die Binnenperspektive jener Zugangsweise, die dem Gehirn selbst zur Verfügung steht. Zu beiden Zugangsweisen bzw. Perspektiven gehören auch jeweils eigene Sprachen, um etwas über die Beobachtungen mitzuteilen, die auf dem einen oder anderen Wege zugänglich werden. Beide Sprachen lassen sich entsprechend einer von zwei Beschreibungsebenen zuordnen, die Bieri (1989) als „personale" (die Beschreibungsebene des erlebenden Subjekts) und „subpersonale" (die Beschreibungsebene des Neurophysiologen) unterschieden hat. Auf der subpersonalen Beschreibungsebene ist also von Aktionspotentialen, Synapsenstärken, Ionenkanälen etc. die Rede. Mit Begriffen der einen Beschreibungsebene – wir reden beispielsweise von Gefühlen der Traurigkeit oder Euphorie – läßt sich nur etwas über Vorgänge aussagen, die zu dieser Ebene gehören, nicht aber über diejenige der anderen, nichts z. B. über neuronale Erregungsmuster im limbischen System. Macht man solche Aussagen trotzdem, argumentiert man also über Beschreibungsebenen hinweg, begeht man das, was Philosophen als Kategorienfehler bezeichnen (vgl. Bieri 1989).

Ist es denkbar, daß beide Zugangsweisen zum Erleben soweit angenähert werden könnten, daß eine Lösung des Hirn-Seele-Problems näherrückt? Um dieser Frage nachzugehen, stellen wir uns einen fiktiven Protagonisten in einem außergewöhnlichen Experiment vor.[12] Von diesem Protagonisten nehmen wir an, daß er beide Zugangswege zum Erleben perfekt beherrscht. Er sei also so gründlich analysiert, daß er einen ungehinderten introspektiven Zugriff auf sein Innenleben habe (was es zum Glück nicht wirklich gibt); gleichzeitig habe er eine neurowissenschaftliche Ausbildung durchlaufen, die ihn in die Lage versetzt, alle nur denkbaren neurophysiologischen Untersuchungstechniken zu beherrschen. Unser Protagonist sei nun an eine Apparatur angeschlossen, die ihm on line alle neurophysiologischen Daten über sein eigenes Erleben liefert. Es ist ihm also beides zugleich möglich: er erlebt etwas und kann das Erleben gleichzeitig in jedem nur wünschbaren Detail als neurophysiologischen Prozeß verfolgen. Die Realisierung dieses Experimentes wird selbst dann, wenn in fernerer Zukunft die technischen Möglichkeiten optimiert wären, mit einer Reihe von Schwierigkeiten zu kämpfen haben, die wir hier nur andeuten wollen:

– Die Apparatur zerlegt das ganzheitliche neuronale Prozeßgeschehen in sehr viele Detailprozesse. Wer aber fügt die Einzelglieder wieder so zusammen, daß das entsteht, was das Erleben offensichtlich ist: ein einheitliches Geschehen? Es scheint, als seien wieder Gehirne notwendig – das Gehirn unseres Protagonisten oder dasjenige seines Projektleiters –, um die Integration zu leisten.

– Die neurophysiologischen Daten erreichen den Protagonisten zeitverzögert, weil die Apparatur Zeit für ihre Analysen benötigt, und das Gehirn unseres Protagonisten zusätzliche Zeit braucht, um die angelieferten Daten zu verarbeiten. Sein Erleben und die Informationen

---

Für sie scheint nur das sogenannte phänomenale Bewußtsein zu existieren, das im Akt des Bewußtwerdens unmittelbar gegeben ist. Mit dem Begriff des Bewußtseins werden wir uns später noch eingehender zu beschäftigen haben.

[12] Die Grundidee für ein solches „Experiment" geht auf Meehl (1966) zurück. Sie wurde von Flohr (1989) aufgegriffen, um der Frage nachzugehen, ob die Identitätstheorie mit der Methode der Autozerebroskopie bewiesen werden könnte – eine Frage, die Flohr abschließend mit negativem Ergebnis beantwortet.

über die neurophysiologischen Prozesse, die dieses Erleben *sind*, stehen ihm also niemals in Echtzeit parallel zur Verfügung.

– Die Datenaufnahme durch den Protagonisten unterliegt wiederum Beschränkungen und Selektionsvorgängen, die seinem Gehirn immanent sind. So ist z. B. die Aufnahme- und Verarbeitungskapazität seines Gehirns in natürlicher Weise begrenzt; oder die Daten sind derart entlarvend, ängstigend oder kränkend, daß automatisch Abwehrprozesse aktiviert werden, um sich der quälenden Selbstbegegnung zu entziehen.

– An dem letztgenannten Beispiel wird deutlich, daß unser Protagonist in einen Wechselwirkungsprozeß mit der Apparatur gerät, die ihn über seine Hirnprozesse informiert. Dieser Rückkopplungsprozeß kann sich rasch und bedrohlich aufschaukeln. Jeder möge sich selbst ausmalen, was geschieht, wenn der gründlich analysierte Protagonist plötzlich bemerkt, daß ihn die experimentelle Prozedur an Interaktionserfahrungen mit seiner „verfolgenden" Mutter erinnert, die auch immer genau wissen wollte, was in ihm vorging, oder es, noch schrecklicher, vielleicht sogar wußte.

– Die neurophysiologischen Prozesse, die sein Erleben sind, werden entscheidend durch latente Hirnstrukturen beeinflußt. Das sind z. B. die spezifischen Synapsenstärken, in denen seine gesamten bisherigen Lebenserfahrungen niedergelegt sind. Diese latenten Hirnstrukturen sind aber den On-line-Ableitungen, die er sehen kann, nicht unmittelbar zu entnehmen.

Wir entscheiden uns nun aber, über alle diese Schwierigkeiten und Grundsatzprobleme hinwegzusehen. Wir unterstellen statt dessen, das Experiment sei trotzdem durchführbar, und unser Protagonist würde es unbeschadet überstehen. Was hat er gelernt? Wir machen weitere Annahmen: So habe er z. B. nichts erfahren, was prinzipiell gegen identitätstheoretische und emergenztheoretische Positionen spricht. Deren Gültigkeit sei also weiterhin plausibel. Im Verlauf des Experimentes sei ihm weiterhin zur Gewißheit gereift, daß es sich bei der Vorstellung von einer immateriellen Geistseele um eine Selbsttäuschung des Gehirns handeln müsse, das mit untauglichen Mitteln versucht habe, sich das eigene Funktionieren zu erklären. Dank dieses Experimentes habe er sich aber davon überzeugen können, daß inzwischen mit den modernen diagnostischen Verfahren der Neurophysiologie taugliche Mittel zur Verfügung stünden. So sei er also überzeugt, daß das Erklärungsprojekt eines reduktiven Materialismus einen zumindest prinzipiell richtigen Weg weise, um seelisch-geistige Vorgänge auf neuronale Prozesse zurückzuführen und damit erklärbar zu machen.

Nehmen wir also an, unser Protagonist habe alles darüber in Erfahrung gebracht, *wie* sein Gehirn arbeitet. Und trotzdem wird er darauf verweisen, daß eine Kluft bleibt – eine Kluft zwischen dem, was seine Displays ihm gezeigt haben, und dem, was er unmittelbar selbst erlebt hat. Er wird Bieri (1989) nachdrücklich darin unterstützen, daß das Erleben selbst und die Informationen darüber, was dabei neurophysiologisch geschieht – *wie* es geschieht und *wie* es auf neurophysiologischem Niveau zu erklären ist –, zwei verschiedene Sprachen erfordert, die sich beide wiederum in einem Gehirn realisieren. Unser Protagonist wird weiterhin darauf verweisen, daß der Rückgriff auf zwei verschiedene Sprachen eine notwendige Folge der Kluft ist, die er erfahren hat, um dann aber zu betonen, daß dieser Verweis *nicht* den entscheidenden Unterschied markiert, der ihm erlebensunmittelbar deutlich geworden ist. Gebeten, die erlebte Kluft näher zu beschreiben, wird er uns eine vergleichsweise einfache Antwort geben: Das Erleben entsteht *in meinem* Gehirn, nur dort und nirgendwo sonst. Dieses „in meinem" ist das Entscheidende. Das, was ich von diesem In-meinem-Gehirn-Geschehen mit apparativer Hilfe sehen kann, bezieht sich zweifellos auf meine Hirnprozesse. Die neurophysiologischen Aufzeichnungen können aber weder erfassen noch mir vermitteln, wie es ist oder wie es sich metaphorisch ausgedrückt „anfühlt", wenn sich in meinem Gehirn eine bestimmte neuronale Aktivität aufbaut. Diese neuronale Aktivität ist aber nur eine Seite der Medaille. Um daraus die Wirklichkeitserfahrung zu machen, die mein Erleben ist, muß als entscheidende weitere Bedingung hinzukommen, daß sich diese neuronale Aktivität *in* einzig und allein *meinem* Gehirn aufbaut.

Mit anderen Worten: Die allmächtig und allwissend phantasierten Apparaturen einer zukünftigen Neurophysiologie können uns eines fernen Tages vielleicht ganz genau darüber aufklären, wie in unserem Gehirn ein Erleben entsteht. Sie können aber niemals wissen, wie das „von innen" ist, was sie „von außen" perfekt analysieren. Sie können es nicht wissen, weil sie selbst keine Gehirne sind. Nur Gehirne können das wissen. Diese schlichte Feststellung der Organgebundenheit, die m.E. in der Diskussion des Hirn-Seele-Problems zu wenig beachtet wird, kann weder weiter aufgelöst noch nachgebildet, noch auf etwas anderes reduziert werden. Aus dieser Organgebundenheit ergeben sich zwei Konsequenzen, die ich, wenn ich Philosoph wäre, vielleicht ontologische Tatsachen nennen würde.

Zum einen begründet die Organgebundenheit, daß sich die Subjektivität meines Erlebens jedem Objektivierungsversuch widersetzt bzw. entzieht, weil es mein Erleben immer nur in meinem Gehirn gibt. Daran würde sich auch nichts ändern, wenn es den Neurophysiologen gelänge, lebende Gehirne nachzubauen, geschweige denn, sie in Computern wie auch immer perfekt zu simulieren. Die Unmöglichkeit, subjektive Erfahrungen objektiv zu machen, würde nur dorthin weitergetragen werden. Zum anderen verweist uns die Organgebundenheit auf ein Rätsel der Natur, das nur als Frage formuliert, prinzipiell aber nicht gelöst werden kann: Wie ist es möglich, daß dieses In-meinem-Gehirn-Geschehen der neuronalen Aktivität unvermittelt sinnlich-anschauliche Wahrnehmungen *sind* – oder Erinnerungen, Phantasien, Gefühle, Gedanken, Ahnungen, Gestimmtheiten etc., in ihrer Gesamtheit also mein Erleben? Wir wissen darauf keine Antwort und werden niemals eine Antwort wissen können. Es „geschieht" einfach in unseren Gehirnen. Es „ist" einfach so.

Selbst dann, wenn wir ganz genau die neuronalen Aktivierungsprozesse angeben könnten, die die Voraussetzung dafür sind, daß in unserem Gehirn plötzlich lebendige Bilder entstehen, wüßten wir noch nicht, wie es möglich ist, *daß* bestimmte neuronale Aktivierungen unvermittelt Bilder sind. Unter den vielen faszinierenden Fähigkeiten des Gehirns, auf die wir gestoßen sind, und die sich zumindest ansatzweise einem neurophysiologischen Verständnis eröffnen, ist diese rätselhaft-unenträtselbare Fähigkeit wohl die außergewöhnlichste, um das Gehirn zu dem zu machen, was es ist: ein Wunderwerk.

4. Man mag sich kritisch fragen, ob wir bei diesem Loblied auf die wunderbaren Leistungen des Gehirns nicht en passant die „Seele" und den „Geist" vergessen und somit ohne Ehrfurcht und Dankbarkeit verraten haben, was uns erst in den Rang der höchstentwickelten Lebewesen auf dieser Erde erhebt. Ich glaube, der Verratsvorwurf ist unberechtigt, was allerdings voraussetzt, daß wir zunächst den begrifflichen Umgang mit „Seele" oder „Geist" zu klären versuchen. Zur Erinnerung: Wir hatten uns neurale Aktivitätsmuster unterschiedlicher Komplexität vorgestellt und sie, idealtypisch vereinfacht, in aufsteigender Rangreihe angeordnet. Wenn wir dieser Ranghierarchie folgen und dabei den Emergenzgedanken wieder aufnehmen, treffen wir irgendwann auf Aktivitätsmuster, denen besondere Qualitätsmerkmale eigen sind, die wir als emergent betrachten: Wir sind uns plötzlich unserer selbst und unserer Umgebung bewußt; wir empfinden Schmerz oder Lust; wir fühlen uns traurig oder glücklich; wir erkennen in einem Geschehen in der Gegenwart oder erinnerten Vergangenheit irgendeine Art von Sinn und schreiben ihm eine bestimmte Bedeutung zu; wir sind uns intuitiv oder nach reiflicher Überlegung sicher, daß etwas sehr wichtig ist, anderes dagegen nicht, etc.

Wenn solches geschieht, erleben wir uns als Wesen, die eine Seele oder einen Geist haben. Es sind aber nicht Geist, Seele oder Geistseele, die uns fühlen, phantasieren oder denken lassen, sondern das Gehirn bringt unter vielen Phänomenen auch solche hervor, die die Qualität des Seelischen oder Geistigen haben. Was sollte uns hindern, Phänomene, denen diese besonderen Qualitäten eigen sind, „seelisch" oder „geistig" zu heißen – nachdem wir einmal gelernt haben, daß sie so genannt werden können? Nichts. So zu verfahren, bedeutet aber gleichzeitig, daß wir diese Phänomene bestimmten ideellen Systemen zuordnen, die es nicht wirklich in der Natur gibt, die vielmehr von Menschen erdacht worden sind, um Phänomene bestimmter Art klassifizieren und einordnen zu können. Die ideellen Systeme heißen in diesem Fall „Seele" und „Geist". Insoweit haben wir noch keinen Fehler begangen. Einen Fehler begehen wir erst, wenn wir diese ideellen Systeme behandeln, als wären sie real existierende Systeme und beispielsweise behaupten, daß Seele oder Geist etwas Bestimmtes bewirken. Das können sie per se nicht. Etwas bewirken können vielmehr nur die seelischen und geistigen Inhalte und Funktionen, die wir den beiden ideellen Systemen zugeordnet haben.

Trotz ihrer außerordentlichen Qualität bleiben diese Inhalte und Funktionen aber weiterhin biologische Phänomene. Sie sind Hirnvorgänge, wenn wir, wie ich es tue, der identitätstheoretischen Position folgen. Auf dieser Grundlage wird es dann auch möglich zu begründen, daß es psychosomatische Prozesse gibt, ohne damit den dritten Satz des Bieri-Trilemmas (siehe oben: „Der Bereich physischer Phänomene ist kausal geschlossen") zu verletzen. Demnach können sich also neurophysiologische Zustandsänderungen, die wir einschließlich begleitender Vorstellungs- bzw. Phantasiebilder als Lieben oder Hassen, als Glück oder Verzweiflung erleben, und andere neurophysiologische Zustandsänderungen, die wir beispielsweise als körperlichen Schmerz oder motorische Lähmung wahrnehmen, wechselseitig beeinflussen. Die Kopplung seelischer und körperlicher Vorgänge wird grundsätzlich möglich, weil die Netzwerkstruktur des Nervensystems einen vielfältigen Signalaustausch erlaubt – wie z. B. die Darstellung der neurophysiologischen Prozesse, die den emotionalen und motivationalen Komponenten des Erlebens zugrunde liegen, hat deutlich werden lassen.

5. Das Unbehagen, von dem ich zu Beginn dieser Abhandlung ausgegangen war, hatte u. a. damit zu tun, daß die subjektiven und individualspezifischen Momente, die jedes Erleben und die persönliche Lebensgeschichte eines Menschen zentral bestimmen, in vielen psychologischen Theorien – die sogenannte Metapsychologie der Psychoanalyse eingeschlossen – zu wenig Beachtung finden. Das gleiche trifft zu, wenn die Lebensgeschichten von Patienten in den Bezugsrahmen dieser Theorien transponiert, objektivierend betrachtet, analysiert und interpretiert werden. Im Moment des Erlebens noch ein ganz persönliches, sinnliches, ganzheitliches und bedeutungsvolles Geschehen, verliert das gelebte Leben eines Menschen viel von den Qualitäten der sinnlichen Unmittelbarkeit, der Einheitlichkeit, der jeweilig subjektiven emotionalen, motivationalen und kognitiven Bedeutung, wenn es theoriebezogen aufgearbeitet wird. Die jedem Erleben und jedem Blick auf die eigene Geschichte immanente höchstpersönliche (Wahrnehmungs-)Perspektive hat sich damit gleichermaßen verflüchtigt.

Was wäre naheliegender, als zu erwarten, daß die Hirnphysiologie noch weiter von den subjektiven und individuellen Aspekten des Erlebens wegführt? Ich hatte an früherer Stelle versprochen, daß diese Befürchtung unberechtigt und statt dessen das Gegenteil der Fall sein würde. Ich hoffe, daß ich dieses Versprechen in Ansätzen zumindest habe einlösen können, nachdem wir uns etwas eingehender mit ausgewählten Aspekten der Funktionsweise des Gehirns und der Identitätsbeziehung beschäftigt haben, in der Hirnprozesse und Erlebensprozesse zueinander stehen. Wir hatten in diesem Zusammenhang folgende Position zu begründen versucht: Das Erleben bzw. die ihm entsprechende subjektive Wirklichkeitserfahrung *ist* das hochkomplexe Aktivitätsmuster, das sich in unserem Gehirn in diesem Moment gerade aufgebaut hat; dementsprechend variiert das Erleben in Abhängigkeit davon, welche mit jeweils spezifischen Aufgaben betrauten Hirnareale am Aufbau des Erregungsmusters gerade aktiv beteiligt sind, und wie sich das Erregungsmuster infolge des Signalaustausches zwischen verschiedenen Hirnarealen seinerseits gerade verändert.

Zu diesen Veränderungsprozessen kommt es, weil das Gehirn auf die aktuelle Situation, in der wir uns gerade befinden, und die Anforderungen, die an uns herangetragen werden, reagiert und dabei so verfährt, daß es eine aktuelle Wirklichkeit zu entwerfen versucht, die sich möglichst bruchlos in den Rahmen unserer bisherigen Wirklichkeitserfahrungen, die zusammengenommen unser persönliches organisiertes Weltmodell bilden, einfügt. Ein solches „Modell" ist in zeitlich überdauernden funktionellen Veränderungen der Synapsenstärken und morphologischen Veränderungen der Hirnstruktur niedergelegt. Diese strukturellen Veränderungen determinieren, *wie* die aktuelle Gegenwart erfahren wird, weil alle Aspekte des Gegenwartsgeschehens entlang selektiv verstärkter neuronaler Bahnen verarbeitet werden. Wie wir gesehen haben, erfolgen die zeitlich überdauernden Veränderungen der neuronalen Verschaltungsstruktur des Nervensystems wesentlich in Abhängigkeit von persönlichen Erfahrungen. Die Konsequenz, die sich daraus ergibt, läßt sich auf die Kurzformel bringen: Der Individualität der Lebensgeschichte eines Menschen entspricht eine Individualität der Struktur seines Gehirns. Nehmen wir ergänzend hinzu, daß sich die *individualspezifische* neurale Aktivität nur in *meinem* (aber keinem anderen) Gehirn aufbauen und verändern kann, woraus sich das nicht transzendierbare subjektive Moment jeder Welterfahrung begründet, so haben wir in neurophysiologischer Perspektive einige wichtige Argumente zusammengetragen, um rational begreifen zu können, was wir intuitiv ohnehin zu wissen meinen – daß nämlich jeder Mensch *einzigartig* ist.

Die Individualität des Menschen und der Begriff des „Selbst"

Diese Einzigartigkeit führt uns zu dem Begriff des „Selbst", der in der psychoanalytischen und zunehmend mehr auch in der psychologischen Literatur zu einer Art Modebegriff geworden ist. Der Beliebtheit seiner Verwendung steht gegenüber, daß bislang keine vereinheitlichte, allgemein akzeptierte und in sich schlüssige Theorie des Selbst entwickelt werden konnte – weder in der Psychoanalyse noch sonstwo.

Innerhalb der Psychoanalyse hat der Begriff der „Selbstrepräsentanz" relativ breite Akzeptanz gefunden, womit die Gesamtheit der unbewußten und/oder bewußten Vorstellungsbilder bezeichnet wird, die ein Mensch mit seiner eigenen Person verbindet. Die Selbstrepräsentanz ist mit dem Begriff „Selbstkonzept" der akademischen Psychologie zumindest verwandt, unterscheidet sich aber zugleich insofern, als in der Selbstkonzeptforschung in erster Linie bewußte Merkmale erfaßt werden, die ein Mensch sich selbst zuschreibt. Die psychoanalytischen Bemühungen, den Begriff des Selbst umfassender zu klären, lassen sich als formal-begriffliche, operationale und ontologische Definitionsansätze unterscheiden.

Formal-begrifflich kann er herangezogen werden, um zunächst die eigene Person zu bezeichnen. In diesem Sinne definiert Jacobson (1974) das Selbst als „die gesamte Person eines Individuums, einschließlich seines Körpers und seiner Körperteile, wie auch seiner psychischen Organisation" (S. 17). Diese Definition erlaubt zwei Unterscheidungen. Sie dient erstens zur Differenzierung von Selbst und Nichtselbst (dem „Objekt" in psychoanalytischer Terminologie) und erlaubt zweitens, das „Selbst" vom „Ich" als eine der drei Instanzen der klassischen Strukturtheorie begrifflich klar zu unterscheiden.

Operationale Begriffsklärungen sind zunächst unter Bezugnahme auf die klassische Strukturtheorie versucht worden. Damit stellt sich die Frage, wo das Selbst zu lokalisieren und wie es inhaltlich zu bestimmen sei. Während z. B. Meissner (1979) die Ansicht vertrat, daß das Selbst außerhalb der klassischen Strukturkonzeption anzusiedeln sei, hat Kernberg (1988) die gegenteilige Position vertreten. Er schlägt vor, „den Begriff *Selbst* für die Gesamtheit von Selbstvorstellungen in enger Verbindung mit der Gesamtheit von Objektvorstellungen zu reservieren; mit anderen Worten, das Selbst als intrapsychische Struktur zu definieren, die ihren Ursprung im Ich hat und eindeutig in das Ich eingebettet ist" (S. 335). Ich wundere mich über die Sicherheit, mit der Kernberg behaupten kann, daß die Einbettung des Selbst in das Ich „eindeutig" sei. Hier scheint sich mir wieder anzudeuten, daß das Ich nicht mehr ausschließlich als Konstrukt, sondern als quasireales Gebilde behandelt wird, das erkannt und definitiv bestimmt werden kann. Schließlich sind „Selbst" und „Ich" gleichermaßen Konstrukte, und ich frage mich grundsätzlich, worin der erkenntnisfördernde Wert einer Diskussion liegen könnte, die sich damit beschäftigt, ob ein Konstrukt Teil eines anderen ist oder nicht. Ich werde darauf verzichten, diese lokalisationstheoretische Frage weiter zu verfolgen, nachdem ich mich (wie dargestellt) entschlossen habe, dafür zu plädieren, das Es-Ich-Überich-Modell aufzugeben.

Kohut (1973, 1979) hat die von ihm begründete Selbstpsychologie anfänglich noch in den Rahmen der klassisch-strukturtheoretischen Vorstellungen vom Aufbau des seelischen Apparates gestellt. Später hat er sich daraus gelöst und eine Psychologie entworfen, „in der das Konzept des Selbst dem des psychischen Apparates und seiner Funktionen übergeordnet ist" (Kohut 1979, S. 236). Was hat man sich unter einem derart umfassend konzipierten Selbst vorzustellen? Führt das Modell des „bipolaren Selbst" weiter, das als Versuch zu werten ist, der Selbstpsychologie eine Strukturtheorie zu geben (vgl. Köhler 1993)? In diesem Modell werden zwei Pole unterschieden, von denen der eine durch das Streben nach Macht und Erfolg und der andere durch zugehörige idealisierte Zielvorstellungen repräsentiert wird. Die Fähigkeiten und Begabungen eines Menschen werden in einem Bereich zwischen beiden Polen angesiedelt. Sie werden, so die Annahme, durch einen „Spannungsbogen" aktiviert, der zwischen den Polen „Ehrgeiz" und „ideale Ziele" aufgespannt ist (vgl. Kohut u. Wolf 1980). Dieses selbstpsychologische Strukturmodell ist so deutlich erkennbar speziell auf Patienten mit narzißtischen Problemen zugeschnitten, daß ich nicht erkennen kann, wie es als allgemeines Strukturmodell genutzt werden könnte, um alle psychischen und psychosomatischen Störungen in ihrer Vielfalt theoretisch befriedigend zu erklären.

Trotz dieser kritischen Anmerkungen zur Strukturkonzeption der Selbstpsychologie gilt aber, daß Kohut überaus wichtige Beiträge zur Entwicklung der psychoanalytischen Theorie und Behandlungstechnik geliefert hat, denen ich persönlich für meine klinische und theoretische Arbeit viel verdanke. Man denke nur an seine Beiträge zum Verständnis von Patienten mit ausgeprägten narzißtischen Problemen, zu bestimmten Übertragungsphänomenen, zu den Erfahrungen von Patienten im Grenzgebiet drohender Dekompensation, die im subjektiven Erleben der Patienten mit dem Gefühl einhergehen, daß sie als Personen zerfallen oder sich selbst auflösen. Ich persönlich halte die Selbstpsychologie in erster Linie aber für eine klinische Behandlungstheorie, in deren Rahmen vorrangig mit *einem* – klinisch allerdings äußerst wichtigen – Konstrukt gearbeitet wird: dem Selbstobjekt (s. später).

In seinen entwicklungspsychologischen Konzeptionen hat Kohut (1973, 1979) betont, wie wichtig die Fähigkeit von Eltern ist, empathisch auf die kindlichen Bedürfnisse und deren altersabhängige Veränderungen eingehen zu können. In diesem Zusammenhang hat er zwei archaische seelische Konfigurationen beschrieben, die das kleine Kind mit eineinhalb bis zwei Jahren allmählich herauszuformen beginnt, um mit Frustrationen seitens seiner Umwelt und der wachsenden Einsicht fertig zu werden, daß seine persönlichen Möglichkeiten und Kräfte begrenzt sind (und die seiner Eltern auch), um alle Wünsche in Erfüllung gehen zu lassen und alle Bedürfnisse befriedigen zu können. Kohut nennt diese seelischen Strukturen „grandioses Selbst" und „idealisierte Eltern-Imago". Das grandiose Selbst ist ein Komplex aus Vorstellungen und Phantasien, in dessen Zentrum das Kind sich selbst als großartig, allmächtig, unbesiegbar etc. erlebt. Die idealisierte Eltern-Imago wird durch entsprechende Phantasien und Vorstellungen von Vollkommenheit gebildet, mit denen die Eltern ausgestattet werden.

Kohut nimmt an, daß es in einer gesund verlaufenden Entwicklung gelingt, diese narzißtischen Konfigurationen allmählich und schrittweise zu modifizieren, abzumildern oder als angemessene Ziel- und Erwartungskonzepte so in die Persönlichkeitsstruktur zu integrieren, daß sie zu Quellen gesunder Selbstachtung und zu Kristallisationspunkten für die Ausbildung idealer Leitbilder werden. Kohut nennt diesen Prozeß „transmutierende Internalisation". Um diese Entwicklung zu einem erfolgreichen Abschluß zu bringen, wird als Voraussetzung angenommen, daß die Eltern hinreichend fähig sind, sich auf die kindlichen Bedürfnisse einzustellen. Sie sollten also die Bedürfnisse nach Spiegelung der eigenen (kindlichen) Großartigkeit erfüllen, sollten anerkennend, interessiert und stolz auf die kindlichen Produktionen, kreativen Leistungen und Selbstdarstellungen von persönlicher Großartigkeit reagieren; sie sollten andererseits aber auch die kindlichen Bedürfnisse danach, ihre Eltern als großartig erleben zu wollen, ruhig und gelassen akzeptieren.

Die Befriedigungen dürfen aber auch nicht vollkommen sein (Prinzip der optimalen Frustration), damit das Kind – immer auf dem Boden eines grundlegenden Vertrauens auf die Verfügbarkeit elterlicher Hilfsfunktionen – gezwungen ist, jene Funktionsleistungen, die die Eltern nur unteroptimal erfüllen, allmählich qua eigener Strukturbildung, also durch die Entwicklung entsprechender Fähigkeiten und Fertigkeiten, in die eigene Regie zu übernehmen.

Dieser Entwicklungsprozeß mißlingt, so die Annahme, wenn die Eltern nicht eingefühlt (empathisch) auf die kindlichen Bedürfnisse reagieren: also z. B. das Kind übermäßig in seinem Leistungsverhalten antreiben und damit die Angst stimulieren, daß es nicht um seiner selbst willen, sondern allein wegen seiner Leistungen geliebt wird; oder wenn die Eltern das Kind überhaupt nicht anerkennen, nicht lobend spiegeln, oder sie sich selbst als Objekte, die das Kind bewundern will, verweigern.

In der Selbstpsychologie wird angenommen, daß Kinder ihre Eltern als sogenannte Selbstobjekte erleben, als Personen, die als Teil der eigenen Person wahrgenommen werden (vgl. Köhler 1993). Wenn Eltern in ihren Funktionen als Selbstobjekte versagen, ihre Kinder also in deren Selbstobjekt-Bedürfnissen massiv frustrieren, soll dies in selbstpsychologischer Perspektive zur Folge haben, daß die allmähliche Umformung der archaischen narzißtischen Konfigurationen mißlingt, die sich statt dessen relativ unverändert bis ins Erwachsenenalter erhalten.

Selbstpsychologisch orientierte Behandlungen folgen der Leitlinie, daß Patienten mit ausgeprägt narzißtischen Zügen die Umwandlung der archaischen Strukturen nachträglich dadurch ermöglicht werden soll, daß der Behandler selbst die Selbstobjekt-Funktionen übernimmt, die die Eltern in der Kindheit der Patienten nicht adäquat wahrgenommen hatten. Wenn es dem Behandler aber vorübergehend oder längerfristig nicht gelingt, die seelischen Vorgänge zu verstehen, die den Patienten innerlich beherrschen, soll sich, wie angenommen wird, für den Patienten das frühe Empathieversagen seiner Eltern wiederholen. Die mögliche Folge ist, daß er in starke emotionale Erregungszustände gerät und vor allem z. B. massive narzißtische Wut und/oder intensive Ängste entwickelt. Diese Reaktionen des Patienten werden von Kohut (1979) als Anzeichen für einen drohenden oder realen Zerfall des Selbst eines Patienten interpretiert – eine kritisch zu wertende Annahme, mit der wir uns aber an späterer Stelle beschäftigen werden.

Kehren wir zunächst zu dem Versuch zurück, eine klarere Vorstellung vom Selbst zu gewinnen. Formal-begriffliche Definitionsansätze sind in gewissem Umfang ebenso hilfreich wie operationale, die das Selbst auf die Vorstellungsbilder einer Person von sich selbst (die Selbstrepräsentanzen) einzugrenzen versuchen. Haben wir damit aber das „Wesen" des Selbst hinreichend erfaßt? Ist es überhaupt möglich, das Selbst ontologisch zu bestimmen? Kohut selbst kommt zu dem Schluß, daß es unmöglich ist: „Das Selbst ist, ob man es im Rahmen der Psychologie des Selbst im engeren Sinne als spezifische Struktur des psychischen Apparates auffaßt oder im Rahmen der Psychologie des Selbst im weiteren Sinne als Mittelpunkt des psychologischen Universums des Individuums, wie alle Realität [..] in seiner Essenz nicht erkennbar. Wir können mit Introspektion und Empathie nicht das Selbst per se erreichen, nur seine introspektiv oder empathisch wahrgenommenen psychologischen Manifestationen stehen uns offen" (1979, S. 299).

Immerhin scheint Kohut aber, wie das Zitat andeutet, davon auszugehen, daß es die „Essenz" des Selbst gibt, wenn sie auch nicht zu erfassen ist. Ich glaube nicht, daß es sonderlich hilfreich ist, eine solche Essenz des Selbst anzunehmen, und hätte zudem die Sorge, daß damit der Selbst-Begriff unnötigerweise mystifiziert würde. Gleichwohl aber nehme ich an, daß die Konzeption eines Selbst mehr einschließen muß, als mit der Begrifflichkeit der Selbstrepräsentanzen erfaßt wird. So bleiben die Vorstellungen von einem Selbst m. E. abstrakt und unlebendig, solange wir den Selbst-Begriff nicht mit dem Erleben einer Person in Verbindung bringen. Ein Rückbezug auf das Erleben, das wir zu Beginn dieser Abhandlung eingehender beschrieben haben, mag dies verdeutlichen.

Im virtuellen Mittelpunkt eines jeden Erlebens – das Erleben haben wir als momentane Wirklichkeitserfahrung eines Menschen definiert – steht die Ich-Person. Von diesem virtuellen Mittelpunkt nehmen wir jeweils „unsere" Welt wahr. Jedes Erleben wird weiterhin von dem begleitet, was Federn (1956) das Ich-Gefühl genannt hat: Ich bin ich und als Person dieselbe, die ich in der Vergangenheit war und in der Zukunft sein werde. Üblicherweise denken wir über diese Gegebenheiten nicht besonders nach, sondern nehmen sie als Selbstverständlichkeiten einfach hin. Unser Erleben ist aber noch mehr. So sind wir uns, wenn auch mit unterschiedlicher Deutlichkeit, jederzeit bestimmter Inhalte – bestimmter Gefühle, Wünsche, Phantasien, Gedanken etc. – bewußt. Unter diesen Inhalten mögen uns manche „neu" erscheinen, viele aber werden uns sehr wohl vertraut sein – wie z. B. das Zimmer, in dem wir uns gerade aufhalten. Wir erkennen es wieder, wie wir vieles von dem als bekannt wiedererkennen, das gerade in uns lebendig ist: Wir merken, daß innere Wahrnehmungsbilder persönliche Erinnerungen sind, daß wir bestimmte Gedanken schon oft gehabt haben, daß wir bestimmte Tätigkeiten schon wiederholte Male in ähnlicher Weise ausgeführt haben usw. Ein solches Wiederholen und Wiedererkennen wird möglich, weil wir ein Gedächtnis haben. Dank des Gedächtnisses kann die Vergangenheit in der Gegenwart wirksam werden. Das Gedächtnis hat entscheidenden Anteil daran, daß wir ein Ich-Gefühl sowie ein personales und inhaltliches Identitätsgefühl entwickeln und aufrechterhalten können.

Ich habe die hier vorgelegten strukturtheoretischen Überlegungen nicht auf den Begriff des Selbst zentriert, weil er zu schillernd bzw. vieldeutig ist und sich allzusehr für mystifizierende und verklärende (letztlich dann aber unbestimmte) Bedeutungszuschreibungen anbietet.[13] Dennoch scheint mir der Selbst-Begriff weiterhin unverzichtbar zu sein. Ich werde ihn aber in nüchterner und pragmatischer Weise verwenden und vom Selbst sprechen, um damit das *erlebende Subjekt* zu bezeichnen. Damit ist dann nicht irgendeine abstrakte Person gemeint, sondern ein einzelner Mensch, der im Moment gerade eine lebendige, in ihrer Subjektivität einzigartige Welt entwirft, die seiner momentanen Wirklichkeitserfahrung entspricht. Dieses „Selbst" durchläuft in ununterbrochener Folge Metamorphosen, weil sich die lebendigen Inhalte dessen, was er erlebt, permanent verändern. Solange aber die Gedächtnisfunktion intakt ist, das Ich-Gefühl und der jedem wie auch immer gearteten Wirklichkeitsentwurf immanente Mittelpunkt (die Ich-Person als virtuelles Zentrum, von dem aus wir unsere subjektive Welt wahrnehmen) fortbestehen, ist in der Regel gesichert, daß ein Mensch trotz aller Veränderungen nicht in Konfusion gerät.

Ein solches erlebendes Subjekt (Selbst) verfügt schließlich aber auch über eine Struktur, und wir müssen uns der Unterscheidung erinnern, die in dieser Abhandlung eine wichtige Rolle spielt und noch wiederholte Male auftauchen wird – die Unterscheidung zwischen dem aktuellen Erleben und der seelisch-geistigen Struktur, die das Erleben determiniert. Innerhalb dieser Struktur gibt es nun wiederum spezielle Substrukturen, die bestimmte zeitlich überdauernde Merkmale der eigenen Person betreffen und implizit auf Fragen bezogen sind wie: Wer bin ich? Welche besonderen Eigenarten machen mich zu dieser spezifischen und einzigartigen Person, als die ich mich wahrnehme? Um diese speziellen Substrukturen zu bezeichnen, ist es sinnvoll, auch in strukturtheoretischen Zusammenhängen den Begriff des Selbst aufzugreifen – in diesen Fällen aber nur in zusammengesetzter Form, um ihn von seiner Hauptverwendung (zur Kennzeichnung des erlebenden Subjekts) deutlich zu unterscheiden. Eine dieser Strukturen ist unter dem Begriff der „Selbstrepräsentanz" bereits bekannt. Die Selbstrepräsentanz kann aber nicht

---

[13] In meiner Arbeit „Das Selbst-System" (Deneke 1989) habe ich eine solche Zentrierung noch versucht. Viele der früheren Überlegungen sind in die gegenwärtige Abhandlung eingegangen. Die wesentliche Erweiterung gegenüber der früheren Arbeit besteht darin, daß ich den Prozeß der seelisch-geistigen Strukturbildung jetzt in den Erklärungsrahmen des Systems „Gehirn" stelle.

alle strukturell verankerten Aspekte der Antworten auf die Wer-bin-ich-Frage abdecken. Es gibt bestimmte zeitstabile, auf uns selbst als Person bezogene Strukturmerkmale, die eminent wichtig sind, weil sie unsere personale Identität sichern oder umgekehrt gefährden. Ich werde sie unter dem Begriff „Identitäts-Selbst" zusammenfassen.

Kurzes Fazit: Der Selbst-Begriff ist zugleich mehrdeutig und vage-unbestimmt. Das Konzept eines „Selbst" steht in der Gefahr, auf magisch anmutende Weise mit allen möglichen Qualitäten ausgestattet zu werden und somit ein ähnliches Schicksal wie das „Ich" der klassischen Strukturtheorie zu erleiden. Es droht ihm, nicht mehr als eine gedankliche Hilfskonstruktion behandelt zu werden, die es nur und ausschließlich in unserer Ideenwelt gibt, sondern als ein Gebilde, das real existiert, das real etwas bewegen, verändern oder z. B. auch zerfallen kann. Um solche Fehlannahmen zu vermeiden, verwende ich den Begriff des Selbst, wenn überhaupt, in einem deskriptiven und erfahrungsunmittelbaren Sinne. Er soll das erlebende Subjekt bezeichnen, in dessen Gehirn in ununterbrochener Folge eine subjektive Wirklichkeit entworfen und als persönliches Erleben erfahrbar wird. Dieses Erleben, einzigartig und in seiner Subjektivität nicht transzendierbar, *ist* das Aktivitätsmuster, das sich in diesem Gehirn zu diesem Zeitpunkt gerade aufgebaut hat. Zwischen Erleben und Struktur muß zunächst gedanklich klar unterschieden werden, wenn beide auch (siehe später) eng aufeinander bezogen sind, weil jedes Erleben strukturabhängig gestaltet und reguliert wird. Die seelisch-geistige Struktur ist die systematisierte Ordnung, die das Gehirn auf der Grundlage aller vorangegangenen Lebenserfahrungen eines Menschen aus sich selbst heraus entwickelt hat. Insofern ist auch diese Struktur einzigartig. Sie ist in bestimmten funktionell-morphologischen, jeweils wiederum individualspezifischen Veränderungen der neuronalen Hirnstruktur niedergelegt. Alle Fragen nach den zeitlich überdauernden Eigenarten und Besonderheiten des erlebenden Subjekts verweisen auf Eigenarten und Besonderheiten der seelisch-geistigen Struktur dieses Subjekts – oder dieses Selbst, wenn man den Begriff denn verwenden will.

Teil IV

Die genetisch-dynamische Strukturtheorie

In den nachfolgenden Kapiteln sollen die Überlegungen zu einer genetisch-dynamischen Strukturtheorie detaillierter ausgeführt werden.

Wir hatten eingangs gefordert, daß eine psychologische Theorie auf axiomatisch-unbeweisbare Spekulationen über die Natur des Menschen als wahrnehmendes, fühlendes, denkendes, handelndes, selbstreflektierendes, sich erinnerndes Wesen möglichst verzichtet. Sie sollte statt dessen lebenspraktisch in dem Sinne sein, daß sie von natürlichen Gegebenheiten ausgeht. Eine solche natürliche Gegebenheit ist, daß wir ein Gehirn besitzen, das im Verbund mit den Sinnesorganen und Effektorsystemen fähig ist, in uns die Welt zu erschaffen, in der wir leben. Die Beschäftigung mit einigen wichtig erscheinenden Funktionsprinzipien des Gehirns hatte uns verdeutlicht, daß seine 100 Milliarden Neuronen keiner übergeordneten Zentrale unterstellt sind, die die interneuronale Kooperation lenkt und steuert. Wenn auch bestenfalls in Ansätzen verstanden, so scheint doch mit relativ großer Gewißheit festzustehen, daß sich das Gehirn als Gesamtsystem selbst organisiert. Diese Selbstorganisation wird durch einen hochkomplexen Signalaustausch zwischen Neuronen, Neuronenverbänden und Hirnarealen geleistet, die parallel verteilt und mit unterschiedlicher Aufgabenspezialisierung aktiv sind. Der Signalaustausch sichert, daß die lokal erarbeiteten Detailanalysen vom Gesamtsystem Gehirn wiederum integriert werden. Das Resultat ist die einheitliche Welt- und Wirklichkeitserfahrung, die unser Erleben ist.

Die hochgradige Komplexität neuronaler Prozesse und das offensichtliche Fehlen einer zentralen Lenkungseinheit im Gehirn hatten uns, neben anderen Kritikpunkten, veranlaßt, das Einfachmodell vom Aufbau des seelischen Apparates, die klassische Strukturtheorie der Psychoanalyse, aufzugeben. Es ist nicht länger vertretbar, ein Gliederungskonzept mit drei Instanzen – von denen eine, das „Ich", mit zentralen Vermittlungs- und Koordinationsaufgaben betraut wird – aufrechtzuerhalten, das mit neurophysiologischen Erkenntnissen über die Arbeitsweise des Gehirns offensichtlich nicht vereinbar ist. Statt also von einem unhaltbaren psychologisch-theoretischen Schichtenmodell auszugehen, stellen wir unsere strukturtheoretischen Überlegungen auf ein natürliches biologisches Fundament: das Gehirn und die Funktionsleistungen, zu denen es fähig ist. Zu diesen Leistungen zählt als wichtigste und zugleich komplexeste, daß das Gehirn in der Lage ist, Sinnesreize aus der Außenwelt und unserem Körper so zu verarbeiten und zu repräsentieren, daß die resultierende Wirklichkeitserfahrung, das Erleben, ganzheitlich organisiert ist. Die Befunde der modernen Säuglingsforschung (vgl. zusammenfassend Dornes 1993) belegen überzeugend, daß Erfahrungen schon lebensgeschichtlich früh (mit großer Wahrscheinlichkeit bereits vorgeburtlich beginnend) in zugleich differenzierter und geordneter Weise repräsentiert werden. Das Gehirn verfügt also über angeborene bzw. postnatal sich rasch entwickelnde Funktionen, die es zu einer komplex-ganzheitlichen Verarbeitung von Sinnesreizen befähigen. Die resultierenden Repräsentationen von Erfahrungen bilden den Ausgangspunkt für die weiteren Überlegungen zu einer genetisch-dynamischen Strukturtheorie.

Wir folgen der Logik, die in vorangehenden Abschnitten bereits vorgezeichnet worden ist. Leitender Grundgedanke ist dabei, daß sich die Strukturbildung im Prozeß des Erlebens vollzieht.

Die zirkuläre Rückkopplung zwischen Struktur und Erleben – am Beispiel der frühen Entwicklung

Nur im Brennpunkt des Erlebens können wir uns selbst und die Welt um uns herum erfahren. Das Erleben ist insofern identisch mit der jeweilig momentanen sinnlich-unmittelbaren Wirklichkeitserfahrung eines Menschen. Das Gehirn erzeugt diese Wirklichkeitserfahrung. Es bildet dabei keine inneren oder äußeren Wirklichkeiten „objektiv" ab. Was das Gehirn erzeugt, sind vielmehr *Wirklichkeitskonstruktionen*, die höchst subjektiv sind, weil es sie in ihrer spezifischen Eigenart *so* nur in *dem* Gehirn gibt, das diese Wirklichkeiten entwirft.

Neben diesem konstruktivistischen Aspekt haben wir das Erleben einleitend unter neun weiteren Gesichtspunkten charakterisiert und waren dabei u.a. bereits darauf eingegangen, daß sich das Erleben im zeitlichen Verlauf zu dem ordnet, was als *Episode* bezeichnet wird. Eine Episode ist eine kleine, in sich zusammenhängende Einheit des Erlebens, die nicht in ihre einzelnen Erfahrungselemente wie z.B. isolierte Gefühle, Wahrnehmungen, Kognitionen, Handlungsteile etc. zergliedert werden kann, ohne sie damit als ein Ganzes in ihrem Sinngefüge, also als bedeutungtragendes Geschehen, zu zerstören.

Stern (1985, 1992) hat darauf hingewiesen, daß viele empirische Säuglingsforscher – zumindest jene, die gegenüber der Psychoanalyse grundsätzlich wohlwollend eingestellt sind – die mnestisch gespeicherten Episoden für die Basiseinheiten halten, aus denen sich die Repräsentanzenwelt aufbaut. Ich teile diese Auffassung, mit der die Annahme einhergeht, daß „das Selbst und die psychische Struktur aus frühen Interaktionsstrukturen entstehen" und „die charakteristischen Muster der gegenseitigen Beeinflussung zu einer wichtigen Quelle für die Strukturierung der Erfahrung des Säuglings werden" (Beebe u. Lachmann 1986, S. 2; zit. n. Zelnick u. Buchholz 1991, S. 834).

Episoden wie beispielsweise Still-, Wickel- oder Spielszenen sind multipel strukturiert: Sie haben einen situativ-räumlich-zeitlichen Beginn; das Baby oder Kleinkind ist durch *Wünsche* aktiviert bzw. motiviert und in eine lebendige *Interaktion* mit einem *Beziehungsobjekt* (Mutter oder Vater oder vielleicht auch einem unbelebten Objekt) eingetreten. Zeitlich parallel zur Ereignisfolge erlebt das kleine Kind mehr oder weniger intensive *Gefühle*. Die Gefühle ihrerseits wiederum motivieren das Kind, die Interaktion fortzusetzen oder abzubrechen. Das eine oder das andere geschieht, je nachdem, wie gut es der Mutter oder dem Vater gelingt, sich so in das szenische Geschehen einzuspielen, daß ihr Verhalten optimal auf die Bedürfnisse des Kindes abgestimmt ist – mit der Folge, daß das Kind engagiert im Beziehungsfeld bleibt. Schließlich wird die Episode durch das Kind, den Elternteil oder beide nach wechselseitiger Signalabstimmung beendet.

Stern (ebd.) hat nachdrücklich betont, daß eine Episode vermutlich als unteilbare Einheit ins Gedächtnis eintritt. Dadurch werden die verschiedenen Erfahrungselemente, die eine solche Episode als in sich zusammenhängende Erfahrungseinheit konstituieren, in natürlicher Weise zusammengefügt.

Beschränken wir uns jetzt vorübergehend auf die Perspektive des Säuglings, und fragen wir nach dem Zusammenhang zwischen seiner seelisch-geistigen Struktur, deren Entwicklung sich ja noch ganz am Anfang befindet, und der Art und Weise, *wie* er das episodische Interaktionsgeschehen erlebt und seinerseits mitgestalten kann.

Die Ergebnisse der Säuglingsforschung belegen, daß Säuglinge und Kleinkinder fähig sind, in höchst kompetenter Weise sozial zu interagieren. Beebe (1986) konnte beispielsweise zeigen, daß es Müttern und ihren 3 Monate alten Säuglingen in natürlichen Beziehungssituationen wie

z. B. dem gemeinsamen Spielen gelingt, ihre Aktionen (mimische Ausdrucksbewegungen, Babbeln, Kopfbewegungen etc.) wechselseitig so fein abzustimmen, daß die Aktions-Reaktions-Zyklen bestimmte, zeitlich strukturierte Regelhaftigkeiten erkennen lassen, die der Wechselrede Erwachsener sehr ähnlich sind. Die Aktionen werden entweder zeitlich so synchronisiert, daß sie gleichzeitig auftreten, oder sie folgen einem Alternierungsschema, d.h. die Aktionen des einen Interaktionspartners (Mutter oder Baby) beginnen regelhaft erst dann, wenn die des anderen beendet sind. Die Einzelaktionen in der Interaktionssequenz dauern häufig nur eine halbe Sekunde, sind mit dem bloßen Auge nicht, sondern erst dann beobachtbar, wenn die gefilmten Szenen zeitlich engmaschig Bild für Bild analysiert werden.

Diese Feinabstimmungen sind Ausdruck eines gelungenen Miteinander. Wenn sie häufig wiederholt werden, bildet der Säugling mnestisch gespeicherte Schemata für vergleichbare Beziehungssituationen. Erfahrungsniederschläge dieser Art ermöglichen es dem Kleinkind, seine (soziale) Welt in einer natürlich noch äußerst einfachen Form so zu organisieren, daß es gleichsam Wahrscheinlichkeitsannahmen machen kann, wie die Mutter auf welches Verhalten reagieren wird. So fanden beispielsweise Tronick et al. (1978), daß schon 3 Monate alte Säuglinge irritiert reagieren, wenn ihre Mütter oder Väter in der Mitte einer Interaktion mit dem Baby plötzlich ein „stilles Gesicht" machen, d.h. ihre mimischen Ausdrucksbewegungen unterdrücken und damit den natürlichen Fluß der Interaktion stören. Die Babys reagieren aufgeregt, ziehen sich ihrerseits sozial zurück oder versuchen alternierend hierzu, den passiven Elternteil erneut für die Interaktion zu engagieren. Die Tatsache, daß sie auf diese unnatürliche Unterbrechung des Interaktionsflusses reagieren, verdeutlicht, daß ihnen offenbar schon eine Art von „Wissen" darüber verfügbar ist, wie sich die Interaktion gewöhnlicherweise ereignet.

Solche Schemata bilden sich in analoger Weise auch, wenn die interaktionelle Feinabstimmung mit einer Mutter regelhaft mißlingt. So werden in ersten Umrissen nicht Schemata der „guten" oder „schlechten" Mutter erkennbar, sondern *Interaktionsschemata* gelungener Koordination, die mit einer „guten" Mutter aufgebaut werden können, mit einer „schlechten" dagegen nicht (Deneke 1993).

Diese im Gehirn repräsentierten Interaktionsschemata sind Teil der seelisch-geistigen Struktur des kleinen Kindes. Sie bilden das innere Bezugssystem, um das aktuelle Interaktionsgeschehen mit der Mutter oder dem Vater, deren Signale und Reaktionen, überhaupt verstehen und angemessen darauf reagieren zu können. Mit anderen Worten: In jeder Phase des episodischen Interaktionsgeschehens wird das „Wie" seines Erlebens der jeweils aktuelle ganzheitliche Wirklichkeitsentwurf, den das Gehirn des kleinen Kindes erzeugt – entscheidend durch seine Vorerfahrungen mit diesen oder ähnlichen interaktiven Situationen mitbestimmt, die sich in seinem Gehirn bereits als Strukturen formiert und in seinem Gedächtnis repräsentiert haben.

Mit jeder neuen Interaktionsepisode wird das strukturell verankerte Interaktionsschema überarbeitet. Dies kann auf verschiedene Weisen geschehen. Das Schema wird gefestigt, gewissermaßen „bestätigt", wenn die neuen Wirklichkeitserfahrungen dem modellartigen Erfahrungsschema weitgehend entsprechen. Es wird verändert und möglicherweise ausdifferenziert, wenn die neuen Erfahrungen einige bislang nicht vertraute Elemente enthalten, ohne damit aber das Interaktionsschema in toto zu riskieren. Im Falle eines radikal anderen episodischen Ablaufes kann diese qualitativ neue Wirklichkeitserfahrung, wenn sie sich wiederholt, schließlich zur Kernerfahrung für ein kategorial neues Interaktionsschema werden.

Stern (1992) hat in innovativer und überzeugender Weise verdeutlichen können, daß die Welterfahrungen eines Menschen schon sehr früh Ordnungsstrukturen aufweisen, die er, immer aus der Perspektive des erlebenden Säuglings und Kleinkindes betrachtet, unter dem Konstrukt des Selbstempfindens zusammenfaßt. Das vage Empfinden eines „auftauchenden Selbst" ist bereits in den ersten zwei Monaten möglich. Dieses Empfinden entsteht dank der angeborenen oder früh erworbenen Fähigkeit des Säuglings, in seinen Wahrnehmungen, Affekten, Erinnerungen, sensomotorischen und vor allem interaktionellen Erfahrungen erste Regelhaftigkeiten, also Ordnungen, erkennen zu können. Zu den frühen Leistungen zählt z.B. die transmodale Wahrnehmung, die Fähigkeit, verschiedene Aspekte eines Wahrnehmungsobjektes oder Geschehens, die unterschiedliche Sinnensgebiete erregen, zu *einem* Objekt oder *einem* Geschehen zu integrieren. Säuglinge und Kleinkinder müssen also die Fähigkeit, unzählige Einzeleindrücke zu Entitäten organisieren zu können, nicht erst, wie früher angenommen, in einem langwierigen Lernprozeß erwerben. Die empirisch aufgewiesenen frühen Integrations- und Differenzierungsleistungen, zu denen Säuglinge und Kleinkinder fähig sind, zwingen uns, die unter Psychoanalytikern mehrheitlich vertretene Konzeption einer Selbst-Objekt-Fusion (Mahler et al. 1978), die mindestens bis zum Alter von sechs Monaten fortbestehen soll, stark in Zweifel zu ziehen (vgl. entsprechend Dornes 1993).

Zwischen dem 2. und 6. Monat entsteht das Empfinden eines „Kern-Selbst", das sich als physische Einheit, separiert, kohärent, begrenzt und kontinuierlich in der Zeit erfahren kann, verbunden mit der (noch nicht reflexiven) Bewußtheit, über eine eigene Handlungsfähigkeit und Affektivität zu verfügen. Das Empfinden eines „subjektiven Selbst" taucht zwischen dem 7. und 15. Monat auf und ermöglicht die (noch immer nicht reflexive) Bewußtheit, daß hinter dem offenen Verhalten, das das Kind selbst oder andere zeigen, zeitbeständige „verborgene" Absichten oder Affekte wirken, die das Verhalten steuern. Während im Interaktionsgeschehen zwischen Mutter und Kind bis zum Alter von 7 bis 9 Monaten vorrangig Imitationsprozesse eine wichtige Rolle spielen, führen Mütter etwa ab dem 9. Monat eine neue Qualität in ihre Interaktion mit dem Kind ein: Sie begleiten das affektive Ausdrucksverhalten ihres Kindes nicht mehr in der gleichen, sondern einer anderen Sinnesmodalität. Sie produzieren beispielsweise Laute, die in ihrer Intensitätskontur den motorischen Anstrengungen ihres Kindes entsprechen, das gerade ein Spielzeug zu erreichen versucht. Stern (1992) spricht von Affektabstimmung (affect attunement). L. Köhler (1985) hat darauf hingewiesen, daß Erfahrungen dieser Art das Grundgefühl eines Kindes sichern, daß das, was in ihm vorgeht, tatsächlich existent, wichtig und zugleich mitteilbar ist.

Eine selbstreflexive Bewußtheit von der eigenen Person taucht ab dem 15. bis 18. Monat auf, nachdem sich das „verbale Selbst" zu formen begonnen hat, das das Kleinkind befähigt, sich selbst zum Betrachtungsobjekt zu machen. Es beginnt, in Symbolen zu reflektieren und zu kommunizieren. Bis zu diesem Alter konnten mnestisch gespeicherte Erfahrungen und deren generalisierte Muster wahrscheinlich nur durch Anstoßreize aktiviert werden – z.B. das tatsächliche Erscheinen der Mutter oder ein physiologisches Bedürfnis, das sich meldet. Sie konnten bis dahin noch nicht willentlich und autonom abgerufen werden (vgl. Zelnick u. Buchholz 1991). Mit dem Erwerb der Sprach- und Symbolisierungsfähigkeit werden nun aber ganz neue Dimensionen eröffnet (vgl. Stern 1991). Jetzt kann das Kind mit Hilfe von Wörtern und Symbolen nicht nur Personen, Gegenstände und Geschehnisse benennen, es kann sie auch jederzeit nach eigenem Willen in seiner Vorstellungs- und Phantasiewelt aufrufen und lebendig werden lassen. Das Kind ist nicht mehr in der Welt der Fakten gefangen. Es kann vielmehr neue Szenarien erfinden, Geschehenes nachspielen und nach Belieben modifizieren. Es kann also symbolisch handeln, sich symbolisch Wünsche erfüllen oder Ängste ausdrücken. Zugleich kann das Kind zwischen Vergangenheit, Gegenwart und Zukunft unterscheiden. Es kann von einem Zeitmodus in den anderen wechseln und ein Geschehen in der zeitlichen Folge erfassen. Es kann Erinnerungen willkürlich aufrufen und wunschgerecht umgestalten. Es erkennt sich jetzt in seinem Spiegelbild selbst und zeigt, wenn ihm heimlich ein roter Punkt auf die Stirn gemalt wird, nicht mehr auf den roten Punkt im Spiegelbild, sondern auf seine eigene Stirn.

Es hängt entscheidend von den Eltern ab, welche präverbalen und präsymbolischen Erfahrungen die Kinder in die Welt der Wörter und damit der verbalen Mitteilbarkeit übernehmen können (vgl. Baumgart 1991). Was aber geschieht, wenn ein Erleben, das wütend, traurig oder auch euphorisch macht, nicht in Worte gefaßt, nicht ausgedrückt und mitgeteilt werden darf? Es besteht die Gefahr, daß es in innere Nebenwelten verbannt wird und u. U. niemals, auch im späteren Erwachsenenleben nicht, deutlich wahrgenommen, erkannt, benannt, integriert und anderen mitgeteilt werden kann. Es wird aber dennoch, angestoßen durch Assoziationsprozesse oder neue Erfahrungen ähnlichen Inhalts, immer wieder aktiviert werden und dabei Gefühle von Fremdheit oder Unheimlichkeit auslösen, so als gehörte es nicht zu uns oder würde auf ein anderes „Wesen" verweisen, das in der eigenen Person existiert (dazu aber später mehr).

Diese knappen Skizzen zur frühen Entwicklung sollen verdeutlichen, daß sich mit jedem Entwicklungsschritt und jeder Erfahrungsbildung die Qualität des Erlebens verändert und rückwirkend wiederum die zeitlich überdauernden Erfahrungsbildungen. Hiervon ausgehend, läßt sich nun auf den gesamten Lebensprozeß verallgemeinern: Struktur und Erleben beeinflussen sich in der ununterbrochenen Folge stetiger Rückkopplungen fortwährend wechselseitig. Dies ist in Abbildung 34 schematisch dargestellt worden.

In die Abbildung 34 ist grob vereinfachend und sehr global die „Umwelt" eingefügt worden. Damit soll, ohne dies hier weiter zu verfolgen, lediglich zum Ausdruck gebracht werden, daß die Rückkopplungsprozesse zwischen Struktur und Erleben natürlich entscheidend durch Einwirkungen, die „von außen" kommen, beeinflußt werden können. Erinnern wir uns in diesem Zusammenhang erneut an das Eingangsszenario.

Ohne den Unfall der geliebten Person wäre unser Leben anders weitergegangen. *Nachdem aber die äußere Wirklichkeit Fakten geschaffen hat*, gilt, daß „objektiv" vergleichbare Lebensereignisse – in dem Szenario: der drohende Objektverlust – in der subjektiven Perspektive verschiedener Menschen, die mit solchen Ereignissen konfrontiert werden, nur sehr begrenzt vergleichbar sind. Nicht die Ereignisse selbst, sondern die seelisch-geistige Struktur legt vorrangig fest, welche subjektive Bedeutung solche Ereignisse im Erleben eines Menschen erlangen ... und wie sie in der Folge seine Struktur verändern.

Was ist nun aber „die Struktur"? In zunächst abstrakter Formulierung läßt sie sich folgendermaßen beschreiben: Die seelisch-geistige Struktur eines Menschen baut sich aus primären Repräsentationen – vorrangig den erlebten Episoden – auf, die dann über viele Umformungs-

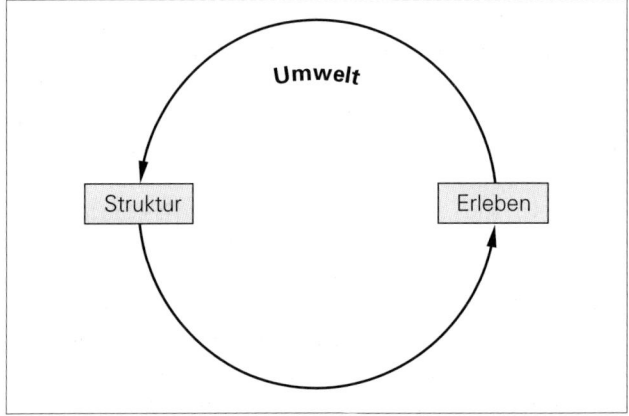

Abb. 34 Zirkuläre
Rückkopplung zwischen
Struktur und Erleben

schritte zu sekundären Repräsentationen höherer Ordnung und Komplexität (Objektbeziehungsmuster, Identifikationen, Gebote, Verbote, Ideale, Erwartungshaltungen, bestimmte Selbstbilder, Überzeugungen etc.) weiterentwickelt werden. Die primären und sekundären Repräsentationen bilden die *Inhalte* der Struktur. Diese Inhalte verknüpfen sich untereinander zu einem Abbild der erlebten und zerebral repräsentierten persönlichen Geschichte eines Menschen. Ein solches „Abbild" ist keine wirklichkeitsgetreue Wiedergabe des Erlebten. Es ist ein „Modell", das das Gehirn entworfen hat, um die bisherige Erfahrungsgeschichte eines Menschen zu systematisieren. Dieses organisierte persönliche Weltmodell ist also wiederum das Ergebnis einer Konstruktionsleistung des Gehirns.

Parallel zu inhaltlichen Repräsentationen der erlebten eigenen Geschichte werden *Funktionen* ausgebildet, die ihrerseits wiederum auch zu komplexeren Funktionsmodi fortentwickelt werden. Das dynamische Beziehungsgefüge aus Funktionen und inhaltlichen Repräsentationen bildet zusammengenommen die seelisch-geistige Struktur eines Menschen, die von Moment zu Moment sein Erleben reguliert.

Die Binnengliederung der Struktur

Ordnungsmechanismen

Unser Gehirn muß eine schier unvorstellbare Menge von Eindrücken – vergangenen und gegenwärtigen – verarbeiten und dabei sichern, daß es in seiner Verarbeitungskapazität nicht überfordert wird. Es kann sich dabei verschiedener Filtermechanismen bedienen, um schon auf dem Wege der Reizaufnahme und -verarbeitung über z. B. eine selektive Steuerung der Aufmerksamkeitsfokussierung die Eindrucksfülle zu begrenzen. Eine weitere entscheidende Eingrenzungsmöglichkeit besteht darin, daß nur eine kleine Teilmenge von Eindrücken vom Kurzzeit- in das Langzeitgedächtnis überführt wird – in der Regel solche, die vom Gehirn auf der Basis zwischengeschalteter Aus- und Bewertungsprozesse für „wichtig" erachtet worden sind. Schließlich können aber auch solche Inhalte, die zerebral langfristig repräsentiert worden sind, nachträglich aus dem Bewußtsein eliminiert bzw. an ihrem Wiedereintritt ins Bewußtsein gehindert werden. Dies ist die Domäne der psychoanalytischen Abwehrtheorie, die – mit der Verdrängung als zentralem Abwehrmechanismus – in ihrer überragenden klinischen wie außerklinischen Bedeutung weit über die Psychoanalyse hinaus Anerkennung gefunden hat. Grundsätzlich steht jede Form von Strukturbildung in der Funktion, das Gehirn gegen eine potentielle Überforderung seiner Verarbeitungskapazität dadurch zu schützen, daß sie die Systematisierung von Vorerfahrungen für die ökonomische Steuerung des Gegenwartserlebens bereitstellt.

Welche Mechanismen stehen uns nun aber zur Verfügung, um die persönliche Erfahrungsgeschichte selbst strukturell zu ordnen? Vier Mechanismen sind von grundlegender Bedeutung.

a. Die zeitliche Segmentierung

Es werden Erlebensvorgänge zusammengefaßt, die sich in bestimmter zeitlicher Abfolge nacheinander zugetragen haben. Sie werden über den Zeitmodus einerseits als in sich zusammenhängendes Geschehen korreliert und andererseits begrenzt. Anfang und Ende können zumindest ungefähr im Sinne eines „Es begann damit, daß .... und endete als ..." angegeben werden. Die Segmentierung orientiert sich also weniger an genauen Datums- oder Zeitangaben, als vielmehr den besonderen inneren und äußeren Umständen, die das Erleben vorrangig bestimmt haben. So werden kurze episodische Geschehnisse, längere Lebensabschnitte oder ganze Lebensphasen zeitlich markiert. Je nach thematischem Schwerpunkt, unter dem das eigene Leben betrachtet wird – wichtige Beziehungen, emotionale Verfassungen, als krisenhaft erlebte Belastungen etc. –, kann die chronologische Zeit unterschiedlich segmentiert werden. Das allgemeine Ordnungsprinzip aber bleibt erhalten: Je nach gewähltem Thema wird das als zusammengehörig repräsentiert, was über den Zeitmodus synchron (zu einer Zeit) oder diachron (im zeitlichen Verlauf) verknüpft und hinsichtlich Anfang und Ende begrenzt worden ist.

b. Die prototypische Repräsentation

Aus dem fortlaufenden Erlebensprozeß werden einzelne episodische Geschehnisse selektiv hervorgehoben und mnestisch gespeichert. Es sind bevorzugt solche Geschehnisse, die nicht gänzlich von der Art gewöhnlicher, alltäglicher Ereignisse sind, die sich vielmehr deshalb aus dem Strom des Erlebens hervorheben, weil sie zu *Erlebnissen von besonderer subjektiver Bedeutung* geworden sind. Ereignisse werden dann zu signifikanten Erlebnissen, wenn zwei zumeist korrelierte Bedingungen zusammenkommen: das episodische Geschehen bewegt einen Menschen emotional sehr intensiv, und dies wiederum ist in der Regel immer dann der Fall, wenn zentrale (Trieb-)Bedürfnisse, Wünsche etc., also Motivkräfte aktiviert worden sind. Welche Ereignisse nun aber zu Erlebnissen werden und welche spezifische Qualität sie im subjektiven Erleben dabei erlangen, ist schlußendlich wiederum von dem Entwicklungsstand abhängig, den die seelisch-geistige Struktur zu dem Zeitpunkt erreicht hatte, da das Ereignis eingetreten war.

Dieser Vorgang der selektiven Hervorhebung läßt uns unmittelbar an den gestaltpsychologischen Mechanismus der Figur-Grund-Differenzierung denken, der ursprünglich als ein Gestaltgesetz unter anderen im Bereich der Wahrnehmungspsychologie entdeckt worden war. Ich halte die Figur-Grund-Differenzierung für ein grundlegendes und allgemeines Organisationsprinzip, das das Gehirn benutzt, um die Flut des aktuellen Erlebens zu bewältigen. Bei dem gewöhnlichen Figur-Grund-Mechanismus aber wird der Hintergrund bedeutungslos, nachdem sich der Aufmerksamkeitsfokus einmal auf die „Figur" gerichtet hat. Bei der Repräsentation der persönlichen Geschichte über lange Zeiträume verhält es sich demgegenüber anders. Die generelle Erfahrung, die sich täglich mit relativ geringen Variationen wiederholt, wird in ausgewählten, emotional-motivational besonders prägnanten Erinnerungsbildern aufbewahrt, die aber mit ihrem Hintergrund, von dem sie sich herleiten, assoziativ eng verbunden bleiben: der Folge wiederkehrend ähnlicher, wenn auch weniger prägnanter Erlebnisse. Es handelt sich insofern um ein Pars-pro-toto-Prinzip, als das besondere Erlebnis (als hervorgehobener Teil) stellvertretend das Ganze repräsentiert –, das über u. U. lange Zeiträume sich hinziehende Erleben eines grauen, quälenden, hoffnungslosen Unglücks oder auch relativen Glücks. Die herausgehobene Episode[14] wird so zum Prototyp – Prototyp verstanden im Sinne von Urbild oder Inbegriff –, in dem sich das alltägliche Erleben verdichtet spiegelt.

---

[14] Die prototypische Erinnerungsszene unterscheidet sich deutlich von dem, was Freud (1899) als „Deckerinnerung" bezeichnet hat – häufig vordergründig belanglos erscheinende frühe Erinnerungen (vgl. Mertens 1992), die als Kompromißbildung zwischen dem Wunsch, sich zu erinnern, und dessen Abwehr aufgefaßt werden. Die hervorgehobene Episode ist demgegenüber gerade wegen ihres *manifesten* Inhalts wichtig, in dem nichts verschleiert, sondern im Gegenteil das szenisch Signifikante nachdrücklich betont wird.

Geschehnisse können nun aber auch auf dem Wege eines Kontrasterlebens zu besonderen Episoden werden und ein Langzeiterleben indirekt kennzeichnen.

So erinnert sich beispielsweise ein Patient, der eine Mutter hatte, die emotional äußerst distanziert war, keine Zärtlichkeiten zuließ und bei dem Patienten weder Schwächen noch Ängste duldete, an folgende isolierte Begebenheit: Er hatte sich krank gefühlt; anstatt sich aber ins Bett zu legen (oder dies zu dürfen), hatte er einen Freund besucht. Die Mutter des Freundes hatte sofort bemerkt, daß er sich elend fühlte und sich spontan und auf natürliche Weise fürsorglich um ihn gekümmert. Noch viele Jahre später ist ihm diese Begebenheit sehr lebhaft in Erinnerung, weil ihm an der Erfahrung mit der Mutter des Freundes die emotionale Kargheit seiner eigenen Mutter in erschreckender Weise deutlich geworden war.

Diese kleine Episode war zu einem wichtigen Erlebnis geworden, um sein Erleben als Kind – kontrastierend – in wichtigen Aspekten, insbesondere in der Beziehung zu seiner Mutter, prägnant und verdichtet zu repräsentieren. Es sind häufig gerade solche Kontrasterfahrungen, die dann ihrerseits zu Kernerlebnissen werden, um in der Phantasie überhaupt Vorstellungsbilder von einer besseren, hoffnungsträchtigen Zukunft erzeugen zu können, mit denen sich dann ein Mensch in Notzeiten selbst helfen kann.

Die stellvertretende, prototypische Repräsentation in einzelnen Episoden bietet – außer daß es sich für das Gehirn um einen ökonomischen Repräsentationsmechanismus handelt – noch einen weiteren Vorteil: Weil es sich um szenische Erinnerungen handelt, ist das Erlebte nicht abstrakt und in Einzelaspekte diversifiziert im Gedächtnis, sondern als ein in sich zusammenhängendes, einheitliches Geschehen. Es ist in dieser Hinsicht also dem Originalerleben qualitativ ähnlich, wenn auch nicht mit diesem identisch. Dies erleichtert es uns, die Vergangenheit in der Gegenwart lebendig werden zu lassen.

c. Die Generalisierung

Bei der Systematisierung von episodischen Geschehnissen nach dem Generalisierungsprinzip werden einzelne Erfahrungen zu Mustern oder Schemata verarbeitet. Solche Schemata bilden sich nach dem Prinzip der Mittelung aller Einzelerfahrungen, die mit z. B. einer Person in einem bestimmten situativen Kontext gemacht worden sind. Es werden Invarianten gebildet, verinnerlichte Modelle der durchschnittlichen Erfahrung mit dieser Person. Damit geht einher, daß Antizipationen möglich werden, also vorausschauende Vorannahmen, was mit wem unter welchen Bedingungen „wahrscheinlich" erlebt werden kann. Dieses durchschnittlich zu erwartende Geschehen muß sich niemals real in genau dieser Weise zugetragen haben, wie es in dem verinnerlichten Modell repräsentiert wird (vgl. Stern 1985, 1992). Solche Muster oder Schemata werden auf zwei Wegen gebildet. Veranschaulichen wir uns dies wiederum am Beispiel eines Kleinkindes, das mit seiner Mutter, seinem Vater oder einer anderen Person wiederholte Male Spielsituationen erlebt hat. Auf dem Weg, den Stern (ebd.) beschrieben hat, werden einzelne Spielepisoden, die einander ähnlich sind, weil der räumlich-situative Kontext verwandt oder die beteiligten Personen die gleichen sind, zu einer generalisierten Interaktions-Repräsentation für Spielsituationen mit z. B. dieser einen bestimmten Person ausgearbeitet.

Dieses schon relativ invariante Muster ruht als abstrakte Repräsentanz im Gedächtnis, bis es in einer aktuellen Situation durch Hinweisreize (der spontane Spielwunsch des Kindes selbst, das Auftauchen der Mutter, deren erneute Spielangebote etc.) wiederbelebt wird. Dadurch wird das allgemeine Erfahrungsmuster jetzt in die Unmittelbarkeit des Erlebens im Hier und Jetzt geholt. In dieser Weise aktiviert hilft es, die gegenwärtige Situation einzuschätzen und sie nach Maßgabe der aktivierten Teilstruktur, dem generalisierten Spielschema, zu gestalten.

Bis zur Mitte des zweiten Lebensjahres können Kinder das Spielen mit z. B. der Mutter sehr wahrscheinlich nur in der Realität der Gegenwart erleben (vgl. Dornes 1993). Ab diesem Alter entwickelt sich, wie bereits kurz dargestellt, die Fähigkeit zu symbolischer geistiger Aktivität und symbolischem Handeln geradezu explosionsartig. Damit ist der zweite Weg eröffnet, der zu Musterbildungen beiträgt. Das symbolisierungsfähige Kind kann nun mit seiner Mutter auch dann „spielen" – und zwar in seiner Phantasie –,wenn die Mutter real abwesend ist. Jetzt kann das Kind alte Spiele symbolisch reinszenieren, nach Belieben umgestalten oder gänzlich neue Spielabläufe ersinnen.

Mit beginnender Symbolisierungsfähigkeit repräsentieren wir in unserem Gehirn also zwei Arten subjektiver Wirklichkeiten: *faktische Geschehnisse*, von denen wir sagen, wir hätten sie „wirklich" erlebt, und *imaginierte Geschehnisse*, die wir nur phantasiert oder gedacht haben, von denen wir aber in der Regel sehr genau wissen, daß sie sich „nicht wirklich" zugetragen haben. Beide Arten subjektiver Wirklichkeiten können nun gleichermaßen in die Musterbildung eingehen, sind im natürlichen Lebensprozeß hinfort nur noch schwer in ihren jeweiligen Beiträgen voneinander abzugrenzen.

d. Die Kategorisierung

Der Kategorisierungsmechanismus ordnet lebensgeschichtliche Erfahrungen nach Qualitätsmerkmalen. Solche Qualifizierungen haben zur Voraussetzung, daß sich das Erlebte schon repräsentiert hat, oder das aktuelle Erleben zumindest bis zu einem gewissen Grade vom Gehirn bereits analysiert worden ist, weil erst dann Bewertungsprozesse eingeleitet werden können. Die qualitativen Bewertungen sind eng damit verknüpft, wie das vergangene oder gegenwärtige Geschehen emotional erlebt worden ist bzw. wird. Das Erleben wird also vor allem durch Gefühle in seiner subjektiven Bedeutung gekennzeichnet. Und es sind in erster Linie Gefühle, die an der Ausbildung basaler und zumeist bipolar aufgespannter Bewertungsdimensionen teilhaben: gut versus schlecht; angenehm versus unangenehm; sicher versus unsicher; erregend versus entspannend; beängstigend versus beruhigend; beglückend versus deprimierend, etc. Entsprechend diesen Bipolaritäten werden Klassen unterschiedlichster Erfahrungskategorien gebildet. Sie helfen, das Erlebte zu sortieren und stellen gleichzeitig wichtige Bezugsgrößen dar, um das gegenwärtige Erleben rechtzeitig auf z. B. drohende Gefährdungen hin überprüfen zu können. So können frühzeitig antizipatorische Steuerungsprozesse eingeleitet werden, die uns häufig genug überhaupt nicht bewußt werden.

Inhalte und Funktionen:
Ihre komplementäre Verschränkung

Weiter oben wurde bereits dargestellt, daß es sinnvoll erscheint, die seelisch-geistige Struktur – zunächst grob – in seelisch-geistige Inhalte und regulative Funktionen zu untergliedern.

Inhalte sind alle subjektiven Wirklichkeiten, die ein Mensch jemals in seinem Gehirn entworfen hat, somit alle intern repräsentierten – im Gedächtnis gespeicherten – bewußten, ahnungsbewußten oder dynamisch unbewußten Erlebnisse, Gefühlserfahrungen, Wünsche, Gedanken, Handlungsaktivitäten etc., einschließlich der vielfältigen Phantasien eines Menschen, die sich auf ihn selbst, andere Menschen, die Vergangenheit oder die Zukunft beziehen. Es handelt sich also um Erfahrungsbildungen, die das persönliche Weltmodell eines Menschen inhaltlich bestimmen. Hierin sind sowohl die primären Erfahrungen – die sinnlich-unmittelbaren Erlebnisse – eingeschlossen, als auch deren sekundäre Ausarbeitungen zu generalisierten Erfahrungsmustern.

Funktionen sind demgegenüber Fähigkeiten, Fertigkeiten oder Mechanismen, die wir im fortlaufenden Prozeß des Erlebens entwickelt haben, um unsere Wirklichkeitserfahrungen selbst beeinflussen zu können. Sie helfen uns, die subjektiven Wirklichkeiten, die in ununterbrochener Folge in unserem Gehirn entstehen – und die inhaltlich unserem Erleben entsprechen –, zielgerichtet zu verändern. Grundsätzlich können wir dies auf zwei Weisen versuchen: Wir werden in der äußeren Welt handelnd aktiv und verändern die erlebte innere Wirklichkeit indirekt über unser Verhalten, mit dem wir Veränderungen in der äußeren Welt zu erreichen versuchen; oder wir verändern die innere Welt direkt, indem wir denken, phantasieren, Erinnerungen wachrufen etc. und so den Fluß des Erlebens umlenken. Das Ziel ist in jedem Fall prinzipiell das gleiche: die erlebte innere Wirklichkeit soll uns befriedigen, sie soll zumindest erträglich sein.

Seelisch-geistige Inhalte und Funktionen sind nun im natürlichen Lebensprozeß untrennbar verschränkt. Veranschaulichen wir uns dies am Beispiel unseres Eingangsszenarios. Es waren dort verschiedene Möglichkeiten durchgespielt worden, wie wir versuchen könnten, diese bedrohliche Situation durchzustehen. Eine dieser Möglichkeiten war, daß wir Erinnerungen an einen Menschen wachzurufen versuchen, der uns einstmals geholfen hatte, Notsituationen zu bewältigen. Wir erinnern nun in flüchtigen, rasch und automatisch ablaufenden Bildern die früheren Szenen mit diesem Menschen oder phantasieren, er würde uns durch das gegenwärtige Schreckensgeschehen begleiten. Wenn wir dies tun, haben wir uns in einen bestimmten Funktionszustand begeben – denjenigen der Suche nach Mitteln und Wegen, um die Gegenwartsbedrohung bestehen zu können. Dies alles geschieht in Sekundenbruchteilen und ist nur sehr partiell mit einer planvollen kognitiven Operation zu vergleichen.

Nun können wir aber nur suchen, indem wir fortlaufend beispielsweise Phantasien erzeugen oder Erinnerungsbilder abrufen – in jedem Fall also Inhalte produzieren –, die uns beruhigen könnten. Unser Suchen ist dann erfolgreich – hat also seine Funktion erfüllt –, wenn wir unter verschiedenen Möglichkeiten schließlich den ersehnten Inhalt gefunden haben: beispielsweise die Person, deren phantasierte Nähe uns beschützen kann.

Seelisch-geistige *Funktionen* sind demnach also ohne Inhalte – in denen sie sich manifestieren und mittels derer sie sich verwirklichen – nicht möglich; und seelisch-geistige *Inhalte* sind immer in (häufig allerdings nur ahnungsbewußte oder unbewußte) Funktionen eingebunden. Dieses komplementäre Ineinandergreifen von Funktionen und Inhalten ist ein Grundprinzip seelisch-geistiger Aktivität und der Art und Weise, wie unser Gehirn arbeitet, um uns in die Lage zu versetzen, mit Lebensanforderungen fertig werden zu können.

Der klinische Bezug:
Das psychoanalytische Erstinterview

Nach diesen grundlegenderen und allgemeineren Überlegungen ist es an der Zeit, wieder einen Praxisbezug herzustellen. Die Praxis, auf die wir uns beziehen wollen, ist das psychoanalytische Erstinterview, das der diagnostischen Beurteilung des Patienten und der Indikationsstellung zur Behandlung dient.[15]

Es ist eine Gesprächssituation besonderer Art, zu der sich Patient und Psychoanalytiker zusammengefunden haben. Hofstätter (1964) hat von einer „asymmetrischen Distanzkonfiguration" gesprochen, um die Besonderheit dieser Situation zu charakterisieren. Der Dialog, der in Gang kommen soll, ist unkonventionell, wenn man ihn an sozial etablierten Normen mißt. Das Verhältnis von Rede und Gegenrede ist gewollt asymmetrisch. Der eine, der sich als Leidender (patiens) begreift, soll möglichst viel von sich persönlich berichten, und dafür wird ihm asymmetrisch viel Dialogzeit eingeräumt. Der andere, der Analytiker, an den sich der Patient mit seinem Hilfeersuchen wendet, sagt nur das Nötigste. Er berichtet praktisch nichts Persönliches von sich. Er hört vor allem zu. Beide aber, Patient und Analytiker, haben ein gemeinsames Thema: die Lebensgeschichte des Patienten.

Der Analytiker will, daß Form, Inhalt und zeitliche Abfolge der Mitteilungen des Patienten möglichst wenig richtungweisend durch ihn beeinflußt werden. Daher überläßt er die Gesprächsgestaltung weitgehend der Spontaneität des Patienten, greift wenig strukturierend und dirigierend ein und formuliert seine gelegentlichen Fragen und Nachfragen offen. So erzählt der Patient seine Geschichte. Er erzählt stockend oder flüssig; anschaulich und lebendig oder so, daß die Menschen und Geschehnisse in dieser Geschichte blaß und konturlos bleiben; manches spart er aus oder handelt es sehr kurz ab, anderes wiederum breit und detailreich; er erzählt emotional bewegt oder teilnahmslos, so, als ob er über das Leben einer zweiten Person sprechen würde; er begleitet seine Erzählung durch lebhafte Mimik und Gestik oder reduziert diese nonverbalen Äußerungen auf ein Minimum. Diese Beschreibung ließe sich beliebig verlängern, um zu verdeutlichen, daß die Lebensgeschichten und die Arten und Weisen, wie sie erzählt werden, vieldimensional und von Patient zu Patient sehr unterschiedlich sind.

Der Analytiker, der der Erzählung folgt, versucht, sich allmählich ein Bild von der lebensgeschichtlichen Entwicklung des Patienten zu machen und vorläufige Antworten auf viele Fragen zu finden, die ihn beschäftigen – Fragen nach wichtigen früheren und gegenwärtigen Beziehungen des Patienten; nach schweren Traumatisierungen und deren Bewältigung; nach drängenden bewußten oder unbewußten Konflikten; nach der Art und Weise, wie der Patient versucht hat und weiterhin versucht, störende, kränkende oder sonstwie unliebsame Vorstellungen, Gedanken, Erinnerungen oder Phantasien abzuwehren; nach Symptombeginn und Zusammenhängen mit Lebensereignissen; nach Vorläufersymptomen und Symptomveränderungen; nach der beruflichen und privaten Situation des Patienten; nach aktuellen Belastungen in diesen Bereichen ... usw.

Der Analytiker ist aber nicht nur Zuhörer. So weist er den Patienten z. B. auf gewisse Widersprüche, Ungereimtheiten oder Auslassungen hin, die er bemerkt hat. Oder er konfrontiert den Patienten mit bestimmten Veränderungen im Verlauf des Gespräches – z. B. der plötzlich

---

[15] Der diagnostische Prozeß ist mit den Erstinterviews natürlich nicht abgeschlossen. Er wird in laufenden Behandlungen fortgesetzt, sollte idealerweise eigentlich nie zu einem definitiven Abschluß kommen. Die Beschäftigung mit diesen Fragen ist hier aber nicht Thema.

stockenden Erzählweise, als der Patient auf seine Mutter zu sprechen gekommen war. Der Analytiker teilt seine Beobachtungen freundlich mit und verbindet sie mit dem Angebot, gemeinsam zu klären, ob diesen Beobachtungen eine Bedeutung zukommen könnte. Er wird, wenn möglich, noch weitergehen und dem Patienten erste vorläufige Interpretationen oder Deutungen anbieten, die sich auf von ihm vermutete psychodynamische Zusammenhänge beziehen.

Wenn auch der Tendenz nach zunächst einmal zuwartend, so *muß* der Analytiker dennoch immer auch in dieser Weise aktiv werden. Hierfür gibt es verschiedene Gründe. Erstens: Er muß den Patienten mit seiner Arbeitsweise vertraut machen. Zweitens: Er muß prüfen, ob der Patient mit der analytischen Arbeitsweise etwas anzufangen weiß, z. B. die Verstehensangebote aufgreifen kann, sich anregen läßt, sich reflektierend mit ihnen auseinandersetzt oder neue Einfälle produziert. Drittens: Er muß dem Patienten verdeutlichen, daß für ihn, der die Geschichte des Patienten zu verstehen versucht, ein „Verstehen" einschließt, daß hinter der Geschichte seines Lebens, wie der Patient sie erzählt und gesehen haben möchte, eine in Teilen zumindest andere Geschichte auftauchen kann, wie der Patient sie so noch nie gesehen hat und vielleicht auch nicht gesehen haben möchte.

„Asymmetrische Distanzkonfiguration" – diese Formulierung trifft Teilaspekte der besonderen Situation zwischen Analytiker und Patient gut und verfehlt sie in anderen gründlich. So findet sich in dieser Formulierung nichts von dem, was diese Situation vor allem bestimmt: die Beziehung. Patient und Analytiker sind mit Beginn des Erstinterviews eine – wiederum allerdings sehr besondere – Beziehung eingegangen. Der Patient verbindet mit der Kontaktaufnahme die Hoffnung auf Hilfe. Sonst wäre er nicht gekommen. Er muß sich allerdings möglicherweise gegen diese Hoffnung wehren – genauer: er muß sich gegen die mögliche Enttäuschung dieser Hoffnung wehren – und dementsprechend eventuell sogar so tun, als habe er keine Hoffnung und verspräche sich keine Hilfe. Oder er verknüpft mit dieser Hoffnung zunächst etwas anderes – eine magische Heilserwartung beispielsweise –, als der Analytiker ihm anzubieten hat. In jedem Fall aber geht der Patient auf die eine oder andere Weise eine Beziehung ein.

Der Analytiker seinerseits kann nur helfen, indem er den Patienten in der Beziehung erlebt. Er sieht ihn, hört ihn, riecht ihn, empfindet Zuneigung oder Abneigung, begleitet das, was der Patient erzählt, mit eigenen Vorstellungen oder Phantasien, verliert zwischenzeitlich vielleicht den emotionalen Kontakt zum Patienten, findet ihn wieder, folgt dem Patienten teilnehmend, ist identifikatorisch betroffen, wütend, erfreut oder beginnt, sich gegen aufsteigende Empfindungen oder Phantasien zu wehren. Dies alles läuft in ihm ab, wie es in jedem Menschen abläuft, der mit einem anderen eine Beziehung aufgenommen hat. Mit einem entscheidenden Unterschied allerdings: Der Analytiker versucht, diese Beobachtungen an sich selbst zu registrieren und sie nicht einfach unbeachtet „geschehen" zu lassen. Und er fragt sich, inwieweit das, was der Patient in ihm ausgelöst hat, hilfreich sein kann, um die „andere" Geschichte „hinter" der Geschichte, die der Patient erzählt hat, besser verstehen zu können – das, was bislang nichterzählt bleiben mußte, weil der Patient es nicht erzählen konnte oder wollte.

Auf diese Weise werden die Phantasien, Vorstellungsbilder und Empfindungen, mit denen der Analytiker auf die Erzählung des Patienten reagiert, selbst zu diagnostisch verwertbaren Materialien, um einen Zugang zu der ahnungsbewußten oder unbewußten Dynamik zu finden, die das Erleben des Patienten bestimmt. Schließlich ist es naheliegend zu vermuten, daß die Reaktionen, die der Analytiker bei sich bemerkt, in ähnlicher Weise auch in anderen Menschen im Umfeld des Patienten ausgelöst werden und somit ihren – vielleicht sogar entscheidenden – Anteil daran haben, daß der Patient zum Leidenden geworden ist.

Die Bedeutung eigener Wahrnehmungen und emotionaler Reaktionen als diagnostisch verwertbare Informationen tritt besonders sinnfällig zutage, wenn die Interviewsituation durch auffällige „szenische" Geschehnisse bestimmt wird. Hierzu ein Beispiel. Eine jüngere Kollegin berichtete mir im Rahmen der Supervision eines von ihr durchgeführten Erstinterviews folgende Eingangsszene: Sie erwartete eine Patientin, die sich über das Kliniksekretariat zu einem Erstgespräch angesagt hatte. Sie hatte diese Patientin vorher weder gesehen noch gesprochen, noch hatte sie irgendwelche schriftlichen Vorabinformationen über die Patientin erhalten. Die Kollegin hatte ihr Arbeitszimmer vor dem Termin noch einmal mit angelehnter Tür kurzfristig verlassen. Sie war dann aber pünktlich zurück. Zu ihrem Erstaunen war die Tür jetzt weit geöffnet. Und in der Mitte ihres Arbeitszimmers stand – mit dem Rücken zur Tür – eine Frau, die das Zimmer aufmerksam zu inspizieren schien. Es war die erwartete Patientin, die sich in dem Moment, als sie die eintretende Kollegin bemerkte, abrupt umdrehte und mit hörbarer und sichtbarer Empörung im Gesicht ausrief: „Mein Gott, Sie haben mich zu Tode erschreckt!" Mit diesem Ausruf schien die Patientin, so das spontane Erleben der Kollegin, gleichzeitig zum Ausdruck zu bringen: Sie wollen eine Ärztin sein?! Statt freundlicher Begrüßung dieses hier! Der Ausdruck der Empörung war so heftig, daß sich die Kollegin für Momente schuldig fühlte und sich kurzfristig fragte, ob sie irgendetwas falsch gemacht habe. Die Atmosphäre war schlagartig – und dies noch vor dem eigentlichen Kennenlernen – hochgradig aggressiv geladen, geradezu eisig: Die Patientin fühlte sich „unmöglich" behandelt, und die Kollegin war, nachdem sie ihre Anfangsverwirrung überwunden hatte, ihrerseits wütend – weil die Patientin ungefragt und distanzlos in ihren persönlichen Arbeitsbereich eingedrungen war und die Kollegin, die sich offensichtlich schuldlos fühlen konnte, massiv in eine Schuldposition gedrängt hatte. Trotz dieser denkbar schlechten Ausgangsbedingung war es im weiteren Verlauf des Erstinterviews gelungen, miteinander ins Gespräch zu kommen. Dies wurde möglich, weil die Kollegin aus ihrer eigenen Verärgerung keinen Hehl gemacht, gleichzeitig aber der Patientin vermittelt hatte, daß man gemeinsam versuchen solle, zu verstehen, wie diese schwierige Anfangssituation habe entstehen können.

Im weiteren Verlauf des Interviews, zu dem sich die seinerzeit 29jährige Patientin wegen verschiedener psychosomatischer Symptome angemeldet hatte, tauchte dann eine Lebensgeschichte auf, die durch viele Entbehrungen gekennzeichnet war. Die Patientin war unehelich geboren worden. Über den Vater wisse sie nichts. An die Mutter habe sie nur äußerst vage Erinnerungen. Soweit sie dies späteren Erzählungen habe entnehmen können, müsse sie während des ersten Lebensjahres mehrere Monate im Heim gewesen sein, bis sie schließlich zu Pflegeeltern gekommen sei. Die Pflegemutter sei ein „kalte" Frau gewesen. Der Pflegevater habe sie wohl „gehaßt". Ihr bestimmendes Gefühl sei gewesen, daß „die (Pflegeeltern) mich immer nur loswerden wollten". Die Atmosphäre in der Pflegefamilie wird als bedrückend, karg und lieblos geschildert. Ordnung und Sauberkeit seien die bestimmenden Themen gewesen, demzufolge sei der Besuch von anderen Kindern ungern gesehen worden. So habe sie sich denn auf die Schule richtig gefreut („Hauptsache, weg von zu Hause"), habe immer gern gelernt und sei bis in die Gegenwart wißbegierig. In der Pubertät habe sie eine erste Freundin gefunden. Als sie sich dann aber von dieser Freundin einmal „verraten" gefühlt habe, sei die Freundin für sie von Stund an „gestorben".

Weitere Beziehungen in ihrem Leben seien, zu Frauen wie zu Männern, allesamt „schwierig" und in der Regel von kürzerer Dauer gewesen. Sie habe die Erfahrung gemacht, daß sich die Menschen über kurz oder lang immer gegen sie stellen, sie ablehnen und aggressiv behandeln würden, wogegen sie sich dann natürlich zur Wehr setzen müsse. So sei es auch gegenwärtig in der Firma, in der sie arbeiten würde. Dort sei durch einen schweren Buchungsfehler ein beträchtlicher Verlust entstanden, wobei im Interview sehr glaubwürdig deutlich wird, daß sie selbst daran keine Schuld trägt. Dennoch aber müsse sie befürchten, sagt sie, daß die anderen versuchen würden, ihr die Verantwortung zuzuschieben.

Kehren wir zur Eingangsszene des Erstinverviews zurück. Vor dem Hintergrund der knapp skizzierten Lebensgeschichte wird nun deutlicher, daß die Patientin eine für sie offenbar typische

Beziehungssituation geschaffen hatte, die einer bestimmten, relativ festgelegten Wahrnehmung ihrer selbst und der Menschen in ihrer Umgebung zu entsprechen scheint: Sie erlebt sich wiederkehrend als Opfer der anderen, die so rücksichtslos und aggressiv sind, daß sie ihrerseits zwangsläufig aggressiv darauf reagieren muß. Schuld haben immer nur die anderen. Ihren eigenen Anteil daran kann sie kaum wahrnehmen. Und diese Form subjektiver Wirklichkeitsorganisation läßt sich, vorsichtig interpretierend, als eine Art aktive Selbstschutzmaßnahme verstehen. Sie sieht die Menschen in dieser spezifischen Weise und verhält sich entsprechend, um zu vermeiden, daß sie *neuerlich* – wie in der Kindheit erlebt – hilflos und ohnmächtig traumatisierenden Zurückweisungen und Ablehnungen ausgesetzt ist. Faktisch reproduziert sie so aber das alte Erfahrungsmuster und „bestätigt" es sich als „richtig" (die Menschen *sind* lieblos und aggressiv).

Damit haben wir wieder den Anschluß an unsere Strukturüberlegungen gefunden. Wir fragen ja nach den subjektiven lebensgeschichtlichen Erfahrungen eines Menschen, die in besonderer Weise nachhaltig fortwirken, weil sie zu zeitlich überdauernden Strukturen geworden sind. Zweck und Ziel des psychoanalytischen Erstinterviews ist es, solche strukturellen Merkmale zu identifizieren und daraus eine erste modellhafte Vorstellung zu entwickeln, warum ein Mensch krank geworden ist.

Das allgemeine Strukturschema

Von welcher Art sind die „strukturellen" Merkmale, die das subjektive Wirklichkeitserleben eines Menschen und – in Abhängigkeit von diesem Erleben – sein Verhalten, schließlich auch seine Symptombildung determinieren? Dieser Frage werden wir jetzt unter vorrangig klinischen Gesichtspunkten weiter nachgehen.

Unendlich viele Lernerfahrungen haben grundsätzlich zur Strukturbildung beigetragen. Darunter sind natürlich jene besonders wichtig, die zur Bewältigung unserer Alltagsroutinen unerläßlich sind: Sensomotorische Fertigkeiten, die Sprache, sozial-kommunikative Fähigkeiten, jede Art von prozeduralem oder lexikalisch-deklarativem Wissen etc. Solche Erfahrungsbildungen werden im Rahmen dieser Abhandlung aber vergleichsweise wenig beachtet, einfach deshalb, weil wir hier in erster Linie mit Überlegungen zu einer *klinischen* Strukturtheorie befaßt sind. Diese Fähigkeiten und diese Art von Wissen müssen im Einzelfall dann aber in die Strukturüberlegungen einbezogen werden, wenn sie lebensgeschichtlich große Bedeutung erlangt haben und die Regulation des Erlebens in bestimmender Weise beeinflussen. Dies ist z.B. dann der Fall, wenn ein Mensch, genetisch oder epigenetisch bedingt, in einzelnen Fähigkeitsbereichen so behindert ist, daß diesen Behinderungen Krankheitswert zukommt, oder er andererseits so außergewöhnlich begabt ist, daß diese Begabungen sein Erleben direkt oder indirekt (vermittelt z.B. über Bewunderung, die er in anderen auslöst) überformen.

Nach der groben Untergliederung der Struktur in seelisch-geistige Inhalte und Funktionen soll jetzt versucht werden, ein allgemeines Strukturschema auszuarbeiten und zu spezifizieren. Dieses Strukturschema stellt einen Ordnungsversuch dar – wohlwissend, daß wir hier aus Gründen der besseren Übersichtlichkeit und gedanklichen Orientierung einzelne Strukturmerkmale unterscheiden und kategorial ordnen, die im natürlichen Lebensprozeß stark verschränkt sind, weil sie untereinander in enger Wechselwirkung stehen.

Die Gliederung des Strukturschemas folgt dem Gedankengang, der für die Entwicklung unserer Strukturüberlegungen grundlegend ist: Sinnlich-unmittelbar Erlebtes, das sich in der Regel zu Episoden als bedeutungtragenden Erfahrungseinheiten zusammengefügt hat, bildet die Basis für den Prozeß der Strukturbildung, in dessen Rahmen dann Funktionen entwickelt und – parallel dazu – primäre Erlebnisse zu sekundären Repräsentationen höherer Ordnung ausgearbeitet werden. Entsprechend unterscheiden wir drei Hauptkategorien – I. Sinnlich-anschauliche Erinnerungsbilder, II. Dynamische Lebenskonstrukte und III. Funktionen/Fähigkeiten –, die dann jeweils noch weiter untergliedert, also spezifiziert werden.

Die einzelnen Kategorien und Unterkategorien entsprechen bestimmten, uns wichtig erscheinenden klinischen Wahrnehmungsperspektiven, unter denen die Lebensgeschichten von Patienten betrachtet werden sollten. Sie bilden zugleich ein Raster, um die „Daten" und Befunde aus Erstinterviews oder psychoanalytischen Behandlungen im Rahmen unserer strukturtheoretischen Überlegungen einordnen zu können.

Die einzelnen Kategorien und Unterkategorien sind in Abbildung 35 in einer orientierenden Übersicht zusammengestellt worden. Sie werden jetzt inhaltlich detaillierter beschrieben.

I. Sinnlich-anschauliche Erinnerungsbilder

Unter den vielen Erinnerungsbildern, die wir im Gedächtnis bewahrt haben, spielen einige eine hervorragende Rolle, weil sie subjektiv bedeutsam sind, zeitlich überdauern und auf das Erleben einen sehr bestimmenden Einfluß nehmen. Mit anderen Worten: Es sind Erinnerungsbilder, die strukturell in uns verankert sind.

Diese Erinnerungsbilder können bewußtseinsfähig sein oder auch nicht. Wenn sie bewußtseinsfähig sind, tauchen sie häufig im Wacherleben auf und werden mitunter zu ständigen inneren Begleitern, die die Szenerie des aktuellen Erlebens prägend überlagern. Sind sie nicht bewußtseinsfähig, dennoch aber subjektiv bedeutsam, so handelt es sich um beschämende, verletzende etc., also stark unlustbetonte Inhalte, die abgewehrt, z. B. verdrängt worden sind. Solchen abgewehrten Inhalten soll aber eine „Kraft" eigen sein (kritische Anmerkungen dazu später), die sie ins Bewußtsein drängen läßt, was wiederum durch fortgesetzte Abwehrtätigkeit verhindert werden muß. Häufig finden die abgewehrten Inhalte dann aber doch in verkleideter Form, in Sym-

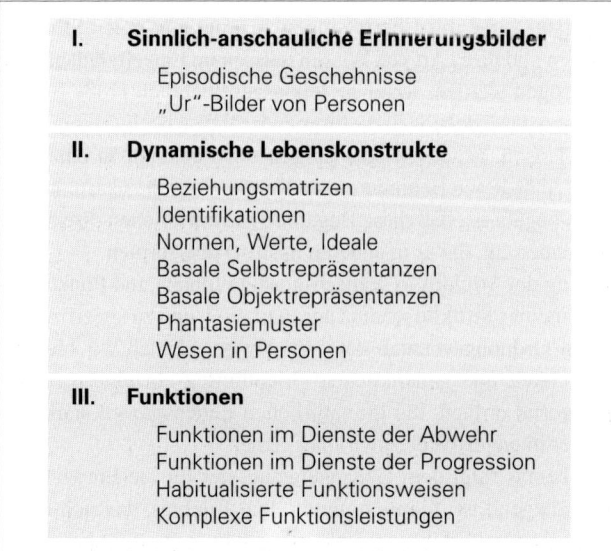

I.   **Sinnlich-anschauliche Erinnerungsbilder**
   Episodische Geschehnisse
   „Ur"-Bilder von Personen

II.   **Dynamische Lebenskonstrukte**
   Beziehungsmatrizen
   Identifikationen
   Normen, Werte, Ideale
   Basale Selbstrepräsentanzen
   Basale Objektrepräsentanzen
   Phantasiemuster
   Wesen in Personen

III.   **Funktionen**
   Funktionen im Dienste der Abwehr
   Funktionen im Dienste der Progression
   Habitualisierte Funktionsweisen
   Komplexe Funktionsleistungen

Abb. 35 Allgemeines Strukturschema

ptomen oder Fehlleistungen z. B., ihren Ausdruck. Insofern können auch – wie viele Psychoanalytiker vermuten – unbewußte Erinnerungsbilder das Wacherleben stark beeinflussen. (Daß sie häufig nicht absolut unbewußt sind, sondern ahnungsbewußt, wird uns an späterer Stelle ausführlicher zu beschäftigen haben.)

Zum einen handelt es sich bei solchen strukturell verankerten, subjektiv bedeutungsvollen Gedächtnisinhalten um Erinnerungen an episodische Geschehnisse. Sie sind zu hervorgehobenen Erlebnissen geworden, weil sie uns motivational und emotional besonders bewegt haben. Und sie repräsentieren nach dem bereits dargestellten Prinzip der Pars-pro-toto-Stellvertretung häufig ein Langzeiterleben.

Andere Gedächtnisinhalte dieser Kategorie sind bestimmte „Ur"-Bilder von Personen, die lebensgeschichtlich einmal wichtig waren oder es noch sind. In diesen prototypischen Erinnerungs- oder Vorstellungsbildern ist das Typische, Wesentliche oder Kennzeichnende einer Person in bestimmten Blicken, Gesten, mimischen Ausdrucksbewegungen, Körperhaltungen, der Stimme, mitunter auch dem Geruch dieser Person festgehalten. Diese Person „äußert" sich dann verbal, mimisch oder sonstwie mißbilligend, aufmunternd, verführerisch, verachtend, höhnisch etc. Solche Anschauungsbilder, die so zum „Inbegriff" einer bestimmten Person geworden sind, können relativ statisch und isoliert bleiben, sie können aber auch in ein episodisches Geschehen eingebunden sein.

Zur Veranschaulichung möchte ich eine kurze Sequenz aus den Anfängen einer analytischen Psychotherapie wiedergeben. Der Patient, ein Mann mittleren Alters, war wegen verschiedener neurotischer und psychosomatischer Störungen in Behandlung gekommen. Aus den Erstinterviews wußte ich bereits, daß seine Mutter eine sehr gläubige Frau gewesen war. Tätige Nächstenliebe, stete Hilfsbereitschaft, Selbstlosigkeit – das waren die Maximen ihres Lebens, die sie so auch verbal und nonverbal an ihren Sohn weitergegeben hatte. Der Patient, beruflich in der öffentlichen Verwaltung außergewöhnlich erfolgreich, war selbst zu einem Vorgesetzten geworden, der zu jeder Zeit für jeden Untergebenen ansprechbar war – oft gegen seinen Willen. Sehr selten aber passierte es, daß er privat oder beruflich wegen „irgendeiner Lappalie" (wie er sagte) heftigste Wutanfälle bekam, mit der regelmäßigen Folge, daß er sich hinterher mit starken Beschämungs- und Schuldgefühlen quälte. In der besagten Stunde berichtete er nun von einer „an sich banalen Alltagsgeschichte". Er hatte einen Untergebenen, der ihn um Rat gefragt hatte, freundlich an den direkt zuständigen Vorgesetzten verwiesen. Für den Untergebenen, der ohne jeden Vorwurf akzeptiert hatte, schien die Angelegenheit sofort erledigt gewesen zu sein, nicht aber für den Patienten: wieder hatte er sich stundenlang selbstanklägerisch attackiert. Nach dieser Schilderung begann er zu schweigen. Während der Pause bemerkte ich, daß sich in mir ein bestimmtes Vorstellungsbild formte: Eine erwachsene Frau mit einem milden Gesichtsausdruck sagt irgendetwas sanft, aber eindringlich zu einem kleinen Kind (eher einem Jungen als einem Mädchen). Nach einer gewissen Zeit erzählte ich dem Patienten – ein bißchen selbstironisch, weil die Phantasie so naheliegend und durchsichtig war – von diesem Bild. Ich könne ja nicht genau wissen, wie seine Mutter mit ihm umgegangen sei, aber ungefähr so könnte sie meiner Vorstellung nach sein Verhalten dem Untergebenen gegenüber mißbilligend kommentiert haben. Das träfe ganz gut, sagt er, aber „mißbilligend" sei zu schwach, bei der Mutter sei es immer gleich „um Sünde" gegangen. Danach schwieg er zunächst, jetzt aber mit einem veränderten, tiefernsten Gesicht, um mir dann mit einem plötzlich etwas irritierten und erstaunten Ausdruck zu sagen: „Wissen Sie, ich habe eben die Stimme meiner Mutter richtig gehört". Dies sei sehr wichtig für uns, sagte ich, zeige es doch, wie lebendig seine Mutter noch in ihm sei. (Physisch war die Mutter zu dem Zeitpunkt schon 25 Jahre tot.) Es sei ja noch weiter gegangen, sagt er dann. Ihm sei plötzlich ganz lebhaft eine Geschichte mit seiner Großmutter vor Augen gewesen. Diese Großmutter habe niemals Bettler abgewiesen, auch nicht in den schweren

Nachkriegsjahren. Eines Tages sei wieder ein Bettler erschienen, und die Großmutter habe ihm die Hälfte der wenigen, damals kostbaren Milch der Familie gegeben. Dem Bettler aber sei das Glas durch die verfrorenen Hände gerutscht: „Und was tat meine Großmutter? Sie gab ihm auch die zweite Hälfte".

Von diesem Beispiel ausgehend, können wir verallgemeinern.

In die Kategorie *sinnlich-anschaulicher Erinnerungsbilder* fallen zum einen alle beglückenden, hilfreichen und für die Entwicklung eines Menschen förderlichen Beziehungserfahrungen, sonstigen Erlebnisse und „Ur"-Bilder von Personen, die ihn mit Freude, Dankbarkeit, Stolz, Zuversicht, Mut und Hoffnung erfüllen. Dies sind auf die eine oder andere Art besondere Glückserlebnisse. Die Repräsentationen solcher Erfahrungen sind unverzichtbar notwendig, um einem Menschen die Möglichkeit zu eröffnen, im Krisenfall Belastungen aushalten und konstruktive Lösungswege finden zu können. Auf der anderen Seite fallen in diese Kategorie auch alle verletzenden, traumatisierenden, beschämenden, quälenden Erfahrungen: Verlusterlebnisse, schmerzvolle Trennungen, Erfahrungen psychischer oder physischer Vergewaltigung und Gewalt, eigene seelische oder körperliche Erkrankungen oder Erkrankungen wichtiger Bezugspersonen usw. Mit solchen Erfahrungen geht einher, daß ein Mensch intensive Angst erlebt, sich überfordert, hilflos, gelähmt fühlt oder aber hochgradig erregt und ohnmächtig wütend.

Nun gibt es aber im Leben eines Menschen auch Geschehnisse, die von außen betrachtet (im Guten wie im Schlechten) wenig spektakulär wirken, die ein äußerer Beobachter vielleicht nicht einmal bemerkt. Für das Subjekt aber handelt es sich um das, was im Griechischen „kairós" heißt und in etwa den besonderen, entscheidenden, kritischen oder auch unverhofft günstigen Augenblick bezeichnet. Es sind Momente des Erlebens, die oftmals überraschend kommen, einem Menschen neue Perspektiven auf sich selbst oder einen anderen eröffnen, die lange nachhallen, häufig über Jahrzehnte, und die nicht selten zu einer Art Wendepunkt im eigenen Leben oder in der Beziehung zu einem anderen Menschen werden. Ein Beispiel mag dies verdeutlichen.

Ein Patient in mittleren Jahren erinnert sich an eine Begebenheit, die ca. 30 Jahre zurückliegt. Er stand am Beginn seiner Pubertät. Sein Vater hatte sich seit inzwischen schon geraumer Zeit einer anderen Frau zugewandt, ohne die Familie allerdings endgültig zu verlassen. Das Familienklima war vergiftet. Er selbst hatte, tief enttäuscht vom Vater, wie die anderen Geschwister entschieden für die Mutter Partei ergriffen, sich solidarisch in die Front der Vater-Ankläger eingereiht und den Vater innerlich verworfen. In dieser Situation wurde er, ohne vom Vater (wie er glaubhaft versichert) bemerkt zu werden, Zeuge einer Auseinandersetzung zwischen dem Vater und einem Nachbarn, der sich heftig wegen irgendeines „Vergehens", das er (der Patient) begangen hatte, beklagte. In dieser Auseinandersetzung hatte nun der Vater eindeutig und entschieden für ihn, den Sohn, Partei ergriffen, ohne sich von dessen eisiger Parteinahme gegen ihn beeinflussen zu lassen. Diese Begebenheit berichtete der Patient spontan und spürbar bewegt, um daran zu verdeutlichen, daß sich die Beziehung zu seinem Vater allmählich wieder gebessert hatte.

Es sind solche beglückend positiven oder quälend negativen Begebenheiten, solche höchst individuellen „kairotischen" Erlebnisse oder personalen „Ur"-Bilder, die die persönliche Geschichte eines Menschen schreiben. Sie prägen sein subjektives Weltmodell, das, was er in Momenten bewußter Selbstreflexion oder präreflexiv-ahnungsbewußt als „mein Leben" erkennt, und wir hier als sinnlich-anschaulichen und lebendigen Teil seiner seelisch-geistigen Struktur beschrieben haben. Wie wichtig es ist, diese Erinnerungsbilder als essentielle Strukturinhalte zu begreifen, wird erkennbar, wenn wir uns vorstellen, sie würden uns nicht als rückholbare persönliche Geschichte zur Verfügung stehen!

Wir müssen uns dabei aber stets vergegenwärtigen, daß die episodischen Erlebnisse schon zu dem Zeitpunkt, da sie zerebral repräsentiert werden, *konstruierte* subjektive Wirklichkeitsentwürfe sind. Werden sie zu einem späteren Zeitpunkt erinnert, so niemals in der Originalversion. Sie werden vielmehr im Kontext des jeweiligen Gegenwartserlebens, in dem sie erneut auftauchen, umakzentuiert, assoziativ mit diesem Gegenwartserleben verknüpft und damit in ihrem emotionalen Bedeutungsgehalt u. U. verändert. Dies gilt entsprechend auch für die „Ur"-Bilder von Personen.

II. Dynamische Lebenskonstrukte

Die sinnlich-anschaulichen Erinnerungsbilder mag man als primäre Repräsentationen oder Repräsentationen erster Ordnung bezeichnen. Sie beziehen sich auf konkrete autobiographische Erfahrungen. Zwar werden sie mit jeder Wiedererinnerung laufend modifiziert, ihr Bezug aber auf tatsächliche Geschehnisse in „meinem" Leben bleibt dabei grundsätzlich ebenso erhalten wie ihre Eigenart als *lebendige* Repräsentationen von Geschehnissen und Personen, wobei in diese Reihe weiterhin noch Erinnerungen an andere belebte und unbelebte Objekte gehören – Tiere, Spielzeuge oder in der frühen Kindheit die sog. Übergangsobjekte im Sinne Winnicotts (wie z. B. Kuscheldecken, Plüschtiere etc.).

Hiervon sind die sekundären Repräsentationen oder Repräsentationen höherer Ordnung zu unterscheiden. Sie gehen aus primären Erfahrungen hervor – jenen, die als hervorgehobene sinnlich-anschauliche Erinnerungsbilder gespeichert werden, und sehr vielen weiteren, die nicht gesondert erinnerbar sind, die dennoch aber am Prozeß der allmählichen Formung von Erfahrungsmustern teilhaben. Die Musterbildung folgt den Prinzipien der Generalisierung und Kategorisierung (s. oben): Einzelerfahrungen werden nach Maßgabe ihrer Ähnlichkeit oder sonstigen assoziativen Verknüpfungen, die zwischen ihnen bestehen, zu Erfahrungsschemata ausgearbeitet und kategorial geordnet. Mit der Zusammenfassung primärer Erfahrungen zu Erfahrungsmustern geht ein Prozeß der Abstraktion einher. Der innere Zusammenhang zwischen den verschiedenen Elementen – den Bedürfnissen, beteiligten Personen, Interaktionsabläufen, begleitenden Affekten, Körperempfindungen etc. –, die das episodische Erleben in einer konkreten Situation konstituieren, wird gelockert, wenn die einzelepisodischen Erfahrungen zu Vorstellungsbildern und Konzepten höheren Allgemeinheitsgrades verdichtet werden.

Um zu einer größeren Anschaulichkeit zu kommen, werde ich zunächst kurz einige wichtige Ergebnisse der sog. Bindungsforschung zusammenfassen (vgl. Fremmer-Bombik u. K. E. Grossmann 1993; Bretherton 1992; K. E. Grossmann u. K. Grossmann 1994; Bowlby 1995; Buchheim et al. 1998). Die Bindungsforschung geht in ihrer theoretischen Fundierung auf den englischen Psychoanalytiker John Bowlby (1907-1991) zurück. Die empirische Forschungsmethode, insbesondere deren zentrale naturalistische Untersuchungsanordnung – die sog. „Fremde-Situation" – wurde von Mary Ainsworth entwickelt. In der „Fremde-Situation", die speziell für die Beobachtung von einjährigen Kindern in der Beziehung zu ihren Müttern geeignet ist, werden nach vorgegebenem Ablaufschema u.a. zwei dreiminütige Trennungen von der Mutter herbeigeführt. Insbesondere die Wiedervereinigungsepisoden nach den Trennungen liefern die Beobachtungen, die zur Einschätzung des Bindungsverhaltens der Kinder benutzt werden.

Ainsworth et al. (1978) unterschieden zunächst drei Verhaltensmuster. *Sicher gebundene* Kinder (Gruppe B) reduzieren während der Abwesenheit der Mutter ihre Neugier-Aktivität. Über die Rückkehr der Mutter freuen sie sich dann aber offensichtlich, suchen aktiv den Kontakt zu ihr und versuchen ihn zu halten, um sich dann, wenn sie ihr Sicherheitsgefühl wiedergefunden

haben, erneut interessiert und neugierig ihren Spielaktivitäten zuzuwenden. Die unsicher gebun-
denen Kinder werden in zwei Gruppen unterteilt. Die *unsicher-vermeidenden* Kinder (Gruppe A)
scheinen äußerlich von der Abwesenheit der Mutter wenig beeindruckt zu sein. Nach der Rückkehr der Mutter vermeiden sie sichtbar den Kontakt zu ihr, drehen oder bewegen sich von ihr
weg oder wenden sich z. B. geschäftig einem Spielzeug zu. Werden sie aufgenommen, so versuchen sie, schnell wieder freizukommen. Die *unsicher-ambivalenten* Kinder (Gruppe C) schließlich reagieren häufig sehr irritiert und verunsichert auf die Trennung von der Mutter, um dann
nach deren Rückkehr ein ausgesprochen ambivalentes Verhalten zu zeigen, mit u. U. raschem
Wechsel zwischen Nähe-Suchen und Ärger-/Wutäußerungen gegen die Mutter. Sie finden erst
deutlich verzögert zu einem Sicherheitsgefühl und einem interessierten Spielverhalten zurück.

Später haben Main und Solomon (1986) noch ein viertes Verhaltensmuster identifiziert. Kinder
dieser Gruppe D wirken stimmungsmäßig gedrückt, in ihrem Verhalten und ihren Bewegungs-
abläufen desorganisiert und desorientiert, sie neigen zu Stereotypien und zeigen gelegentlich
Furcht bei der Rückkehr der Beziehungsperson oder vermeiden, wenn sie hochgenommen werden, einen anschmiegenden Kontakt, blicken statt dessen weg oder machen sich steif.

Wie Fremmer-Bombik und K. E. Grossmann (1993) zusammenfassend darstellen, bleiben
diese Bindungsmuster bemerkenswert stabil bestehen, was nach vorliegenden empirischen
Untersuchungsergebnissen zumindest bis zu einem Alter von sechs Jahren aufgewiesen werden konnte. Darüber hinaus liegen inzwischen deutliche empirische Hinweise vor, daß die verinnerlichten Bindungsmuster von Erwachsenen, in denen deren Beziehungserfahrungen mit
ihren eigenen Eltern niedergelegt sind, mit relativ hoher Durchschlagskraft an die eigenen Kinder weitergegeben werden, sich also korrespondierend in dem kindlichen Bindungsverhalten
wiederfinden. Die transgenerationale Weitergabe wurde von Fonagy et al. (1991) in einer pro-
spektiv angelegten Studie mit 100 Schwangeren empirisch aufgewiesen. Die verinnerlichten
eigenen Bindungsmuster der Schwangeren wurden mit Hilfe einer speziellen Interviewmethode
(Adult Attachment Interview nach George et al. 1985) erfaßt und Kategorien zugeordnet, die
mit den oben beschriebenen kindlichen Bindungstypen inhaltlich korrespondierten. Nach der
Geburt wurden die Kinder im Alter von 12 Monaten in der „Fremde-Situation" untersucht. Es
zeigte sich, daß sich das verinnerlichte eigene – sichere oder unsichere – Bindungsmuster der
Mütter weit überzufällig häufig in einem entsprechend sicheren bzw. unsicheren Bindungs-
verhalten der Kinder reproduziert hatte. Die Ergebnisse konnten inzwischen in nachfolgenden
Untersuchungen bestätigt werden (vgl. Buchheim et al. 1998).

Diese empirischen Befunde verweisen nachdrücklich auf die strukturelle Verankerung
interaktioneller Beziehungserfahrungen. In der Bindungsforschung wird angenommen, daß den
verschiedenen beobachtbaren Bindungs-/Verhaltensmustern verschiedene innere Arbeitsmodelle von der Mutter („inner working models": Bowlby 1973) zugrunde liegen, die sich aus den
konkret erfahrenen Mutter-Kind-Interaktionen herleiten. In diesen verschiedenen Arbeitsmo-
dellen sind die Erwartungen des Kindes bezüglich des mütterlichen Verhaltens unterschiedlich
organisiert. Entsprechend würden, so die Annahme, in der „Fremde-Situation" je nach innerem
Arbeitsmodell auch unterschiedliche Erwartungen mit jeweils darauf abgestimmtem Verhalten
aktiviert.

Systematische Beobachtungen des Umganges von Müttern mit ihren Kleinkindern im häus-
lichen Umfeld lassen inzwischen in ersten Ansätzen erkennen, welches mütterliche Verhalten
mit welchem kindlichen Bindungsmuster und welchem hypothetischen inneren Arbeitsmodell
des Kindes von seiner Mutter zusammenhängt. Dabei hat sich die sogenannte *Feinfühligkeit* der
Mütter als besonders wichtiges Beobachtungsmerkmal herausgestellt: „Feinfühligkeit ist nach
Ainsworth die Fähigkeit des Erwachsenen, die Signale und Kommunikationen, die im Verhalten des Kindes enthalten sind, richtig wahrzunehmen und zu interpretieren, und wenn dieses Ver-

ständnis vorhanden ist, auf die Signale angemessen und prompt zu reagieren" (K. E. Grossmann u. K. Grossmann 1994, S. 4). Erwartungsgemäß korrespondiert Feinfühligkeit der Mutter eher mit sicherem, mangelnde Feinfühligkeit eher mit unsicherem Bindungsverhalten des Kindes. Dieses mütterliche Merkmal sei offensichtlich wichtig, könne aber, so wird betont, das kindliche Bindungsverhalten keinesfalls erschöpfend erklären. Nach Buchheim et al. (1998) wird die Varianz des kindlichen Bindungsverhaltens nur zu ca. 10 % durch die mütterliche Feinfühligkeit aufgeklärt.

Knapp zusammengefaßt lassen sich die inneren Arbeitsmodelle, die den einzelnen Bindungsmustern entsprechen, wie folgt beschreiben (nach Fremmer-Bombik u. K. E. Grossmann 1993): *Sicher gebundene* Kinder haben die Mutter als zuverlässig verfügbar repräsentiert; für *unsicher-ambivalent* gebundene Kinder ist das Verhalten der Mutter nicht genau vorhersehbar, was bewirkt, daß sie zu irritierten, hin- und hergerissenen Verhaltensäußerungen neigen. *Unsicher-vermeidende* Kinder haben ihre Mütter oft als zurückweisend erlebt (mit der Folge, daß sie teils resigniert haben, teils versuchen, sich durch Vermeidung gegen erneute Enttäuschungen zu schützen); Kinder mit *desorganisiert* erscheinendem Bindungsverhalten werden bezüglich ihres inneren Arbeitsmodells als noch nicht hinreichend beurteilbar beschrieben. Inzwischen gibt es allerdings deutliche empirische Hinweise, daß die Mütter von Kindern mit diesem Bindungsverhalten selbst erheblich problembelastet sind – durch z. B. den unverarbeiteten Verlust eigener wichtiger Beziehungspersonen –, so daß sie demzufolge in ihren eigenen mütterlichen Funktionen längerfristig eingeschränkt werden.

Die Bindungsforschung geht vom beobachtbaren kindlichen Verhalten aus und versucht, die strukturellen Determinanten für das sichtbare Verhalten hypothetisch zu rekonstruieren. Sie setzt dabei als gleichsam selbstverständlich voraus, daß das hypothetisch angenommene innere Arbeitsmodell von der Mutter das Resultat vieler Einzelerfahrungen mit der Mutter ist. Dies deckt sich vollkommen mit unseren bisherigen Strukturüberlegungen. Die Bindungsforschung hat zudem empirisch gut fundierte Hinweise geliefert, daß strukturell verankerte Vorstellungskonzepte sowohl intraindividuell als auch über die Generationengrenzen hinweg eine bemerkenswerte Langzeitwirkung entfalten können.

Wie bilden sich solche zeitlich überdauernden Konzepte, wenn man sie aus der Binnenperspektive des erlebenden Subjektes betrachtet? Hier sind wir weitgehend auf Vermutungen angewiesen, wie in dem folgenden Beispiel, mit dem wir eine Veranschaulichung versuchen wollen.

Ein kleiner Junge hat wiederholt erlebt, daß sein Vater barsch und schroff reagiert, wenn er in Gegenwart des Vaters weint. Seine Mutter, eine in ihren Gefühlsäußerungen gehemmte und dem Vater unterwürfig ergebene Frau, versucht ihn gelegentlich zu trösten. Intuitiv erfaßt er aber, daß sie es nur widerstrebend tut. Wird der Vater Zeuge dieser Tröstungsversuche, reagiert er auch dann mißbilligend. So formt sich in dem kleinen Jungen allmählich ein Vorstellungsbild der Art (ohne dies schon in Worte fassen zu können): Vater mag nicht, wenn ich weine. Macht er wiederholt auch außerhalb der Familie ähnliche Erfahrungen, so wird das Muster breiter ausgearbeitet: Keiner mag, wenn ich weine. Irgendwann beginnt er, ohne sich dessen schon bewußt werden zu können, Gefühlsäußerungen wie das Weinen zu unterdrücken. Jetzt erlebt er sich als jemand, der – wie der Vater – nicht weint. Er hat sich also in diesem Teilaspekt mit seinem Vater identifiziert, hat sich selbst somit nach dem Vorstellungsbild, das er von seinem Vater hat, verändert.

Parallel zu diesem Prozeß der verallgemeinernden Konzeptbildung, die schließlich zu einer Teilidentifikation mit dem Vater führte, hat er gleichzeitig, wiederum über vielfältige Beziehungserfahrungen vermittelt, verschiedene Bewertungsdimensionen – erlaubt versus unerlaubt, stark versus schwach etc. – ausdifferenziert und in sich verankert. Diese Qualitäten werden mit seinen Vorstellungsbildern von Vater und sich selbst verknüpft: Mein Vater, der nicht weint, ist stark; ich bin stark, wenn ich (wie Vater) nicht weine.

Nun macht der kleine Junge, wiederum parallel hierzu, die wiederkehrende Erfahrung, daß der Vater die ein Jahr ältere Schwester durchaus trösten kann, wenn sie weint. Macht er wiederholt ähnliche geschlechterdifferente Beobachtungen, formt sich in ihm das Vorstellungskonzept: Mädchen dürfen weinen, Jungen nicht. Für sein Vorstellungsbild vom Vater bedeutet das: Mein Vater erlaubt meiner Schwester das Weinen, weil Mädchen für ihn nicht stark sein müssen. Und für sich selbst formt er die Vorstellung: Wenn ich weine, bin ich nicht stark wie Vater, sondern schwach wie ein Mädchen.

Eines Tages wird der kleine Junge Zeuge eines Geschehens, das die Ordnung seiner Welt einigermaßen durcheinander bringt. Die Familie hatte telefonisch die Nachricht erreicht, daß die Mutter des Vaters völlig überraschend gestorben war. Der Vater war unvermittelt und heftig in Tränen ausgebrochen. Die Szene wiederholte sich ganz ähnlich bei der Beerdigung der Großmutter. Bei beiden Gelegenheiten hatte der Junge noch eine andere Beobachtung gemacht. Der Vater hatte sich, als er bemerkte, daß sein Weinen von seinem Sohn nachdenklich und aufmerksam beobachtet wurde, mit einem „komischen Gesicht" abgewandt. Der Sohn hatte diese Abwendung intuitiv richtig verstanden, aber erst später waren ihm Worte verfügbar, um diese Beobachtung auch beschreiben zu können: Der Vater hatte sich vor seinem Sohn geschämt. Das Bild des Sohnes vom Vater hatte so eine weitere Facette erhalten: Wenn mein Vater weint, schämt er sich; er schämt sich wohl deshalb, weil er meint, mit dem Weinen zum schwachen Vater/Mann geworden zu sein.

Veranschaulichungen dieser Art sind immer einer Gefahr ausgesetzt, die Peterfreund (1980) als Adultomorphismus bezeichnet hat. Er meint damit die Tendenz, kindliche Formen des Erlebens und Verhaltens mit Hilfe von Vorstellungsmustern (Erfahrungsbildungen, theoriegeleiteten Denkgewohnheiten und sprachlichen Beschreibungsformeln) „erklärbar" machen zu wollen, die der Erwachsenenwelt entstammen, und die es *so* in der kindlichen Welt bestenfalls in Vorläuferformen gibt, oder die es entwicklungs- und erfahrungsbedingt noch gar nicht geben kann. Dieser Gefahr adultomorpher Verzerrungen oder Fehlinterpretationen[16] kann man nicht grundsätzlich entgehen, man kann sie nur einzugrenzen versuchen, indem man unbewiesene und unbeweisbare metapsychologische Spekulationen vermeidet und statt dessen versucht, die Hypothesen beobachtungsnah und empiriegestützt zu entwickeln.

Nach dem gegenwärtigen Stand der empirischen Säuglingsforschung (vgl. Stern 1985, 1992; Dornes 1993) kann als gesichert gelten, daß schon Kleinkinder im ersten Lebensjahr über Formen impliziten „Wissens" verfügen, das ihr Erleben und Verhalten steuert. Dieses „Wissen", das sich aus Vorerfahrungen (in erster Linie) interaktioneller Art aufbaut, ist bereits systematisiert und organisiert. Erinnern wir uns in diesem Zusammenhang beispielsweise an die Befunde von Tronick et al. (1978), wonach Säuglinge deutlich beobachtbar irritiert reagieren, wenn sich ihre Mütter oder Väter in der „still face"-Situation plötzlich gänzlich anders verhalten und den gewohnheitsmäßig vertrauten Interaktionsfluß damit unnatürlich unterbrechen. Wenn Kleinkinder schon im ersten Lebensjahr in Abhängigkeit von generalisierten Erfahrungsbildungen erleben und reagieren, so aber natürlich nur in der Weise, daß sie sich dessen weder bewußt sind noch überhaupt bewußt werden können. Mit dem Beginn der Sprach- und Symbolisierungsfähigkeit in der zweiten Hälfte des zweiten Lebensjahres werden die Möglichkeiten zu einer verallgemeinernden Konzeptbildung dann erheblich ausgeweitet, weil sich die kognitiven und verbalkommunikativen Fähigkeiten rasant entwickeln.

---

[16] Der Pathomorphismus – die Neigung, sich frühkindliche Seelenvorgänge nach dem Muster späterer, z. B. psychotischer Krankheitsprozesse vorzustellen – stellt nach Peterfreund eine weitere Fehlerquelle dar.

Vor allem aber wird die Konzeptbildung jetzt aus der strikten Bezogenheit auf faktische Geschehnisse entbunden und um den imaginär-phantasmatischen Erfahrungsraum erweitert. Das heißt: Neue Wirklichkeiten können erfunden werden, erlebte und mnestisch gespeicherte „alte" Wirklichkeiten können wieder und wieder aus dem Gedächtnis aufgerufen und nach Belieben modifiziert und weitergesponnen werden. Allmählich wird das Kind auch zu bewußter Reflexion und Selbstreflexion fähig. Es kann sich selbst zum Objekt seiner Betrachtung machen, sich fragen, wer es selbst ist, worin es anderen ähnlich ist oder sich von diesen anderen unterscheidet.

So formen und konsolidieren sich in seinem Gehirn allmählich generalisierte Vorstellungskonzepte von seiner eigenen Person, von anderen Personen, von gewohnheitsmäßigen Interaktionsabläufen, von bestimmten Erwartungen, inneren Gewißheiten, Überzeugungen, richtungweisenden Normen etc., die seine persönlichen Erfahrungen auf höherer Abstraktionsebene repräsentieren. In der kognitiven Psychologie sind für Erfahrungsrepräsentationen höherer Ordnung verschiedene Begriffe geprägt worden (vgl. Thomä u. Kächele 1985, S. 270): map, model, representation, knowledge structure, schema, script, working model.

Ich nenne die generalisierten Vorstellungskonzepte *dynamische Lebenskonstrukte*, um darin zum Ausdruck zu bringen, daß es sich zwar formal um „Wissens"-Strukturen handelt, die sich qua Abstraktion gebildet haben, daß sie im übrigen aber im fortlaufenden Lebensprozeß eine überragende dynamische Wirkung entfalten. Diese „Lebenskonstrukte" sind fundamentale Gestaltungs- und Regulationsprinzipien, die jedes momentane Erleben steuern. Sie bilden das interne Bezugssystem, in dessen Rahmen die aktuelle Wirklichkeitserfahrung jederzeit kognitiv und emotional bewertet werden kann. Somit determinieren sie zu wesentlichen Anteilen, *was* ein Mensch *wie* und *warum* so und nicht anders wahrnimmt, fühlt, denkt, also erlebt. Und, hierauf abgestimmt, werden entsprechende Funktionen aktiviert, die geeignet erscheinen, die subjektiv erlebte Wirklichkeit nach Maßgabe der in den jeweiligen Konstrukten repräsentierten generalisierten Erfahrungen in eine gewünschte Richtung lenken zu können.

Die Ausformung dynamischer Konstrukte hat zur Folge, daß das ursprüngliche Erleben, aus dem sie sich herleiten, in seiner sinnlich-unmittelbaren Anschaulichkeit und vor allem emotionalen Farbigkeit verblaßt. Sie erfüllen in übergeordneter funktionalistischer Perspektive vorrangig die Aufgabe, das Gehirn dadurch vor Überlastung zu schützen, daß sie die ungeheure Erfahrungsvielfalt zu ordnen und zu systematisieren helfen. Die damit einhergehenden Abstraktionsprozesse können nun aber gleichzeitig auch Abwehrzwecken dienen – insbesondere dann, wenn das ursprünglich Erlebte quälend unlustvoll war. Beispielsweise ist es für einen Menschen in der Regel erträglicher, sich mit dem „Wissen", daß er ein unerwünschtes Kind war, kognitiv-abstrakt auseinanderzusetzen, als diese Erkenntnis erlebensunmittelbar „fühlen" zu müssen.

Der Zusammenhang zwischen dem Ursprungserleben und dessen Verdichtung auf höherer (Abstraktions-)Ebene bleibt aber zumindest unbewußt oder ahnungsbewußt erhalten, weil die persönliche Erfahrungsgeschichte im Gehirn ganzheitlich repräsentiert und organisiert wird. Daraus ergibt sich, daß in einer gegebenen Situation nicht nur „passende" dynamische Lebenskonstrukte und in der Folge „passende" Funktionen, sondern zugleich auch „passende" Erinnerungsbilder an sinnlich-anschaulich erlebte Geschehnisse aktiviert werden.

Die primären Erlebnisse und deren verdichtete Repräsentationen – die dynamischen Lebenskonstrukte – sind also assoziativ vernetzt. Über diese Vernetzung werden die Gestaltungs- und Regulationsprinzipien durch Koaktivierung lebendiger Erinnerungs- und Vorstellungsbilder selbst dynamisiert. So werden im natürlichen Prozeß des Erlebens aus ruhenden, mehr oder weniger abstrakten „Wissens"-Strukturen dynamische Wirkfaktoren, die das Erleben, insbesondere in seinen motivationalen und emotionalen Komponenten, entscheidend gestalten.

Wenden wir uns jetzt einzelnen dynamischen Lebenskonstrukten zu, die in klinisch-psychoanalytischer Perspektive von diagnostischer Bedeutung sind.

Beziehungsmatrizen

Die „Matrize" geht auf das lateinische Wort „matrix" (= Stammutter) zurück. Sie soll hier im Sinne einer Prägefolie verwendet werden – in Analogie zu der Matrizenfolie, die zur Herstellung von Vervielfältigungen dient. Viele episodisch-interaktionelle Erfahrungen, die wir mit einer oder mehreren Bezugspersonen gemacht haben, sind in unserer seelisch-geistigen Struktur zu Beziehungsmatrizen kondensiert worden, die nachfolgenden Beziehungen ihren spezifischen Stempel aufdrücken.

Diese allgemeine Definition stimmt im Grundsatz mit Positionen überein, die in der Bindungsforschung und analytisch orientierten Säuglings- und Kleinkindforschung vertreten werden (vgl. Stern 1985, 1992; Zelnick u. Buchholz 1991). Diese Forschungsrichtungen arbeiten vorrangig mit der Methode der Verhaltensbeobachtung. Sie stehen damit aber in der Gefahr, die Bedeutung *konkreter* Interaktionserfahrungen übergewichtig zu betonen und diejenige *phantasierter* interaktioneller Erfahrungen zu vernachlässigen. Dies ist gerechtfertigt, solange das Kind noch nicht symbolisierungs- und verbalisierungsfähig ist. Stehen ihm diese Fähigkeiten aber ab einem Alter von 18 bis 24 Monaten zunehmend mehr zur Verfügung, kann das Kind, wie bereits erwähnt, seine Phantasie benutzen, um Interaktionsszenarien nach eigenem Belieben nachzuspielen, zu verändern oder gänzlich neu zu erfinden. Die phantasierten Interaktionen haben dann – neben den konkret erlebten – am Aufbau seiner Repräsentanzenwelt teil, können unter Umständen sogar die Konstruktion dieser inneren Welt dominieren. Insofern verstehe ich unter „Beziehungsmatrize" gegenüber dem „inner working model" (mit dem sie aber fraglos verwandt ist) eine komplexere Organisationsstruktur, in die auch mehr als nur Bindungsaspekte eingehen.

Es erscheint mir am sinnvollsten, sich den Aufbau von Beziehungsmatrizen in Anlehnung an eine Einzelepisode vorzustellen. Eine einzelne Episode ist ja ein Prozeßgeschehen, das sich aus der Perspektive einer Ich-Person wie folgt beschreiben läßt: Ich bin in einer bestimmten Situation; ich habe bestimmte Wünsche, (Trieb-)Bedürfnisse etc., die auf ein Ziel, die Wunschbefriedigung, ausgerichtet sind; um dieses Ziel zu erreichen, trete ich in eine Interaktion mit einem Beziehungsobjekt ein; die ablaufende Interaktion wird von mir fortwährend emotional und kognitiv bewertet; so schließlich auch das Ende der Interaktion, das mich an das Ziel meiner Wünsche gebracht hat oder auch nicht. Wie schon wiederholt betont, sind die einzelnen Facetten eines ablaufenden episodischen Geschehens eng verkoppelt. Diese Kopplung ist nun in einer Beziehungsmatrize gelockert, aber prinzipiell erhalten geblieben. An die Stelle der (in einem Realgeschehen) raum-zeitlich engen Kopplung sind *Erwartungen* getreten, die mir angeben, wie „wahrscheinlich" es ist, daß ich mit diesen Bedürfnissen in dieser Situation mit dieser Person eine bestimmte Interaktion erleben werde, die mich im Ergebnis dann emotional und kognitiv befriedigt oder unbefriedigt sein läßt. Mit Bezug auf diese einzelnen Aspekte läßt sich die Beziehungsmatrize dann beschreiben – der Komplex von Erwartungen, der, aus Einzelerfahrungen abgeleitet, zu einem dynamischen Lebenskonstrukt organisiert worden ist.

Solche Beziehungsmatrizen können sehr unterschiedlich gestaltet sein. Sie können sich von einer Beziehungsperson zur nächsten unterscheiden. Aber auch im Verhältnis zu ein und derselben Person können verschiedene Matrizen ausgebildet werden, wie das folgende Beispiel aus einer von mir supervidierten Behandlung verdeutlichen soll.

Eine Patientin war als Einzelkind bei ihrem Vater aufgewachsen. Die Mutter hatte die Familie unmittelbar nach der Geburt der Patientin verlassen. In früher Kindheit war die Patientin von der Großmutter väterlicherseits betreut worden – einer herben und verbitterten Frau, die kein gutes Haar am Vater gelassen hatte. In der späteren Kindheit war sie Schlüsselkind, wartete täglich sehnsüchtig darauf, daß der Vater heimkommen würde. Der Vater, ein Alkoholiker, kam dann aber oft entgegen getroffener Absprachen erst zu später Stunde betrunken nach Hause, oder er verschwand plötzlich wieder, nachdem er sie ins Bett gebracht hatte.

Im Zentrum einer ersten, der wohl wichtigsten Matrize ihrer Beziehung zum Vater steht das sehnsuchtsvolle Warten auf ihn, die Vorwegnahme seines Ausbleibens, verbunden mit der Erinnerung an die zuzeiten panischen Ängste, daß er eines Tages möglicherweise überhaupt nicht mehr nach Hause kommen würde. Zu dieser Matrize gehören weiterhin die Erinnerungen an ihre ständige angespannte Wachsamkeit, mit der sie ihn während seiner Anwesenheit beobachtete, und das zu einer Gewißheit gesteigerte Gefühl, daß weder ihre Dauerobservation noch die Realpräsenz des Vaters ihre Grundangst würden dämpfen können. Erst im Verlauf der psychoanalytischen Behandlung tauchten dann weitere Aspekte auf, die gleichfalls zu dieser Matrize ihrer Vaterbeziehung gehören, bis dahin aber abgewehrt werden mußten: die Phantasien, die darum kreisten, was der Vater während seiner Zechtouren insbesondere mit Frauen treiben könnte; ihre Überzeugung, es mit diesen Frauen an Attraktivität niemals aufnehmen zu können; vor allem aber der Haß auf den Vater, der sie schutzlos ihrer Angst überlassen hatte.

Daneben gab es aber auch andere Erfahrungen mit dem Vater. Nach seinen exzessiven Zechtouren, die er regelmäßig irgendwann abbrach, war er in einem körperlich desolaten Zustand und mußte von der Patientin versorgt werden. In diesen Zeiten war er emotional zugänglicher und weicher. Dann interessierte er sich für sie, hörte aufmerksamer zu und ließ sie spüren, daß er für ihre Anwesenheit und ihre Fürsorge dankbar war.

Aus diesen einzelepisodischen Erfahrungen hat sich eine Beziehungsmatrize zum Vater geformt, die sich deutlich von der ersten unterscheidet. In dieser zweiten Matrize ist der Vater hilflos und fürsorgebedürftig. Damit geht einher, daß sie eine gewisse Macht über ihn spürt. Ihr Bedürfnis, ihn ganz für sich haben zu wollen, scheint ihr plötzlich realisierbar zu sein – vorausgesetzt, daß sie in ihrer Fürsorge beharrlich und aufmerksam bleibt. Sich selbst nimmt sie unter diesen Bedingungen als Person wahr, die durchaus ihren Wert hat. Ihre Angst, ihn dauerhaft verlieren zu können, erscheint ihr auflösbar. Kurz: dies ist eine Matrize hoffnungsvoller Zuversicht.

In ihren späteren Beziehungen neigt die Patientin dazu, sich an Männer zu binden, die (auf eine anfänglich eher verborgene Weise) psychisch labil, krank oder unzuverlässig sind. Wenn die Schwächen oder psychischen Hilfsbedürftigkeiten dieser Männer offensichtlich werden, geht sie in ihrer Rolle als Helferin förmlich auf, fühlt sich enorm aufgewertet, idealisiert Mann und Beziehung und fühlt sich relativ sicher. Daß der Mann gleichzeitig sexuell unattraktiv wird, nimmt sie billigend in Kauf. Insoweit zeichnet sich also ab, daß die Patientin ihre erwachsenen Männerbeziehungen deutlich nach dem Muster gestaltet, das der oben skizzierten zweiten Matrize entspricht. Dennoch aber beobachtet sie den Mann, mit dem sie jeweils eine Beziehung hat, wachsam, registriert kleine Anzeichen von Unaufmerksamkeit oder Gleichgültigkeit ihr gegenüber sehr genau. Mehren sich diese Zeichen und beginnt sie, ein drohendes Beziehungsende vorauszuahnen, so neigt sie zu panikartigen Ängsten, die sich oft – wie sich im weiteren Verlauf der analytischen Behandlung herausstellte – mit sehr destruktiven, verachtungsvollen und haßerfüllten Rachephantasien abwechseln. Damit treten Aspekte hervor, die deutliche Bezüge zu der ersten der beiden oben umrissenen Matrizen aufweisen, die sie in der Beziehung zu ihrem Vater entwickelt hat.

Die Beziehungsmatrizen bilden die erste Untergruppe komplex organisierter dynamischer Lebenskonstrukte, die jederzeit aktivierbar sind, um das aktuelle Erleben – hier speziell: das Erleben und Verhalten in Beziehungen – nach den Mustern zu gestalten, die in ihnen niedergelegt sind.

Identifikationen

Wir sprechen von Identifikation, wenn uns das, was wir an anderen beobachtet und mit anderen erlebt und erfahren haben, selbst zu eigen geworden ist. Um den Prozeß der Aneignung, der Internalisierung, zu bezeichnen, sind in der Psychoanalyse verschiedene „Verinnerlichungsbegriffe" (Mertens 1992, S. 101) gebildet worden: Inkorporation, Introjektion und Identifizierung. In dieser Reihenfolge werden sie als lebensgeschichtlich frühere und spätere, zugleich primitivere und reifere Formen der Verinnerlichung unterschieden. Nicht diese Prozesse interessieren uns hier aber, sondern deren Ergebnis – die Identifikationen, jene Aspekte einer anderen Person, die ein Mensch zeitlich überdauernd in mehr oder weniger ähnlicher Weise in sich selbst strukturell niedergelegt hat. Solche Identifikationen – die Übernahme subjektiv wahrgenommener Eigenarten des Wahrnehmens, Fühlens, Denkens, Handelns etc. eines anderen in das Repertoire des eigenen Wahrnehmens, Fühlens, Denkens und Handelns – spielen in der Entwicklung eines jeden Menschen eine überaus wichtige Rolle. Es ist eine der großen Leistungen Freuds, die Bedeutung solcher Verinnerlichungen früh erkannt zu haben. Sofern wir qua Identifikation mit der anderen Person partiell eins geworden sind, ist sie in uns lebendig geblieben: Wir sehen, fühlen, denken etc. *wie* die andere Person, und darin ist sie in uns dauerhaft präsent.

Identifikatorisch werden aber immer nur *partiell* Eigenarten eines anderen übernommen. Im Verlauf der eigenen lebensgeschichtlichen Entwicklung können die Identifikationen zudem verändert werden, womit in der Regel einhergeht, daß ihr Bezug zu dem ursprünglichen Identifikationsobjekt abstrakter wird und z.T. für das Subjekt kaum noch erkennbar ist. Der Bezug bleibt aber auch für diesen Fall grundsätzlich erhalten, weil mit der Aktivierung verinnerlichter Aspekte eines anderen in der Regel auch, wie oben dargestellt, lebendige Erinnerungsbilder an diesen anderen koaktiviert werden. Genau dies hatte der oben erwähnte Patient erlebt, der die vorwurfsvoll tadelnde Stimme seiner längst verstorbenen Mutter mit irritierender Deutlichkeit in sich „gehört" hatte.

Es können im Rahmen von Identifikationsprozessen sowohl positive als auch negative Züge von Identifikationsobjekten übernommen werden. So gehört zu den schmerzvollsten Erfahrungen von Patienten die Entdeckung, daß sie Eigenschaften einer anderen Person, unter der sie einstmals sehr gelitten hatten, selbst in sich etabliert haben.

Normen, Werte, Ideale

Bei der Ausformung und strukturellen Verankerung von innerlich leitenden Geboten, Verboten, Werten und Idealen spielen gleichfalls Verinnerlichungsprozesse eine zentrale Rolle. Vormals von den Elternpersonen als Forderungen erhoben, werden sie allmählich zu richtungweisenden Wertmaßstäben in uns selbst. Aus der Angst vor der direkten Bestrafung durch die Eltern wird im Falle der Gebotsmißachtung oder Verbotsübertretung über viele Umformungsschritte allmählich die Angst, vor dem eigenen Gewissen und den in uns etablierten Idealen nicht bestehen zu können. Aus Strafangst wird Schuldangst oder Schamangst. Übertreten wir dennoch, erleben wir die Schuld oder die Scham unmittelbar. Im Drei-Instanzen-Modell hat Freud (1923) das „Über-Ich" als die Instanz konzipiert, die durch Gewissensforderungen und Ideale inhaltlich bestimmt wird. Die Bedeutung dieser Inhalte bleibt uneingeschränkt auch dann gültig, wenn wir – wie in dieser Abhandlung – die klassische Strukturtheorie aufgeben.

Basale Selbstrepräsentanzen[17]

Es ist schwierig, die Selbstrepräsentanzen von den Objektrepräsentanzen und Beziehungsmatrizes abzugrenzen, weil in das Bild, das ich von mir selbst habe, in der Regel immer auch Vorstellungen von einem Objekt und der Beziehung zu ihm einfließen. Wir bleiben dieser natürlichen Verschränkung eingedenk und fassen unter „Selbstrepräsentanzen" die basalen und fest in der Struktur verankerten Überzeugungen zusammen, die sich darauf beziehen, wer, wie, was ich „eigentlich" bin: liebens- und begehrenswert oder nicht, eine „richtige" Frau, ein „richtiger" Mann, voller Güte oder mörderischen Hasses, selbstlos oder aufopferungsvoll, Prinz oder Prinzessin, verkanntes Genie, Hochstapler, einzig Aufrechter, als Kind gewollt und geliebt oder nicht gewollt und abgelehnt etc. In diese realitätsgerechten oder phantasierten Selbstrepräsentanzen eingeschlossen ist auch das Wissen um eigene Fähigkeiten oder Mängel.

Basale Objektrepräsentanzen

Analog auf wichtige andere Personen bezogen, ist in den basalen Objektbildern niedergelegt, wie Mutter, Vater, Geschwister etc. „eigentlich" waren oder sind: immer für mich da, hat sich nie um mich gekümmert, hat mich gehaßt, ein lieber Mensch oder jemand, vor dem ich immer Angst hatte etc. Aus unzählig vielen Erfahrungen abstrahiert und über Reflexions- und Kategorisierungsprozesse weiter ausgearbeitet, sind die Einzelerfahrungen schließlich zu innerlich gültigen und leitenden Allaussagen über eine bestimmte Person geworden. So haben sie eine abgrenzbare Eigenständigkeit erlangt, wobei der Beziehungsaspekt darin aber immer noch direkt oder indirekt enthalten und erkennbar geblieben ist.

Wiederum können im Verhältnis zu ein und derselben Person, wie schon für die Beziehungsmatrizen beschrieben, verschiedene basale Vorstellungsbilder entwickelt werden. Schließlich gibt es noch Objektbilder, in denen festgeschrieben ist, was ein Mensch generell von anderen hält oder erwartet – und zwar stereotypisiert und losgelöst von einem konkreten Gegenüber oder eingegrenzt auf bestimmte Personengruppen („alle" Männer sind gefühllos, „alle" Frauen suchen starke Männer, „alle" Vorgesetzten sind herrschsüchtig und ausbeuterisch).

Phantasiemuster

Es liegt in der Logik dieser Strukturkonzeption, daß seelisch-geistige Inhalte jedweder Art, sofern sie einen vitalen und zeitlich überdauernden Einfluß auf die Regulation eines Gegenwartserlebens haben, zur „Struktur" eines Menschen gehören. Insofern können auch wiederkehrende Phantasien Strukturqualität gewinnen. Man denke nur an die Phantasien von Kindern, die so früh beispielsweise ihren Vater verloren haben, daß sie über keine bewußtseinsfähigen Erinnerungen verfügen. Dennoch haben sie nicht selten ihren „Vater im Himmel", von wo aus er sie, je nachdem, als mächtiger Beschützer begleitet oder als personifiziertes Gewissen über-

---

[17] Wir verwenden den Begriff „Repräsentanz" im Sinne von „Vorstellungsbild", wie er im psychoanalytischen Schrifttum inzwischen mehrheitlich benutzt wird (vgl. Mertens 1992).

wacht, das alles sieht (so auch z. B. die kindliche Onanie). Oder man denke an Kinder, die bei Pflege- oder Adoptiveltern aufgewachsen sind, und die ihre biologischen Eltern in ihrer Phantasie mit ganz besonderen Qualitäten ausgestattet haben.

Solche Phantasien können zu einer Art Schablone werden, die im Verlauf der Entwicklung je nach Situation und Lebensumständen mit veränderten Inhalten gefüllt wird. Das „grandiose Selbst" und die „idealisierte Eltern-Imago" sensu Kohut (1979) sind typische Beispiele für solche phantasmatischen Entwürfe, die persistieren, wenn unempathische Eltern die allmähliche Umformung in realitätsgerechtere Idealbildungen und Zielvorstellungen unmöglich machen. Solche Schablonen heißen dann „ich bin groß, schön und mächtig" oder „er, sie (das gerade idealisierte Objekt) ist groß, schön und mächtig". Diese oder ähnliche Attribute bilden die Schablonen. Die konkreten Phantasieinhalte sind variabel. Die Schablonen aber bleiben als dynamische Gestaltungsprinzipien, nach denen Wirklichkeitsentwürfe wunschgerecht gesteuert werden können, bestehen und wirken fort.

Manche Phantasien können aber auch relativ konkretistisch sein und sich als solche nahezu unverändert über lange Zeit erhalten.

Eine Patientin mit einem angstneurotischen Beschwerdebild hatte von einer zeitbegrenzten analytisch orientierten Psychotherapie mit deutlicher Symptombesserung profitiert. Wenige Stunden vor Therapieende berichtete sie dem Kollegen tief beschämt erstmals von Tagträumen, die sie mit ca. 12 Jahren zu entwickeln begonnen habe und sich seither bis in die Gegenwart täglich über mehrere Stunden ausmalen würde: Ein Mann – beruflich ein Erfolgstyp, weltläufig, reich, viele Frauengeschichten – träte in ihr Leben und sei nun ausschließlich ihr treu ergeben, weil nur sie ihm geben könne, was er suche und bislang nicht gefunden habe. Dieser Tagtraum war, wenn man die gesamte Lebensgeschichte der Patientin überblickt, die geradezu ideale Kompensation ihrer bisher erlebten Entbehrungen. Er erhellte zugleich schlagartig gewisse Aspekte der Behandlung, die bislang wenig verständlich geblieben waren – so z. B. die gelegentlich sehr auffallenden Störungen in der Realitätswahrnehmung der Patientin.

Dieses Beispiel verdeutlicht die Macht der phantasierten Bilder. In ihnen werden Grundängste oder umgekehrt narzißtisch befriedigende Gegenentwürfe zur Kompensation einer schwer erträglichen Realität szenisch ausgestaltet. Gerade solche Gegenentwürfe sind häufig in einem Ausmaß befriedigend, daß sie nicht aufgegeben werden können, wie in dem Beispiel der oben erwähnten Patientin, die ihre Phantasien so spät in die Therapie eingebracht hatte, daß sie nicht mehr durchgearbeitet werden konnten. Phantasiebildungen dieser Art werden aber in der Regel immer erst mit deutlicher Verzögerung, nachdem sich eine tragfähige Arbeitsbeziehung entwickelt hat, in die Therapie eingebracht – vor allem deshalb, weil sich die Patienten dieser Phantasien intensiv schämen.

Wesen in Personen

Der Begriff „Wesen" ist unmodern geworden. Ich wähle ihn hier bewußt wegen seines spezifischen Bedeutungshofes. „Wesen" bezeichnet (mit Bezug auf Dorsch et al. 1994) dem Begriff nach: 1. der, die, das lebende oder als lebendig vorstellbare Einzelne; 2. die Eigenart einer Person oder eines Objektes; 3. das „eigentliche Sein" gegenüber dem Schein; 4. das „Wesentliche" als Sinngehalt. Die Schnittmenge aus diesen verschiedenen Bedeutungen kennzeichnet näherungsweise das, was ich hier als letztes der dynamischen Lebenskonstrukte beschreiben möchte.

Wir haben das Erleben als ein Fließgeschehen, als ständige Folge von Metamorphosen unserer selbst beschrieben. Die sich dauernd ändernden Wirklichkeitserfahrungen erfolgen strukturabhängig. Einzelne strukturelle Organisatoren sind nun aber – dies gilt prinzipiell für jedes der hier besprochenen dynamischen Lebenskonstrukte – a priori durchschlagskräftiger als andere, um das aktuelle Erleben nach ihrem Muster zu gestalten. Die Folge ist, daß Menschen wiederholt in gleiche oder ähnliche Zustände des Erlebens hineingeraten, wobei der Wechsel von einer dominierenden Form subjektiver Wirklichkeitsgestaltung in eine andere allmählich, u. U. aber auch sehr plötzlich erfolgen kann.

Bei einem 39jährigen, in der Computerbranche tätigen Patienten konnte ich häufig solche abrupt einsetzenden Umschläge beobachten. Typischerweise ereignete sich dies in folgender Weise: Er kam als der erfolgreiche und durchsetzungsfähige Computerspezialist in die Stunde, war stets äußerst korrekt gekleidet, wirkte sicher in seinem Auftreten, sprach in wohlgeordneten Sätzen, wobei er sich häufig innerlich mit einem bestimmten Thema auf die Stunden vorbereitet hatte. Ein solches Thema war beispielsweise eine Begebenheit, die sich wenige Tage zuvor zugetragen hatte. Er hatte im Vorbeigehen eine traurig wirkende Mutter mit ihrem kleinen Kind, das in einer Karre saß, wahrgenommen. Für flüchtige Augenblicke hatte er die „leeren Augen" des Kindes gesehen, die ihn dann über Stunden nicht mehr losgelassen hatten. Beim Bericht über diese oder ähnliche Begebenheiten blieb er dann aber regelhaft zunächst in den Anfängen stecken, wobei er unvermittelt und heftig zu weinen begann. Anfänglich unfähig, überhaupt zu sprechen, fand er dann ganz allmählich – und stoßweise durch erneutes Weinen unterbrochen – seine Sprache wieder.

In meiner Wahrnehmung des Patienten war es zu einer fast dramatischen Veränderung gekommen: Der „Erfolgsmann" war verschwunden; vor mir saß in der äußeren Gestalt eines erwachsenen Mannes unvermittelt ein verzweifelter kleiner Junge, der es aufgegeben zu haben schien, die Augen seiner Mutter zu suchen. Dieses Erleben von Hilflosigkeit, Überforderung und Verzweiflung verwies auf bestimmte frühe biographische Erfahrungen des Patienten. Er hatte seine ersten drei Lebensjahre im Heim verbracht. Dort war er allerdings, zumindest an Wochenenden relativ regelmäßig, von seiner Mutter besucht worden. Er hat vereinzelte vage Erinnerungsbilder an diese Zeit – so z. B. an das Fortgehen der Mutter, wobei ihm völlig unbegreiflich war, warum sie ihn zurückließ. Im Fortgang dieser Stunde und ähnlich verlaufender anderer war es dem Patienten durchaus möglich zu erkennen, daß über die flüchtige Wahrnehmung des kleinen Kindes mit den leeren Augen der verzweifelte kleine Junge in ihm selbst belebt worden war – ein kleiner Junge, zu dessen Verzweiflung, außer der Suche nach der Mutter, noch andere Facetten gehörten, die sich auf seine frühen Erfahrungen mit seinem Vater beziehen.

Mit etwa drei Jahren war der Patient aus dem Heim zu seinen Eltern gekommen. Zu diesem Zeitpunkt war der Vater nach durchaus beachtlichen Anfangserfolgen bereits in eine berufliche Krise geraten, aus der er nicht wieder herausfand. Er mußte seither einer Tätigkeit weit unter seiner Qualifikation nachgehen. Das Geld war stets knapp, die Wohnverhältnisse waren sehr bescheiden. Hinzu kam noch, daß die Mutter in der Folgezeit zwischen Patient und Vater eine ödipal verführende Rivalität entfachte und bis über die Pubertät des Patienten hinaus unterhielt. Dieses Moment und in Ergänzung dazu das ohnehin stark labilisierte männliche Selbstgefühl des Vaters machen anteilig verständlich, warum sich der Vater dem Patienten gegenüber so erdrückend dominant verhielt, wie er es tat: Er würdigte niemals Leistungen des Patienten, prangerte aber jedes Leistungsversagen gnadenlos an und bestrafte ein Aufbegehren des Sohnes gegen ihn drakonisch.

Als ich den Patienten kennenlernte, hatte er sich beruflich bereits gut etabliert. Der äußere Erfolg konnte ihn aber innerlich nicht wirklich beruhigen. Die Angst vor einem möglichen Versagen war im Hintergrund ständig präsent. Wie sehr bald deutlicher wurde, war er von Ehrgeiz und intensiver Suche nach Anerkennung für seine Leistungen geradezu getrieben – einer Suche, die er in der Realität auf einen der beiden Chefs jener Firma gerichtet hatte, bei der er beschäftigt war. Blieb diese Bestätigung aber aus, und berichtete er darüber in den Stunden, so war dies ein weiterer Anlaß für die beschriebenen heftigen Weinattacken. Dieses Weinen hatte jetzt aber einen anderen Charakter. Es war das Weinen eines kleinen Jungen, der wütend fordernd die Anerkennung durch den Chef/Vater einklagt und in seinen Phantasien radikal destruktiv reagiert, wenn diese Forderungen unerfüllt bleiben.

Ebenso plötzlich und unvermittelt, wie diese Wesensperson „verzweifelter kleiner Junge" aufgetaucht war, konnte sie sich auch wieder zurückziehen. Das Weinen klang allmählich ab, und im allgemeinen war es dann gut möglich, die aktuell auslösenden Momente und deren Verknüpfungen mit lebensgeschichtlich frühen Erfahrungen zu besprechen und in der hier grob skizzierten Weise zu verstehen. Im weiteren Verlauf der Stunden zeigte sich nun aber, wiederum nahezu regelhaft, ein bestimmtes Phänomen. Der Patient sah mich plötzlich an und sagte: „Es ist vorbei, Sie erreichen mich jetzt nicht mehr!" Er drückte damit eine Veränderung aus, die er an sich selbst bemerkt hatte, und die ich entsprechend an seinem äußeren Verhalten und seinem mimischen Ausdruck auch beobachten konnte.

Das Wesen „verzweifelter kleiner Junge" war wieder verschwunden und mit ihm das Erleben überwältigender Verlassenheit, intensiver Sehnsucht nach mütterlicher Zuwendung sowie väterlicher Anerkennung und zugleich die archaische Wut darüber, daß ihm weder das eine noch das andere ausreichend gewährt worden war. Er war wieder der „erfolgreiche Geschäftsmann", der nach Stundenende beim Verlassen meines Arbeitszimmers zunächst den Kopf herausstreckte und sorgfältig den Flur absuchte, um sich zu vergewissern, daß niemand ihn und das, was von dem kleinen Jungen vielleicht doch noch sichtbar sein könnte, beobachtete.

Ein weiteres Beispiel.

Eine Patientin berichtete sehr oft von quälenden Zuständen, die stunden-, mitunter tagelang andauern konnten. Dieses Erleben gehörte zu einem „Wesen", das erst im Verlauf der analytischen Psychotherapie eine klarere Gestalt und dann von uns auch einen Namen bekommen hatte. Es war „das Kind mit dem dicken Kopf und den klobigen Händen". Wenn sie sich als dieses Kind erlebte, fühlte sie sich nahezu absolut gelähmt, der Kopf war „dick", ihre Hände waren „klobig", feinmotorische Tätigkeiten schienen ihr unmöglich zu sein – auch dann, wenn sie ihr dennoch gelangen, nahm sie dies ungläubig zur Kenntnis („unvorstellbar, daß ich das zarte Glas in Händen gehalten hatte"). Zugleich war sie gefühlsmäßig überzeugt davon, daß ich sie genauso sehen und abstoßend finden müsse, wie sie sich selbst in diesen Zuständen abstoßend fand.

Die Patientin war erstmals mit vier bis fünf Jahren unter dramatischen Umständen über mehrere Monate von ihrer Mutter getrennt worden. Solche langdauernden Trennungen haben sich dann in der Kindheit noch zweimal wiederholt. Diese Trennungen waren für die Patientin noch zusätzlich dadurch traumatisierend geworden, daß die Mutter die einzige emotionale Bezugsperson war, und der Vater keinerlei emotionalen Halt hatte bieten können. Im Gegenteil: Der Vater hatte die Patientin für lebensunwert erklärt, was er rational damit begründet hatte, daß sie wegen einer Schwangerschaftskomplikation der Mutter schon intrauterin geschädigt worden sein müsse. Völlig unbelehrbar und starr – so zumindest die Wahrnehmung der Patientin – hielt er daran fest, daß sie dumm, häßlich und vor allem ungeschickt sei.

In den erwähnten Lähmungszuständen erlebte sich die Patientin ihren eigenen Worten nach „wie eine andere Person". Im Verlauf der analytischen Psychotherapie wurde ihr zunehmend deutlicher, daß sie sich in der Kindheit schon oft in ähnlichen Zuständen befunden hatte. Gleichzeitig konnte schrittweise wahrscheinlich gemacht werden, daß sich in diesen Zuständen eine Kernerfahrung wiederbelebt, die sich fest in ihrer Struktur verankert hat: verlassen von meiner Mutter, bin ich nur noch ein mißgestaltetes, formloses, abstoßendes und lebensunwertes Wesen. Mit anderen Worten, sie sieht sich in diesen Zuständen selbst mit den Augen des Vaters und ist gleichzeitig überzeugt davon, daß auch ich mich voller Grauen abwenden würde, wenn ich sie „wirklich" so sähe, wie sie selbst sich sieht.

In dieser knappen Skizze sind nur einige wenige Details der sehr viel komplexeren und insgesamt sehr belasteten Lebensgeschichte dieser Patientin wiedergegeben worden, die sich – allen Widrigkeiten zum Trotz – zu einer attraktiven, intellektuell und vor allem introspektiv sehr begabten Frau entwickelt hatte. Zu diesen Begabungen zählte unter anderem auch, daß sie im Laufe ihres Lebens verschiedene Wesen direkt erfunden hatte, die z.T. auch Namen hatten. Sie konnte in diese Wesen hineinschlüpfen und dann etwas erleben und tun, was ihr ansonsten angesichts ihrer verinnerlichten Objektbilder von Mutter und Vater verboten war oder nicht realisierbar erschien. In Gestalt dieser Wesen konnte sie mit Männern schlafen, sich als schöne und begehrenswerte Frau fühlen, selbstbewußt auftreten, sich aggressiv Forderungen widersetzen – insgesamt geniale phantasmatische Wirklichkeitskonstruktionen, die ihr in vielen kritischen Lebenssituationen wirkungsvoll geholfen hatten.

In ihrer inneren Welt waren es immer diese Wesen, die dieses oder jenes taten und erlebten, nicht sie selbst. Eines dieser Wesen konnte z.B. Schmerzen nach einer Operation ertragen, die sie dann selbst kaum oder so stark reduziert empfand, daß sich die behandelnden Ärzte über das Minimum notwendiger Schmerzmedikation hochgradig erstaunt gezeigt hatten. Anzumerken bleibt, daß sich diese Patientin jederzeit kognitiv gegenüber diesen Wesen abgrenzen konnte. Sie hat sich oft „wie" diese Wesen gefühlt, war sich aber immer bewußt, daß sie nicht wirklich eines dieser Wesen „ist". Sie war also eindeutig niemals psychotisch.

Vor dem Hintergrund dieser Beispiele soll jetzt versucht werden, verallgemeinernder zu beschreiben, was unter Wesensstrukturen verstanden werden soll:

1. Wesensstrukturen oder kurz: Wesen sind dynamische Strukturen, die – aus vielen Einzelerfahrungen abgeleitet und zu Erfahrungsrepräsentationen höherer Ordnung fortentwickelt – zu komplexen Organisatoren des Erlebens geworden sind. Sie sind insofern komplexe Organisatoren, als in ihnen verschiedene der bislang einzeln besprochenen Strukturmerkmale – also bestimmte lebendige Erinnerungsbilder, bestimmte Beziehungsmuster, Identifikationen, Selbst- und Objektrepräsentanzen, normative Werte und Überzeugungen sowie bestimmte Phantasien – in spezifischer Weise verknüpft worden sind. Darüber hinausgehend sind diese wesensmäßigen Strukturkomplexe aber auch mit bestimmten Bedürfnissen und – in Verbindung mit diesen Bedürfnissen – bestimmten emotionalen Erfahrungen bzw. Erfahrungsmustern verknüpft.

2. Wenn ein Mensch im fortlaufenden Prozeß des Erlebens in den Einzugsbereich solcher Wesensstrukturen gerät, kommt es – wie in den Beispielen des „verzweifelten kleinen Jungen"

oder des „Kindes mit dem dicken Kopf und den klobigen Händen" – zu unter Umständen dramatischen Veränderungen des aktuellen Erlebens: Er nimmt sich anders wahr, fühlt, denkt anders, hat ein anderes Körperempfinden, erlebt sich sinnlich-unmittelbar jünger (und gelegentlich älter), und es sind plötzlich überraschend andere Erinnerungsbilder, die aus seinem Gedächtnis auftauchen. Subjektiv will es ihm scheinen, als sei er eine „andere Person" geworden, wie es die erwähnte begabte Patientin ausgedrückt hatte. Die Perspektive, die er sich selbst und der Welt gegenüber einnimmt, hat sich ganzheitlich verändert. Diese komplexe Umorganisation seines Erlebens ergibt sich als unmittelbare Konsequenz aus der Tatsache, daß in diesem Fall eine Struktureinheit aktiviert worden ist, die ihrerseits komplex – eben zu einem bestimmten „Wesen" in einer Person – organisiert ist.

3. Entwicklungsgeschichtlich gehen diese Wesenspersonen, wie die anderen dynamischen Lebenskonstrukte auch, auf subjektive Wirklichkeitserfahrungen (Erlebnisse) zurück, die einen Menschen motivational in besonderer Weise bewegt und emotional in besonderer Weise betroffen haben. Solche Erfahrungen bilden die Kristallisationskerne für die Wesensstrukturen, zu denen sie im Fortgang der Entwicklung schließlich ausgearbeitet werden.

Der emotionalen Qualität dieser Kernerfahrungen kommt dabei eine große Bedeutung zu. Sie übt nämlich entscheidenden Einfluß darauf aus, welche Funktionen in der Folge aktiviert werden, nachdem eine bestimmte Wesensperson wiederbelebt worden ist. Ist z. B. ein Wesen in uns angeregt worden, das sich grandios, geliebt, unwiderstehlich und siegesgewiß fühlt, so werden naturgemäß genau die Funktionen aktiviert, die dieser Wesensperson entsprechen. Die aktivierten Funktionen sollen in diesem Fall durch z. B. Abrufen bestimmter Erinnerungen, Erzeugen bestimmter Phantasien oder Initiieren eines bestimmten Verhaltens sichern, daß das narzißtisch befriedigende Hocherleben andauert.

4. Gänzlich anders verhält es sich demgegenüber, wenn Wesensstrukturen aktiviert werden, die mit Kernerfahrungen verknüpft sind, die einstmals als hochgradig bedrohlich, verletzend, kränkend, also stark unlustbetont erlebt worden sind, oder mit denen Affekte wie z. B. archaische Wutimpulse verkoppelt sind, deren Wiederbelebung einen Menschen stark ängstigt.

Bei jeder Reaktivierung solcher Strukturkomplexe werden, sobald sie bewußt oder ahnungsbewußt im Erleben zugänglich werden, umgehend Abwehrprozesse eingeleitet, um sich von dem unerträglichen Erleben zu befreien. Gelingt es auf Dauer nicht, das mit der Aktivierung dieser Wesensstrukturen einhergehende Erleben zu verstehen, zu akzeptieren und damit zu integrieren, werden diese Strukturen in einem Menschen zu isolierten Entitäten, die wiederkehrend ein Erleben erzeugen, das ihm unvertraut und unheimlich ist, und das zu einer Person zu gehören scheint, der er wie einem fremden und bedrohlichen Wesen begegnet, das sich in ihm befindet.

5. Zu der Konzeptualisierung solcher Wesensstrukturen gehört, daß unter ihrem Einfluß nicht isolierte Impulse oder Affekte aktiviert werden, sondern *ganze Personen* mit den zugehörigen Wünschen, Impulsen, Affekten, Erinnerungsbildern etc. In diesen Wesensstrukturen sind Personen repräsentiert, die wir einmal waren, als die wir uns einstmals tatsächlich erlebt haben.

Das Erleben, das diese Wesenspersonen in der Gegenwart nach ihrem Muster prägen, ist nun aber keine originalgetreue Reduplikation des vormaligen Erlebens. Einfach deshalb nicht, weil sich die Wesensstrukturen – in der Folge von: Reaktivierung, Expression in dem ihnen entsprechenden Erleben, neuerliche Unterdrückung oder Abwehr – in gewissem Umfang selbst verändern. In ihren wichtigen Grundzügen aber bleiben sie erhalten.

Die „Person", die in einer zeitlich überdauernden Wesensstruktur erhalten geblieben ist, hatte früher die Erfahrung gemacht, daß sie ihren Eltern oder anderen Beziehungspersonen bestimmte Aspekte ihres Erlebens mit den zugehörigen Emotionen, Handlungsimpulsen, Bedürfnissen, Phantasien etc. nicht zeigen durfte. Es hatte keinen Menschen gegeben, der sich dieses Erlebens fürsorglich, verständnisvoll und akzeptierend angenommen hätte. Und genau so verfährt jetzt der Erwachsene mit dieser Wesensperson, wenn sie sich in seinem Erleben meldet: er wehrt sich gegen sie und verwirft sie.

Nehmen wir als Beispiel die oben erwähnte Patientin, der im Verlauf der analytischen Psychotherapie allmählich zugänglicher geworden war, daß sie sich in früheren Jahren oft als „das Kind mit dem dicken Kopf und den klobigen Händen" erlebt hatte. Dies könne sie jezt besser erkennen, sagt sie, vollkommen unerträglich aber sei ihr der Gedanke, daß sie „dieses Kind" zu bestimmten Zeiten immer noch „ist".

Ein vormalig interpersonales Geschehen ist jetzt also zu einem Vorgang geworden, der analog *in* einem Menschen abläuft. Und zu diesem Analoggeschehen gehört der Wunsch, der auch ein alter Wunsch ist: in dem jeweiligen Erleben nämlich wahrgenommen, verstanden und akzeptiert zu werden, damit dieses Erleben endlich integriert werden kann. Bleiben diese oder weitere „Personen" mit dem ihnen spezifisch eigenen Erleben aber in uns „Fremde", so bleibt dieser Integrationswunsch in der Gegenwart ebenso unerfüllt, wie er schon in der Vergangenheit unerfüllt geblieben war.

6. Ein Mensch kann verschiedene solcher Wesensstrukturen entwickeln, die ihm dann nach ihren Prinzipien ein jeweils anderes Wirklichkeitserleben aufzwingen. Und die dynamischen Beziehungen zwischen verschiedenen „Wesen" in einer Person – die Art und Weise, wie sie wechselseitig Abwehr- und Kompensationsfunktionen erfüllen – kann sich im Einzelfall als sehr kompliziert erweisen.

7. Das Auffinden solcher Wesensstrukturen verweist *nicht* zwingend auf das Vorliegen eines Störungsbildes, das früher als „Multiple Persönlichkeitsstörung" und neuerdings als „Dissoziative Identitätsstörung" klassifiziert wird. Das DSM-IV (1996) nennt vier diagnostische Kriterien für diese Störung (ebd., S. 554/55):

A. Die Anwesenheit von zwei oder mehr unterscheidbaren Identitäten oder Persönlichkeiten (jeweils mit einem eigenen, relativ überdauernden Muster der Wahrnehmung von der Beziehung zur und dem Denken über die Umgebung und das Selbst).
B. Mindestens zwei dieser Identitäten oder Persönlichkeitszustände übernehmen wiederholt die Kontrolle über das Verhalten der Person.
C. Eine Unfähigkeit, sich an wichtige Informationen zu erinnern, die zu umfassend ist, um durch gewöhnliche Vergeßlichkeit erklärt zu werden.
D. Die Störung geht nicht auf die direkte Wirkung einer Substanz (z.B. Blackouts oder ungeordnetes Verhalten während einer Alkoholintoxikation) oder eines medizinischen Krankheitsfaktors zurück (z.B. komplex-partielle Anfälle).

Folgt man dem DSM-IV, so soll bei Patienten mit der Diagnose „Dissoziative Identitätsstörung" häufig beobachtbar sein, daß die jeweils dominante Persönlichkeit nichts von der Existenz einer oder mehrerer anderer Persönlichkeiten weiß. Patienten mit dieser Störung berichten gehäuft von sexuellen oder aggressiven Mißbrauchserfahrungen, die sie insbesondere in der Kindheit gemacht haben. Die Diagnose wird bei Erwachsenen 3- bis 9mal häufiger für das weibliche Geschlecht gestellt. Patienten mit dieser Diagnose erreichen in Tests, die ihre Hypnotisierbarkeit erfassen, häufig Werte im oberen Bereich der Verteilungskurve.

In den letzten Jahren ist die Häufigkeit der Diagnosestellung in den USA – nicht aber im deutschsprachigen Raum – steil angestiegen. Die kontroverse Diskussion um dieses Störungsbild ist bis in die Gegenwart nicht zu einem Abschluß gekommen. Den Befürwortern stehen Kritiker gegenüber, die annehmen, daß die Phänomene, die die Diagnosestellung rechtfertigen, interaktiv erzeugt oder übersteigert werden – im dynamischen Zusammenspiel von Psychiatern, die an dieses Störungsbild glauben, mit suggestiblen Patienten, die mehr oder weniger unbewußt die Vorstellungskonzepte der Psychiater aufnehmen und bestätigen.

Kehren wir zu unserer Konzeption der Wesensstrukturen zurück, die ich zunächst einmal für gewöhnliche, normalpsychologische und nicht per se pathologische Strukturbildungen halte. Ich nehme an, daß jeder einigermaßen differenzierte und introspektionsfähige Mensch zumindest in Ansätzen über Erfahrungen verfügt, die mit einer relativ umfassenden Umstrukturierung des momentanen Erlebens einhergehen, und die hier an zwei Fallbeispielen, wenn auch schon mit deutlicher Ausprägung, veranschaulicht worden sind. Im übrigen würden weder diese Patienten noch andere, die von ähnlichen Phänomenen berichtet haben, die Diagnosekriterien des DSM-IV für eine dissoziative Identitätsstörung erfüllen. Zwar veränderte sich die Qualität des Erlebens im Einzugsbereich der jeweilig aktivierten Wesensperson umfassend, und es tauchten z. B. überraschend andere Erinnerungen auf; dies hatte aber in diesen und anderen Fällen niemals zur Folge, daß der autobiographischen Erinnerung ganze Zeitblöcke fehlten, die (wie ausgestanzt) mnestisch nicht mehr zugänglich waren. Die Patienten konnten sich ansonsten, nachdem die Phasen veränderten Erlebens vorüber waren, in jedem Fall formal und inhaltlich an den Vorgang erinnern. Zugleich war ihnen zweifelsfrei bewußt, daß sie selbst das Geschehen erlebt hatten. Kognitiv also weiterhin verfügbar, war es etwas anderes, das sich verändert hatte: das Erlebte war ihnen *emotional* nicht mehr zugänglich, und sie begegneten ihm im nachhinein – gerade deshalb, weil sie sich so irritierend verändert gefühlt hatten – als etwas Fremdem, Bedrohlichem.

Es ist allerdings vorstellbar, daß die vorangehend skizzierte Dynamik, die die Entwicklung verschiedener Wesenspersonen theoretisch zu erklären versucht, unter außergewöhnlichen Belastungen, wie sie aggressive Mißhandlungen oder sexueller Mißbrauch darstellen, in Extremfällen zu Zustandsbildern im Sinne der dissoziativen Identitätsstörung führen kann. Dabei bleibt aber nach wie vor die Frage zu klären: Sind die verschiedenen „Persönlichkeiten" wirklich in dem Maße dissoziiert, daß sie wechselseitig nichts voneinander wissen, oder erweist es sich im Rahmen von Interviews oder Psychotherapien, die empathisch und theoretisch unvoreingenommen durchgeführt werden, schlußendlich doch, daß den Patienten die verschiedenen Persönlichkeiten in vielen Fällen zumindest ahnungsbewußt zugänglich sind?

III. Funktionen

Seelisch-geistige Funktionen sind per definitionem zielgerichtete Tätigkeiten. Sie werden entwickelt, ausdifferenziert und jeweils aktiviert, um Bedürfnisse zu befriedigen oder allgemeiner: Lebensanforderungen zu bewältigen. Im gegenwärtigen Zusammenhang geht es in erster Linie darum, für verschiedene Strukturmerkmale eine gliedernde Übersicht zu erarbeiten, in deren Rahmen wir jetzt einzelne Funktionen, Fähigkeiten oder Mechanismen unterscheiden.

Funktionen im Dienste der Abwehr

Es wird unter Psychoanalytikern inzwischen breit akzeptiert, daß jede Form seelisch-geistiger *Tätigkeit* eines Menschen unter bestimmten Bedingungen benutzt werden kann, um unliebsame Tatsachen bei sich selbst oder anderen nicht bewußt wahrnehmen zu müssen, sie also abzuwehren. Dies kann dahingehend erweitert werden, daß prinzipiell auch seelisch-geistige *Inhalte* jeder Art (wie z. B. bestimmte Erinnerungen oder Gedanken) Abwehrzwecken dienen können. Über diese allgemeinen Aussagen hinausgehend lassen sich drei Grundformen der Abwehr unterscheiden (vgl. A.-E. Meyer et al. 1977): 1. hochindividuelle Formen der Abwehrgestaltung, die beispielsweise darin bestehen, daß ein Mensch mit den individualspezifisch subtil ausgearbeiteten Mitteln der Ironie versucht, unerträglichen Selbstwahrnehmungen auszuweichen; 2. demgegenüber handelt es sich bei den sog. Abwehrmechanismen im engeren Sinne – wie Verdrängung, Rationalisierung, Intellektualisierung, Sublimierung, Verschiebung, Affektisolierung, Reaktionsbildung, Projektion, projektive Identifikation, Spaltung – um Abwehrformen, die überindividuell beobachtbar sind und interindividuell relativ gleichförmig ablaufen; 3. von psychosozialer Abwehr (vgl. Mentzos 1984) schließlich sprechen wir dann, wenn ein Mensch unerträgliche Selbstanteile wie beispielsweise bestimmte Handlungsimpulse unbewußt an einen Zweiten delegiert, sie dort unterhält und sie gegebenenfalls mit Ächtung verfolgt, er also allgemein einen Zweiten benutzt, um seine individuelle Abwehr zu organisieren.

Die „Abwehr" ist schon dem unmittelbaren Wortsinn nach auf Inhalte oder Tätigkeiten bezogen, die der introspektiven Zugänglichkeit entzogen werden sollen, weil ihr Bewußtwerden das Subjekt hochgradig ängstigen oder gefährden würde. In der theoriegeschichtlichen Entwicklung psychoanalytischen Denkens waren es ursprünglich ausschließlich gefährliche Triebimpulse und triebbezogene Vorstellungsinhalte, die abgewehrt werden mußten. Diese strikte Position ist inzwischen weitgehend aufgegeben worden. Demnach wird heute mehrheitlich akzeptiert, daß Wunschimpulse, Erinnerungen, Phantasien, Affekte etc. auch dann abgewehrt werden können, wenn sie keinen, zumindest keinen primären Bezug zu einem bedrohlichen Triebgeschehen aufweisen, sondern dem Subjekt aus anderen Gründen unerträglich sind. Unter diesen „anderen" spielen inzwischen vor allem die narzißtischen Gründe eine hervorragende Rolle – jene also, die das Werterleben als Person betreffen. Trotz dieser Modifikationen bleibt aber dem Abwehrkonzept immer eine bestimmte Wahrnehmungsperspektive immanent. Durch diese Brille betrachten wir die Entwicklung eines Menschen sowie sein momentanes Erleben und Verhalten vorrangig unter dem Gesichtspunkt dessen, was *nicht* sein soll oder sein darf.

Funktionen im Dienste der Progression

Was aber *soll* sein? Welche Funktionen haben wir entwickelt, um das zu erreichen, was wir uns zu einem jeweiligen Zeitpunkt als wünschens- und erstrebenswerte Zukunftsziele vorgestellt haben? Die Bedeutung positiver Zukunftserwartungen – die Hoffnung darauf, daß begehrenswerte Ziele noch erreichbar, überraschende und stimulierende Wendungen noch möglich sind – und die unter diesen Zielvorgaben unternommenen Anstrengungen werden uns täglich in unserer diagnostischen und therapeutischen Arbeit vor Augen geführt. Sie begegnen uns dort in entsprechenden Wünschen, gleichzeitig aber auch klinischen Konsequenzen für den Fall, daß die positiven Zukunftserwartungen zusammenbrechen, womit häufig insbesondere depressive Krankheitsprozesse in Gang gesetzt werden.

In einer eigenen Untersuchung (Deneke et al. 1987) haben wir uns mit der Frage „Wie erleben sich Gesunde?" beschäftigt. Die lebensgeschichtlich orientierten Interviews haben deutlich werden lassen, daß viele der untersuchten Gesunden z.T. schwere Krisen durchlebt hatten. Am häufigsten wurden genannt: Schwierigkeiten am Arbeitsplatz (39 %), mehrjährig zurückliegende eigene Erkrankungen (35 %), Trennung von einem Partner (32 %), Tod eines Elternteils (30 %), erhebliche Belastungen im Zusammenhang mit Krieg und Kriegsfolgen (30 %). Die klinischen Interviews wiesen nun in guter Entsprechung zu psychometrischen Daten auf zwei Fähigkeitsaspekte hin, die den Gesunden eine konstruktive Krisenbewältigung ermöglicht hatten: Sie zeigten, im Vergleich zu einer Stichprobe psychoneurotischer und psychosomatischer Patienten, eine ausgeprägte Tendenz zu selbstbestimmtem Handeln (ein hohes Autarkieideal) und eine besondere Fähigkeit, auch in scheinbar ausweglosen Situationen immer noch Hoffnungen mobilisieren zu können (ein hohes basales Hoffnungspotential). Daneben fanden sich auffallend häufig Hinweise darauf, daß viele der Gesunden schon als Kinder eine genuine Neugierde auf unbekannte Situationen, Menschen und Erfahrungen hatten erkennen lassen. Und diese neugierige Weltzugewandtheit schien sich günstig darauf ausgewirkt zu haben, daß sie gute soziale Kompetenzen entwickeln und insbesondere Beziehungserfahrungen optimal für ihre Entwicklung und den Aufbau stabiler Identifikationen nutzen konnten – auch dann, wenn die primären Objektbeziehungen zu Mutter oder Vater, wie oft beobachtbar, in wesentlichen Teilbereichen enttäuschend verlaufen waren. In diesen Fällen hatten es die Gesunden verstanden, die verfügbaren Beziehungsangebote aufzugreifen oder alternativ dazu auf Ersatzpersonen auszuweichen. Erinnert sei in diesem Zusammenhang an Befunde, wonach sich ca. 10 % der Kinder von psychotisch kranken Eltern sozial und intellektuell sogar überdurchschnittlich gut entwickeln (vgl. Kaufmann et al. 1979; Anthony 1987).

Befunde und Beobachtungen dieser Art sind mit alleinigem Rückgriff auf den uns vertrauten Begriffsapparat psychopathogenetischer Mechanismen und dessen zentraler Fokussierung auf die Abwehrorganisation nicht hinreichend erklärbar. Sie verweisen uns – in Übereinstimmung mit Befunden aus der modernen Säuglings- und Kleinkindforschung – auf Fähigkeiten, die als Dispositionen angeboren sind, die sich in einer fördernden Umwelt zwar durchschnittlich günstiger entwickeln, die aber auch trotz widriger Sozialisationsbedingungen zur Entfaltung kommen können. Sie zeigen also eine eigene, zumindest partiell abwehrunabhängige Entwicklungsdynamik.

Sie mögen zwar primär forciert entwickelt worden sein, um Defizite auszugleichen[18], sie fallen aber dann in diese Kategorie der „Funktionen/Fähigkeiten im Dienste der Progression", wenn deutlich erkennbar ist, daß sie von einem Menschen konstruktiv genutzt werden können, um Krisen oder Stagnationen zu überwinden und insgesamt die eigene oder die Entwicklung anderer zu fordern. Unter klinischen Gesichtspunkten sind es vor allem die Lebensbereiche „Beziehungen" und „Arbeit", in denen sich diese Fähigkeiten in ihrer förderlichen Potenz zeigen. Natürlich ist grundsätzlich wichtig, ob ein Mensch arbeitsfähig war oder ist, ob er Beziehungen hatte oder hat. Wichtiger ist in diesem Zusammenhang aber die Frage, *wie* er seine Fähigkeiten in diesen Lebensbereichen ausgestaltet hat und einsetzt: Sind sie zu Quellen für Selbstbestätigungen geworden? Ist er fähig und bereit, Verantwortung und Fürsorgepflichten für andere zu übernehmen, sind also andere mehr als nur narzißtisch auszubeutende Objekte oder reine Selbstobjekte sensu Kohut, die, ohne daß ihnen ein Eigenleben zugestanden wird, lediglich optimal zur Befriedigung eigener Bedürfnisse zu funktionieren haben? Vermitteln ihm seine Fähigkeiten das Gefühl, in bestimmten Bereichen kompetent[19] zu sein? Kann er sich dieser Fähigkeiten erfreuen? Ist er in einem umfassenderen Sinne überhaupt fähig, zu genießen? Ist er in der Lage, die Hilfe anderer zu erbitten und sie auch anzunehmen? Kann er das, was andere für ihn getan haben, dankbar würdigen?

---

[18] Kohut (1979) spricht in ähnlichen Zusammenhängen von „kompensatorischen Strukturen".
[19] Freud (1917) benutzte u.a. das Ausmaß der „Genuß- und Leistungsfähigkeit", das einem Menschen verblieben ist, um zwischen Gesundheit und Neurose zu unterscheiden (vgl. Oppermann 1994).

In diese Kategorie der „Funktionen im Dienste der Progression" fallen schließlich auch die Fähigkeit zu kreativer Phantasietätigkeit, sonstige Formen schöpferisch-gestalterischen Ausdrucks, aber auch das Vermögen, sich rezeptiv durch Literatur, Kunst oder Musik sinnlich oder intellektuell anregen zu lassen. Es geht, kurz gesagt, um die Fähigkeit, in einem konstruktiven Sinne neugierig sein zu können.

Habitualisierte Funktionsweisen

In die Untersuchung seelisch-geistiger Funktionsweisen sind weiterhin solche Vollzüge einzubeziehen, die sich gewohnheitsmäßig eingeschliffen haben. Viele Abläufe des alltäglichen Lebens sind zu Routinen geworden, um die Prozesse der Entscheidungsfindung und Ablaufplanung zu vereinfachen. Diese Routinen haben uns hier im Rahmen unserer Überlegungen zu einer klinischen Strukturtheorie weniger zu interessieren, wobei aber grundsätzlich darauf zu achten ist, ob einem Menschen Entlastungsroutinen dieser Art zur Verfügung stehen.

Weitaus wichtiger sind demgegenüber Funktionsweisen, die in stereotyper Weise aktiviert werden, wenn ein Mensch in bestimmter Weise emotional bewegt worden ist bzw. bewegt zu werden droht, oder er motivational durch z. B. auftauchende Triebimpulse o. ä. erregt worden ist – z. B. in der Weise, daß er sich umgehend gegen aufkommende Gefühle schützen muß, oder er sich sofort aus Beziehungen zurückzieht, sobald er den anderen erotisch oder sexuell zu begehren beginnt. Viele der Reaktionsmuster, die unter solchen Bedingungen aus Abwehr- oder Kompensationsgründen aktiviert werden, sind nun habituell geworden. Sie laufen, in ihrem Ablaufschema relativ starr festgelegt, gleichsam automatisiert ab.

Unter klinischen Gesichtspunkten sind vorrangig vier habitualisierte Funktionsweisen von Interesse, die das Erleben und dessen Regulation zeitlich überdauernd prägen, weil sie entweder permanent aktiviert sind oder jederzeit reflexhaft aktiviert werden können.

Emotionale Reaktionsdispositionen: Die meisten Menschen haben emotionale Reaktionsmuster ausgebildet, die in der Regel individualspezifisch sind und sie in typischer Weise charakterisieren. Sie neigen dazu, bestimmte Gefühle wie Neid, Wut, Mißtrauen, Angst, Minderwertigkeit, Eifersucht, Niedergeschlagenheit, aber auch Freude, Begeisterung, neugieriges Interesse oder Stolz und Überheblichkeit besonders häufig oder mit großer Intensität zu entwickeln oder regelhaft zu unterdrücken.

Motivationale Reaktionsdispositionen: In gleicher Weise schleifen sich individuelle motivationale Reaktionsmuster ein – (Trieb-)Bedürfnisse, Wünsche, Strebungen, die sich wiederkehrend durchsetzen und die subjektive Wirklichkeitsgestaltung übermächtig beherrschen. Man denke beispielsweise an Menschen, die ständig konkurrieren müssen, die sich selbst stets in den Mittelpunkt stellen, ihre Beziehungen, aber auch ihr Phantasieleben fortwährend sexualisieren, die ständig aggressive Auseinandersetzungen suchen oder im Gegenteil fortwährend harmonisieren müssen.

Verhaltensdispositionen: Hierunter fallen gewohnheitsmäßig eingeschliffene Verhaltensdispositionen, die für unterschiedlichste Situationen relativ streng festgelegte und sofort aktivierbare Reaktionsmuster bereitstellen, die dann quasi automatisch in mehr oder weniger stereotype Verhaltensabläufe umgesetzt werden. Man denke beispielsweise an Menschen, die in Bedrohungssituationen jeder Art stets nach der Regel verfahren: Angriff ist die beste Form der Verteidigung, oder andere, die keine Passivität ertragen können, sich statt dessen wie getrieben in fortwährend neue Handlungsaktivitäten stürzen oder im umgekehrten Fall ständig zaudern, selbstquälerisch unentschieden bleiben oder notwendige Schritte unterlassen.

Kognitive Interpretationsschemata: Solche Muster sind typischerweise bei Menschen beobachtbar, die stets sofort wissen, wie Ereignisse, die sie selbst oder auch andere betreffen, zu verstehen sind. Die Antworten, die sie finden, bleiben sich immer mehr oder weniger gleich: Schuld haben beispielsweise grundsätzlich andere ... oder auch, selbstanklägerisch, sie selbst. In anderer Variante neigen sie dazu, jede Situation oder jeden Erlebensvorgang relativ unterschiedslos für sich oder andere positiv beschönigend umzudeuten. Sie betonen also stets, das Glas sei halbvoll – im Unterschied zu jenen, die es regelhaft halbleer zu nennen pflegen. Es handelt sich zusammenfassend um strukturell verankerte innere Gewißheiten, Überzeugungen, Glaubenssätze religiöser, politischer, weltanschaulicher Art, die der kritischen Selbstreflexion weitgehend entzogen sind und damit relativ unterschiedslos und gleichbleibend einen bestimmten Interpretationsrahmen und stereotype interpretative Leitlinien festlegen. Sie eignen sich hervorragend, um für Abwehr- oder Kompensationszwecke genutzt zu werden, und sind um so mehr als pathologisch zu betrachten, je mehr sie sich (charakterneurotisch) starr verfestigt haben bzw. in psychosenahe oder psychotische, z. B. paranoide Wahnsysteme eingebaut worden sind.

Grundsätzliche klinische Bedeutung erlangen diese automatisierten Vollzüge – sei es nun, daß es sich um reflexhafte Aktivierungen von bestimmten Wünschen, Emotionen etc. oder im Gegenteil deren regelmäßige Unterdrückung handelt – vor allem aus zwei Gründen: Sie schränken die Erlebensmöglichkeiten eines Menschen u. U. drastisch ein und/oder haben zur Folge, daß er ständig nahezu gleiche Lebenssituationen reproduziert (was wir dann, eher mystifizierend als wirklich kausal erklärend, auf das Wirken eines Wiederholungszwanges zurückzuführen pflegen).

Komplexe Funktionsleistungen

Abschließend haben wir noch einige wichtige Besonderheiten der Struktur und der in ihr verankerten Funktionsweisen zu betrachten, die wir als psychoanalytische Untersucher erst dann zuverlässiger beurteilen können, nachdem sich unsere diagnostischen Vorstellungsbilder von einem Patienten zu einem umfassenderen Verstehensmodell geordnet haben. Wir richten unser Augenmerk auf Funktionsleistungen, die erst durch die Bündelung und das komplexe Zusammenspiel verschiedener seelisch-geistiger Tätigkeiten möglich werden. Die Leistungen, die daraus resultieren, stellen per se keine Ziele dar, die ein Mensch bewußt oder unbewußt zu erreichen versucht. Da diese Leistungen aber beobachtbar und, trotz möglicher Kontroversen, zumindest prinzipiell beschreibbar sind, verweisen sie bzw. erlauben sie uns den hypothetischen Schluß auf „Fähigkeiten", über die ein Mensch mehr oder weniger verfügt, wobei wir allerdings nur ausgesprochen lückenhafte Kenntnisse darüber besitzen, welche Funktionen im einzelnen die komplexen Funktionsleistungen zustande bringen. Dessen ungeachtet ist es aber grundsätzlich wichtig, einzuschätzen, ob – und gegebenenfalls in welchem Ausmaß – ein Mensch zu solchen komplexen Leistungen fähig ist. Wir beschränken uns dabei auf Funktionsleistungen, die für eine klinisch-psychoanalytische Diagnostik insofern von Bedeutung sind, als es sich um Fähigkeitsaspekte handelt, die sich je nachdem krankheitsfördernd oder protektiv auswirken können. Die einzelnen komplexen Leistungen sind dabei, wie sich zeigen wird, wechselseitig nicht absolut trennscharf. Zudem überschneiden sich die Aspekte „Funktionen/Fähigkeiten" und „inhaltliche Repräsentationen" – was uns nicht verwundern sollte, nachdem auf die enge Verschränkung von seelisch-geistigen Funktionen und Inhalten, die im fortlaufenden Erlebensprozeß und dessen Regulation naturgegeben ist, bereits an früherer Stelle detaillierter eingegangen worden ist.

Unter *Sinn für Realität* soll die Fähigkeit verstanden werden, die Vergangenheit, Gegenwart oder erwartbare Zukunft in der eigenen Struktur, dem persönlichen organisierten Weltbild, so realitätsgerecht zu repräsentieren, daß grobe Verleugnungen bzw. Verzerrungen z. B. paranoider

Art und massive Fehleinschätzungen der eigenen Person (z. B. unrealistisch grandiose Selbstüberhöhungen) vermieden werden.[20] Gemeint sind hier Repräsentationen von äußeren *und* inneren Fakten, also auch jenen eigenen Handlungsimpulsen, Wünschen, Affekten und Phantasien, die ein Mensch am liebsten nicht wahrhaben will. Diese Befähigung zu realitätsangemessenen Wahrnehmungen soll demnach umfassender verstanden werden, als mit dem Begriff der „Realitätsprüfung" erfaßt wird, den Freud (1911) in die psychoanalytische Literatur eingeführt hat. Nach Ausarbeitung der klassischen Strukturtheorie wurde die Realitätsprüfung zu den sog. Ich-Funktionen gezählt. Sie bezeichnet im Kern die Unterscheidungsfähigkeit zwischen Vorstellungen und Wahrnehmungen sowie diejenige zwischen Reizen, die aus der Außenwelt bzw. der Innenwelt kommen. Wie Laplanche und Pontalis (1992) ausführen, hat Freud gelegentlich auch mit „Realitätsprüfung" einen Vorgang gemeint, bei dem es darum geht, das „… objektiv Wahrgenommene mit dem Vorgestellten zu vergleichen und dessen eventuelle Entstellungen zu berichtigen" (ebd., S. 434).

Mit Blick auf den *Differenziertheitsgrad* wird zu erfassen versucht, inwieweit ein Mensch sein Leben als einen vielfältigen, „reichen" Entwicklungsprozeß repräsentiert hat, in den über die reinen Fakten hinausgehend auch innere Vorgänge – wie Träume, Phantasien, wechselnde Stimmungslagen und Emotionen – einbezogen sind. Entsprechend gilt es auch zu beurteilen, ob ein Mensch andere und die Beziehung zu diesen anderen differenziert wahrnehmen kann. Der Differenziertheitsgrad soll also den Umfang oder das Repertoire an unterscheidbaren und aktivierbaren Repräsentanzen und Funktionen bezeichnen, die einem Menschen zur Verfügung stehen. Diese Eigenschaft läßt sich präzisieren, wenn man sich auf dem Gegenpol einen Menschen mit einem stark eingeschränkten Repertoire vorstellt, dessen Lebensgestaltung vor allem durch einen oder wenige Abwehr- oder Kompensationsmodi und entsprechend wenige, stereotyp und undifferenziert gezeichnete Repräsentanzen dominiert wird.

Dieser Differenziertheitsgrad wird in vielen Fällen mit der *Fähigkeit zur Selbstreflexion* einhergehen. In dieser Perspektive wird jetzt spezifischer die Fähigkeit eines Menschen erfaßt, sich selbst gegenüber eine fragende, kritisch-nachdenkliche, beobachtende, in gewissem Maße distanzierte, prinzipiell neugierige Position einnehmen zu können – einschätzbar an der Art, wie ein Mensch spontan seine Lebensgeschichte erzählt oder auf Deutungsangebote des interviewenden Analytikers reagiert. Im Zentrum steht also die Frage, ob er fähig, bereit und motiviert ist, seine eigene Entwicklung zu „verstehen".

Fonagy et al. (1994) haben eindrucksvolle Befunde vorgelegt, wonach das, was sie „reflective self-function" nennen, helfen kann zu verhindern, daß Eltern Traumatisierungen, die sie in ihrer eigenen Elternbeziehung erlitten haben, ungebrochen an ihre Kinder weitergeben.

Die *Flexibilität* der Struktur kennzeichnet die Fähigkeit eines Menschen, innerhalb des Repertoires seiner Repräsentanzen und Funktionen „umschalten" zu können, um alternative oder kreative Formen von z. B. Konfliktlösungen zu erproben. Dieser Aspekt läßt sich am besten beurteilen, wenn man darauf achtet, wie ein Mensch in seinem bisherigen Leben mit entwicklungsbedingten Schwellensituationen, sonstigen Krisen oder Konflikten umgegangen ist.

Mit *Lernfähigkeit* (aber nicht in einem engen kognitiven Sinne verstanden) soll die Befähigung eines Menschen bezeichnet werden, durch neue Erfahrungen das persönliche organisierte Weltmodell modifizieren und neue Funktionen erwerben zu können, statt in fortwährend ähnlichen Vorstellungsbildern immer wieder gleiche innere Wirklichkeiten zu entwerfen, und diese dann noch durch entsprechendes Verhalten in seinen Beziehungen zur äußeren Welt festzuschreiben.

---

[20] Es stellt sich natürlich unmittelbar die Frage, was denn „die Realität" sei. Wir stellen diese Frage für den Moment zurück, weil wir später darauf eingehen werden.

Die *Integrationsfähigkeit* beschreibt das Vermögen eines Menschen, das Erlebte mit allen unter Umständen quälenden Aspekten als einen komplexen emotionalen Erlebensinhalt wahrnehmen, akzeptieren und somit in die seelische Struktur einfügen zu können. Die Integrationsfähigkeit ist demgegenüber gering ausgeprägt bei Menschen, die zwar kognitiv bestimmte, z. B. traumatisierende Ereignisse durchaus registriert haben – insofern hatten sie also etwas realitätsgerecht wahrgenommen –, die aber zugleich deutlich zu erkennen geben, daß ihnen diese Ereignisse emotional immer noch als etwas Fremdes gegenüberstehen – so, als seien sie nicht wirklich geschehen oder wären an ihnen vorbeigegangen, ohne sie zu berühren. Solche Beobachtungen sind bei Menschen zu machen, die nach einem Objektverlust keinen Trauerprozeß durchlebt haben, oder die schwere Kränkungen mit stiller Duldsamkeit und ohne spürbare affektive Reaktionen passiv einfach ertragen zu haben scheinen.

Die Fähigkeit, sich seiner selbst in authentischer Weise gewiß zu sein, ist mit der Integrationsfähigkeit inhaltlich verwandt. Mit *authentische Selbstgewißheit* eines Menschen ist nicht gemeint, was man umgangssprachlich „Selbstbewußtsein" nennt, sondern sein stabil verankertes, präreflexives und u. U. schwer in Worte zu fassendes „Wissen" darum, *wer* er ist. Diese Fähigkeit ist nur im direkten Kontakt mit einem Menschen zu erfassen. An diesem Beispiel läßt sich vielleicht am besten veranschaulichen, was Beziehungsdiagnostik eigentlich bedeutet: das intuitive Erfassen der spezifischen Eigenart eines anderen in einem empathischen Prozeß. Ob sich ein anderer Mensch seiner selbst gewiß ist oder nicht, erspüren wir mehr, als daß wir es (kognitiv) erkennen können. Kognitive Elemente fließen natürlich in den Wahrnehmungsprozeß ein, sie reichen aber nicht aus, um bestimmte Aspekte der Erscheinungsweise eines anderen als unecht, aufgesetzt, „falsch", oder umgekehrt: als authentisch oder „echt" einschätzen zu können.

Dieser Merkmalsaspekt korreliert nicht unbedingt linear mit der Schwere des Krankheitszustandes eines Patienten. So gibt es beipielsweise (nicht psychotisch) depressive Patienten mit ausgeprägter Symptomatik, die im Untersucher oder Behandler den Eindruck hinterlassen, daß sie sich ihrer eigenen Geschichte, ihrer Schicksalsschläge, Fähigkeiten und Begrenzungen trotz eines momentan großen Leidensdruckes in einer authentischen Weise gewiß sind. Demgegenüber können andere Patienten, die subjektiv vergleichsweise weniger leiden, ein gänzlich anderes Gefühl vermitteln: sie sind sich hochgradig unsicher, wer sie eigentlich sind. Dies trifft z. B. auf schwerer gestörte Patienten zu, die man in klassisch-psychoanalytischer Terminologie als maligne Hysteriker bezeichnen wurde, oder auf Patienten mit einer narzißtischen oder Borderline-Persönlichkeitsstörung. Die Fähigkeit, sich seiner selbst in wichtigen Aspekten, die die eigene Entwicklung und personale Eigenart betreffen, gewiß sein zu können, schließt auch viele Aspekte der Identitätsbildung ein. Von Bedeutung ist hier vor allem, ob es einem Menschen gelungen ist, zu einer stabilen Identität als Frau oder Mann gefunden zu haben, diese Identität innerlich bejahen zu können, zumindest um Unsicherheiten zu wissen, die sich auf die eigene Geschlechtsidentität beziehen.

Qualitative Differenzierungsgesichtspunkte

Damit ist das Vorhaben, die genetisch-dynamische Struktur in einer Übersicht zu gliedern, zu einem vorläufigen Abschluß gekommen, so daß wir uns jetzt Überlegungen zuwenden können, die das Ziel verfolgen, für die einzelnen Strukturmerkmale bzw. die diagnostischen Wahrnehmungsperspektiven, die ihnen entsprechen, qualitative Differenzierungsgesichtspunkte zu erarbeiten.

Die Kernstruktur

In unserem Erleben hatte nicht alles, was uns widerfahren ist, was wir also jemals gefühlt, gedacht, phantasiert oder getan haben, unterschiedslos die gleiche Bedeutung. Entsprechend ist auch nicht alles, was in unserer Struktur niedergelegt ist, gleich wichtig. Stellen wir uns vor, dieses oder jenes wäre in unserem Leben nicht passiert oder hätte sich anders zugetragen, wir hätten also z. B. andere Menschen kennengelernt, andere Erfahrungen gemacht, andere Fähigkeiten mit anderen Schwerpunkten entwickelt. Wenn wir in diesem Gedankenspiel einzelne Geschehnisse, Personen oder Eigenarten unserer selbst versuchsweise einmal wegdenken, so werden wir hier und da vorübergehend sicherlich irritiert sein, über kurz oder lang aber wird sich in vielen Fällen das Gefühl durchsetzen, daß wir „im Kern" doch dieselbe Person geworden wären.

Gänzlich anders verhält es sich nun mit manchen anderen Erlebnissen, daraus abgeleiteten Erfahrungen, persönlichen Eigenschaften oder Befähigungen. Hier haben wir plötzlich das Gefühl, daß sie unverzichtbar sind oder uns auf keinen Fall verlorengehen dürfen – einfach deshalb, weil sie uns zu der spezifischen, einmaligen und unverwechselbaren Person machen, als die wir uns fühlen und erleben. In diesen Fällen handelt es sich um Besonderheiten, die insofern unverzichtbar sind, als sie unser Identitätsgefühl bestimmen und, – was nachdrücklich zu betonen ist – vor allem auch *sichern*.

Es wird sich interindividuell sehr unterscheiden, was der einzelne für unverzichtbar hält: persönliche Überzeugungen; eigene Leistungen, die er vollbracht hat; Fähigkeiten und Begabungen, die er hat oder zu haben meint; geheime Phantasien, die nur er kennt und vor anderen verborgen zu halten versucht; zukunftsbezogene Hoffnungen und Ängste, die er in sich trägt. Generell dürfen wir vermuten, daß es vor allem Begegnungen mit sehr bestimmten Menschen sind, die wegzudenken uns schwerfällt – Menschen, denen wir viel verdanken, die wir begehrt und umworben haben, auf die wir also intensive Wünsche gerichtet haben, die erfüllt worden sind, die auf schmerzvolle Weise unerfüllt geblieben sind, oder deren Erfüllung wir nach wie vor ersehnen.

Dies alles sind spezifische Kennzeichen unserer selbst, die unsere Eigenart als Person ausmachen. Diese Merkmale bilden unsere *Kernstruktur*, die ich das *Identitäts-Selbst* nenne.

Natürlich gibt es in unserem Gehirn ein solches Identitäts-Selbst – das als Agens unser Erleben und Verhalten beeinflussen könnte – nicht wirklich. Das Identitäts-Selbst ist ein Konstrukt. Unter diesem Begriff werden solche Strukturmerkmale zusammengefaßt, die sich aus der Gruppe der im allgemeinen Strukturschema detaillierter besprochenen Merkmale als besonders bedeutsam hervorheben, weil sie die Sicherung und Gefährdung der seelischen und geistigen Funktionsfähigkeit eines Menschen und damit seine Identität als Person zentral betreffen. Es sind diese Kernmerkmale – nicht aber das Identitäts-Selbst als solches, das sie als Denkfigur lediglich zusammenfassend bezeichnet –, die zu mächtigen dynamischen Wirkfaktoren geworden sind.

Zu den Kernmerkmalen, die in diesem Sinne das Identitäts-Selbst bilden, zählen zunächst einmal die guten Erfahrungen, die wir in uns repräsentiert haben, und die Funktionen, die uns zuverlässig zur Verfügung stehen. Beides zusammen stärkt unsere Zuversicht, der Zukunft begegnen zu können. Ohne diese Kernmerkmale wären wir ein anderer geworden. Ihr Verlust oder die Androhung eines solchen Verlustes würde unser Gefühl der Selbstidentität gefährden. Wir müßten fürchten, uns in der Beziehung zu uns selbst fremd zu werden. Das Gefühl, daß die persönliche Geschichte ein in sich kohärenter und ununterbrochener Prozeß ist, der so auch in die Zukunft fortgesetzt werden kann, drohte verlorenzugehen.

Andererseits gehören zur Kernstruktur aber auch enttäuschende oder traumatisierende Erfahrungen, unzureichend entwickelte Fähigkeiten usw., die genauso dazu beigetragen haben, unserem Leben und damit unserer Person jene einmalige, eben nur uns selbst eigene Prägung zu geben. Deren dynamische Bedeutung ist nun aber eine ganz andere: Sie stellen latent eine permanente *Gefährdung* dar, weil traumatisierende Erfahrungen aus der Erinnerung wiederbelebt werden oder sich in der Gegenwart wiederholen könnten, weil Phantasien zu Realitäten oder Funktionsschwächen offensichtlich werden könnten. Genau dies aber muß verhindert werden. Deshalb spielen diese negativ konnotierten Merkmale der Kernstruktur bei der Regulation des Erlebens – hier speziell: der Regulation im Dienste der Abwehr oder Kompensation – eine überragende Rolle (s. später).

Welche Merkmale nun in welcher Konfiguration das Identitäts-Selbst bilden, und wie diese Konfiguration psychodynamisch verstanden werden kann – dies ist das eigentliche Geheimnis des Lebens eines Patienten, dem wir im Verlauf von Diagnostik und Therapie auf die Spur zu kommen versuchen. Ein Scheitern ist dabei immer möglich. Manchmal mag es an uns liegen, manchmal an den Patienten, die sich unbewußt, bewußt oder ahnungsbewußt einer solchen aufrichtigen und schonungslosen Selbstbegegnung widersetzen. Und unter diesen gibt es wieder Fälle, deren Sträuben in einem sehr bestimmten Sinne klug ist: Sie antizipieren die Gefahr, daß im Verlauf einer solchen Selbstbegegnung nichts oder wenig verbliebe, das sie stabil tragen könnte.

Die Tragfähigkeit der Struktur

Die seelisch-geistige Struktur ist die höchstentwickelte Struktur, die das menschliche Gehirn ausbildet. Diese Struktur – und ich drücke dies sehr bewußt metaphorisch aus – „trägt" uns durch unser Leben. Und wir fühlen uns „getragen", wenn in dieser Struktur die Mittel verfügbar und aktivierbar sind, um den Anforderungen eines jeden Augenblicks begegnen zu können. Dieses Getragenwerden ist im Normalfall ein selbstverständliches Empfinden, das einfach „da" ist. Ein solches Empfinden ist üblicherweise weder Gegenstand noch Ergebnis von Reflexionsprozessen. Es wird uns als solches auch zumeist nicht bewußt. Es begleitet uns als stille, präreflexiv existierende Gewißheit. Eine Bewußtheit des Getragenwerdens taucht vielmehr erst auf, wenn es *nicht* mehr wie selbstverständlich „da" ist. So tritt das Getragenwerden gewissermaßen erst als Negativ deutlich hervor – wenn es brüchig zu werden droht oder geworden ist. Und dies wiederum wird uns jetzt im Erleben unabweisbar bewußt: wir bekommen nämlich Angst. So ist denn die Angst der wichtigste Indikator für die Verflüchtigung der Gewißheit, durch unsere Struktur – und das heißt: die in ihr geronnene persönliche Erfahrungsgeschichte – gehalten und getragen zu werden.

Kehren wir zu unserem Eingangsszenario zurück. Verfügen wir über eine Struktur, die uns durch diese aktuelle Bedrohungssituation hindurchtragen wird? Es gibt kein wissenschaftlich gesichertes System, das auf diese Frage eindeutige und überindividuell gültige Antworten liefern kann oder gar Prognosen für zukünftige Belastungssituationen erlaubte. Setzt man die Trefferquote hoch (nahe 100 %) an, so werden wir vermutlich niemals über ein solches System verfügen.

Auf der Grundlage empirisch fundierter Untersuchungsergebnisse haben Egle et al. (1997) in einem wichtigen Übersichtsartikel die Risiko- und Schutzfaktoren der Kindheit und Jugend zusammengefaßt, die für spätere psychische oder psychosomatische Störungen disponieren oder vor deren Entwicklung schützen können (s. Tab. 1).

Als gesichert kann gelten, daß das individuelle Erkrankungsrisiko mit der Anzahl der Risikofaktoren wächst. Egle et al. (ebd.) weisen im übrigen aber darauf hin, daß wenig darüber bekannt ist, inwieweit die Entwicklung von widerstandsfähigen bzw. verletzbaren Strukturen durch Wechselwirkungen zwischen einerseits genetischen/biologischen und andererseits psychosozialen Faktoren beeinflußt wird. Die Kenntnis dieser Faktoren ist, worin den Autoren nur uneingeschränkt zugestimmt werden kann, für die Klinik überaus wichtig. Trotz dieses Wissens bleibt aber die Prognose im individuellen Fall unsicher, wie sich aus einer einfachen, aber grundlegenden Überlegung ergibt, die unser Strukturmodell durchgängig bestimmt: Die seelisch-geistige Struktur bildet sich in Abhängigkeit von lebensgeschichtlichen Erfahrungen, sie ist also zu wesentlichen Anteilen individualspezifisch und komplex determiniert. Auf die Frage nach der Tragfähigkeit dieser Struktur müssen wir demnach zunächst einmal eine Antwort für den jeweils *einzelnen* Patienten zu finden versuchen, den wir untersuchen oder in Behandlung haben.

Wir haben zwei Informanten, den Patienten und den Psychoanalytiker, die sich in ihrem Dialog unter anderem (wenn auch in anderen Worten) damit beschäftigen, welche Erfahrungsbildungen, zu „Struktur" geworden, die Belastbarkeit eines Patienten erhöhen oder schwächen. Bevor wir dem aber weiter nachgehen, müssen wir uns vorab kurz mit einer anderen Frage beschäftigen.

Ein kurzer Exkurs: Was ist „die Wirklichkeit"?

Diese Frage gehört philosophiegeschichtlich zu den großen, nicht abschließend beantworteten und wohl auch nicht abschließend beantwortbaren Fragen. Der Begriff „Wirklichkeit" wird in der Philosophie in zwei Bedeutungsformen benutzt (vgl. Bartels 1990): 1. Die Wirklichkeit zur Bezeichnung dessen, was *ist*, im Unterschied zu dem, was nur *möglich*, aber noch nicht (Wirklichkeit) geworden ist; 2. die Wirklichkeit, die unabhängig von Wahrnehmungen, Bewußtsein

Tab. 1 Empirisch gesicherte biographische Risiko- und Schutzfaktoren für die Entstehung psychischer und psychosomatischer Störungen (Aus Egle et al. 1997)

Risikofaktoren	Schutzfaktoren
• niedriger sozioökonomischer Status • mütterliche Berufstätigkeit im ersten Lebensjahr • schlechte Schulbildung der Eltern • große Familien und sehr wenig Wohnraum • Kontakte mit Einrichtungen der „sozialen Kontrolle" • Kriminalität oder Dissozialität eines Elternteils • chronische Disharmonie/Beziehungspathologie in der Familie • unsicheres Bindungsverhalten nach dem 12./18. Lebensmonat • psychische Störung der Mutter oder des Vaters • schwere körperliche Erkrankung der Mutter/des Vaters • alleinerziehende Mutter • autoritäres väterliches Verhalten • Verlust der Mutter • „häufig wechselnde frühe Beziehungen" • sexueller und/oder aggressiver Mißbrauch • schlechte Kontakte zu Gleichaltrigen • Altersabstand zum nächsten Geschwister < 18 Monate • uneheliche Geburt • hoher Gesamtrisikoscore	• dauerhafte, gute Beziehung zu mindestens einer primären Bezugsperson • Großfamilie/kompensatorische Elternbeziehungen/Entlastung der Mutter • gutes Ersatzmilieu nach frühem Mutterverlust • überdurchschnittliche Intelligenz • robustes, aktives und kontaktfreudiges Temperament • sicheres Bindungsverhalten • soziale Förderung (z. B. Jugendgruppen, Schule, Kirche) • verläßlich unterstützende Bezugsperson/en im Erwachsenenalter • lebenszeitlich späteres Eingehen „schwer auflösbarer Beziehungen" • geringere Risikogesamtbelastung

und Denken existiert – also das Sein oder die sog. objektive Wirklichkeit. Philosophie und Psychologie berühren sich, wenn beide danach fragen, in welchem Verhältnis die „objektive" zur „wahrgenommenen" Wirklichkeit steht. Fassen wir zunächst kurz zusammen, welchen Wirklichkeiten wir im Rahmen dieser Abhandlung bereits begegnet sind.

Vermutlich wird jeder zustimmen, daß die objektive Wirklichkeit nur ideell existiert, weil sie uns im Sinne einer wahrhaftigen, absoluten, unverfälschten Wahrnehmung dessen, was sie ist, unzugänglich bleibt. Wir können immer nur Ausschnitte der Wirklichkeit beobachten, wobei selbst für die Naturwissenschaften, die sich „objektiver" Beobachtungs- oder Meßmethoden bedienen, zutrifft, daß deren Daten nicht mit der objektiven Wirklichkeit identisch sind. Für die Wirklichkeitserfahrungen, die unserem Erleben entsprechen, gilt, daß die Gesamtheit dessen, was uns potentiell zu erfahren möglich ist, niemals ausgeschöpft wird: Wir nehmen immer nur selektiv wahr, akzentuieren das Wahrgenommene im Sinne unserer Wünsche und Erwartungen um, eliminieren anderes aus unserem Bewußtsein, wehren es also ab. Dies führt uns zu einer dynamisch unbewußten oder ahnungsbewußten Wirklichkeit, die, verborgen und introspektiv nicht unmittelbar zugänglich, nichtsdestoweniger aber unser Wach- und Traumerleben nachdrücklich überformt. Wie sehr unsere Wahrnehmungen subjektiv eingefärbt sind, tritt unabweisbar zutage, wenn wir erleben, daß ein zweiter das gleiche Geschehen unter Umständen gänzlich anders wahrnimmt, anders emotional oder kognitiv bewertet.

Die „wahrgenommene" ist nun wiederum von der lediglich „vorgestellten" Wirklichkeit zu unterscheiden – eine vom Subjekt zu leistende Unterscheidung, die Freud (1911) einer speziellen Funktion, der bereits erwähnten Realitätsprüfung, zugeschrieben hat. In unseren Vorstellungen und Phantasien entwerfen wir – sei es, daß wir früher Erlebtes erinnern, Zukünftiges antizipieren oder gänzlich neue Szenarien erfinden – eine imaginierte Wirklichkeit, die als subjektive Erfahrung existent ist, wie auch immer sie in ihren Inhalten phantastisch oder irreal erscheinen mag. Die Welt innerhalb und außerhalb unserer selbst ist zusammengefaßt also immer nur als subjektive, von unserem Gehirn konstruierte Wirklichkeit erfahrbar. Und wir erfahren sie sinnlich-unmittelbar in der Ganzheitlichkeit unseres Erlebens.

Dies alles könnte uns zu der Schlußfolgerung verleiten, daß „die Wirklichkeit" im Meer der Subjektivität versinkt. Wiewohl im Prinzip richtig, so wäre es doch falsch, eine solche Schlußfolgerung zu verabsolutieren. Denn: Trotz aller Subjektivität gibt es Wirklichkeitsaspekte der inneren und äußeren Welt, die die Qualität des Faktischen haben. Ein Mensch, den wir durch Tod verloren haben, *ist* tot – ob wir dies ertragen können oder nicht. Zu Zeiten *sind* wir haßerfüllt, verzehrend neidisch, sexuell hochgradig erregt – ob wir dies nun wahrhaben wollen oder nicht. Und unser Gehirn hat diese Wirklichkeit faktischer Gegebenheiten oder Ereignisse, die in der äußeren Welt passiert sind oder uns in der inneren bedrängen und quälen, nicht nur repräsentiert, es registriert auch, wenn diese Repräsentationen aktiviert werden, auch dann, wenn uns das oft genug nicht voll bewußt wird. Es wird uns später ausführlicher beschäftigen, daß diese Registrierungen des Gehirns die logische Voraussetzung dafür sind, daß überhaupt Regulationsprozesse – so auch Abwehrvorgänge – eingeleitet und zielgerichtet gesteuert werden können, was ohne eine Zugriffsmöglichkeit des Gehirns nicht realisierbar wäre.

Bewertungskategorien

Kehren wir zum Dialog zwischen Analytiker und Patient zurück. Welche „Wirklichkeiten" berücksichtigt der Analytiker bei seinem Bemühen, die Struktur eines Patienten möglichst umfassend zu verstehen? Die Antwort lautet: alle. Nun werden aber die Wirklichkeiten, die der Analytiker bei seinem Patienten diagnostiziert, und die Wirklichkeiten, die dem Patienten introspektiv zugänglich sind, nicht immer übereinstimmen. Die Unterschiede zwischen beiden beziehen sich in erster Linie auf die Wirklichkeit *faktischer* innerer und äußerer Gegebenheiten, von denen der Analytiker annimmt, daß sie in der Struktur des Patienten verankert sind und dessen Erleben wirkmächtig beeinflussen – Gegebenheiten, die der Patient (noch) nicht wahrnehmen oder nur in verzerrenden Repräsentationen in seinem Bewußtsein ertragen kann. Diese Kluft spielt im Rahmen psychoanalytischer Diagnostik und Therapie insofern eine entscheidende Rolle, als es einem Menschen mit wachsender Diskrepanz zunehmend schwerer fällt, seine inneren Wirklichkeitskonstruktionen aufrechtzuerhalten. Sein Erkrankungsrisiko erhöht sich entsprechend. Es sinkt demgegenüber, wenn es ihm gelingt, seine Wirklichkeitskonstruktionen den faktischen Gegebenheiten besser anzupassen, diese umfassender wahrnehmen, ertragen und integrieren zu können.

Als Diagnostiker befinden wir uns in einer eigentlich paradoxen Situation, stehen vor einer unlösbar erscheinenden Aufgabe: Wir wollen dem Patienten helfen, sich einer Wirklichkeit anzunähern, die weder er noch wir in ihren möglicherweise entscheidenden Determinanten kennen. Zugleich ist der Patient der einzige Zeuge; nur über Informationen, die er uns liefert, können wir seine faktische innere Wirklichkeit zu erfassen versuchen. Der Ausweg aus diesem Dilemma besteht darin – wir werden später darauf zurückkommen –, daß der Patient mehr „weiß", als er uns zunächst in Worten vermitteln kann (vgl. Deneke 1993). Auch wir, die Diagnostiker, können mehr „wissen", wenn wir uns selbst (wie oben dargestellt) zum diagnostischen Instrument machen. Bei unserem „Mehrwissen" handelt es sich aber zunächst einmal immer um Hypothesen, die es sorgfältig durch weiteres Material zu validieren und im Irrtumsfall zu revidieren gilt.

Vor diesem Hintergrund können wir den Gedankengang wieder aufnehmen, den wir durch den eingeschobenen Exkurs unterbrochen hatten. Von welcher Art sind die Merkmale, die die Tragfähigkeit der Struktur eines Patienten in die eine oder andere Richtung verändern? Wir werden fünf Qualitäten unterscheiden.

1. Die Qualität „positiv": So lassen sich alle in seiner Struktur niedergelegten Erfahrungsbildungen qualifizieren, die die Trag- oder Belastungsfähigkeit eines Menschen erhöhen. Hierzu zählen solche lebendigen Erinnerungsbilder an Erlebnisse oder Personen, die emotional eindeutig oder deutlich überwiegend positiv konnotiert sind, weil sie einstmals als beglückend, narzißtisch gratifizierend, stützend oder persönliche Not lindernd erlebt worden sind; desgleichen alle dynamischen Lebenskonstrukte wie z. B. gelungene Identifikationen, generalisierte Beziehungserfahrungen, Selbst- und Objektbilder, bestimmte Wesensstrukturen, die – im Falle von Belastungen oder Krisen aktiviert – konstruktive, von Hoffnung und Zuversicht getragene Lösungswege eröffnen; schließlich alle Funktionen oder Fähigkeiten, die zur Realisierung solcher Lösungen und für eine insgesamt progressive persönliche Entwicklung genutzt werden können.

2. Die Qualität „negativ": Diese Kennzeichnung gilt für alle Erfahrungsbildungen und Funktionen, die die Tragfähigkeit der Struktur eines Menschen schwächen, die ihn besonders verletzbar machen: traumatisierende Beziehungserfahrungen, erlebte Zurückweisungen, schwere Kränkungen, in sich verankerte Überzeugungen und Erwartungen, die zur Folge haben, daß er auf andere nur noch voller Mißtrauen, Aggression, ohne Hoffnung und Zuversicht zugehen kann, oder die bewirken, daß er sich gänzlich zurückzieht; Funktionen schließlich, die sich per saldo nicht konstruktiv, sondern selbstschädigend auswirken.

3. Die Qualität „falsch-positiv": Diese Bewertungskategorie[21] bezieht sich auf Strukturaspekte – sowohl Inhalte als auch Funktionen –, die von Patient und Analytiker unterschiedlich

---

[21] Ich verweise in diesem Zusammenhang auf den Begriff des „falschen Selbst", mit dem uns Winnicott (1965) auf die Dimension des Nichtechten aufmerksam gemacht hat.

gesehen werden. Der Patient stellt seine Lebensgeschichte, seine Beziehungserfahrungen, die Eigenarten seiner Person, seine Befähigungen etc. in bestimmten Hinsichten idealisierend positiv dar. Der Analytiker aber ist zu der Einsicht gekommen, die natürlich begründbar sein muß, daß die tatsächlichen Verhältnisse zumindest partiell andere waren oder sind. Als „falsch-positiv" wollen wir demnach alle Konstruktionen eines Menschen bezeichnen, die die faktische Realität dessen, was er als traurige, quälende oder entwürdigende persönliche Geschichte erlebt hat, und die unerträgliche innere Wirklichkeit seiner Wünsche und Gefühle (wie z. B. Rache, Mißgunst, Neid, Haß) zu verschleiern, zu beschönigen, zu überblenden versuchen. Diese Konstruktionen sollen helfen, ein illusionär verkennendes, aber eben falsch-positives persönliches Weltmodell aufrechtzuerhalten. In diese Gruppe fallen alle Lebenslügen und narzißtischen Krücken, wie z. B. Phantasien, die um eine „schöne Kindheit", die eigene Grandiosität, Einmaligkeit oder Attraktivität kreisen, und die faktische Realität u. U. grob verzerren oder in dieser Realität keinerlei Entsprechung finden.

4. Die Qualität „falsch-negativ": In diese Bewertungskategorie fallen alle Anstrengungen eines Menschen, die eigene Geschichte negativ zu überzeichnen. So z. B. seine Bemühungen, sich über externe Schuldzuweisungen und ein Selbstverständnis zu stabilisieren, das die eigene Person ausschließlich als Opfer, Benachteiligten, Hintergangenen, ungerecht Behandelten sieht. Wenn z. B. die Misere des eigenen Lebens einseitig immer nur einem Elternteil, dem Partner, der Mißgunst und Rücksichtslosigkeit anderer, der Unzuverlässigkeit des eigenen Körpers, ärztlichen Fehlbehandlungen etc. angelastet wird. In der Regel enthalten diese Selbstwahrnehmungen Kerne von Erfahrungen, die lebensgeschichtlich in nachvollziehbarer Weise und durchaus realitätsgerecht eine mehr oder weniger große Rolle gespielt haben. Sie sind nun aber insofern zu falsch-negativen Konstrukten ausgearbeitet worden, als sie einseitig überbetont werden, mit der Konsequenz, daß die Verantwortung für das Elend des eigenen Lebens ausschließlich oder überwiegend projektiv auf böse andere verschoben wird, und wesentliche Selbstanteile – eigene Täterschaften, Unterlassungen, aber auch Begabungsmängel, die faktisch bestehen – nicht realitätsgerecht wahrgenommen werden können.

5. Die Qualität „defizitär": In dieser Perspektive betrachten und beurteilen wir die Lebensgeschichte eines Menschen und den Prozeß seiner Strukturbildung mit Blick auf alles, was ihm versagt geblieben ist: hilfreiche, fördernde, bestätigende Beziehungserfahrungen, die er nicht gemacht hat; überdauernde Strukturen wie z. B. stabile Identifikationen, die er mangels geeigneter Objekte nicht ausbilden und Funktionen, die er nicht entwickeln konnte. Zusammenfassend handelt es sich also um Strukturbildungen, die für eine gesündere Entwicklung wünschenswert gewesen wären.

Die emotionalen und motivationalen Komponenten des Erlebens in ihrer Bedeutung für den Prozeß der Strukturbildung

Das Erleben bleibt so lange unanschaulich und abstrakt, als seine emotionalen und motivationalen Komponenten nicht systematisch einbezogen werden. Das gleiche gilt für den Prozeß der Strukturbildung. Schließlich geht die seelisch-geistige Struktur aus dem Erleben hervor. Struktur und Erleben bleiben lebenslang dynamisch aufeinander bezogen, weil sie sich zirkulär rückgekoppelt ständig wechselseitig beeinflussen.

Wir können davon ausgehen, daß die emotionalen und motivationalen Komponenten des Erlebens die zeitlich überdauernden Strukturen entscheidend prägen. Umgekehrt gilt dasselbe: die Strukturen, die auf intensive emotionale Erfahrungen zurückgehen und sich im Zusammenhang mit Erlebnissen gebildet haben, die unsere Triebbedürfnisse und Wünsche stark erregt hatten, bestimmen unser Erleben besonders nachdrücklich – vorausgesetzt, daß das Gegenwartsgeschehen Bezüge zu den strukturell verankerten Erfahrungsbildungen aufweist.

Auf die grundsätzliche Bedeutung emotionaler und motivationaler Aspekte des Erlebens war schon an verschiedenen Stellen hingewiesen worden. So ist die Konzeption eines Identitäts-Selbst als Kernstruktur nur sinnvoll unter der Annahme, daß sich wichtigere und unwichtigere Erfahrungsbildungen unterscheiden lassen, was wiederum nur möglich ist, wenn die emotionalen und motivationalen Bedeutungszusammenhänge des Ursprungserlebens betrachtet werden, aus denen sie sich herleiten. Gefühle sind die wichtigsten Kommentatoren für das fortlaufende Erleben. Sie geben ihm Farbigkeit und Lebendigkeit. Sie sind häufig unerläßlich, um ein aktuelles Geschehen als gefährlich oder unerträglich bzw. angenehm oder lustvoll deuten zu können. Sie verleihen dem Erleben also subjektive Bedeutung. Durch Triebbedürfnisse, Wünsche oder Strebungen wird das Erleben auf Ziele ausgerichtet. Um aber wirklich „motiviert" zu werden, diese Ziele auch anzustreben, bedarf es der Koaktivierung von Gefühlen. Sie sind der Sprit, um den Motivationsmotor in Gang zu setzen und laufen zu lassen. Kurz gesagt, gilt in vielen Situationen des Lebens: wir sind motiviert, weil wir Gefühle haben, und wir haben Gefühle, weil wir motiviert sind.

Es gibt neben den emotionalen und motivationalen Komponenten des Erlebens aber noch weitere: Wahrnehmungen, Gedanken, Erinnerungen, Phantasien, Handlungsentwürfe oder manifeste Handlungen. Diese Komponenten sind in Wahrheit (emotionale, motivationale, perzeptuelle, kognitive etc.) Teilprozesse, die zusammen das Erleben konstituieren. Das momentane Erleben kann nicht in seine Komponenten aufgelöst werden. Das gleiche gilt für die Episode, zu der es im natürlichen Lebensprozeß zusammengefaßt wird. Zwar treten einzelne dynamische Komponenten in wechselnder Folge prägnanter hervor und dominieren dann das Erleben, die Ganzheitlichkeit des Geschehens als *ein* Prozeß bleibt dabei aber stets erhalten. Aus der engen Bezogenheit der einzelnen Prozeßkomponenten aufeinander folgt zugleich, daß die einzelne Komponente immer erst im Kontext aller anderen zu einem sinnvollen und verstehbaren Teil des gesamten Erlebensprozesses wird.

Es gibt also im natürlichen Leben keine isolierten Gefühle, Bedürfnisse, Gedanken, Wahrnehmungen etc. Wenn wir jetzt vorübergehend die emotionalen und motivationalen Komponenten des Erlebens in ihrer Bedeutung für den Strukturbildungsprozeß gesondert betrachten, so geschieht das nur aus Gründen der besseren gedanklichen Übersichtlichkeit.

Die emotionalen Komponenten

Grundgefühle

Auf der Basis gut fundierter Forschungsergebnisse kann inzwischen davon ausgegangen werden, daß die Anzahl der Basisemotionen begrenzt ist. Izard (1994) geht von den folgenden zehn fundamentalen Emotionen aus: 1. Interesse, 2. Vergnügen, 3. Überraschung, 4. Kummer, 5. Zorn, 6. Ekel, 7. Geringschätzung, 8. Furcht, 9. Scham/Schüchternheit, 10. Schuldgefühl. Andere Emotionsforscher kommen zu sehr ähnlichen Listen (vgl. Goller 1992). Ich möchte aufgrund unserer klinischen Erfahrungen den Neid als weiteres Grundgefühl hinzufügen. Das Neidgefühl spielt in der Kleinianischen Richtung der Psychoanalyse eine große Rolle. Ich selbst bin kein Anhänger dieser Schule, sehe aber auch die außerordentliche klinische Bedeutung, die diesem Gefühl zukommt.

Die meisten dieser Emotionen werden in einem spezifischen mimisch-motorischen Inner-vationsmuster zum Ausdruck gebracht. Ekman u. Mitarbeiter (vgl. Ekman 1988) haben zwei differenzierte Kodierungssysteme entwickelt, um die emotionsspezifischen Innervationen differenziert erfassen zu können. Der Neid wurde dabei nicht berücksichtigt. Ich würde allerdings vermuten, daß sein mimischer Ausdruck ungleich schwerer zu bestimmen sein wird.

Die Ausdrucksmuster für die meisten basalen Gefühle sind, wie die Ergebnisse von Ekman und Mitarbeitern belegen, in verschiedenen Kulturen weitgehend identisch. Untersucht wurden Probanden in den USA, in Japan, Brasilien, Argentinien, Chile und in zwei schriftlosen Kulturen auf Neu-Guinea, die praktisch keinen Kontakt zu Angehörigen von Schriftkulturen hatten. Ekman (1988) zieht aus seinen Untersuchungen den Schluß, daß der *spontane* Ausdruck von basalen Gefühlen in Mimik, Körperhaltung, stimmlichen Veränderungen, einschließlich der Veränderungen, die über das autonome und zentrale Nervensystem vermittelt werden, weitgehend genetisch determiniert, also angeboren ist. Ekman betont (vgl. Goller 1992), daß der spontane Gefühlsausdruck aber durch soziale und kulturspezifische Gebote und Verbote überformt und verändert werden kann. Gleiches gilt für die Auslösebedingungen für Emotionen, die in erheblichem Maße von sozialen Lernerfahrungen abhängig, insofern also kulturspezifisch sind. Dornes (1993) kommt in seiner Literaturübersicht zu dem Schluß, daß der Gefühlsausdruck bis zu einem Alter von eineinhalb Jahren praktisch nicht unterdrückt wird. Erst ab einem Alter von drei Jahren beginnen Kinder, ihren Gesichtsausdruck absichtsvoll und bewußt zu manipulieren. Über ein zumindest implizites Wissen um emotionale Ausdrucksregeln verfügen erst drei- bis vierjährige Kinder.

In Korrespondenz zur Universalität der emotionalen Ausdrucksformen gibt es offenbar auch eine Universalität der Fähigkeit, den mimisch-expressiven Ausdruck von basalen Gefühlen zutreffend deuten zu können. So waren beispielsweise nicht nur Japaner und US-Amerikaner fähig, den Emotionsausdruck von Probanden der jeweils anderen Kultur auf Fotos oder Video-ausschnitten überzufällig richtig zu identifizieren – in geschickten Untersuchungsarrangements konnten Ekman und Mitarbeiter zeigen, daß Angehörige der schriftlosen Kulturen auf Neu-Guinea gleichfalls in der Lage waren, den fotografischen Gesichtsausdruck von Emotionen im allgemeinen (und von wenigen Ausnahmen abgesehen) richtig zu bestimmen. Die kulturvergleichenden Untersuchungen von Ekman und Mitarbeitern verdeutlichen insgesamt (vgl. Goller 1992), daß zumindest für die Emotionen Glück/Freude, Trauer, Ärger/Wut, Furcht und Überraschung gilt: Sie sind in den verschiedenen untersuchten Kulturen mit den gleichen mimischen Ausdrucksmustern verknüpft und somit auch über das beobachtbare mimische Ausdrucksverhalten interkulturell sicher zu identifizieren.

Systematische Beobachtungen von Säuglingen und Kleinkindern verdeutlichen, daß eine Reihe von basalen Gefühlen schon unmittelbar nach der Geburt oder im Verlauf der ersten Lebensmonate an Babys beobachtbar und zuverlässig identifizierbar ist – ein weiterer Hinweis darauf, daß die Fähigkeit, Grundgefühle empfinden und ausdrücken zu können, zu offenbar wesentlichen Anteilen genetisch determiniert ist. Dornes (1993) hat die wichtigsten Befunde zur frühen Beobachtbarkeit von Emotionen zusammengefaßt. Danach ergibt sich folgende Sequenz: Ekel, Überraschung und Interesse/Neugier sind zum Zeitpunkt der Geburt, spätestens im Verlauf des ersten Lebensmonats beobachtbar. Der Ausdruck von Freude zeigt sich spätestens nach vier bis sechs Wochen. Traurigkeit und Ärger tauchen mit drei bis vier Monaten, Furcht mit sechs bis acht Monaten auf.

Was bedeutet es aber, wenn solche mimischen Ausdrucksmuster schon bei Säuglingen beobachtbar sind? Beweisen diese Beobachtungen, daß Säuglinge die zugehörigen Gefühle auch wirklich erleben? Dornes (ebd.) kommt nach gründlicher Sichtung der Literatur und kritischer Diskussion der vorliegenden Befunde zu dem Schluß (nähere Einzelheiten s. dort), daß dem beobachtbaren Emotionsausdruck auch ein tatsächliches Emotionserleben entspricht. Ich folge im Grundsatz seiner Meinung, woraus sich als Konsequenz ergibt, daß wir uns die Gefühlswelt von Säuglingen und Kleinkindern ungleich vielfältiger vorzustellen haben, als bisher in der psychoanalytischen Entwicklungstheorie angenommen worden war, die das Gefühlserleben in der Frühzeit menschlicher Entwicklung vorrangig nur in der Lust-Unlust-Dimension differenziert hat.

Eine gewisse Einschränkung ist aber anzufügen, die sich auf das bezieht, worauf bereits hingewiesen worden war: Gefühle sind weder im Erleben noch auf neurophysiologischem Niveau als isolierte Entitäten identifizierbar. Das gilt für Erwachsene ebenso wie für Säuglinge. Gefühle sind immer nur eine unter anderen Komponenten, die zusammengenommen erst die subjektive Wirklichkeitserfahrung zu einer Entität machen. Wenn wir also mit einiger Gewißheit annehmen können, daß Säuglinge und Kleinkinder so etwas wie Ekel, Überraschung, Neugier, Freude, Traurigkeit oder Ärger empfinden können, so haben wir doch keine Ahnung, wie es für sie *ist,* diese Gefühle zu haben. Die spezifische Qualität einer Gefühlskomponente ergibt sich schließlich erst aus dem Insgesamt aller anderen Komponenten, und die anderen Komponenten (Wahrnehmungen, aktivierte Erinnerungen etc.) werden ihrerseits wiederum durch die Gefühlskomponenten eingefärbt. Wir wissen nicht, was es für einen Säugling bedeutet, wenn sich ihm die Person nähert, die wir als seine Mutter kennen. Er „freut" sich: alle seine mimischen und sonstigen motorischen Ausdrucksbewegungen deuten darauf hin, schließlich auch die Freude der Mutter, die sie wiederum über seine Freude empfindet oder unsere eigene, wenn wir die Szene beobachten. Was aber ist seine Freude in seinem Erleben? Worüber freut er sich? Was genau verbindet er mit dieser Person? Wir werden es nie wissen. Aber die Tatsache, *daß* er so etwas wie Freude empfinden kann, ist für ihn, seine weitere Entwicklung und damit seine Strukturbildung ebenso wichtig wie Anzeichen für gegenteilige Gefühlserfahrungen – wenn er also z.B. Angst, Desinteresse oder Ärger zeigt, sobald seine Mutter näher kommt.

Die Emotionen in der psychoanalytischen Theorie – unter besonderer Berücksichtigung der Angst

Worauf achten wir mit besonderer Aufmerksamkeit, wenn wir klinisch-psychoanalytisch mit Patienten arbeiten? Ich denke, es lassen sich vor allem drei Hauptaugenmerke unterscheiden: erstens die (Trieb-)Bedürfnisse oder sonstigen Strebungen unserer Patienten; zweitens die Emotionen, die auftauchen, wenn Bedürfnisse aktiviert, befriedigt werden oder unbefriedigt bleiben; drittens die „Abwehr", die mobilisiert wird, wenn Bedürfnisse anrüchig, verboten bzw. sonstwie obsolet erscheinen, wenn Gefühle unerträglich werden, oder wenn Phantasien, Erinnerungen, Gedanken oder Handlungsimpulse auftauchen, die Angst machen. Zwei dieser Hauptaugenmerke sind relativ differenziert theoretisch ausgearbeitet worden – die (Trieb-)Bedürfnisse in der sogenannten Triebtheorie, der wir uns in einem nachfolgenden Kapitel gesondert zuwenden werden, und die „Abwehr" in der Lehre von spezifischen Abwehrmechanismen, individuellen Formen der Abwehrorganisation und der sogenannten psychosozialen Abwehr, worauf bereits kurz eingegangen worden war.

Demgegenüber sind die emotionstheoretischen Vorstellungen, unser gegenwärtiges Thema, bestenfalls „…in einem Zustand von gesundem, konstruktivem Chaos" (Sandler u. Sandler 1978, S. 285, zitiert nach Dornes 1993). Was sind Emotionen in psychoanalytischer Perspektive, welche Bedeutung haben sie, welche Funktionen erfüllen sie? Werfen wir einen kurzen Blick in die Theoriegeschichte, wobei wir die sich entwickelnden Auffassungen von Wesen, Funktion und Bedeutung der Emotionen vorrangig auf das Angsterleben eingrenzen.

In den Anfängen der Psychoanalyse sah Freud (1895) die Ursachen der (in erster Linie betrachteten: hysterischen) Symptombildung in traumatischen Erfahrungen. Er nahm an, daß im Zusammenhang mit dem traumatisierenden Ereignis eine affektive Erregungssumme aufgebaut, aber nicht adäquat abgeführt wurde. Freud sprach von einem „eingeklemmten Affekt". Die angestaute Erregungssumme würde seiner Vorstellung nach in z. B. hysterische Symptome umgewandelt (Konversion). Man beachte: Es handelt sich um ein physikalisch-energetisches und damit zugleich quantitatives Modell. Die hypothetisch angenommenen nichtabgeführten, angestauten oder „eingeklemmten" Energiequanten werden den Affekten zugeordnet. Insoweit wird also den Affekten (noch) eine Führungsrolle zugeschrieben, wenn es gilt, die Symptomentstehung zu erklären.

Dies soll sich aber mit der Entwicklung der Triebtheorie und des sogenannten topographischen Modells vom Aufbau des seelischen Apparates ändern. Weiterhin sind es energetische Quantitäten, die, weil nicht angemessen abgeführt, zur Symptombildung führen – jetzt sind es aber Energien, die nicht mehr den Affekten zugeordnet werden, sondern den Trieben. Die Triebe bzw. die ihnen eigenen energetischen Potentiale (im Falle des Sexualtriebes: die Libido) haben die Führungsrolle bei der Symptomentstehung übernommen. Die Affekte selbst sind zu Repräsentanten der Triebe bzw. eines Triebgeschehens geworden. „Der Affekt wird ... als die subjektive Äußerung der Quantität an Triebenergie definiert" (Laplanche u. Pontalis 1992, S. 38). Affekte entstehen, wenn Triebenergien nicht angemessen abgeführt werden können. Sie sind praktisch das Resultat dieser Abfuhrblockade, selbst also gleichsam Symptome für diese Blockade. Soweit in knapper Skizzierung Freuds bis 1926 gültige Überlegungen zur Entstehung, Funktion und Bedeutung von Emotionen (er selbst sprach von „Affekten").

Bei dem Bemühen, die sich fortentwickelnden emotionstheoretischen Vorstellungen innerhalb der Psychoanalyse im Überblick darzustellen, konzentrieren wir uns jetzt in erster Linie auf die Angst als jene Gefühlskomponente, der in klinischer Perspektive die größte Bedeutung zukommt. Bei Freud hat sich die Entwicklung seiner angsttheoretischen Konzepte zweiphasig vollzogen (Freud 1926; Brenner 1972; Eagle 1988). Es läßt sich eine erste von einer zweiten Angsttheorie unterscheiden.

Die erste Angsttheorie ist bis 1926 gültig. Sie bewegt sich in dem bereits skizzierten gedanklichen Rahmen. Sie ist als neurophysiologische, quasi neurotoxische, also nicht im eigentlichen Sinne psychologische Angstentstehungstheorie konzipiert. Nachdem die Triebtheorie zum gedanklichen Führungsprinzip geworden war, nahm Freud an, daß Angst dann entsteht, wenn Triebenergie (Libido) nicht abgeführt oder entladen werden kann. Diese Libido wird in Angst umgewandelt. Angst ist demnach eine „pathologische Manifestation der Triebenergie" (Brenner 1972, S. 72).

Die zweite Angsttheorie wird mit der Entwicklung der klassischen Strukturtheorie vom Aufbau des seelischen Apparates in „Das Ich und das Es" (Freud 1923) vorbereitet. Der Angstentstehungsmechanismus wird dann in „Hemmung, Symptom und Angst" (Freud 1926) differenzierter ausgearbeitet. Jetzt werden psychische Funktionen einbezogen – vorrangig solche, die dem „Ich" als zentrale und vermittelnde Instanz zugeordnet bzw. subordiniert werden. „Der früheren Auffassung lag es nahe, die Libido der verdrängten Triebregung als die Quelle der Angst zu betrachten; nach der neueren hatte vielmehr das Ich für diese Angst aufzukommen" (Freud 1926, S. 299). So wird „...das Ich zur alleinigen Angststätte" (ebd., S. 299).

Gleichwohl tauchen aber Elemente der früheren Konzeption – die überragende Rolle, die Freud den Triebbedürfnissen und Triebansprüchen zuschreibt – auch in der neueren Angsttheorie auf: „Es ist nicht abzuweisen, daß bei Abstinenz, mißbräuchlicher Störung im Ablauf der Sexualerregung, Ablenkung derselben in ihrer psychischen Verarbeitung, direkt Angst aus Libido entsteht, d.h. jener Zustand von Hilflosigkeit des Ichs gegen eine übergroße Bedürfnisspannung hergestellt wird, der wie bei der Geburt in Angstentwicklung ausgeht, wobei es wieder eine gleichgültige, aber naheliegende Möglichkeit ist, daß gerade der Überschuß an unverwendeter Libido seine Abfuhr in der Angstentwicklung findet" (ebd., S. 281).

In der zweiten Angsttheorie werden zwei Angstformen unterschieden: die automatische Angst und die Angst als Signal (die Signalangst). Die bei der Geburt erlebte Angst gilt seither als Prototyp für beide Formen späteren Angsterlebens.

Die automatische Angst entsteht in Situationen, in denen ein Mensch durch den Einstrom äußerer oder innerer Reize übermäßig erregt wird, wobei sein „Ich" unfähig ist, diese Erregungsmenge zu verarbeiten. Wiederum wird den Erregungen aus dem „Es" (also Triebimpulsen, die eine unerträgliche Bedürfnisspannung aufbauen) eine zentral gefährdende Rolle zugeschrieben. Die Es-Impulse lassen, so die Annahme, eine traumatische Situation – analog der Geburtssituation – entstehen. In späteren Gefahrensituationen wiederholt sich das seinerzeit erstmals erfahrene Angsterleben automatisch, womit einhergehen soll, daß das Ich in einen Zustand der Hilflosigkeit gerät, der „...materiellen Hilflosigkeit im Falle der Realgefahr, der psychischen Hilflosigkeit im Falle der Triebgefahr" (Freud 1926, S. 303). Je unreifer und unentwickelter das Ich ist, desto intensiver soll das Erleben der Hilflosigkeit sein.

Freud nahm an, daß ein Mensch im Zuge der fortschreitenden Entwicklung seiner Ich-Funktionen zunehmend fähiger wird, auf ihn zukommende Gefahrensituationen zu erwarten und sich antizipatorisch auf sie vorzubereiten. Jetzt kommt die Angst in ihrer Signalfunktion ins Spiel. „Dies will besagen: Ich erwarte, daß sich eine Situation von Hilflosigkeit ergeben wird, oder die gegenwärtige Situation erinnert mich an eines der früher erfahrenen traumatischen Erlebnisse. Daher antizipiere ich dieses Trauma, will mich benehmen, als ob es schon da wäre, solange noch Zeit ist, es abzuwenden. Die Angst ist also einerseits Erwartung des Traumas, andererseits eine gemilderte Wiederholung desselben" (ebd., S. 303). Die Signalangst ist somit eine Miniaturausgabe jener Angst, die in einer traumatischen Situation erlebt wird. Sie dient dazu, das „Ich" in den Stand zu setzen, eine drohende traumatische Situation rechtzeitig abzuwenden – eine traumatische Situation, wie sie eintreten würde, falls eine frühzeitig einsetzende Abwehr von gefährlich intensiven Triebimpulsen dies nicht verhindern kann.

Die Signalangst ist also jene Angst, die das „Ich" auf die Gefahrensituation – „die erkannte, erinnerte, erwartete Situation der Hilflosigkeit" (ebd., S. 303) – hinweist. „Die Angst ist die ursprüngliche Reaktion auf die Hilflosigkeit im Trauma, die dann später in der Gefahrensituation als Hilfssignal reproduziert wird" (ebd., S. 303f). Das „Ich" stellt „...sich gleichsam die Gefahrensituation lebhaft vor, bei unverkennbarer Tendenz, dies peinliche Erleben auf eine Andeutung, ein Signal, zu beschränken" (ebd., S. 300).

Diese Zitate verdeutlichen, daß Freud in seiner Signalangst-Theorie davon ausgeht, daß das „Ich" fähig ist, antizipatorisch die drohende Gefahr eindeutig zu erkennen. Ja, die Signalangst-Theorie basiert geradezu auf dieser Fähigkeit zu eindeutiger antizipatorischer Gefahrenerkennung. Es handelt sich also im Kern um eine kognitive Theorie der Angstentstehung. Falls das „Ich" nämlich versagt und die Gefahr nicht eindeutig erkennt, wäre die Signalfunktion ausgefallen ... und die Angst könnte sich ungehindert ausbreiten. Wird die Gefahr demgegenüber rechtzeitig und eindeutig erkannt, kann das „Ich" frühzeitig Abwehrmechanismen zur Gefahrenbekämpfung einsetzen. Soweit die Grundkonzeption der Signalangst-Theorie.

Freud ging davon aus, daß einem jeweiligen Entwicklungsalter vorrangig auch eine bestimmte Gefahrensituation zugeordnet werden kann. „Die Gefahr der psychischen Hilflosigkeit paßt zur Lebenszeit der Unreife des Ichs, wie die Gefahr des Objektverlustes zur Unselbständigkeit der ersten Kinderjahre, die Kastrationsgefahr zur phallischen Phase, die Über-Ich-Angst zur Latenzzeit" (ebd., S. 281f). In dieser Auflistung ist noch die Angst vor dem Verlust der Liebe der Mutter und die „Todes-(Lebens-)angst" einzufügen, die Freud als Projektion des Über-Ichs in die „Schicksalsmächte" verstand.

Mertens (1992) hat eine Reihe weiterer Gefährdungssituationen bzw. Angstinhalte zusammengetragen, die von anderen analytischen Autoren stammen: so die Angst vor der „eigenen Triebstärke", dem „Ich-Zerfall" (Anna Freud 1936); die Angst vor der Vernichtung bzw. dem Zerfall des Selbst (Kohut 1979); die Angst vor der Entdeckung des Getrenntseins, des anatomischen Geschlechtsunterschiedes und der Sterblichkeit (Mc Dougall 1984); die Angst vor dem Bewußtwerden der Größen- und Machtunterschiede zwischen den Generationen (Chasseguet-Smirgel 1984).

Was aber verleiht Situationen die spezifische Qualität des Gefährlichen? Am Beispiel der Phobie macht Freud seine Antwort deutlich: „Der Triebanspruch ist ja nicht an sich eine Gefahr, sondern nur darum, weil er eine richtige äußere Gefahr, die der Kastration, mit sich bringt" (Freud 1926, S. 269). Dieses Beispiel läßt sich verallgemeinern. Freud sieht die von intensiven sexuellen oder aggressiven Triebimpulsen ausgehenden Bedrohungen darin begründet, daß sie – falls sie fortdauern oder ungebremst durchbrechen – genau die einzelnen von ihm angegebenen Gefahrensituationen heraufbeschwören – also den Zustand der Hilflosigkeit, den Verlust der Mutter bzw. der Liebe der Mutter, den Verlust des Penis, die Verfolgung durch das Über-Ich. Erst diese Verknüpfung mit Triebimpulsen und -ansprüchen läßt das Spezifikum der Gefahr entstehen – so als hätten die Situationen oder denkbare andere *ohne* diese Verknüpfung nichts Bedrohliches.

Fassen wir würdigend und zugleich kritisch zusammen:

1. Die Freudschen Überlegungen zu einer Theorie der Angst sind insbesondere in ihrer Variante der Signalangst-Theorie immens modern. Die Grundidee dieser Theorie besagt, daß wir fähig sind, Gefahrensituationen zu antizipieren, was uns wiederum in die Lage versetzt, rechtzeitig Maßnahmen zur Gefahrenkontrolle einzuleiten.
   Die Signalangst-Theorie hat aber auch ihre Schwächen:
2. Sie ist streng triebtheoretisch verankert. Sie nimmt an, daß Situationen nur deshalb gefährlich werden, weil der Triebdruck bedrohlich angewachsen ist, und die energetischen Potentiale nicht angemessen entladen oder abgeführt werden können. Sie arbeitet dabei mit einem pseudophysikalischen Energiebegriff, der nach derzeitigem naturwissenschaftlichen Kenntnisstand völlig unhaltbar ist.
3. Mit der energetischen Konzeption geht die Annahme einher, daß z. B. der drohende oder reale Verlust einer wichtigen Bezugsperson nicht für sich genommen Angst macht, sondern vorrangig deshalb, weil damit das Objekt für die Triebbefriedigung ausfällt. Dieses Modell impliziert generell, daß Angst und andere Emotionen nur entstehen, wenn es zu einer Triebversagung gekommen ist (vgl. Dornes 1993). Grundsätzlich richtig ist zwar, daß sexuelle Erregung und/oder die Verhinderung sexueller Befriedigung vielfältige emotionale Reaktionen auslösen können – für aggressive Erregung und deren Blockierung gilt dasselbe –, unhaltbar ist aber, die Triebblockade zur Conditio sine qua non für jedwede Form von Emotionserleben zu machen.
4. Die Fähigkeit, automatische Angst oder Signalangst zu entwickeln, wird einer Instanz, dem „Ich" der klassischen Strukturtheorie, zugeschrieben, die es in Wirklichkeit nicht gibt, und die auch als Konstrukt nicht zu halten ist (wie wir in früheren Zusammenhängen ausführlicher zu begründen versucht haben).

In der Zeit nach Freud (vgl. Henseler 1989; Dornes 1993) hat die psychoanalytische Emotionstheorie dann durch Beiträge, die die Bedeutung der Emotionen für reale oder phantasierte Objektbeziehungen betonen, neue Impulse erhalten. Unter dem Blickwinkel der Objektbeziehungstheorie werden Emotionen nicht mehr vorrangig unter energetisch-quantitativen

Gesichtspunkten betrachtet; auch die Rolle, die sie bei der Vermittlung zwischen den Instanzen „Es", „Ich" und „Über-Ich" im Rahmen der klassischen Strukturtheorie spielen, steht nicht mehr prominent im Vordergrund. Statt dessen wurden die interaktiv-kommunikativen Funktionen der Emotionen zunehmend klarer erkannt – und zwar gleichermaßen bezogen darauf, wie Emotionen die Entwicklung, Ausgestaltung und Internalisierung wichtiger Beziehungen beeinflußt haben, wie sie schließlich im Rahmen des dynamischen Übertragungsgeschehens während laufender Behandlungen reaktiviert und somit auch dem Behandler selbst in Gestalt der Gegenübertragungsgefühle, die er bei sich wahrnehmen kann, zugänglich werden.

Eine perspektivisch wesentliche Erweiterung hat die psychoanalytische Theorie der Emotionen und insbesondere der Angstentstehung schließlich durch die Selbstpsychologie erfahren. Zwar werden die klassisch-analytischen Bedrohungssituationen als weiterhin bedeutsam anerkannt, jetzt wird diesen aber eine kategorial andere Form des Angsterlebens gegenübergestellt: die Desintegrationsangst, die Angst vor dem Zerfall des Selbst. „Die erste (Form) umfaßt die Ängste, die von einem Menschen empfunden werden, dessen Selbst mehr oder weniger kohärent ist – es sind Ängste vor spezifischen Gefahrensituationen (Freud 1926). Der Nachdruck der Erfahrung liegt im wesentlichen auf der spezifischen Gefahr und nicht auf dem Zustand des Selbst. Die zweite Art umfaßt die Ängste, die von einem Menschen erlebt werden, der sich bewußt wird, daß sein Selbst zu zerfallen beginnt; welcher Auslöser auch immer die progressive Auflösung des Selbst in Gang setzte oder verstärkte, der Nachdruck der Erfahrung liegt im wesentlichen auf dem prekären Zustand des Selbst und nicht auf den Faktoren, die womöglich den Auflösungsprozeß in Gang gebracht haben" (Kohut 1979, S. 97).

Eagle (1988) hat vermutet, daß bei Freud und Anna Freud zumindest implizit schon die Annahme zu finden sei, daß unter allen Bedrohungen diejenige der „Integrität des Selbst" (Eagle 1988, S. 59) die stärkste sei. Ganz abgesehen davon, daß Freud niemals in einem systematischen Sinne mit dem Begriff des Selbst gearbeitet hat, halte ich diese Einschätzung für eine Überinterpretation, vor allem deshalb, weil Freud sich niemals sonderlich für die subjektive Erfahrung als solche, in unserem Sinne also für das Erleben, interessiert hat, sondern statt dessen in erster Linie für dessen kausal-genetische und das heißt vor allem: triebdynamische Erklärung.

Ansonsten ist Eagle nur zuzustimmen, wenn er den wesentlichen Unterschied zwischen Freud und Kohut – eingegrenzt auf die Frage nach den *Ursachen* der Angst – beschreibt: „Für Freud ist es der exzessive Erregungszustand, der, um es so einfach wie möglich auszudrücken, aus der Anhäufung nicht abgeführter Triebspannungen resultiert. Für Kohut (und die Theoretiker der Objektbeziehungen) ergibt sich die Bedrohung des Selbst aus erahnten und wirklichen Mängeln und Schwächen in der Struktur des Selbst, wenn sie mit Situationen zusammentreffen, in denen man sich entweder von einem bedürfnisbefriedigenden Objekt (in Kohuts Terminologie: dem Selbstobjekt) isoliert oder mit ihm verschmolzen fühlt" (ebd., S. 59).

Wir waren in früheren Zusammenhängen bereits kurz auf die Selbstpsychologie (vgl. Kohut 1979) eingegangen und hatten deren Schwächen und Stärken kurz diskutiert. Ihre Schwäche ist, daß sie über keine hinreichend differenziert ausgearbeitete allgemeine Seelentheorie verfügt. Ihre Stärke liegt in ihren behandlungstheoretischen Ansätzen (vgl. Köhler 1993). Als klinische Behandlungstheorie fokussiert sie auf die Bedürfnisse des Selbst, die auf Selbstobjekte – das sind andere Personen, die als Teil der eigenen Person erlebt werden – gerichtet werden. Diese Bedürfnisse wechseln zwar in Abhängigkeit vom individuellen seelisch-geistigen Entwicklungsstand, sie bleiben aber in jedem Fall lebenslang objektbezogen: der andere (das Selbstobjekt) soll mich als Person und meine Leistungen mit Interesse, Freude und Stolz betrachten, beachten und spiegeln, in anderen Fällen mit Sorge und einfühlendem Verständnis daran teilnehmen, was mich innerlich bewegt; er soll aber auch verfügbar sein, wenn ich ihn als bewundernswertes, beschützendes, starkes oder wie auch immer idealisiertes Selbstobjekt benötige.

Der Fokus des selbstpsychologisch orientierten Psychoanalytikers ist also auf innere Erlebensvorgänge des Patienten gerichtet, die es in erster Linie empathisch zu verstehen und nicht aus objektivierender Distanz psychomechanistisch zu erklären gilt (vgl. Köhler 1993). Versagt der Analytiker in seinem Bemühen um ein empathisches Verstehen, droht die Gefahr, daß der Patient in einen Zustand existentieller Angsterregung gerät – eine Gefahr, die bei schwer gestörten Patienten mit z. B. einer narzißtischen oder Borderline-Persönlichkeitsstruktur besonders ausgeprägt ist. In diesem Angsterleben wiederholt sich für den Patienten (so die Annahme) die lebensgeschichtlich frühe und in der Regel oft wiederholte Erfahrung, daß seine (Selbstobjekt-)Bedürfnisse von seinen Eltern oder anderen wichtigen Bezugspersonen nicht angemessen befriedigt worden waren.

Diese Angst wird in selbstpsychologischer Terminologie als Fragmentations- oder Desintegrationsangst beschrieben und theoretisch so zu verstehen versucht, daß „das Selbst (eines Menschen) zu zerfallen beginnt" (s. obiges Kohut-Zitat). An dieser Stelle zeigt sich die Schwäche der Selbstpsychologie – nicht als klinische Behandlungstheorie, sondern als allgemeine Struktur- oder Persönlichkeitstheorie. Mir scheint, hier wird das Selbst zu einem Mysterium. Was schließlich hat man sich unter einem Selbst, das zerfällt, vorzustellen? Ich weiß es nicht.

Klinisch ist völlig unabweisbar, daß es Grenzerfahrungen gibt, die von Patienten erlebt werden, als würden sie oder ihre Existenz zerfallen bzw. sich auflösen. Und es ist ein großes Verdienst von Kohut, unsere Aufmerksamkeit auf dieses hochgradig bedrohliche Erleben gelenkt zu haben.[22] Das Fragmentationsmodell ist aber bestenfalls als sprachliche Metapher aufzufassen, um das Angsterleben zu beschreiben. Als theoretisches Erklärungskonzept für diese existentielle Bedrohungserfahrung kann es nicht befriedigen, weil der Begriff des Selbst darin unbestimmt bleibt.

An dieser Unbestimmtheit würde sich auch nichts ändern, wenn man Kohuts Konzept des „bipolaren Selbst" als eine Art selbstpsychologische Strukturtheorie begreifen würde. Auch eine solche Selbst-Struktur kann nicht zerfallen, wie überhaupt keine seelisch-geistige Struktur zerfallen kann, weil sie in morphologischen und funktionellen Veränderungen des Gehirns verankert ist – es sei denn, das Gehirn selbst wird durch Traumata oder Krankheitsprozesse angegriffen. Die neuroanatomische und neurophysiologische Unversehrtheit des Gehirns vorausgesetzt, kann die seelisch-geistige Struktur nur versagen (worauf wir gleich zurückkommen werden).

Funktionale Bedeutungen von Emotionen im Rahmen der genetisch-dynamischen Strukturtheorie

Wir kehren zu unseren eigenen Strukturüberlegungen zurück und werden jetzt die Rollen, die Emotionen im Rahmen des Strukturbildungsprozesses spielen, unter verschiedenen funktionalen Gesichtspunkten betrachten. Rufen wir uns zunächst ins Gedächtnis, daß sich vier allgemeine Aspekte hatten unterscheiden lassen, um Emotionen zu beschreiben: der subjektive, kognitive, motorisch-expressive Aspekt und der Aspekt autonomer und/oder hormoneller Regulationsprozesse. Weiterhin hatten wir festgehalten, daß Emotionen in der Folge komplexer Wechselwirkungsprozesse zwischen kortikalen und subkortikalen Hirnstrukturen entstehen, wobei dem Mandelkern (Amygdala) als Teil des limbischen Systems prominente Koordinierungsaufgaben zufallen.

---

[22] Aus anderer Perspektive hat uns z. B. Winnicott (1974) dasselbe nahegebracht.

In den unmittelbar vorangegangenen Abschnitten war der Funktionsgesichtspunkt (vgl. auch Krause 1983) bereits verschiedentlich aufgetaucht. Jetzt geht es darum, die verschiedenen funktionalen Aspekte zu systematisieren, an einigen Stellen durch eigene Überlegungen zu ergänzen und sie zusammenfassend in den konzeptuellen Entwurf einer genetisch-dynamischen Strukturtheorie einzufügen. Dabei gilt wie immer: Die verschiedenen funktionalen Aspekte sind nicht wechselseitig exklusiv, sie überschneiden bzw. ergänzen sich vielmehr.

Gefühle sind Indikatoren für die Tragfähigkeit der seelisch-geistigen Struktur

Wir haben in den bisherigen Ausführungen klar zwischen „Erleben" und „Struktur" unterschieden. Das Gehirn kann gar nicht anders, als subjektive Wirklichkeiten (das Erleben) entlang der Leitlinien zu entwerfen, die es aus allen bisherigen Wirklichkeitsentwürfen, der bisherigen gesamten Erfahrungsgeschichte, abgeleitet und als seelisch-geistige Struktur in sich niedergelegt, mnestisch gespeichert hat. Damit stellt sich in jedem Gegenwartsmoment die Frage, ob das Gehirn unter Rückgriff auf seine Struktur in der Lage ist, eine Welt zu entwerfen, die wir bejahen, zumindest ertragen können oder auch nicht – Wertungen, die wiederum Hirnprozesse sind.

In dem allgemeinen Strukturschema waren einzelne, klinisch relevant erscheinende Strukturmerkmale unterschieden worden, auf die wir als Gesichtspunkte zurückgreifen können, um zu untersuchen und zu beschreiben, wie ein Mensch seine Lebenserfahrungen organisiert hat. Hat er eine Struktur ausbilden können, die sich als tragfähig erweist?

Gefühle, die wiederkehrend erlebt werden, liefern die wichtigsten Hinweise, um diese Frage beantworten zu können. Kehren wir in diesem Zusammenhang noch einmal auf die existentielle Angsterfahrung zurück, die subjektiv als Zerfall oder Auflösung der eigenen Person (in selbstpsychologischer Terminologie: des Selbst) erlebt wird. Wenn wir diese Erfahrung vor dem Hintergrund der strikten Unterscheidung zwischen aktuellem Erleben und zeitlich überdauernder seelisch-geistiger Struktur betrachten, so ergibt sich als theoretische Erklärung für dieses höchst bedrohliche Geschehen: In diesem Fall ist die seelisch-geistige Struktur offenbar nicht mehr in der Lage gewesen, ein Erleben zu ermöglichen, in dem die Erfahrungen von Kohärenz (die einzelnen Komponenten meines Erlebens gehören zusammen und fügen sich zu einem unteilbaren Ganzen), von zeitlicher Kontinuität (mein Erleben ist ein Prozeß, der sich ohne Unterbruch fortentwickelt) und von eigener Handlungsfähigkeit gewahrt bleiben. Mit Auflösung oder Zerfall der Struktur hat das alles nichts zu tun. Die morphologischen Veränderungen des Gehirns und die zeitlich überdauernden funktionellen Veränderungen der Synapsenstärken – Veränderungen, die der seelisch-geistigen Struktur entsprechen – sind dieselben geblieben. Verändert hat sich vielmehr, daß diese Struktur nicht mehr „greift". Sie hat sich als nicht mehr tragfähig erwiesen. Sie hat vorübergehend oder längerfristig versagt. Es ist eine Situation entstanden, in der das Gehirn gewissermaßen verzweifelt versucht, sich eine Ordnung zu geben, die ein Erleben im Sinne von Kohärenz, zeitlicher Kontinuität und eigener Handlungsfähigkeit wiederherstellt. Es findet diese Ordnung aber nicht oder findet sie nur in Gestalt einer neuen, verrückten Ordnung, die aber, gemessen an der Realität faktischer Gegebenheiten, psychotisch ist. Neben der intensiv erlebten Angst sind Gefühle elementarer Wut, tiefer Niedergeschlagenheit, Verzweiflung, Ausweglosigkeit oder Lähmung weitere Indikatoren für ein drohendes oder tatsächliches Versagen der seelisch-geistigen Struktur und damit indirekt für deren Tragfähigkeit, die dauerhaft oder vorübergehend geschwächt ist. Demgegenüber weisen Gefühle wie Freude, Stolz, Mut, Zuversicht etc. darauf hin, daß die Struktur, zumindest solange diese Gefühle lebendig sind, tragfähig ist.

Gefühle sind Signalgeber

Die Funktion der Gefühle als Signalgeber besteht darin, die Regulation des Erlebens so zu steuern, daß sich die Entfaltungsmöglichkeiten, die unsere Struktur bereitstellt, möglichst optimal realisieren können und ein Strukturversagen verhindert wird. Angst beispielsweise, die nicht überwältigend stark angewachsen ist, signalisiert Gefahr. So können wir Schritte unternehmen, um den Quellen der Gefahr angemessen zu begegnen – sei es, daß wir die äußere Wirklichkeit verändern oder in uns selbst Bewältigungsstrategien skizzieren, auf die Gefahr bezogene Erinnerungen wachrufen, in der Phantasie mögliche Szenarien entwerfen, uns also auf die Begegnung mit der Gefahr vorbereiten. Sind diese Schritte erfolgreich, bilden sich die begleitenden Gefühle, in diesem Fall der Angst, zurück, und die Angstreduktion signalisiert den Erfolg unserer Anstrengungen. Der Dämpfungsmechanismus hat demgegenüber versagt, wenn sich eine generalisierte Angststörung ausgebildet hat (vgl. Hoffmann u. Hochapfel 1987).

Freud (1926) hat die Signalfunktion der Emotionen als erster klar erkannt und, wie bereits dargestellt, in seiner zweiten Angsttheorie ausformuliert. Dieser Grundgedanke ist mit neurophysiologischen Erkenntnissen und Hypothesen zur funktionalen Bedeutung von Emotionen gut vereinbar. Er fügt sich im übrigen nahtlos in unsere Überlegungen zu einer dynamischen Gestaltung des Erlebensprozesses ein – mit den Einschränkungen allerdings, daß wir weder Freuds energetisch-quantitative Emotionskonzepte übernehmen noch die Emotionen selbst mit der klassischen Strukturtheorie respektive dem „Ich" als zentrale Instanz verbinden, noch davon ausgehen, daß als mögliche Gefahrenquellen ausschließlich Triebimpulse in Frage kommen.

Gefühle schaffen subjektive Bedeutungen

Daß Gefühle überhaupt zu Signalgebern werden können, haben sie einem anderen funktionalen Aspekt zu verdanken: sie verleihen den Ereignissen des Lebens erst Bedeutungen. Was das heißt, läßt sich vielleicht am besten veranschaulichen, wenn wir uns vorstellen, ohne Gefühle leben zu müssen. Unser Leben wäre grau, gleichermaßen eintönig wie einförmig. Kognitive und perzeptuelle Unterscheidungen wären zwar nach wie vor möglich, blieben aber ohne Belang. Wir wären, wenn wir uns überhaupt noch bewegen würden, reine Funktionsmaschinen, Automaten, die etwas tun, was sie nicht interessiert. Wir wären interesselos, ohne vital depressiv zu sein. Vermutlich wären wir auch nur eingeschränkt lernfähig. Es gäbe keine Anreize. Warum also sollten wir etwas lernen, wenn das, was wir lernen könnten, keinen Wert hat? Kurz: wir wären nicht wirklich lebendig.

Erst durch Emotionen werden wir lebendig. Sie verleihen den Wahrnehmungen, Körpersensationen, Gedanken, Erinnerungen, Vorstellungen, Phantasien und Handlungsvollzügen, die ganzheitlich das Erleben konstituieren, erst den Charakter sinnlicher Erfahrungen. Sie machen das Erleben nuancenreich, farbig und damit subjektiv bedeutungsvoll. Tomkins (1979) bezeichnet diesen Effekt der Emotionen als Affekt-Verstärkung (affective amplification). Der Verstärker-Effekt von negativen oder positiven Gefühlen auf das Erleben oder die Episoden, zu denen es sich natürlicherweise ordnet, wächst, wenn:

– die Emotionen besonders stark sind und/oder lange andauern;
– sie sich im Rahmen des episodischen Geschehens besonders kraß verändern, also z.B. von Unglück in Glück oder von Angst in unerwartete Angstbefreiung umschlagen; oder
– die Emotionen selbst oder deren Veränderungen sich in ähnlichen Situationen häufig wiederholen.

Gefühle gliedern die persönliche Erfahrungsgeschichte

Durch ihre Verstärkerwirkung markieren die Gefühle einzelne Episoden, die subjektiv bedeutsam sind. Diese Markierungen können grundsätzlich auf zwei Weisen erfolgen: durch die Intensität der Gefühle oder ihre spezifische Qualität. Vermittelt über diese qualitativen Bewertungen und Intensitätsunterscheidungen üben die Gefühle einen wesentlichen Einfluß darauf aus, wie wir den Ereignisfluß unseres Lebens subjektiv strukturieren und in der Folge repräsentieren. Auf diese Weise helfen Gefühle, wichtige von unwichtigen Geschehnissen zu unterscheiden, sie entsprechend ihrer emotionalen Qualität kategorial zu ordnen und den Ereignisfluß selbst in Zeitsegmente – Episoden oder größere Lebensabschnitte – unterschiedlicher emotionaler Bedeutsamkeit zu untergliedern.

Gefühle kontrollieren den Zugang zum Bewußtsein

Das Gehirn verarbeitet nicht nur Informationen, es filtert sie auch. Es sichtet die einlaufenden Sinnesinformationen und die Flut der Phantasiebilder, Erinnerungen, Gedanken etc., die es aus sich selbst heraus erzeugt, und wählt immer nur bestimmte zur Weiterverarbeitung aus. Die Selektionskriterien wechseln je nach aktueller (Anforderungs-, Problem- oder Konflikt-)Situation. Grundsätzlich aber haben die Informationsgehalte, die emotional bedeutsam sind oder sein könnten, eine größere Chance, den Selektionsfilter zu passieren. Sie ziehen die Aufmerksamkeit auf sich, werden bewußt, gelangen zunächst in das Kurzzeitgedächtnis und werden von dort – falls sie für wichtig erachtet werden – in das Langzeitgedächtnis überführt. Damit ist aber der Prozeß noch nicht zu Ende.

Seelisch-geistige Inhalte, die mnestisch gespeichert wurden, sind damit aber noch nicht beliebig verfügbar. Sie können unter dem Einfluß von Abwehrvorgängen am Wiedereintritt ins Bewußtsein gehindert und somit dem introspektiven Zugriff entzogen werden. Diese Inhalte bleiben aber zumindest prinzipiell verfügbar, weil sie dann, wenn die Abwehr gelockert wird, wieder erinnert, also bewußt werden können. Die Abwehrdynamik kann aber auch schon früher einsetzen und damit verhindern, daß Inhalte überhaupt in das Langzeitgedächtnis gelangen. In diesem Fall sind die Inhalte definitiv verlorengegangen. Wie dem auch sei, in beiden Fällen sind es wiederum die emotionalen Komponenten des Erlebens – die begleitenden oder antizipierten Gefühle der Angst, der Scham, der Schuld, der Niedergeschlagenheit etc. –, die entscheidenden Anteil daran haben, ob Abwehrprozesse eingeleitet bzw. unterhalten werden, und das Erlebte damit vergessen machen oder in der Vergessenheit festhalten.

Gefühle knüpfen Assoziationsnetze

Gefühle stehen nicht nur in der Funktion, unsere Erlebenswelt zu differenzieren, zu kategorisieren oder in Zeitabschnitte zu untergliedern. Sie nehmen auch gegenteilige Funktionen wahr: Sie verknüpfen Inhalte mit Inhalten, Funktionen mit Funktionen und Inhalte mit Funktionen. Dies läßt sich unter drei Gesichtspunkten betrachten.

1. Jeder weiß aus eigener Erfahrung, daß es Erlebnisse gibt, die relativ detailgenau erinnerbar sind. Nicht unbedingt immer, häufig aber handelt es sich dabei um Ereignisse, die für uns emotional besonders bewegend waren. Es scheint also, als habe die emotionale Bedeutsamkeit wie eine Art Klebstoff gewirkt, um die verschiedenen Komponenten des seinerzeitigen Geschehens besonders eng zu verknüpfen und dauerhaft im Gedächtnis zu bewahren. Wie können wir uns das vorstellen? Es gibt, wie in dem Kapitel über die Funktionsweise des Gehirns dargestellt, bestimmte Regeln, nach denen die synaptischen Kopplungen zwischen Neuronen erfolgen. So erhöht sich beispielsweise die Synapsenstärke zwischen einem prä- und einem postsynaptischen Neuron, wenn beide zeitgleich erregt sind. Insofern ist also auf neuronaler Ebene die Zeit bzw. genauer: die Zeitgleichheit der neuronalen Aktivität ein wesentlicher allgemeiner Verknüpfungsfaktor. Dieses Regelwerk wird aber vermutlich, worauf Singer (1990) hingewiesen hat, von übergeordneten Modulationssystemen – und damit in Abhängigkeit vom Wachheitsgrad, der Aufmerksamkeit, der allgemeinen Motivationslage und der Bedeutsamkeit der

momentanen Situation – überwacht und je nachdem aktiviert oder desaktiviert. Somit wird vorstellbar, daß die Gefühle diese übergeordneten Modulationssysteme und damit indirekt das Regelwerk der zeitkorreliert erfolgenden Synapsenverstärkungen beeinflussen, was insbesondere über Projektionsbahnen erfolgen könnte, die vom Nucleus centralis der Amygdala ausgehen.

2. Grundsätzlich ist jede Komponente eines episodischen Gegenwartserlebens geeignet, Erinnerungen an ein früheres Erleben wachzurufen, das dem gegenwärtigen ähnelt. Unsere klinischen und sicherlich auch persönlichen Erfahrungen verdeutlichen, daß die emotionalen Komponenten des Erlebens in besonderer Weise geeignet sind, Assoziationen auszulösen. Dem Assoziationsvorgang entspricht auf neurophysiologischer Ebene, daß die Reaktivierung des früher Erlebten entlang neuronaler Bahnen erfolgt, die durch wiederholte ähnliche Erfahrungen verstärkt worden sind. Mit jeder Reaktivierung werden diese Bahnen erneut verstärkt. Dieser Konsolidierungsprozeß wird einerseits durch reale neue Erfahrungen, die vorangegangenen ähneln, und andererseits durch den Erinnerungsprozeß selbst unterhalten. Allein dadurch, daß wir uns an emotional Bewegendes erinnern, erhöhen wir über den Mechanismus der damit einhergehenden Synapsenverstärkung die Wahrscheinlichkeit, dasselbe Erinnerungsbild erneut zu reproduzieren, einfach deshalb, weil es mit jedem Wiederholungszyklus leichter aktivierbar wird. Auf diese Weise kann sich ein Circulus vitiosus etablieren, der zur Folge hat, daß sich Menschen von bestimmten Erinnerungen – zumeist solchen, die sich auf starke, überwiegend negative Gefühlserlebnisse beziehen – nicht lösen können. Der gleiche neuronale Verstärkungsmechanismus dürfte im übrigen bei der Entwicklung jedweder Form von Zwangssymptomatik eine grundsätzlich wichtige Rolle spielen.

3. Da aber ein Gegenwartserleben niemals mit einem Vergangenheitserleben komplett identisch ist, werden ständig neue Brücken von der Gegenwart in die Vergangenheit geschlagen. Auf diese Weise wird das Assoziationsnetz, das in diesem Fall über die emotionalen Komponenten des Erlebens geknüpft wird, zunehmend komplexer. So wird es möglich, daß wir uns in rascher Folge an Begebenheiten erinnern können, die u. U. zeitlich weit auseinander liegen und sich auch ansonsten in vielen Hinsichten voneinander unterscheiden, die aber über eine gemeinsame, zumindest ähnliche Gefühlskomponente (der Freude, Wut, Traurigkeit, Schuld etc.) verbunden sind. Vielleicht sind Erinnerungsketten, deren Glieder verknüpft sind, weil wir uns jeweils tief beschämt gefühlt haben, ein besonders anschauliches Beispiel: Wer kennt nicht aus eigener Anschauung den Schauer der Scham, der intensiv wiedererlebt werden kann, wenn wir uns an eine peinigende Beschämung erinnern, häufig verbunden damit, daß uns in Serie ähnliche Erlebnisse einfallen?

Gefühle regulieren Interaktionen

Gefühle sind nicht nur interne, sondern auch zwischenmenschliche Signalgeber. Von Geburt an sind sie eminent wichtig, um andere Menschen über innere Zustände und vitale Bedürfnisse zu informieren und somit das sich entwickelnde Interaktionsgeschehen in seinem Verlauf beeinflussen zu können. Die basalen Gefühle sind, wie dargestellt, als universelle Empfindungs- und Ausdrucksprogramme angeboren und unmittelbar nach der Geburt oder im Verlauf der ersten Lebensmonate an Babys zuverlässig beobachtbar. Der Gefühlsausdruck manifestiert sich in mimisch-motorischen Veränderungen, in Veränderungen der Körperhaltung, der Stimmodulation und in sonstigen Veränderungen, die wie das Erröten, Erblassen oder Schwitzen über das autonome Nervensystem vermittelt werden. Das Entschlüsseln von basalen Gefühlsausdrücken ist gleichfalls eine weitgehend universelle und vermutlich zu wesentlichen Anteilen genetisch determinierte Fähigkeit. Gefühle werden somit zu einem Kommunikationsmittel, weil sie ausgedrückt und zugleich von anderen entschlüsselt werden können. Unsere klinische Arbeit führt

uns aber täglich in erschreckender Weise vor Augen, wie wenig die potentiell ungemein hilfreichen regulativen und kommunikativen Funktionen von Gefühlen von unseren Patienten
selbst und ihren wichtigen Bezugspersonen genutzt werden konnten und können.

Gefühle sind Motivatoren

Wir möchten ein momentanes Erleben, das uns gefühlsmäßig befriedigt oder vielleicht sogar
beglückt, natürlich bewahren, und es andererseits verändern, wenn es unbefriedigend, quälend
oder unerträglich ist. Diesen Gesichtspunkt hat Tomkins (1979) in seiner Emotionstheorie
nachdrücklich betont. Er sieht in den Gefühlen die primären angeborenen Motivierungs-
mechanismen. Das ist grundsätzlich überzeugend, weil die Gefühle in ihren sich ergänzenden
Funktionen als Signalgeber, Bedeutungsträger und wichtige Kontrolleure über den Zugang zum
Bewußtsein nicht nur Einfluß nehmen darauf, wie wir etwas erleben, sondern vor allem auch
darauf, ob und gegebenenfalls wie wir es verändern wollen. Der Motivierungsaspekt von Emotionen ist also fraglos wichtig. Dem steht aber gegenüber, daß sich nicht alle Arten von Motivierung allein aus den Gefühlen herleiten lassen. Es gibt daneben auch Motivatoren im eigentlichen Sinne, auf die wir gleich zurückkommen werden.

Zusammenfassend: Betrachtet man die emotionstheoretischen Ausführungen im Überblick,
wird erkennbar, daß es *die* Funktion der Gefühle nicht geben kann, sondern nur verschiedene,
wechselseitig verknüpfte und sich ergänzende einzelne Funktionsleistungen, die von den
Gefühlen erbracht werden. Die unterschiedlichen funktionalen Bedeutungen, die die Gefühle
erlangen können, verdanken sie aber alle dem Umstand, daß sich das Gehirn als eine neuroana-
tomisch hochkomplexe Netzwerkstruktur ausgebildet hat, die einen multiplen Signalaustausch
zwischen verschiedenen Hirnarealen und funktional spezialisierten Subsystemen ermöglicht.
Wie wir gesehen haben, ist die Amygdala (der Mandelkern) als Teil des limbischen Systems
diejenige Funktionseinheit, die für Entstehung, Verlauf und vermutlich auch mnestische Speicherung emotionaler Reaktionen auf real oder potentiell bedrohliche Situationen zentral wichtig ist. Die Amygdala ist in sowohl auf- als auch absteigende Bahnen der Informationsverarbeitung komplex eingebunden. Auf diese Weise wird gesichert, daß jedes Außenweltgeschehen,
an dem wir erlebend teilhaben, auch gefühlsmäßig bewertet werden kann.

Für diese emotionalen Bewertungsprozesse angesichts eines gefährlichen Geschehens
zeichnet sich inzwischen ab, daß sie zweiphasig verlaufen (vgl. LeDoux 1994, 1998). Über Bahnen, die direkt vom Thalamus zur Amygdala verlaufen, erfolgt eine erste globale emotionale
Bewertung, die dann nachfolgend spezifiziert und eventuell korrigiert wird, nachdem die einlaufenden Sinnesinformationen vom Thalamus an höhere kortikale Zentren weitergeleitet, dort
verarbeitet und gegebenenfalls bewußt geworden sind. Die Feinjustierung der emotionalen
Reaktionen wird möglich, weil die Ergebnisse der höheren kortikalen Verarbeitungsprozesse
über efferente Bahnen wiederum der Amygdala zugeleitet werden. Über reziprok angelegte
Bahnen zwischen Amygdala und verschiedenen kortikalen Arealen können schließlich auch
Phantasien, Gedanken, Erinnerungen etc., die das Gehirn ohne externe Stimulation durch
Geschehnisse in der Außenwelt aus sich selbst heraus erzeugt, mit Gefühlen verknüpft werden.

Da die neuronalen Aktivitäten in den Subsystemen des Gehirns, die für die Entwicklung
von Gefühlen essentiell sind, komplex in die allgemeine Hirnaktivität eingebunden sind,
die insgesamt unser Erleben ist, können wir annehmen, daß ständig in uns Gefühle lebendig
sind. Dementsprechend wird unser Erleben auch fortwährend durch Gefühle überwacht,
kommentiert, bewertet und erhält durch sie seine spezifischen subjektiven Bedeutungen.
Allerdings werden uns die Gefühle nicht immer bewußt, was verschiedene Gründe haben
kann. Teils mag die Aktivierungsstärke zu schwach sein, so daß die Gefühle unterhalb der

Bewußtseinsschwelle bleiben; teils mögen frühzeitig Abwehrprozesse einsetzen, die sie kurz-fristig wieder aus dem Wachbewußtsein eliminieren oder ihr Bewußtwerden generell ver-hindern.

Die motivationalen Komponenten des Erlebens

Was treibt uns innerlich an? Auf welche Ziele sind unsere Wünsche, Hoffnungen, Phantasien und unser Verhalten ausgerichtet? Diese Fragen beschäftigen u.a. die Psychoanalyse, die dif-ferentielle Psychologie, die Sozialpsychologie, die Ethnologie, die vergleichende Verhaltens-forschung und zumindest implizit viele weitere Wissenschaftszweige wie z. B. die Literatur- und die Geschichtswissenschaft. Sie stehen im Zentrum jeder psychodiagnostischen und psycho-therapeutischen Tätigkeit.

Kritische Würdigung der dualen Triebtheorie

Die klassische Freudsche Psychoanalyse steht auf dem Fundament der Triebtheorie, die von zwei Motivationskräften ausgeht – den sinnlich-sexuellen und aggressiven Trieben. Diese duale Triebkonzeption ist *das* organisierende gedankliche Prinzip, aus dem sich die meisten psychoanalytischen Modellannahmen herleiten bzw. auf die sie bezogen sind: so z. B. die klas-sische Entwicklungslehre, die mit der oralen, analen, infantil-genitalen verschiedene Phasen unterscheidet; die Strukturbildung und speziell die Vorstellungen von Aufbau und Funktionen des seelischen Apparates; die pathogenetische Bedeutung von Konflikten zwischen sexuellen oder aggressiven Trieb-Impulsen bzw. deren Derivaten und entgegenwirkenden Abwehrkräften; die Symptomentstehung vor dem Hintergrund solcher ungelöster Impuls-Abwehrkonflikte.

Es ist eine der großen historischen Leistungen Freuds, die überragende Rolle, die sinnlich-sexuelle Bedürfnisse und aggressive Impulse seit frühester Kindheit spielen, in ihrer vielfälti-gen Bedeutung für die Entwicklung erkannt zu haben. Daran kann m.E. speziell in klinischer Perspektive kein überzeugend begründbarer Zweifel aufkommen. Auf dieser Linie scheint es naheliegend zu sein, den Menschen ontologisch als ein Triebwesen zu bestimmen, und bei dem Bemühen, Erscheinungsweisen seines Erlebens und Verhaltens verstehen zu wollen, auf basale Triebe zu fokussieren. Die Verhältnisse sind tatsächlich aber komplizierter. Die grundsätzliche Bedeutung triebhafter Erlebensvorgänge zu betonen, ist nur eine Seite der Medaille. Eine andere, hiervon sorgfältig zu unterscheidende Seite betrifft die Frage, ob das zur sogenannten Triebtheorie zusammengefaßte Modell, das entworfen wurde, um triebhaft erscheinende Vor-gänge theoretisch erklären zu können, uneingeschränkte Gültigkeit beanspruchen kann. Dieses Modell ist in den letzten Jahrzehnten, übrigens auch innerhalb der Psychoanalyse (vgl. Holt 1976; Lichtenberg 1991; Mertens 1992), in Frage gestellt worden. Die Zweifel an der allum-fassenden Erklärungskraft der dualen Triebtheorie speisen sich aus verschiedenen Quellen. Wir werden uns drei Gesichtspunkten kurz zuwenden.

Biophysikalische Basisannahmen

Eine erste Gruppe von Infragestellungen ist grundsätzlicher Natur. Der zentrale Bezugspunkt ist die Kritik am energetisch-ökonomischen Denkansatz überhaupt. Diese Kritik zielt auf das Konzept einer psychischen Energie und der mit ihr einhergehenden Vorstellungen, wonach diese hypothetisch angenommene Energie verschieblich sei, auf Abfuhr dränge, Funktionen und Repräsentanzen besetzen könne etc. Ich sehe, wie bereits an früherer Stelle ausgeführt, keine Möglichkeit, wie das Konzept der psychischen Energie zu halten sein soll. Wenn es fällt, fal-len damit auch alle Modellvorstellungen, die auf dieser Annahme gründen. Der Versuch, Verschiebungs-Besetzungs-Modelle u.ä. nurmehr metaphorisch verstehen zu wollen, führt m.E. gleichfalls in die Aporie. Metaphorisch zu verstehende Sprachbilder können in ihrer Anschaulichkeit subjektiv zwar geradezu suggestive Überzeugungskraft gewinnen, genau darin aber liegt ihre große Gefahr, weil sie damit die Tatsache verschleiern, daß bild- und gleichnishaften Veranschaulichungen in Wahrheit kein Erklärungswert zukommen kann.

Der Triebtheorie ist weiterhin die biophysikalische Grundannahme immanent, daß der Organismus primär auf Spannungsminderung ausgerichtet sei, was in der Konsequenz des zweiten Satzes der Wärmelehre – dem diese Annahme entspricht – bedeutet, daß er einem Zustand der Spannungs- und damit der Bewegungslosigkeit zustrebt. Zwar gibt es, auf die Ebene des Erlebens übertragen, zuzeiten intensive Wünsche nach Ruhe und absoluter Spannungslosigkeit, aber es gibt schließlich auch gegenteilige Strebungen nach spannungsvollen Erfahrungen, Reizmaximierung etc., ohne die die individuelle wie die Menschheitsentwicklung überhaupt schwer vorstellbar wären. Neben der psychischen Energie ist es also des weiteren die dem psychohydraulischen Modell der Triebtheorie innewohnende Einseitigkeit der Polungsrichtung, die diese Theorie wenig überzeugend erscheinen läßt – die einseitige Funktionsausrichtung auf Abfuhr energetischer Potentiale, auf Spannungsreduktion also. Einzelwesen oder biologische Systeme, die einseitig von einem solchen Regulationsprinzip beherrscht würden, wären wohl kaum zu flexiblen Anpassungsleistungen oder kreativer Produktivität fähig.

G. S. Klein (1976) hat in den hier interessierenden Zusammenhängen schon früh darauf hingewiesen, daß verschiedene Modifikationen unserer theoretischen Vorstellungen notwendig seien. So sollten wir die Entwicklungsgeschichte eines Menschen nicht auf den Aspekt der psychosexuellen Reifung einschränken. Befriedigung sei auch nicht ausschließlich mit sexueller Befriedigung gleichzusetzen. Demzufolge sollten wir Befriedigung auch nicht vorrangig im Rahmen eines energetischen Modells begreifen, das auf den Abbau von Triebspannungen zentriert ist. Festzuhalten ist allerdings, daß Freud selbst die Gleichsetzung von Triebspannung und Unlust bzw. Triebabfuhr und Lust, von der er lange ausgegangen war (vgl. Henseler 1989), insofern schließlich relativierte, als er anmerkte, „daß es lustvolle Spannungen und unlustige Entspannungen gibt" (Freud 1924, S. 344). Er hielt zwar weiterhin daran fest, daß das qualitative Moment einer Lust-Unlust-Empfindung eng mit dem quantitativen Ausmaß der Reizspannung zusammenhängen würde, war sich aber zugleich sehr wohl bewußt, daß eine einfache Rückführung qualitativer Empfindungsmerkmale auf quantitative Erregungsgrößen nicht möglich sei – ohne allerdings, wie er selbst betont, deren genaue Beziehung zueinander bestimmen zu können.

Die menschliche Aggression: Trieb oder angeborene Disposition?

Wir hatten in früheren Zusammenhängen gefordert, daß drei Bedingungen erfüllt sein müßten, um ein Erleben oder Verhalten als triebbedingt auffassen zu können: 1. Dem Geschehen muß ein körperlicher Mangelzustand, eine irgendwie geartete physiologische Ist-Sollwert-Differenz zugrunde liegen; 2. das Geschehen hat im subjektiven Erleben und gegebenenfalls auch für einen anderen beobachtbar den Charakter des Dranghaften; 3. nach erfolgter Befriedigung stellt sich das Triebbedürfnis spontan wieder ein, wenn der physiologische Mangelzustand erneut angewachsen ist. Aus dem ersten und dritten Bestimmungsmerkmal ergibt sich, daß ein Triebgeschehen eine gewisse, wenn auch intra- und interindividuell stark schwankende, Periodizität aufweist, die aus physiologischen Zustandsveränderungen resultiert.

Hunger und Durst erfüllen diese drei Bedingungen, sind also in paradigmatischer Weise als Triebzustände zu betrachten. Für die menschliche Sexualität, die zwar auf ungeheuer vielfältige Weise stimuliert werden kann, ist aber gleichwohl anzunehmen, daß sie sich in Abhängigkeit von somatischen, z. B. hormonellen Zustandsänderungen (über die im Detail allerdings sehr wenig bekannt ist) spontan wieder verstärkt. Insofern erfüllt auch sie, da ihr zudem der Charakter der Dranghaftigkeit als drittes Bestimmungsmerkmal zweifelsfrei eigen ist, die strengeren Kriterien, die sie als ein Triebgeschehen ausweisen.

Für die menschliche Aggression gilt dasselbe nicht. Es gibt weder empirische Hinweise auf periodische Verstärkungen der Aggressivität noch ist etwas über physiologische Zustandsänderungen bekannt, die regelhaft und aus somatischen Gründen zwingend eine aggressive Erregung nach sich ziehen. Aggressionen entstehen also offenbar nicht autochthon. Sie werden vielmehr reaktiv ausgelöst – durch reale oder phantasierte Bedrohungen unserer körperlichen oder seelischen Existenz; durch Kränkungen oder Verletzungen unserer Selbstachtung, unserer Vorstellungen von Würde, Anstand oder Gerechtigkeit; durch Verweigerung uns selbstverständlich erscheinender Ansprüche und viele weitere Bedrohungen oder Frustrationen.

Die Position, daß Aggressionen reaktiv mobilisiert werden, ist nachdrücklich von z.B. Kohut (1979), Rochlin (1982) und Parens (1978, 1990, 1993) vertreten worden. Parens kommt zu diesem Schluß, nachdem er eigene empirische Untersuchungen vor dem Hintergrund der umfangreichen psychoanalytischen (überwiegend allerdings klinisch-theoretischen) Literatur zum Aggressionsthema ausgewertet hat. Die von Parens und Mitarbeitern untersuchte Stichprobe (N = 15 Kinder) ist zwar relativ klein, die empirische Bedeutung der Studie liegt aber vor allem darin, daß die Kinder von Geburt an 1 bis 4 Stunden pro Woche über ca. fünf Jahre beobachtet worden waren. Auf der Grundlage dieser Beobachtungsdaten unterscheidet Parens drei Erscheinungsformen von Aggression:

Die *nichtdestruktive Aggression* steht im Dienst verschiedener Funktionen: der Selbstbehauptung in Wettbewerbssituationen, der Sicherung und des Schutzes der eigenen Person, des Eintretens für eigene Bedürfnisse und Rechte, des Strebens nach Autonomie und Funktionstüchtigkeit, schließlich des neugierigen Erkundens.

Die *nichtaffektive Destruktivität* läßt sich am Beispiel der Nahrungsaufnahme, des Beißens und Kauens veranschaulichen. Sie zerstört zwar, formal gesehen, Strukturen, die Destruktivität ist aber weder intendiert, noch wird sie als solche erlebt.

Paradigmatisch für die *feindselige Destruktivität* ist die kindliche Verzweiflungswut, die schon bei Neugeborenen beobachtbar ist. Sie ist in ihrer emotionalen Qualität deutlich unlustbetont und unterscheidet sich darin spezifisch von der vorgenannten nichtaffektiven Destruktivität. Die feindselige Destruktivität stellt eine angeborene Reaktion auf extreme Unlusterfahrung dar. Sie bildet sich in der Regel zurück, wenn die Quelle der Unlust beseitigt wird. In den ersten Monaten nach der Geburt geht diese elementare Wut noch nicht mit der Intention einher, ein Objekt zerstören oder ihm Schmerzen zufügen zu wollen.

Parens subsumiert auch solche Formen aggressiver Handlungen, die mit deutlicher Lustbetonung ausgeführt werden, also als Ausdrucksformen sadistischer Impulse aufgefaßt werden können, unter die Kategorie der feindseligen Destruktivität. Er begündet diese Auffassung mit Beobachtungen, die deutlich machten, daß feindselig-destruktive Handlungen von Kindern häufig dann lustvoll und befriedigend erscheinen, wenn die Kinder – nachdem sie in der verletzenden oder traumatisierenden Ursprungssituation zunächst gelähmt und unfähig zur Gegenaggression gewesen waren – zeitverzögert dann doch noch den Mut zum Rache- und Vergeltungsakt finden. Solche lustbetonten feindselig-destruktiven Aktionen werden aber frühestens zu Beginn des zweiten Lebensjahres beobachtbar.

Parens selbst hält daran fest, daß alle drei Erscheinungsformen der Aggression als Manifestationen eines als Entität verstandenen Aggressionstriebes aufzufassen seien. Legt man unsere striktere Trieb-Definition zugrunde, muß man zu einem anderen Schluß kommen. Mag ein Trieb, wie am Beispiel des Sexualtriebes am sinnfälligsten deutlich wird, auf noch so viele Weisen mobilisierbar sein, mag ein Verhalten phänomenologisch auch noch so dranghaft (oder „triebhaft") erscheinen, es kann nicht ausreichen, die Rückführung des Geschehens auf einen Trieb allein am Moment der Dranghaftigkeit festzumachen. Dies hätte zur Folge, daß wir für ungeheuer viele Erscheinungsformen menschlichen Verhaltens, die – wie z. B. extreme Formen von Ehrgeiz, Geltungsstreben, Anklammerungsverhalten, Rechthaberei, Arbeitswut etc. – absolut dranghafte Qualität gewinnen können, eine Triebursache annehmen müßten. Damit würde sich der Triebbegriff (ohnehin ja ein Konstrukt) in eine Vielfalt und Unbestimmtheit verlieren, die ihn inhaltlich entleert. Sinnvoll und spezifisch aussagekräftig ist er demgegenüber nur, wenn man davon ausgeht, daß er wie Hunger und Durst letztlich physiologischen Mangelzuständen entspricht. Daraus folgt, daß er auch ohne spezifische psychologische Auslöser rein somatisch-autochthon, spontan, mithin also nonreaktiv mobilisiert werden kann – ein Vorgang, der sich zyklisch wiederholen müßte. Genau dies aber hatten die Beobachtungen kindlich-aggressiven Verhaltens von Parens und Mitarbeitern nicht erbracht. Im Gegenteil: ihr wesentlichstes Untersuchungsergebnis war, daß die Aggression, insbesondere die feindselige Destruktivität als wichtigste Unterform, nur reaktiv ausgelöst wurde.

Ich schließe daraus, daß die Aggression im Unterschied zu sexuell-sinnlichen Äußerungsformen nicht als Manifestation eines Triebes sensu strictiore aufzufassen ist. Die Fähigkeit zur Aggression ist vielmehr eine Reaktionsdisposition, die interindividuell wahrscheinlich sehr unterschiedlich ausgeprägt ist. Als Disposition ist sie angeboren. Sie steht schon zum Zeitpunkt der Geburt als vitaler Modus zur Verfügung, um auf erlittenes seelisches oder körperliches Leid reagieren zu können. Dabei läßt sich am Beispiel der Aggression wohl am sinnfälligsten verdeutlichen, wie eng Emotion (Wut, Zorn) und Motivation (der Wunsch, die Ursachen von Leid und Unlust beseitigen zu wollen) im natürlichen Lebensprozeß verschränkt sind. Wie sich die angeborene Fähigkeit, Wut- und Haßgefühle empfinden und in zielgerichtete Handlungen umsetzen zu können, schließlich aber weiterentwickelt, ist von vielen individualgeschichtlichen Erfahrungen, insbesondere aber spezifischen Beziehungserfahrungen abhängig, die entscheidenden Anteil daran haben, ob die Aggression archaisch-undifferenziert bleibt, ständig unterdrückt werden muß, lediglich in Phantasiebildern grenzenlos wuchert oder infolge mangelhafter Impulskontrolle ständig destruktiv zu entarten droht.

In jedem Fall aber ist die Aggression auch dann, wenn wir sie nicht als Trieb, sondern als Disposition verstehen, eine der wirkmächtigsten seelischen Motivkräfte, mit denen wir es in der Klinik zu tun haben – was insbesondere für seelisch schwer gestörte Menschen gilt, mit einer narzißtischen oder Borderline-Struktur beispielsweise, die in einer extrem lieblosen, entwertenden, mißbrauchenden, entwürdigenden oder erniedrigenden menschlichen Umwelt aufgewachsen sind. Werden die lebensgeschichtlich bedingten, ausgeprägten, in der Regel aber gut nachvollziehbaren destruktiven Reaktionsbereitschaften geweckt, können sie eine Intensität erreichen, die Patient wie Behandler gleichermaßen Angst macht (und in der Tat leicht den Gedanken aufkommen läßt, es müsse sich doch um ein „Trieb"-Geschehen handeln).

Man mag sich im Falle der Aggression fragen, ob die Unterscheidung „Trieb" versus „angeborene Disposition" möglicherweise akademisch spitzfindig ist. Ich glaube das nicht. Ich halte die Unterscheidung vielmehr für sehr wichtig, weil sie ein jeweilig anderes Menschenbild, eine andere dynamische Strukturkonzeption impliziert und sich damit auch die klinische Perspektive verändert, unter der Patienten betrachtet werden. Im ersten Fall – rein triebtheoretische Sicht – resultiert eine Perspektive, die Anna Freud (1952) in ihren Harvard-Vorlesungen[23] in folgenden Worten zum Ausdruck gebracht hat: „Wenn der kleine Säugling, ... der sich ausschließlich von seinem Es leiten läßt ..., über eine entsprechende Muskelkraft verfügte, wäre er

---

[23] Ich danke Frau Dr. L. Köhler für den Hinweis auf dieses Zitat.

das gefährlichste Individuum, das man sich vorstellen kann. Er wäre eine Art Orang-Utan, der durch die Gegend streift, nach allen Seiten Schläge austeilt und sich nimmt, was immer er haben will. Vor diesem gefährlichen Individuum sind wir nur durch die Tatsache geschützt, daß es sich nicht bewegen kann, nicht gehen, nicht greifen kann und keine Kraft hat. Es ist ein Glück, daß wir mit wachsender Körperkraft auch ein zunehmend funktionsfähiges Ich erwerben, das diese Kraft automatisch kontrolliert" (ebd., S. 39).

Im zweiten Fall – dispositionstheoretische Sicht – wird die Aggressionsentwicklung eines Menschen strikt unter dem Aspekt seiner Erfahrungs- und Leidensgeschichte betrachtet. Dies hat, wie möglicherweise vermutet werden könnte, nichts mit einem Versuch zu tun, die Aggression verniedlichen oder verharmlosen zu wollen. Die Realität der klinischen Erfahrung spricht eindeutig eine andere Sprache: Erlittene seelische oder körperliche Verletzungen werden subjektiv als vernichtende Angriffe auf die Integrität der eigenen Person, im Prinzip also als Tötungsversuche erlebt. Die bereitliegenden und reaktiv mobilisierbaren Aggressionen sind ihrem Wesen nach auch Tötungsimpulse, die das verletzende oder ersatzweise gewählte Objekt zerstören wollen.

Die Orang-Utan-Metapher von A. Freud ist also nicht phänomenologisch, sondern kausalgenetisch falsch. Wenn es darum geht, die Unterschiede zwischen beiden Sichtweisen auf die destruktive menschliche Aggression zu markieren, stellt sich nicht die Frage, *ob* ein Mensch „zum Tier" werden kann (er kann es), sondern *warum* das geschieht. Weil eine aggressive Triebquelle permanent aktiv ist, die demzufolge ständig überwacht und kontrolliert werden muß und sich spontan eruptiv entlädt, wenn die Kontrolle versagt? Oder weil ein Mensch auf manifeste oder subtile Weise gequält worden ist, reaktiv intensive Haßgefühle bzw. Racheimpulse entwickelt hat und irgendwann unerbittlich zur Tat schreitet?

Wenn wir, wie hier, der zweiten Position folgen, gilt, daß die reaktiv verstärkten Aggressionen zeitlich ebenso überdauern wie die Verletzungen, aus denen sie sich herleiten. Mit anderen Worten, die Erfahrungen selbst und die Reaktionen darauf sind zu seelisch-geistiger „Struktur" geworden. Viele verletzte Menschen *sind* aggressiv. Das ist nur natürlich. Kohut (1973, 1979) hat sich in die Gefahr gebracht (vgl. Kernberg 1988), diesen Aspekt zu übersehen, wenn er die destruktive Aggression lediglich als Zerfallsprodukt auffaßt, das anfällt, wenn der behandelnde Analytiker in seiner Funktion als eingefühltes Selbstobjekt versagt, und die wieder verschwindet, sobald der Behandler erneut den empathischen Zugang zum Patienten gefunden hat.

Die strukturell verankerte hohe Aggressionsbereitschaft bleibt oft ungelebt oder drückt sich lediglich in verkleideter Form aus. Man denke nur an die Verachtung, die mit Fug und Recht als eine Art immaterieller Tötungsversuch aufgefaßt werden kann. Vor dem Hintergrund dessen, was wir aus den Lebensgeschichten unserer Patienten erfahren, drängt sich uns mitunter etwas auf, was auf den ersten Blick paradox erscheint: Wir wundern uns nicht, wieviel Grausames passiert, sondern wie wenig – gemessen an dem, was die Menschen erlitten haben. Sie tragen eine ungeheure Wut in sich, die in der Regel aus ihren Leidenserfahrungen hinreichend verständlich wird. Der Rückgriff auf das Erklärungsprinzip „Aggressionstrieb" ist also nicht nur aus empirischer und theoretischer, sondern auch aus klinischer Sicht verzichtbar.

Einengung der motivationalen Vielfalt

Folgt man der Triebtheorie, so sollen alle menschlichen Strebungen aus zwei Motivationsquellen herleitbar sein. Sie sollen entweder direkte Manifestationen sexuell-sinnlicher oder aggressiver Strebungen sein oder indirekt als deren Derivate aufgefaßt werden können. Gegen diese Vorstellungen sind zwei Einwände geltend zu machen. Der erste Einwand ergibt sich aus unserer klinischen Erfahrung. Wir müssen schon sehr viel Phantasie aufwenden, um die Vielfalt menschlicher Wünsche und Strebungen aus zwei Motiven ableiten bzw. als deren Derivate plausibel machen zu können. Sandler (1982) hat seine kritische Einschätzung bündig und unmißverständlich zum Ausdruck gebracht: „Im Zuge der Entwicklungen der Ich-Psychologie nach dem Kriege haben psychoanalytische Theoretiker die größten intellektuellen Anstrengungen unternommen, *alle* Wünsche aus sexuellen und aggressiven Regungen abzuleiten, und sie haben versucht, eine Position aufrechtzuerhalten, derzufolge jeglicher unbewußte Wunsch durch Triebenergie oder durch eine desexualisierte oder neutralisierte Form dieser Energie gespeist ist. Diese Position ist heute schlicht unhaltbar geworden" (S. 66).

Der zweite und empirisch inzwischen sehr gut fundierte Einwand gegen eine duales Motivationskonzept folgt aus den Ergebnissen der modernen Säuglings- und Kleinkindforschung. Deren Ergebnisse haben unseren Blick für Wünsche oder Bedürfnisse geschärft, die als angeborene Dispositionen schon unmittelbar nach der Geburt oder in den ersten Lebensmonaten beobachtbar werden, wobei schwer vorstellbar ist, wie sie in den engen Rahmen einer dualen Triebtheorie eingefügt werden könnten. So verweist beispielsweise Baumgart (1991) auf empirische Befunde von Papousek und Papousek (vgl. Papousek 1989), die veranschaulichen, welche Lust offenbar schon Säuglingen die Erfahrung bereitet, daß sie eigeninitiativ in ihrer Umwelt etwas bewirken können. Die Versuchsanordnung von Papousek und Papousek sah vor, daß Säuglinge durch Kopfdrehungen das Auftauchen bestimmter Reize, Bewegungen eines Mobiles beispielsweise, bewirken konnten. Die Ergebnisse verdeutlichten, daß die Säuglinge mit erstaunlicher Ausdauer (bis zu einer halben Stunde) und deutlichen Zeichen von Funktionslust ihre Spielaktivität fortsetzten. Die Effekte ihrer Aktivität (also die sich bewegenden Mobiles oder auftauchenden Lichtreize) wurden zunehmend weniger beachtet. Allein die Lust an der Effektivität eigener Aktivität (vgl. entsprechend G. S. Klein 1976) motivierte die Säuglinge so nachdrücklich – und nicht (wie auch Baumgart betont) irgendeine Art von oraler Befriedigung.

Die Tatsache, daß viele verschiedene Motivkräfte schon unmittelbar nach der Geburt oder in den ersten Lebenswochen beobachtbar sind, deutet darauf hin, daß sie einem Entwicklungsplan folgen, der zu wesentlichen Anteilen genetisch determiniert sein dürfte. Sie haben die Tendenz, sich spontan zu aktivieren und/oder in Wechselwirkung mit empathisch interagierenden Elternpersonen aktiviert zu werden. In jedem Fall gilt, daß diese Anlagen erst im Rahmen einer lebendigen Beziehung mit den Eltern oder deren Ersatzpersonen ihre individuelle phänotypische Prägung erfahren.

Ich fasse zusammen: Die duale Triebtheorie wirkt als klinisches Erklärungsmodell zunächst verführerisch attraktiv. Prima facie kann sie viele Erscheinungsweisen menschlichen Erlebens und Verhaltens auf eine anschauliche und lebendige Weise verständlich machen. Daß sie als duale Antriebslehre konzipiert worden ist, scheint nur allzu berechtigt zu sein. Schließlich sind Liebe und Haß wirkmächtige Motivatoren, und unsere klinische wie persönliche Erfahrung lehrt uns, wie schwer es ist, diese beiden großen Beweger wenigstens halbwegs untereinander zu harmonisieren. Wir sind es zudem gewohnt, in Dualitäten zu denken, weil wir im Konflikt zwischen widerstreitenden, wechselseitig aber nicht zu vereinbarenden Intentionen *das* verursachende Prinzip sehen, das zur Strukturbildung, aber auch in die Krankheit führt – in die Krankheit dann, wenn Konflikte langfristig nicht gelöst werden können.

Aber trotz ihrer scheinbaren Attraktivität ist die Triebtheorie insgesamt als theoretisches Erklärungsmodell äußerst unbefriedigend. Sie geht erstens von schlichtweg falschen biophysikalischen Grundannahmen aus. Zweitens ist nur ein Zweig der Dualität – Sexualität, Sinnlichkeit und Begehren – triebhafter Natur. Der andere, die Aggression in ihren verschiedenen Erscheinungsformen, ist es wahrscheinlich nicht. Drittens schließlich ist die Rückführung jeder Motivation auf zwei Antriebe nicht mehr zu rechtfertigen.

Schritte auf dem Weg
zu einer psychoanalytischen Motivationstheorie

Wenn wir über das duale Motivationsmodell der Triebtheorie hinausgehen, stellt sich unmittelbar das Problem, eine große Vielfalt von potentiell wichtigen Wünschen und Bedürfnissen, die menschliches Erleben und Verhalten leiten, berücksichtigen zu müssen. Viele Hinweise auf relevante Basismotive finden sich u.a. bei Stern (1985, 1992), Zeanah et al. (1989), Basch (1992). Joffe und Sandler (1967) haben in ihren motivationspsychologischen Überlegungen das Streben nach Sicherheit, Geborgenheit und Wohlbefinden als zentral wichtige menschliche Bedürfnisse herausgestellt. Von u.a. G. S. Klein (1976) und Lichtenberg (1989) wurden erste Systematisierungskonzepte entwickelt, um die Vielfalt klinisch relevanter Basisstrebungen zu ordnen.

G. S. Klein (1976) hat sechs verschiedene Lust-/Befriedigungsmodi unterschieden, womit er zugleich ein Schema geliefert hat, um wichtige innere Beweggründe kategorial zu ordnen. Dieses Schema umfaßt:

1. Lust, die aus der Reduktion von Spannungsunlust resultiert
2. sinnliche Lust
3. Funktionslust
4. Lust, die daraus resultiert, daß das Selbst effektiv Veränderungen herbeiführt
5. Lust am Gefallen daran, anderen zu gefallen
6. Lust am Entdecken und Herstellen von Ordnung.

Lichtenberg (1989, 1991) hat fünf motivational-funktionale Systeme unterschieden. Er nimmt an, daß diese Systeme seit frühester Kindheit existieren, im Verlauf der weiteren Entwicklung ständig verändert und je nach Situation aktiviert oder desaktiviert werden. Er stellt insbesondere die kommunikative Funktion der Emotionen in ihrer Bedeutung für die Regulation motivationaler Prozesse heraus – wie sich am einfachsten am Beispiel des hungrigen Säuglings veranschaulichen läßt, der durch sein Schreien auf seine Bedürftigkeit hinweist und somit die Befriedigung seiner physiologischen Bedürfnisse einfordert. Lichtenberg unterscheidet (1991, S. 88):

1. die Notwendigkeit, physiologische Bedürfnisse zu befriedigen
2. das Bedürfnis nach Bindung und (später) Verbundenheit
3. das Bedürfnis nach Selbstbehauptung (Assertion) und Exploration
4. das Bedürfnis, aversiv zu reagieren durch Widerspruch und/oder Rückzug
5. das Bedürfnis nach sinnlichem Vergnügen und sexueller Erregung.

Ich selbst habe in Überarbeitung eines ersten Ordnungsversuches (Deneke 1989) schließlich acht motivationale Themenbereiche unterschieden:

1. Körpernahe, physiologische Grundbedürfnisse
2. Reizhunger und Lustsuche
3. Sicherheit
   – Bindungen
   – kognitive Orientierungsgewißheit
   – Handlungskompetenz
4. Aggression und Selbstbehauptung
5. Rückzug und Passivität

6. Autonomie und Autarkie
7. Selbstwert und Selbstbestätigung
8. Neugier und Erkundung.

Wie ersichtlich, sind die Klassifikationssysteme teilweise identisch, teilweise ähneln sie einander zumindest, in mancher Hinsicht aber differieren sie auch. Ordnungsversuche dieser Art haben, obwohl sie auf wissenschaftliche Befunde (insbesondere der Säuglings- und Kleinkindforschung) und klinische Beobachtungen zurückgehen, einen entscheidenden Nachteil: Sie sind nicht auf empirischer Grundlage entwickelt worden. Es handelt sich vielmehr um Gliederungs- und Ordnungssysteme, die theoretisch konzipiert worden sind, insofern also wiederum um ideelle Systeme. Solche kognitiven Kategorisierungsmodelle können jeweils für sich genommen eine gewisse psychologische oder klinische Plausibilität beanspruchen, was aber nicht zwangsläufig bedeutet, daß sie deshalb auch empirisch gültig sein müssen.

Ein empirisch fundiertes motivationales Ordnungssystem

Vor diesem Hintergrund entstand die Idee, die dimensionale Ordnung von Wünschen, Bedürfnissen oder Strebungen – soweit sie für unsere diagnostische und psychotherapeutische Arbeit relevant erscheinen – im Rahmen einer umfangreich angelegten, systematisierten und standardisierten Befragung von Patienten[24] zu untersuchen (Deneke et al., in Vorbereitung). Ziel war, die reduktionistische Einengung unserer klinischen Perspektive auf sinnlich-sexuelle und aggressive Antriebe zu erweitern. Die Methodik der Vorgehensweise, die wir wählten, läßt sich in die folgenden Einzelschritte untergliedern:

a. Den Ausgangspunkt bildeten die weiter oben erwähnten theoretischen Ordnungssysteme bzw. die empirischen Einzelbefunde, aus denen sie sich herleiten. Berücksichtigung fanden weiterhin Beiträge, die sich auf die Triebtheorie, die Bindungstheorie, die Selbstpsychologie und die Objektbeziehungstheorie beziehen – ergänzt durch eigene theoretische Überlegungen und klinische Beobachtungen. Auf dieser Grundlage wurden zunächst 25 Motivkonzepte entwickelt (z.B. „erotisch-sexuelle Bedürfnisse", „Autonomiestrebungen", „Sehnsucht nach Nähe und Vertrauen in Objektbeziehungen", „Streben nach Macht und Einfluß").
b. Für jedes Motivkonzept wurden dann durchschnittlich 8 bis 12 Aussagesätze (Items) formuliert, die das jeweilige motivationale Konzept inhaltlich repräsentieren. Die Items sollten verschiedene Aspekte des betreffenden Motivkonzeptes reflektieren. Zusammengefaßt bildeten sie dann jeweils eine spezifische Motivskala. Es wurde versucht, die Aussagesätze möglichst einfach und anschaulich zu formulieren, so daß sich die Patienten im Erleben ihrer selbst darin auch wiederfinden und angesprochen fühlen konnten.
c. Die erste Version dieses „Klinischen Motiv-Inventars" wurde dann in mehreren Schritten überarbeitet, nachdem es an verschiedene Stichproben von Patienten vorgegeben worden war. Auf diesem Wege konnten einzelne Motivskalen, die sich inhaltlich stark überschnitten, zusammengefaßt werden. Einzelne wenige Skalen, die sich als inhomogen erwiesen, wurden differenzierter aufgegliedert. In der Endfassung des Inventars wurden noch zwei neue motivationale Aspekte berücksichtigt und durch entsprechende Motivskalen repräsentiert. Die Auswertungen der Zwischenergebnisse dienten der Überprüfung, ob die theoretisch entwickelten Motivkonzepte auf der Ebene der ihnen entsprechenden Skalen in praxi mit zufriedenstellender Zuverlässigkeit erfaßt werden können.

---

[24] Wir danken der Köhler-Stiftung herzlich, die das Forschungsprojekt mit Sachmitteln unterstützt.

d. Die endgültige Version des Klinischen Motiv-Inventars umfaßte schließlich 21 Skalen. Diese Version wurde inzwischen an N = 842 Patienten mit psychoneurotischen oder psychosomatischen Störungen (67,2 % Frauen, 32,8 % Männer) vorgegeben. 91 % der untersuchten Patienten waren zwischen 20 und 60 Jahre alt. Mit den Ergebnissen der Reliabilitätsberechnungen pro Motivskala konnten wir zufrieden sein.[25]

e. Die Antworten der Patienten auf die einzelnen Items wurden pro Motivskala aufsummiert.[26] Auf der Grundlage dieser Summenwerte wurden die Motivskalen interkorreliert. Anschließend wurden Faktorenanalysen gerechnet. Auf diese Weise wurde überprüft, wie sich die 21 Motivskalen dimensional ordnen, d.h. zu wievielen, wechselseitig unabhängigen Motiv- oder Wunschkomplexen sie sich zusammenfassen lassen.[27]

In Tabelle 2 ist die 5-Faktoren-Lösung dargestellt, die eine anschauliche Ordnungsstruktur liefert und zugleich mit 66,4 % einen beträchtlichen Teil der Gesamtvarianz ausschöpft. Das bedeutet, stark vereinfacht ausgedrückt: Die gesamte Information, die alle Motivskalen liefern, wird zu zwei Dritteln erfaßt, wenn die 21 Skalen auf 5 idealisierte Skalen (Faktoren) reduziert werden. Jeder einzelne Faktor bündelt die Motivskalen, die untereinander hoch korreliert sind, die also ähnliche Inhalte erfassen.

Die Zahlen (Faktorenladungen) im rechten Teil von Tabelle 2 geben an, wie eng die einzelnen Motivskalen mit den fünf Faktoren assoziiert sind. Je höher der Betrag einer Faktorenladung – sie kann Werte zwischen –1 und +1 erreichen –, desto enger ist die Assoziation. Die Motivskalen, die auf einem Faktor besonders hoch laden, sind in Tabelle 2 faktorweise untereinander geschrieben worden. Sie bestimmen zu wesentlichen Anteilen die inhaltliche Struktur eines Faktors und bilden einen Motiv- oder Wunschkomplex, für den sich jeweils ein verbindendes motivationales Leitthema identifizieren läßt.

I. Glanz und Macht: Die Strebungen des ersten Wunschkomplexes sind auf ein Erleben ausgerichtet, das durch Hochgefühle bestimmter Art geprägt wird: Ein Mensch will spüren, daß er mächtig und einflußreich ist; er will in Konkurrenzsituationen bestehen, über Rivalen triumphieren und im Sieg glänzen; er will sich hervortun und es genießen, im Mittelpunkt zu stehen und die Aufmerksamkeit anderer auf sich zu ziehen. In dem Streben nach Leistung, Erfolg, Selbstaufwertung und glanzvoller Selbstdarstellung wird der ausgesprochen narzißtische Charakter dieser ersten Wunschdimension deutlich.

Die Skala „Maßlosigkeit, Gier, Neid" reflektiert m.E. in erster Linie die Intensität[28] dieser narzißtischen Strebungen und verweist unter inhaltlichen Gesichtspunkten darauf, daß in diesem motivationalen Kontext Neidgefühle eine bedeutende Rolle spielen.

II. Ideale und Prinzipien: In dieser Dimension begegnen uns wesentliche Aspekte der verinnerlichten normativen Leitlinien, die in der klassisch-analytischen Strukturtheorie unter dem Begriff des „Über-Ich" zusammengefaßt worden sind: den persönlichen Idealen und Überzeugungen treu bleiben, fürsorglich und hilfsbereit sein, vor dem eigenen Gewissen bestehen wollen,

---

[25] 3 Motivskalen erreichten Cronbach-Alpha-Werte > .70, 18 Werte > .80.

[26] Jedes Item wurde auf einer 5stufigen Antwortskala daraufhin eingeschätzt, ob der erfragte Inhalt auf einen Patienten zutrifft oder nicht.

[27] Gegenüber der ersten Auflage hat sich der Stichprobenumfang wesentlich erweitert, wobei es aber nur zu geringfügigen Veränderungen der Faktorenstruktur gekommen ist.

[28] Diese Motivskala ist mit einer bedeutsamen Faktorladung auch in der dritten Dimension (Streben nach Bindung und Nähe) repräsentiert, wie aus Tabelle 2 ersichtlich.

Tab. 2 Itemanalyse. (Skalen M01 ... M21 Klinisches Motiv-Inventar, N = 835 – 842); k = Anzahl der Items der Skala (Score = mittlere Itemantwort), M = Mittelwert der Skala, s = Standardabweichung der Skala, rtt = Reliabilität der Skala (Cronbach's alpha), Varimaxrotierte 5-Faktoren-Lösung (Skalen M01 ... M21 Klinisches Motiv-Inventar, N = 820, Score = mittlere Itemantwort * 10, zur nächsten ganzen Zahl gerundet), I – V Faktorladungen (ohne Ladungsbeträge < .20), h^2 = Kommunalitäten

	k	M	s	rtt	I	II	III	IV	V	h^2	
					Glanz u. Macht	Ideale u. Prinzipien	Bindung u. Nähe	Selbstbehauptung	Neugier u. sinnliche Stimulation		
M17	8	2.31	0.89	.87	.81		.28			.77	Geltungsstreben
M14	6	2.50	0.90	.82	.76			.34		.73	Streben nach Macht u. Einfluß
M19	8	2.38	0.81	.83	.76	.22		.22	.22	.73	Konkurrenz-/Rivalitätsstreben
M10	6	2.18	0.90	.81	.65		.44			.64	Maßlosigkeit, Gier, Neid
M21	10	3.35	0.66	.78		.72		.36		.66	Idealen u. Überzeugungen folgen
M12	7	3.60	0.79	.83		.71				.58	Fürsorgebedürfnisse
M02	7	3.46	0.86	.80	.20	.69	.25			.61	Der Stimme des Gewissens folgen
M07	7	3.78	0.79	.82	.35	.60		.32		.66	Streben nach Kompetenzbeweisen
M04	9	3.16	0.83	.85	.52	.55		.26	.25	.71	Leistungs- u. Erfolgsstreben
M08	7	3.08	1.01	.87	.27	.27	.73			.71	Sehnsucht nach starken u. kraft-spendenden Objekten
M20	7	3.10	0.92	.82		.21	.72		.32	.68	Bedürfnis nach Zärtlichkeit u. Körperkontakt
M09	7	3.67	0.84	.82	.30	.43	.65			.70	Bedürfnis nach Zuneigung, Anerkennung und Akzeptanz
M15	6	3.99	0.74	.76		.39	.62			.56	Sehnsucht nach Geborgenheit u. Vertrauen in (Objekt-)Beziehungen
M06	6	3.01	1.01	.81		–.25	.53	.21		.40	Bedürfnis nach Rückzug u. Passivität
M16	10	3.07	0.79	.83				.88		.78	Defensiv-aggressive Verweigerungsimpulse
M11	7	2.52	0.83	.80	.34			.76		.71	Offensiv-aggressive Selbstschutzimpulse
M18	6	3.51	0.79	.72		.24		.71		.61	Autonomiestrebungen
M13	7	3.07	0.95	.87		.28			.81	.76	Bedürfnis nach Stimulation von Phantasie u. Kreativität
M01	8	2.73	0.83	.81	.30				.75	.78	Neugier auf lebensverändernde Erfahrungen
M03	7	3.50	0.87	.85		.51	.31	.22	–.58	.72	Streben nach Risiko-/Angstvermeidung
M05	7	2.12	0.84	.85	.24		.43	.20	.45	.49	Streben nach erotisch-sexueller Befriedigung
					15.2	14.8	13.7	12.1	10.6	66.4	Anteil der aufgeklärten Varianz [%]

kompetent sein und sich selbst einem hohen Leistungs- und Erfolgsideal unterstellen, schließlich noch verbunden mit einem Streben nach Risiko- und Angstvermeidung. Das psychodynamisch relevante primäre Hintergrundmotiv ist die Vermeidung von Schuld und Strafe, die für den Fall drohen, daß die verinnerlichten Werte und Normen verletzt werden. Ein zusätzliches sekundäres Hintergrundmotiv läßt sich vermuten, wenn wir unseren klinischen Erfahrungen mit Patienten folgen, die unter dem Diktat einer strengen inneren Gesetzgebung stehen: Menschen, die prinzipientreu leben, genießen in häufig selbstgerechter Weise ihr Gefühl moralischer Überlegenheit. Sie fühlen sich insgeheim narzißtisch aufgewertet und stabilisiert, erleben ihr normgerechtes Verhalten als Triumph über niedere Lüste und verachten andere, die gewährender mit sich selbst umgehen, als minderwertig.

III. Bindung und Nähe: Die ersten vier Motivskalen lassen die inhaltliche Gestalt dieses dritten Wunschkomplexes in prägnanter Weise hervortreten: Ein Mensch sucht die Nähe eines anderen, der ihn stärkt und ermutigt, der ihm Hoffnung und Zuversicht einflößt; er sehnt sich nach körperlicher Nähe, Zärtlichkeit und Wärme, er will gestreichelt und liebkost werden, er möchte geliebt werden und Anerkennung finden für seinen Einsatz und sein Bemühen; er sucht die Beziehung zu einem Menschen, den er als zuverlässig und vertrauensvoll erlebt, so daß er sich geborgen und aufgehoben fühlen kann. Mit diesen Wünschen ist schließlich noch das „Bedürfnis nach Rückzug und Passivität" relativ eng assoziiert, worin sich – in Übereinstimmung mit unseren klinischen Erfahrungen – verdeutlicht, daß im Zusammenhang mit Bindungsmotiven auch regressive Wünsche aktiviert werden.

Die einzelnen Strebungen, die sich unter dem Leitthema „Bindung und Nähe" versammeln, sind zwar relativ eng assoziiert, dennoch aber wird erkennbar, daß die Bindungsdimension inhaltlich facettenreich und durchaus differenzierbar ist. Der andere soll kraftvoll und ermutigend sein. Zugleich möchte das Subjekt an dieser Stärke und Zuversicht teilhaben und durch zärtliche, anerkennende, Geborgenheit vermittelnde Zuneigung selbst gestärkt werden. Diese Nähewünsche werden in ihren verschiedenen Facetten in der Regel besonders dann intensiviert, wenn sich ein Mensch real oder in der Phantasie bedroht fühlt.

IV. Selbstbehauptung: Bei den Bedürfnissen, die in dieser Dimension dominieren und unter dem Leitthema „Selbstbehauptung" zusammengefaßt werden können, lassen sich wiederum verschiedene Aspekte unterscheiden: Ein Mensch hat den Wunsch, sich verweigern, „nein" sagen zu können, wenn ihm etwas zuwider ist. Eng damit verknüpft ist der vitale Wunsch, sich aggressiv zur Wehr setzen zu können, wenn die eigene Person durch Grenzüberschreitung anderer, durch offene Bedrohung, Angriff oder Kränkung in Gefahr gerät. Schließlich gehört in diesen Kontext noch der Wunsch, sich innerlich unabhängig fühlen und über sein Leben selbst bestimmen zu können, was gleichfalls gut mit unseren klinischen Erfahrungen korrespondiert.

V. Neugier und sinnliche Stimulation: In dieser Dimension stehen gänzlich andere Momente im Vordergrund. Leitende Motive sind die Neugier, die Lust auf Erfahrungen, die aufregend, andersartig oder neu sind, und die insofern den vertrauten, Sicherheit vermittelnden Erfahrungsraum verändern und erweitern sollen. Es werden Formen des Erlebens gesucht, die uns stimulieren, die uns in unserer Kreativität fordern und unsere Phantasie anregen. Sexuelles Begehren, lustvolle sexuelle Vorstellungen und der Drang, das Begehren zu befriedigen, treten als sinnliche Bedürfnisse hervor, laden aber gleichfalls auch auf dem dritten Faktor (Bindung und Nähe).

Innerhalb dieses fünften Motivbündels ist ein Bedürfnis umgekehrt gepolt – das Streben danach, Risiken und damit Angst zu vermeiden. Dieses Ergebnis wird psychologisch plausibel nachvollziehbar, wenn man bedenkt, daß Strebungen im Sinne des Leitthemas dieser Dimension – Neugier, Stimulation, sinnliche Erregung – die Bereitschaft zum Risiko einschließen, mit der Konsequenz, daß Menschen, die ihr Leben auf Risiko- und Angstvermeidung ausrichten, ihre Neugier- und Stimulationsbedürfnisse unterdrücken müssen.

VI. Körpernahe, physiologische Grundbedürfnisse: Diese sechste Dimension, die praktisch identisch so auch von Lichtenberg konzipiert worden ist, wurde im Rahmen unserer Untersuchung nicht gesondert erfaßt, weil es evident ist, daß es basale körpernahe Bedürfnisse gibt:[29] Wir wollen Hunger und Durst stillen; wir suchen Wärmeschutz und Schmerzfreiheit; wir wollen unser Schlafbedürfnis befriedigen und streben nach körperlicher Unversehrtheit.

Je jünger ein Kind ist, desto mehr ist es bei der Regulierung dieser Bedürfnisse auf die fürsorgliche Hilfe seiner Eltern oder anderer Erwachsener angewiesen. Die beobachtbare Verzweiflung, Wut und hochgradige Unlust, die Säuglinge und Kleinkinder erleben, wenn diese elementaren Bedürfnisse nicht befriedigt werden, vermitteln uns die wohl intensivsten Eindrücke, wie dranghaft das Bedürfnis ist, von unerträglichen Spannungen erlöst zu werden. Es handelt sich aber nicht um eine Spannungsreduktion, die in irgendwelchen Energiemetaphern pseudophysikalistisch erfaßt werden könnte. Vielmehr besteht die dranghaft angestrebte Befriedigung darin, wie bereits G. S. Klein (1976) deutlich gemacht hat, daß ein als höchst unangenehm oder qualvoll erlebter Zustand unbedingt beendet werden soll.

Zwei motivationale Grundströmungen

Es ist prinzipiell naheliegend, eine Antriebslehre als duales System zu konzipieren, weil der Konflikt zwischen zwei widerstreitenden Strebungen, die aber nicht gleichzeitig befriedigt werden können, in klinischer Perspektive eine eminent wichtige Rolle spielt. Dementsprechend haben wir uns gefragt, welche Konfigurationen von Strebungen, Wünschen oder Bedürfnissen resultieren, wenn wir den Daten unserer Untersuchung ein zweifaktorielles Ordnungssystem zugrunde legen. Die Ergebnisse der Faktorenanalyse mit Extraktion und Varimaxrotation von zwei Faktoren sind in Tabelle 3 dargestellt.

Es wird zunächst erkennbar, daß die 2-Faktoren-Lösung gegenüber dem 5dimensionalen System deutlich weniger, nurmehr 43,4 % der Gesamtvarianz ausschöpft. Im dualen System geht also ein beträchtlicher Anteil aufgeklärter Varianz verloren.[30] Es handelt sich demnach bei den beiden Motivbündeln dieses Ordnungssystems am ehesten um motivationale Grundströmungen, die aber, klinisch betrachtet, durchaus sinnvoll interpretierbar sind, wenn es auch schwierig ist, sie jeweils präzise auf einen einheitlichen Begriff zu bringen, weil sie Konfigurationen bilden, die in sich komplex sind.

Die erste Hauptdimension: In dieser Dimension werden Strebungen und Wünsche verknüpft, denen trotz deutlicher inhaltlicher Unterschiede, die zwischen ihnen bestehen, eine bestimmte Art des Weltbezuges gemeinsam ist. Eine Person, die idealtypisch diese Dimension repräsentiert, geht aktiv und dynamisch auf die Welt der Menschen und Dinge zu. Sie ist in viele Richtungen neugierig – neugierig auf Veränderungen, Herausforderungen, generell auf Erfahrungen, die den Rahmen des Gewohnten und Vertrauten sprengen. Sie will ausschöpfen, was das Leben an sinnlichen Erfahrungsmöglichkeiten bietet. Sie sucht Reizmaximierung und größtmöglichen

---

[29] Man würde höchstens die ernsthafte Bereitschaft der Patienten zur Mitarbeit gefährden, wenn man Selbstverständlichkeiten erfragt.
[30] Dies wird daraus ersichtlich, daß einzelne Motivskalen gegenüber der 5-Faktoren-Lösung deutlich geringere Faktorladungen und schlechtere Kommunalitäten aufweisen.

Tab. 3 Itemanalyse. (Skalen M01 … M21 Klinisches Motiv-Inventar, N = 835 – 842); k = Anzahl der Items der Skala (Score = mittlere Itemantwort), M = Mittelwert der Skala, s = Standardabweichung der Skala, rtt = Reliabilität der Skala (Cronbach's alpha), Varimaxrotierte 2-Faktoren-Lösung (Skalen M01 … M21 Klinisches Motiv-Inventar, N = 820, Score = mittlere Itemantwort * 10, zur nächsten Zahl gerundet), I – II Faktorladungen (ohne Ladungsbeträge < .20), h² = Kommunalitäten

	k	M	s	rtt	I	II	h²	
M14	6	2.50	0.90	.82	.77		.60	Streben nach Macht und Einfluß
M19	8	2.38	0.81	.83	.74		.57	Konkurrenz-/Rivalitätsstreben
M01	8	2.73	0.83	.81	.70		.49	Neugier auf lebensverändernde Erfahrungen
M11	7	2.52	0.83	.80	.70		.49	Offensiv-aggressive Selbstschutzimpulse
M04	9	3.16	0.83	.85	.67	.26	.51	Leistungs- u. Erfolgsstreben
M17	8	2.31	0.89	.87	.64	.29	.50	Geltungsstreben
M18	6	3.51	0.79	.72	.64		.40	Autonomiestrebungen
M13	7	3.07	0.95	.87	.62		.38	Bedürfnis nach Stimulation von Phantasie u. Kreativität
M07	7	3.78	0.79	.82	.59	.48	.58	Streben nach Kompetenzbeweisen
M16	10	3.07	0.79	.83	.56		.35	Defensiv-aggressive Verweigerungsimpulse
M05	7	2.12	0.84	.85	.47		.24	Streben nach erotisch-sexueller Befriedigung
M09	7	3.67	0.84	.82	.23	.79	.68	Bedürfnis nach Zuneigung, Anerkennung u. Akzeptanz
M08	7	3.08	1.01	.87		.77	.60	Sehnsucht nach starken u. kraftspendenden Objekten
M02	7	3.46	0.86	.80		.70	.50	Der Stimme des Gewissens folgen
M15	6	3.99	0.74	.76		.70	.49	Sehnsucht nach Geborgenheit u. Vertrauen in (Objekt-)Beziehungen
M03	7	3.50	0.87	.85		.65	.43	Streben nach Risiko-/Angstvermeidung
M20	7	3.10	0.92	.82		.58	.37	Bedürfnis nach Zärtlichkeit u. Körperkontakt
M12	7	3.60	0.79	.83		.53	.28	Fürsorgebedürfnisse
M21	10	3.35	0.66	.78	.40	.39	.31	Idealen u. Überzeugungen folgen
M10	6	2.18	0.90	.81	.37	.39	.29	Maßlosigkeit, Gier, Neid
M06	6	3.01	1.01	.81			.06	Bedürfnis nach Rückzug u. Passivität
					24.2	19.3	43.4	Anteil der aufgeklärten Varianz [%]

Lustgewinn. Dies gilt für die Sexualität mit dem Erleben von Rausch, Ekstase und intensiver Befriedigung gleichermaßen wie für andere Lebensbereiche. Sie läßt sich gern in ihrer Phantasie anregen und liebt Tätigkeiten, die sie in ihrer Kreativität herausfordern. Sie will erreichen, was sie sich als Ziele gesteckt hat, ist also ausgesprochen erfolgsorientiert. Sie ist bereit, sich in Konkurrenz zu anderen zu begeben und strebt danach, Positionen zu erreichen, die ihr das sinnlich befriedigende Erleben von Macht sichern. Sie präsentiert sich gern und liebt es, von anderen bewundert zu werden.

Sie attackiert diejenigen, die sie bedrohen, verletzen oder erniedrigen – wenn es sein muß, auch kompromißlos. Sie will jederzeit über sich und ihr Leben selbst bestimmen können. Hierzu gehört auch, daß sie jeden entschieden in seine Schranken weist, der sie zu etwas zwingen will, das ihren eigenen Wünschen zuwiderläuft.

Die zweite Hauptdimension: Im Unterschied zum offensiv-expansiven Weltbezug der ersten Dimension ist das motivationale Grundthema dieser zweiten Hauptdimension deutlich anders ausgerichtet: Es geht nicht um Öffnung und Erweiterung des persönlichen Erlebensraumes, sondern um dessen Schließung und Absicherung.

Eine für diese Dimension idealtypische Person geht verschiedene Wege, um sich selbst und ihre persönliche Erfahrungswelt zu sichern. Im Vordergrund stehen ganz bestimmte Beziehungswünsche, die in der 5-Faktoren-Lösung (s.o.) eine eigene Dimension aufgespannt haben: sich an ein starkes Objekt anlehnen; sich durch die Liebe eines anderen akzeptiert und anerkannt fühlen; Zärtlichkeit und körperliche Nähe suchen; danach streben, in einer vertrauensvollen Beziehung sowohl Geborgenheit als auch Schutz zu finden. Neben diesen Wünschen, die spezifisch auf andere Menschen gerichtet sind, verfolgt ein idealtypischer Repräsentant dieser zweiten Dimension aber noch andere Ziele, um sich zu sichern. Statt um Risikofreude und Risikobereitschaft bemüht er sich um das Gegenteil: aktive Angst- und Risikovermeidung. Er hält sich streng an die Gebote und Verbote, die ihm sein Gewissen vorschreibt. Er setzt sich fürsorglich und hilfsbereit für andere ein. Schließlich strebt er danach, sich seiner eigenen (Handlungs-)Kompetenzen zu vergewissern – ein Aspekt, der mit einer substantiellen Ladung (s. Tab. 3) auch in der ersten Hauptdimension aufscheint, woraus ersichtlich wird, daß das Kompetenzstreben gleichermaßen mit lustvoll-expansiven wie Sicherheit vermittelnden Strebungen verknüpft ist.

Um die beiden in sich komplex strukturierten motivationalen Grundströmungen auch sinnbildlich zu veranschaulichen, greife ich auf zwei Figuren (s. Abb. 36) zurück, die W. Köhler (1933) gezeichnet hat, um mit ihrer Hilfe die Zuordnungsmöglichkeit von optischen Wahrnehmungseindrücken zu Wortklängen zu demonstrieren (vgl. Rohracher 1963).

Es wird jedem leichtfallen, die Kunstworte „Takete" und „Maluma" jeweils eindeutig mit einer der beiden Figuren zu assoziieren. Desgleichen wird es keine Schwierigkeiten bereiten, die beiden Hauptdimensionen unserer Untersuchung sowohl den Kunstworten als auch den Figuren sicher zuzuordnen. Insofern könnte man auf die Idee kommen, die intuitiv anschaulichen, begrifflich aber schwer zu vereinheitlichenden beiden Grundstrebungen als T- bzw. M-Prinzip zu unterscheiden und sich dabei der sinnbildlich-figürlichen Veranschaulichungen zu bedienen.

Die beiden motivationalen Grundtendenzen lassen zunächst einmal an Gegensatzpaare denken, die uns aus verschiedenen Zusammenhängen gut vertraut sind – so z.B.: aktiv versus passiv; bewahren versus verändern; mütterlich versus väterlich; ruhig versus unruhig; hart versus weich; stereotyp „männlich" versus „weiblich"; Yin versus Yang; sympathikotone versus parasympathikotone Aktivierung etc. Wie aber lassen sich die beiden Grundstrebungen in einen psychoanalytischen Theorierahmen einordnen?

Es ist offensichtlich, daß dieses zweidimensionale Ordnungssystem mit dem Dualitätskonzept der klassischen Triebtheorie in keiner Hinsicht zur Deckung gebracht werden kann. Sinnlich-sexuelle und aggressive Strebungen erscheinen nicht in zwei verschiedenen Dimensionen,

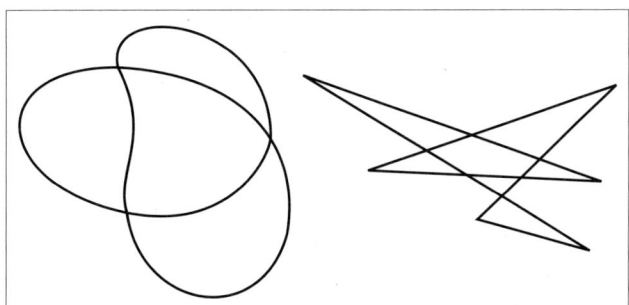

Abb. 36 Sinnbildliche Veranschaulichung der beiden motivationalen Grundströmungen. (Nach W. Köhler (1933); aus Rohracher 1963)

sondern eindeutig in einer einzigen (der ersten). Demgegenüber ist die Ähnlichkeit mit der typologischen Unterscheidung „philobatisch versus oknophil" auffallend, die Balint (1960) vorgeschlagen hat, um damit verschiedene Modi der Beziehungsgestaltung (worauf Balint seine Unterscheidung eingrenzt) zu bezeichnen. Unser zweidimensionales Ordnungssystem weist die deutlichsten Bezüge zu motivationstheoretischen Vorstellungen auf, die im Rahmen der Bindungstheorie (Bowlby 1983) entwickelt worden sind. So betrachtet Bowlby das Bindungsstreben als eine eigenständige, vom Nahrungs- und Sexualverhalten unterschiedene Verhaltensklasse, dem „... eine mindestens ebenso wichtige Rolle im menschlichen Verhalten zugemessen" (1983, S. 58) werden muß. Das Erleben einer stabilen Beziehung vermittelt ein Gefühl von Sicherheit, deren Erneuerung ein Gefühl von Freude. Bowlby nimmt an, daß sich das Bindungsstreben im Evolutionsprozeß herausgebildet hat, weil es eine zentrale biologische Funktion erfüllt: Es sichert das Leben angesichts vitaler Bedrohungen – und dies in enger Verschränkung mit dem (seinerseits wiederum biologisch determinierten) Pflegeverhalten der Eltern.

Dem *Bindungssystem* (unserer zweiten Dimension deutlich ähnlich) wird in der Bindungstheorie als weiteres ein *Erkundungssystem* komplementär zur Seite gestellt (vgl. Fremmer-Bombik u. K. E. Grossmann 1993). Dieses Erkundungssystem wiederum korrespondiert partiell mit unserer ersten Dimension – insbesondere in jenen Teilaspekten dieses Motivbündels, in denen die Neugier und die Reizsuche als Wünsche klar hervortreten. Weitere Facetten der vital-expansiven ersten Dimension unserer Untersuchung gehen aber über den enger gefaßten Motivationsaspekt des neugierigen Erkundens deutlich hinaus – so die offensiv-aggressiven und defensiv-aggressiven Selbstbehauptungsimpulse, das Autonomiestreben, das sexuelle Begehren und das Streben nach narzißtischen Gratifikationen, wie sie das Erleben von Macht, Erfolg, Geltung und Selbstbehauptung vermitteln.

Die dynamische Beziehung der Wünsche untereinander
In natürlichen Lebenszusammenhängen sind Bedürfnisse immer komplex verknüpft – ob wir dies nun auf einzelne Wünsche oder verschiedene Wunschbereiche beziehen oder aus der eher globalen Perspektive der skizzierten motivationalen Grundstrebungen betrachten.

Gegenläufige Aktivierung: Im längerfristigen zeitlichen Verlauf eines Geschehens, das von einem bestimmten Motivkomplex beherrscht wird, verstärken sich gegenläufige Wunschtendenzen. Dies läßt sich am einfachsten am Beispiel der beiden Grundstrebungen veranschaulichen, die einander abwechseln, weil sie gleichsam dialektisch auseinander hervorgehen. Längere Phasen vital-expansiver Aktivität beispielsweise (die erste Grundstrebung) haben in der Regel zwingend zur Folge, daß sich Motivkräfte verstärken und in entsprechenden Wünschen, Phantasien und Handlungsimpulsen ausdrücken, die der zweiten Grundstrebung folgen: den Bedürfnissen nach vertrauter Nähe und Sicherheit. In umgekehrter Richtung gilt dasselbe. Die harmonische Abstimmung beider Grundstrebungen aufeinander kann prinzipiell auf zwei Weisen erfolgen. Entweder folgen sie einander, wie dargestellt, zeitlich versetzt, oder es gelingt zu einer Zeit eine gut ausbalancierte Kompromißbildung zwischen beiden.

Überdetermination[31]: Die Unterscheidung verschiedener Wünsche bzw. Wunschbereiche ist immer idealtypisch, niemals trennscharf, weil sie sich im natürlichen Lebensprozeß immer

---

[31] Freud hat diesen Begriff eingeführt, um damit zum Ausdruck zu bringen, daß z.B. Symptome auf mehrere Verursachungen zurückgeführt werden können (vgl. Laplanche u. Pontalis 1992).

überlappen, im Rahmen eines episodischen Geschehens also immer mehrere Wünsche gleich-zeitig aktiviert sind. In diesem Sinne ist praktisch jede Lebenssituation motivational überde-terminiert.

Der sexuelle Akt mag als anschauliches Beispiel dienen: Die Neugier und der Reiz des Überraschenden, Grenzüberschreitenden, Unerforschten, das sinnliche Begehren und Begehrt-werden, der lustvolle Anstieg körperlicher Spannungsgefühle, zugleich die Sehnsucht nach Nähe und Vertrautheit, der Wunsch, für den Liebespartner attraktiv und stimulierend zu sein, sich dabei selbst als empfindungsfähig und potent zu erweisen, das aggressive Erobern-Wollen oder Erobert-Werden, die damit einhergehenden narzißtischen Bestätigungen in ihren vielfäl-tigen Formen, die Entspannung im Orgasmus, schließlich wieder die Selbstabgrenzung und der partielle Rückzug – alle diese Wünsche spielen im Konzert des Liebesaktes ihren Part.

Wechsel der Leitfunktion: Für jedes episodische Geschehen gilt, daß sich die Wünsche, die im Zeitverlauf aktiviert werden, in ihrer Leitfunktion abwechseln, also zu verschiedenen Zeit-punkten das Erleben und Verhalten dominieren. Auf die gesamte Episode gesehen, ist dann zwar in der Regel ein Wunsch mit dem ihm gemäßen Befriedigungsmodus der Hauptmotivator, aber selbst bei vergleichbaren Episoden ist weder intra- noch interindividuell zwingend festgelegt, welcher Wunsch diese Führungsrolle übernimmt. Wiederum können wir den Liebesakt als Bei-spiel wählen. Statt des Strebens nach sinnlich-sexueller Stimulierung und Befriedigung können ganz andere Motive im Vordergrund stehen, die das Geschehen eigentlich beherrschen: ver-zweifelt Nähe suchen, den Partner an sich binden wollen, Gefühlen von Leere und Einsamkeit zu entrinnen versuchen, sich von aggressiver Gereiztheit entlasten, die gekränkte und nieder-gedrückte eigene Person narzißtisch aufwerten etc.

Wechselseitige Schwächung oder Stärkung: Wünsche können sich in dynamischen Rückkopplungsprozessen schwächen oder verstärken. Sie lähmen sich gegenseitig, wenn sie miteinander in Konflikt geraten, wechselseitig also unvereinbar sind, oder wenn ein Wunsch, der subjektiv überwertig geworden ist, unbefriedigt bleibt und in der Folge eine generelle Antriebshemmung nach sich zieht. Wünsche können sich aber auch gegenseitig bahnen oder verstärken, z. B. dann, wenn ein Wunsch, nachdem er endlich zugelassen und befriedigt werden konnte, einen Menschen so belebt und kräftigt, daß er daraufhin auch andere Wünsche freisetzen kann und zu befriedigen versucht.

Wechselseitige Nutzung zu Abwehr- oder Kompensationszwecken: Wünsche können gegenseitig zu Abwehrzwecken benutzt werden, was z. B. der Fall ist, wenn ein forciertes Auto-nomiestreben in der Funktion steht, übermächtige Abhängigkeitswünsche abzuwehren. Demgegen-über steht mehr die Erfüllung von Kompensationsfunktionen im Vordergrund, wenn beispielsweise eine Liebesenttäuschung durch extremes berufliches Erfolgsstreben kompensiert werden soll.

Absolute Dominanz eines Wunsches: Ein Wunsch (beispielsweise nach symbiotisch-enger Nähebeziehung) kann zum alles beherrschenden Wunsch werden, mit der Konsequenz, daß ein solcher Mensch alle Aktivitäten, die prinzipiell anderen Motivbereichen entstammen, ausschließlich für die Ziele und Zwecke seines Zentralwunsches funktionalisiert oder andere Wünsche generell und gänzlich unterdrückt.

Stellvertretung eines Wunsches durch einen anderen: Wünsche eines Motivbereiches können in einen anderen Motivbereich verlagert oder verschoben werden. In dieser verkleideten Form können sie dann ausgedrückt und mitgeteilt werden, verbunden mit der Hoffnung, dort zumindest ersatz- oder teilbefriedigt zu werden. So kann aus unbefriedigtem Beziehungshunger ein potentiell befriedigungsfähiger Nahrungshunger werden. Oder der ausdrucksgehemmte Wunsch, einen unerträglichen Seelenschmerz angesichts z. B. eines tragischen Objektverlustes mitteilen zu wollen, wird in einen Körperschmerz umgewandelt, der gleichfalls unerträglich, jetzt aber mitteilbar ist.

Aktivierungsbedingungen: In vielen natürlichen Lebenssituationen ist die Reihenfolge, in der Wünsche aktiviert werden, konditional festgelegt. Dieses allgemeine Prinzip läßt sich am einfachsten veranschaulichen, wenn wir uns wiederum an den beiden motivationalen Grundstrebungen orientieren. Ein gewisses Maß an Sicherheitserfahrung und die Rückgriffsmöglichkeit auf innere Begleiter, die wir als tragende und zuverlässige Beziehungspersonen verinnerlicht bzw. stabil in unserer Struktur verankert haben, müssen häufig als Bedingung erfüllt sein, um sich offensiv, neugierig, kreativ und selbstbehauptend der äußeren Welt gegenüber öffnen zu können und den Anforderungen gewachsen zu fühlen. Untersuchungsergebnisse von Emde und Sorce (1983; Emde 1991) können diesen Aspekt in lebendiger Weise verdeutlichen. Sie fanden in ihren empirischen Beobachtungsstudien an 15 Monate alten Kindern, daß deren Neugierverhalten nicht allein von der (passiven) Realpräsenz der Mutter abhängt. Vielmehr muß als wesentliche weitere fördernde Bedingung hinzukommen, daß die Mutter in Situationen, die dem Kind unvertraut sind, auch aktiv emotional verfügbar ist – z. B. in der Weise, daß sich das Kind immer wieder der Aufmerksamkeit der Mutter versichern und von ihr aufmunternde Signale (durch Blicke, Gesten) empfangen kann. Bei mütterlichen Signalen, die Interesse oder Freude ausdrücken, wird das Kind stimuliert, sich der neuen Situation anzunähern und diese zu erkunden. Diese Neugierreaktion des Kindes unterbleibt demgegenüber, wenn die Mutter Angst oder Ärger signalisiert. Diese Studie vermittelt uns zugleich einen lebendigen Einblick in den Prozeß der Strukturbildung: Erst sind es reale Beziehungserfahrungen, die sich sinnlich-unmittelbar im Erleben manifestieren; dann werden daraus allmählich, nachdem sich ähnliche Erfahrungen wiederholt haben, interne generalisierte Erfahrungsmuster, Erwartungskonzepte, Selbst-, Objektrepräsentanzen etc., die unsere seelischgeistige Struktur bilden.

Die subjektive Bewertung von Bedürfnissen

Wie wichtig sind Bedürfnisse für den einzelnen, sind sie in Erfüllung gegangen oder nicht? Im Rahmen der erwähnten Untersuchung (Deneke et al., in Vorbereitung) sind wir diesen Fragen nachgegangen, indem wir folgendes methodisches Vorgehen wählten: Wir haben zunächst die Themen der einzelnen 21 Motivskalen so kurz und verständlich wie möglich beschrieben. Aus der Kurzbezeichnung „Sehnsucht nach Geborgenheit und Vertrauen in (Objekt-)Beziehungen" beispielsweise wurde in subjektzentrierter Formulierung: „Mein Wunsch nach einer vertrauensvollen und verläßlichen Beziehung, in der ich mich aufgehoben und geborgen fühlen kann". Auf dieses Beispiel bezogen, wurden die Patienten dann gebeten, in standardisierter Form auf einer 7stufigen Antwortskala zu zwei Fragen Stellung zu nehmen:

1. Wie wichtig ist es für Sie, daß dieser Wunsch in Erfüllung geht?
2. Ist dieser Wunsch in der Vergangenheit in Erfüllung gegangen?

In analoger Weise wurde mit allen Motivskalen verfahren. Die gemittelten Antworten der Patienten wurden dann in eine Rangreihe gebracht – jeweils getrennt für die beiden Aspekte „Wichtigkeit" und „Verwirklichung" (im bisherigen Leben). Aus Tabelle 4 sind die für jeden der beiden Aspekte resultierenden Rangreihen zu ersehen.

Tab. 4 Subjektiver Vergleich (MV01 … MV21); Wichtigkeit der Bedürfnisse (a) (N = 723 – 824) und Verwirklichung der Bedürfnisse (b) (N = 663 – 820); sortiert nach Rangdifferenzen

Differenz Rang (a)- Rang (b)		M	Wichtigkeit (a) Rang	–	Verwirklichung (b) Rang	M	
– 14	MV03	6.11	2	–	16	3.78	Streben nach Risiko-/Angstvermeidung
– 12	MV16	5.95	3	–	15	3.86	Defensiv-aggressive Verweigerungsimpulse
– 8	MV15	6.16	1	–	9	4.13	Sehnsucht nach Geborgenheit u. Vertrauen in (Objekt-)Beziehungen
– 6	MV18	5.78	4	–	10	4.10	Autonomiestrebungen
– 4.5	MV08	5.43	8.5	–	13	4.03	Sehnsucht nach starken u. kraftspendenden Objekten
– 2	MV06	4.24	18	–	20	3.39	Bedürfnis nach Rückzug u. Passivität
– 2	MV10	2.82	21	–	19	3.46	Maßlosigkeit, Gier, Neid
– 1	MV20	5.68	5	–	6	4.25	Bedürfnis nach Zärtlichkeit u. Körperkontakt
– 1	MV11	4.50	17	–	18	3.62	Offensiv-aggressive Selbstschutzimpulse
– 1	MV14	3.18	20	–	21	3.16	Streben nach Macht u. Einfluß
+ 1	MV13	4.66	15	–	14	4.00	Bedürfnis nach Stimulation von Phantasie u. Kreativität
+ 2	MV01	4.77	14	–	12	4.04	Neugier auf lebensverändernde Erfahrungen
+ 2	MV17	3.58	19	–	17	3.68	Geltungsstreben
+ 3	MV04	5.16	10	–	7	4.24	Leistungs- u. Erfolgsstreben
+ 4	MV21	5.45	7	–	3	4.60	Idealen u. Überzeugungen folgen
+ 4	MV05	4.90	12	–	8	4.15	Streben nach erotisch-sexueller Befriedigung
+ 4.5	MV09	5.43	8.5	–	4	4.36	Bedürfnis nach Zuneigung, Anerkennung u. Akzeptanz
+ 5	MV02	5.57	6	–	1	4.81	Der Stimme des Gewissens folgen
+ 5	MV19	4.65	16	–	11	4.05	Konkurrenz-/Rivalitätsstreben
+ 8	MV07	4.82	13	–	5	4.26	Streben nach Kompetenzbeweisen
+ 9	MV12	5.05	11	–	2	4.70	Fürsorgebedürfnisse

Die Tabelle ist entsprechend der Rangdifferenzen angeordnet, die sich ergeben, wenn der erste Aspekt (Wichtigkeit) zum zweiten (Verwirklichung) in Beziehung gesetzt wird. Diese Anordnung vermittelt auf einfache Weise einen globalen Eindruck von den Enttäuschungserfahrungen der untersuchten Patienten, weil Wünsche, die subjektiv sehr wichtig sind, aber nicht in Erfüllung gegangen sind, die größten (negativen) Rangdifferenzen aufweisen. In dieser Perspektive treten vor allem fünf Bedürfnisse hervor, die subjektiv wichtig, zugleich aber in besonders auffallender Weise unbefriedigt geblieben sind: Wünsche eines Menschen nach Sicherheit und einem Leben ohne Angst; der Wunsch, klar und eindeutig „nein" zu sagen, wenn er etwas einfach nicht will oder ihm etwas gegen den Strich geht; der Wunsch nach einer vertrauensvollen und verläßlichen Beziehung, in der er sich geborgen und aufgehoben fühlen kann. In der Hierarchie der Enttäuschungserfahrungen folgen schließlich mit einem gewissen Abstand der Wunsch nach Realisierung von Autonomiewünschen und die Sehnsucht nach einem anderen Menschen, der ihm Kraft, Mut, Zuversicht und Hoffnung einflößt. Wenn ich diese Ergebnisse mit meinen klinischen Erfahrungen vergleiche, gewinne ich den Eindruck, daß sie die klinische Beobachtungsrealität recht gut abbilden.

Zusammenfassend: Wir haben auf empirischer Grundlage fünf inhaltlich anschaulich beschreibbare Motivationsbereiche unterscheiden können, die wir um einen sechsten (körpernahe, physiologische Grundbedürfnisse) erweitert haben, der nicht gesondert empirisch erfaßt wurde, weil seine Existenz als selbstverständlich anzunehmen ist. Dieses Ordnungssystem stimmt in Teilaspekten mit theoretisch entwickelten Gliederungskonzepten überein. Legt man demgegenüber ein zweidimensionales als einfachstes denkbares Ordnungsmodell zugrunde, ergibt sich eine Motivationsstruktur, die nur noch knapp die Hälfte der Varianz aller erfaßten Motivationsaspekte aufklären kann. Diese Ordnungsstruktur ist gegenüber der 5dimensionalen also deutlich weniger differenziert. Dennoch ist sie klinisch anschaulich interpretierbar, wenn man die beiden komplex organisierten Motivbündel als motivationale Grundstrebungen auffaßt. Sie scheinen zwei grundlegend verschiedenen Formen der Weltbezogenheit zu entsprechen. Die eine läßt sich allgemein als vital-expansive Weltzugewandtheit, als eine Art antidepressives Motivationsprogramm beschreiben. Sie erinnert an das, was im Französischen als „élan vital" bezeichnet wird. Die andere wird in deutlichem Unterschied zur ersten durch das Bestreben bestimmt, den persönlichen Lebensraum geschlossen zu halten und ihn unter bevorzugtem Rückgriff auf Nähebeziehungen gegen Bedrohungen zu sichern. Diese beiden Grundstrebungen sind mit der dualen Triebtheorie nicht zu vereinbaren. Sie sind demgegenüber in Teilbereichen deutlich erkennbar mit Basismotiven verwandt, die in der Bindungstheorie als Bindungs- versus Erkundungssystem unterschieden werden.

Introspektive Zugänglichkeit

Wir waren bereits verschiedentlich auf die Situation gestoßen, daß wir als Diagnostiker etwas wahrnehmen oder erschließen, das den Patienten selbst nicht bewußt ist. Bevor wir uns aber mit solchen unbewußten Inhalten und Prozessen beschäftigen, müssen wir uns zunächst kurz fragen, was es denn heißt, von etwas „Bewußtsein" zu haben.

Der Begriff „Bewußtsein" ist traditionellerweise – und lange, bevor überhaupt von einer wissenschaftlichen Psychologie die Rede sein konnte – eines der zentralen Themen der Philosophie. Er wurde und wird dort verwendet, um „eine höherstufige Form von Wissen" (Metzinger 1996, S. 57) zu bezeichnen. Worin aber liegt das Besondere dieses Wissens? In der Erfahrung unserer selbst scheint uns die Antwort evident zu sein. Diese Erfahrung aber definitorisch auf den Begriff zu bringen, ist schon ungleich schwieriger. Ich schlage folgende Arbeitsdefinition vor: Das Bewußtsein ist das im Erleben unmittelbar gegebene Wissen um ein Wissen.

Wenn wir dem Selbsterfahrungsaspekt als dem leitenden Gesichtspunkt folgen, lassen sich mit Bezug auf Dorsch et al. (1994) drei Formen von Bewußtsein unterscheiden, die das so definierte Wissenswissen erfahrungsnah spezifizieren:

1. Ich bin mir bewußt, daß ich mir bewußt bin – das *Selbstbewußtsein*. Dies ist die allgemeinste Form von Bewußtsein.
2. Ich weiß, daß „ich" die Person bin, die sich ihrer selbst und des momentanen Erlebens bewußt ist – das *Ich-Bewußtsein*.
3. Ich weiß, daß ich gerade einen bestimmten Gegenstand wahrnehme, ein bestimmtes Geschehen erinnere, eine bestimmte Handlung ausführe etc. – das *Gegenstandsbewußtsein*. Im Gegenstandsbewußtsein steht nicht ein Wissenswissen im Sinne des Selbst- oder Ich-Bewußtseins im Vordergrund, sondern der spezifische und präzise Inhalt, dessen ich mir bewußt bin. Insofern wäre es zutreffender, von einem *Inhaltsbewußtsein* zu sprechen.

Im natürlichen Leben haben wir im Wachzustand ein Bewußtsein unserer selbst, das alle drei Bewußtseinsformen gleichzeitig einschließt. In der wissenschaftlichen Diskussion ist demgegenüber nicht immer hinreichend deutlich, welche Bedeutung von „Bewußtsein" gerade gemeint ist (vgl. Bieri 1996). Besonders wichtig erscheint mir dabei die Unterscheidung zwischen der allgemeinen Form des „Sich-selbst-bewußt-Seins" und dem spezifischen Inhaltsbewußtsein.

Das „Bewußtsein-Haben" läßt sich in zwei Dimensionen (vgl. Dorsch et al. 1994) weiter ausdifferenzieren. Die erste Dimension ist zwischen den Polen „klar bewußt" und „tief bewußtlos" mit unendlich vielen graduellen Abstufungen aufgespannt. In der zweiten Dimension können wir zwischen Inhalten unterscheiden, die im Zentrum des Bewußtseins stehen – in anderer Ausdrucksweise: Inhalte, auf die die Aufmerksamkeit fokussiert ist –, und solchen, die sich, wiederum graduell abgestuft, außerhalb dieses Fokus befinden. Je weiter sich ein Inhalt in der Peripherie des Bewußtseins befindet, desto weniger ist er auch „klar" bewußt.

Diese verschiedenen Formen eines Selbst-, Ich- und Inhaltsbewußtseins verweisen auf ein Selbstgewahrsein, das uns aus zwei Gründen auf das Erleben zurückführt. Zum einen ist das Bewußtsein ein Phänomen, das nur *erlebend* erfahren werden kann. Zum anderen ist es damit zugleich ein Erste-Person-Phänomen (vgl. Searle 1993), weil die *spezifische Qualität* dessen, was ich gerade „bewußt" erlebe, nur mir als dem erlebenden Subjekt zugänglich ist, nicht aber einer dritten Person oder einer Apparatur, die die physiologischen Korrelate meines Erlebens aufzeichnet.

Innerhalb der Gegenwartsphilosophie hat sich eine Gruppe formiert – die Vertreter der sogenannten Philosophie des Geistes –, die sich vor dem Hintergrund moderner neurophysiologischer Erkenntnisse mit Fragen des Hirn-Seele-Problems und des Bewußtseins beschäftigt. Bei der Auseinandersetzung mit dem Phänomen „Bewußtsein" sind dabei inzwischen vor allem dessen qualitative Aspekte ins Zentrum des Interesses gerückt. Diese Aspekte werden dort unter dem Begriff „Qualia" behandelt – ein philosophischer Begriff übrigens, der seit geraumer Zeit von Neurowissenschaftlern (z. B. Crick 1994; Edelman 1995) geradezu begeistert aufgegriffen worden ist. Metzinger (1996) hat aus der Perspektive der Philosophie des Geistes ausformuliert, was von einer befriedigenden Theorie des Bewußtseins zu fordern sei. Er schreibt:

„Um wirklich überzeugend zu sein, muß eine solche Theorie nicht nur begrifflich kohärent und empirisch plausibel sein: Wir müßten diese Theorie letztlich auch als eine Theorie über unser *eigenes* inneres Erleben akzeptieren können. Sie muß der Subtilität und dem phänomenologischen Reichtum dieses Erlebens Rechnung tragen und die Innenperspektive des erlebenden Subjekts wirklich ernstnehmen. Vor allem muß sie uns erklären können, wie die Perspektive der ersten Person mit der Dritte-Person-Perspektive einer von außen operierenden Wissenschaft zusammenhängt" (ebd., S. 18).

Ein wahrlich anspruchsvolles Arbeitsprogramm, das in diesen Sätzen entworfen wird, dessen Realisierung aber noch in sehr weiter Ferne liegt. Und dennoch greift dieses Programm, trotz seines umfassend erscheinenden Anspruches, immer noch bei weitem zu kurz. Das „Bewußtsein" nämlich, das in der Philosophie des Geistes untersucht wird, ist vorrangig das *phänomenale Bewußtsein*, das seinerseits mit dem *bewußten Erleben* praktisch gleichgesetzt wird. Ein solches eingegrenztes Bewußtseinsverständnis beherrscht gleichermaßen die Kognitionswissenschaften (auf Ausnahmen – Kihlstrom 1987 – werden wir gleich zurückkommen). Und es ist in erster Linie dieses phänomenale Bewußtsein, das auch die Neurowissenschaftler im Auge haben, wenn sie die neuronalen Mechanismen zu ergründen versuchen, die Bewußtseinsphänomene hervorbringen.

Wir sind in dieser Abhandlung mit Bedacht nicht von dem phänomenalen Bewußtsein ausgegangen, sondern von dem natürlichen Erleben. Wir haben diesen Ausgangspunkt gewählt, weil das Erleben gegenüber dem phänomenalen Bewußtsein die umfassendere und natürlichere Betrachtungseinheit darstellt. Das Erleben haben wir als jeweils momentane und sich permanent verändernde Wirklichkeitserfahrung eines Menschen, als „die Wirklichkeit" bestimmt, die unser Gehirn in Abhängigkeit und nach Maßgabe der in ihm verankerten Strukturbedingungen in unendlicher Folge ständig neu entwirft, also konstruiert.

Die Totalität des Erlebensprozesses ist immer nur in Teilaspekten überhaupt bewußtseinsfähig. Dies gilt gleichermaßen für die subjektive Wirklichkeit, die zu irgendeinem Gegenwartsmoment sinnlich-unmittelbar erlebt wird, für die Hirnprozesse, die dieses Erleben hervorbringen und die zeitlich überdauernden Strukturen, die diese Hirnprozesse wiederum latent steuern.

Wenden wir uns also jetzt den seelisch-geistigen Inhalten und Prozessen zu, die, obwohl sie dem phänomenalen Bewußtsein nicht oder nur eingeschränkt zugänglich sind, unser Erleben dennoch nachdrücklich beeinflussen. Damit haben wir unsere Betrachtung auf den Aspekt des Inhaltsbewußtseins eingegrenzt.

Kognitiv Unbewußtes

Die wissenschaftliche Psychologie begann mit der Einrichtung der ersten psychologischen Laboratorien durch Wundt und Titchener. Man nahm an, daß trainierte Probanden mittels der Methode der Selbstbeobachtung fähig sein würden, die eigene Geistes-/Seelentätigkeit zu erkunden. Dabei wurde man aber schon früh darauf aufmerksam (vgl. Kihlstrom 1987), daß das Seelen- oder Geistesleben nicht mit den bewußtseinsfähigen Selbstbeobachtungen gleichgesetzt werden kann. Diese grundsätzliche Aufgeschlossenheit gegenüber nichtbewußten Inhalten und Prozessen wurde dann in der akademischen Psychologie mit dem Siegeszug des Behaviorismus radikal gestoppt. Nichtbewußte Inhalte oder Vorgänge wurden für nicht existent erklärt oder (bestenfalls) für irrelevant gehalten. So formulierte Birbaumer noch 1975: „Psychisches Geschehen ist entweder bewußt oder kein psychisches Geschehen" (S. 211 f).

Mit Beginn der sogenannten kognitiven Wende in der akademischen Psychologie und speziell den Kognitionswissenschaften und deren Aufblühen seit den 60er Jahren ist diese radikale Position zumindest gelockert worden. Es wird seither nicht nur für möglich gehalten, daß es unbewußte Inhalte und Prozesse gibt, deren Existenz konnte vielmehr in methodisch sauberen Experimenten sehr wahrscheinlich gemacht werden. Kihlstrom (1987) hat die Ergebnisse in einer Übersichtsarbeit zusammengestellt. So war z.B. nachweisbar, daß Reize, die so kurz oder mit so schwacher Intensität dargeboten werden, daß sie nicht bewußt wahrgenommen werden können, dennoch nachfolgende emotionale Reaktionen, Beurteilungsleistungen, Wahlpräferenzen oder das Interaktionsverhalten von Probanden oder Patienten beeinflussen.

Solche unterschwelligen Wahrnehmungen bilden eine Gruppe unbewußter Einflußgrößen, die das bewußte Erleben und Verhalten überformen. Die unbewußte Mobilisierung oder Aktivierung von Gedächtnisinhalten, die zu einem früheren Zeitpunkt bewußt waren, in der Gegenwart aber nicht mehr erinnerbar sind, bilden eine andere Gruppe. Dies konnte sogar für Patienten nachgewiesen werden, die unter einem Korsakoff-Syndrom leiden. Patienten mit dieser Störung können zwar, wie man inzwischen weiß, neue kognitive und motorische Fähigkeiten erwerben, sie können aber keine Erinnerungen mehr an das episodische Geschehen des Lernvorganges selbst bilden. Sie leiden diesbezüglich also unter einer ausgedehnten anterograden Amnesie. Sie wissen weder, daß sie etwas Neues gelernt haben, noch sind ihnen die situativen oder sonstigen raum-zeitlichen Bedingungen erinnerbar, in die der Lernprozeß eingebettet war. Dennoch ist in Tests nachweisbar, daß sie richtige Antworten im Sinne des Neugelernten geben. Sie haben, ohne jedes Bewußtsein, auf *implizite* Gedächtnisinhalte zurückgegriffen. Im Unterschied zu solchen impliziten spricht man von expliziten Gedächtnisinhalten dann, wenn sich gesunde Personen mit funktionstüchtigem prozeduralen Gedächtnis bewußt daran erinnern können, was sie wann und wo gelernt haben.

Hypnoseexperimente haben die historisch ältesten und eindrucksvollsten Hinweise geliefert, daß nichtbewußte Inhalte und Prozesse das bewußte Erleben und Verhalten verändern können. So ertragen beispielsweise Probanden unter Analgesie-Hypnose Reizintensitäten, die im nichthypnotischen Zustand als schmerzhaft erlebt werden. Psychophysiologische Indikatoren wie z. B. eine Erhöhung der Herzfrequenz deuten darauf hin, daß der Reiz neurophysiologisch sehr wohl als unangenehm registriert und verarbeitet worden ist. Ein weiteres Beispiel: Patienten wird unter Hypnose der Befehl gegeben, sich nicht an die Vorgänge während der Hypnose zu erinnern. Gleichzeitig wird den hypnotisierten Probanden übermittelt, daß dieses Erinnerungsverbot auf ein bestimmtes Zeichen hin aufgehoben wird. In vielen Fällen ist nun nachweisbar, daß nach Ende der Hypnose die befohlene posthypnotische Amnesie zunächst tatsächlich wirkt. Wird dann aber das Zeichen gegeben, das das Erinnerungsverbot aufhebt, so sind die Erinnerungen an Vorgänge während der Hypnose plötzlich wieder verfügbar, die unter dem Einfluß der posthypnotischen Amnesie dem phänomenalen Bewußtsein entzogen waren. Befunde dieser Art legen nahe, daß unter Hypnose nicht die Prozesse der zerebralen Repräsentation und Erinnerungsbildung beeinträchtigt werden, sondern lediglich der Zugriff auf diese Erinnerungen unterbunden worden ist.

Kurz zusammengefaßt: Die Effekte subliminaler Wahrnehmungen, die Nutzung impliziter Gedächtnisinhalte, die Wirksamkeit hypnotischer Beeinflussungen – dies alles belegt nahezu unabweisbar den wirkmächtigen Einfluß nichtbewußter seelisch-geistiger Inhalte auf das bewußte Erleben und Verhalten. Das gleiche gilt für viele Prozesse der Informationsverarbeitung selbst. Sie laufen automatisiert ab, werden als solche nicht bewußt oder sind prinzipiell überhaupt nicht bewußtseinsfähig. Dennoch aber beeinflussen sie das Inhaltsbewußtsein nachhaltig, ohne dabei durch bewußte Akte willentlich kontrollierbar zu sein.

In den Kognitionswissenschaften wird der Begriff der Kognition weit gefaßt. Er schließt u.a. ein: Wahrnehmungen, Erinnerungen, logisch-rationale Operationen, Wahlpräferenzen, Diskriminationsleistungen, Planung und Ausführung von Handlungen etc. Insofern können auch sehr verschiedene Inhalte und Funktionsabläufe „kognitiv unbewußt" sein. Sie sind, so die vorläufige Annahme, deshalb dem phänomenalen Bewußtsein nicht zugänglich, weil die ihnen entsprechenden neuronalen Strukturen zwar aktiviert worden sind, die Aktivierungen selbst aber zu schwach sind, um bewußtseinsfähig zu werden.

Hiervon ist nun zu unterscheiden, was psychoanalytisch unter „dynamisch unbewußt" verstanden wird.

Dynamisch Unbewußtes

Wie bereits dargestellt, war Freud (1915) ursprünglich von einer dreikategorialen Unterteilung des Bewußtseins ausgegangen, die faktisch aber eine zweikategoriale ist. Danach sind solche Prozesse und Inhalte unbewußt, die trotz willentlicher Anstrengungen zu einem gegebenen Zeitpunkt nicht bewußt gemacht werden können. Vorbewußt werden solche Vorgänge und Inhalte genannt, die zwar momentan nicht im Bewußtsein sind, die aber problemlos jederzeit bewußt gemacht werden können. Auf dieser Basis hat Freud (ebd.) die erste Vorstellung vom Aufbau des seelischen Apparates entwickelt, die als topographisches Modell (s.o.) bezeichnet wird. Er unterscheidet darin zwei Systeme. Das System „Bw" umfaßt alle vorbewußten und bewußten, das System „Ubw" alle unbewußten Inhalte und Abläufe. Insoweit ist zunächst einmal nur von einem deskriptiv Unbewußten die Rede, das mit dem kognitiven Unbewußten Kihlstroms (1987) praktisch identisch ist. Der entscheidende Unterschied gegenüber der kognitionspsychologischen (und alltagspsychologischen) Verwendung des Begriffs des Unbewußten besteht nun darin, daß die Inhalte und Vorgänge des Systems „Ubw" *dynamisch unbewußt* sind. Das bedeutet: Den Triebrepräsentanzen, die in Freuds Konzeption die wesentlichen Inhalte des Systems sind, soll eine Kraft eigen sein, die sie ins Bewußtsein drängen läßt. Weil der ungehinderte Durchbruch dieser Inhalte ins Bewußtsein einen Menschen in vielen Situationen überfordern, ängstigen, kränken, beschämen oder in seinen Anpassungsleistungen an die äußere Realität erheblich beeinträchtigen würde, werden Abwehrkräfte (z. B. spezifische Abwehrmechanismen) mobilisiert, die das Bewußtwerden der unbewußten Inhalte verhindern. Unter dem Einfluß dieser Abwehrtätigkeit können fortwährend auch bewußte Erlebnisinhalte, die Unlust bereiten, unbewußt gemacht werden, wobei sie dann ihrerseits aber immer in dem beschriebenen Sinne dynamisch unbewußt sein sollen.

Die Vorgänge in den Systemen „Ubw" und „Bw" sollen nun nach jeweils eigenen Gesetzmäßigkeiten ablaufen. So soll das System „Ubw" weder die Zeit noch äußere Realitäten, Kausalitäten oder logische Widersprüchlichkeiten kennen. Alle Vorgänge in ihm sollen, dem reinen Lustprinzip folgend, auf sofortige Triebbefriedigung drängen. Freud arbeitete zudem mit dem Konzept einer psychischen Energie, für die er, auf die Vorgänge in diesem System bezogen, annahm: „Es herrscht eine weit größere Beweglichkeit der Besetzungsintensitäten. Durch den Prozeß der *Verschiebung* kann eine Vorstellung den ganzen Betrag ihrer Besetzung an eine andere abgeben, durch den der „*Verdichtung*" die ganze Besetzung mehrerer anderer an sich nehmen. Ich habe vorgeschlagen, diese beiden Prozesse als Anzeichen des sogenannten psychischen *Primärvorganges* anzusehen." (1915, S. 145).

Im Unterschied zu den primärprozeßhaften, chaotisch-alogischen Abläufen sollen die Vorgänge im System „Bw" den Regeln des formal-logischen, sekundärprozeßhaften Denkens gehorchen. In diesem System sollen demnach realitätsgerechte zeitliche und kausale Bedingungen angemessene Berücksichtigung finden, womit einhergehen soll, daß Widersprüche identifiziert und Triebbefriedigungen aufgeschoben werden können.

Das topographische Seelenmodell wurde dann, wie bereits dargestellt, von Freud (1923) durch das sogenannte strukturelle mit den Instanzen Es, Ich, Über-Ich ersetzt. Die Bewußtseinsdimension diente nun nicht mehr als Unterscheidungskriterium für diese Instanzen. Das Bewußtsein ist vielmehr zu einem qualifizierenden Merkmal geworden, das seelisch-geistige Vorgänge und Inhalte begleitet, die ihrerseits unter Berücksichtigung des Grades ihrer Bewußtheit durch die Qualitäten „bewußt/vorbewußt" oder „unbewußt" beschrieben werden können. Diese adjektivische Begriffsverwendung hat sich klinisch als überaus nützlich erwiesen. Überdies darf inzwischen als gut validiert gelten, daß seelisch-geistige Inhalte und zugehörige Prozesse *aktiv* aus dem Bewußtsein eliminiert oder am Wiedereintritt ins Bewußtsein gehindert werden können. Unsere klinischen Beobachtungen und die Selbstbeobachtungen reflexionsfähiger Patienten lassen einen begründbaren Zweifel daran kaum zu.[32]

Wir wenden uns jetzt wieder der „Struktur" eines Patienten zu, über die wir diagnostische Aussagen formulieren wollen. Im gegenwärtigen Zusammenhang interessiert uns dabei die Frage, ob die Inhalte und Funktionen, die uns unter Strukturgesichtspunkten beschäftigen, den Patienten selbst introspektiv zugänglich sind oder nicht. Arbeiten wir in diesem Kontext mit dem Bewußtsein als einem qualifizierenden Merkmal, so sollten die folgenden spezifizierenden Bedingungen bzw. Klarstellungen mitbedacht werden:

---

[32] Demgegenüber ist die Verwendung des Begriffes eines „Unbewußten" im Sinne eines abgeschlossenen Systems mit gänzlich eigenen Funktionsmodi im Lichte der Ergebnisse der modernen Hirnforschung kaum haltbar.

1. *Unbewußt* sollte im psychoanalytischen Sinne immer *dynamisch unbewußt* bedeuten. Ist dies nicht impliziert, sollten wir stattdessen von „kognitiv unbewußt" sprechen, und damit zum Ausdruck bringen, daß die Inhalte und Funktionen nicht einer speziellen Abwehrdynamik unterliegen.

2. Die zweikategoriale Untergliederung des Bewußtseins in „vorbewußt/bewußt" und „dynamisch unbewußt" (= aus Abwehrgründen nicht bewußtseinsfähig) ist zu einfach. Das Bewußtsein bildet ein Kontinuum fein abgestufter Bewußtseinsgrade von tief unbewußt bis klar bewußt. In der Regel sind die Repräsentationen seelisch-geistiger Prozesse und Inhalte (beispielsweise einzelne Episoden, aber auch Reflexionen über uns selbst) graduell unterschiedlich bewußt: einzelne Teilaspekte sind bewußt, andere mehr oder weniger dynamisch unbewußt.

3. Bei der Kennzeichnung eines Vorganges oder Inhaltes als unbewußt sind Zeitpunktabhängigkeiten, Situationsmerkmale sowie innere Verfassungen einer Person, über die die Aussage gemacht wird, zu bedenken. So kann eine Erinnerung beispielsweise, die heute dynamisch unbewußt ist, unter veränderten Abwehrbedingungen morgen vielleicht problemlos bewußt werden (vgl. A.-E. Meyer et al. 1977).

4. Wenn wir versuchen, die innere Welt von Patienten zu verstehen, wird es sich in manchen Fällen ergeben, daß wir Inhalte für unbewußt halten, die es tatsächlich nicht sind. Die Patienten sind sich dieser Inhalte vielmehr sehr wohl bewußt. Sie teilen sie uns lediglich und durchaus absichtsvoll nicht mit, weil sie sich ihrer schämen, unsere Verachtung fürchten, uns mißtrauen oder allein schon die Benennung so viel unmittelbare Realität schaffen würde, daß sie sich dem nicht gewachsen fühlen.

In der Abbildung 37 ist versucht worden, einige der vorangegangenen Ausführungen graphisch darzustellen.

Das spitzwinklige Dreieck repräsentiert das gesamte Bewußtseinsfeld. Mit der Zweiteilung entlang der Sagittallinie soll angedeutet werden, daß wir zwei Arten von Inhalten und Vorgängen unterschieden haben: solche, die in Abwehrprozesse eingebunden sind (die Domäne psychodynamisch orientierter Verstehensprozesse), und solche, für die das nicht gilt (die

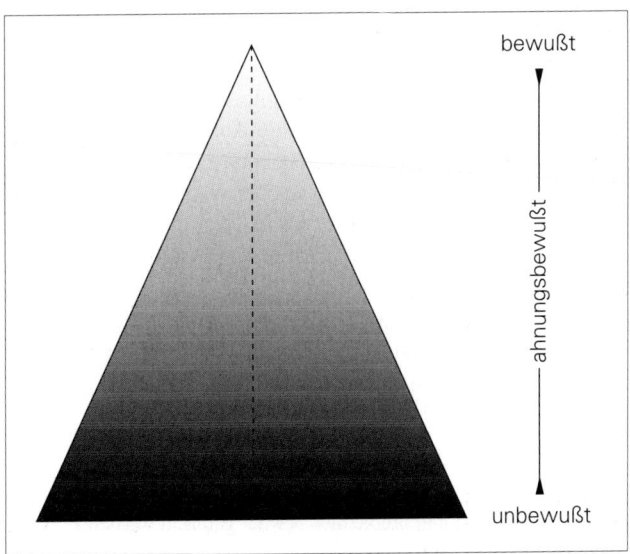

Abb. 37 Das Bewußt-
seinsfeld

Domäne kognitionswissenschaftlich orientierter Denkansätze). Die Sagittallinie ist gestrichelt gezeichnet, um zum Ausdruck zu bringen, daß es zwischen den beiden Domänen fließende Übergänge gibt. Vom Boden bis zur Spitze nimmt die Helligkeit zu: Die gedachten seelisch-geistigen Inhalte und Funktionsabläufe werden aufsteigend kontinuierlich bewußtseinsfähiger und damit introspektiv zugänglicher. Zwischen Spitze (phänomenales Bewußtsein) und Boden (dynamisch Unbewußtes/kognitiv Unbewußtes) ist durch die Winkel seitlich vom Dreieck schematisch ein bestimmter Bereich markiert worden. Dieser Bereich soll Inhalte und Abläufe repräsentieren, denen jene besondere Bewußtseinsqualität eigen ist, die wir als nächstes betrachten werden.

Ahnungsbewußtes

Bekommen wir in jedem Moment von der Wirklichkeit, die unser Gehirn gerade entwirft, weit mehr mit, als die eingegrenzte Perspektive eines phänomenalen Bewußtseins vermuten läßt? Ist uns – was die Bedingungen unserer persönlichen Existenz betrifft – vielleicht mehr zugänglich, als wir gemeinhin annehmen? Wissen wir um Gefährdungen, die latent in unserer Struktur ruhen, dementsprechend auch weit mehr, als uns lieb ist? Sind wir in gewisser Hinsicht vielleicht geradezu hellsichtig oder weise? Ich beantworte alle diese Fragen mit einem vorsichtig eingeschränkten Ja – eingeschränkt deshalb, weil es sich um ein Wissen besonderer Art handelt.

Es gibt im Erleben eines Menschen einschließlich seiner darin eingeschlossenen Reflexionsprozesse eine Reihe von Phänomenen, deren Eigenart gerade darin besteht, daß sie unklar-diffus bleiben und sinnlich oder kognitiv nicht eindeutig bestimmbar sind, die ihn dennoch aber u. U. sogar sehr intensiv bewegen. Dies sind – vergleichbar einer unscharfen Fotografie – Anmutungen, Vorahnungen, diffuse Gestimmtheiten, schemenhafte, undeutlich konturierte Erinnerungsfetzen, vorfertige Gedanken etc. Sie sind so unscharf, daß sie keine eindeutige sinnliche Anschaulichkeit oder kognitive Ordnungsstruktur erreichen, aber immerhin doch wiederum so scharf, daß sie Präperzepte oder Präkognitionen bilden. Es handelt sich um *Andeutungen von möglichen* Wahrnehmungen, Erinnerungen, Phantasien oder Kognitionen, insofern also um Präkonzepte, die uns z. B. im Sinne düsterer Vorahnungen beunruhigen, in anderen Fällen aber auch unbestimmt freudig erregen – ohne daß wir genau anzugeben wüßten, warum eigentlich.

Man könnte hier von einem Ahnungswissen sprechen und den begleitenden Bewußtseinszustand als Ahnungsbewußtsein[33] bezeichnen. Ich beziehe mich zunächst auf eine vergleichsweise banale persönliche Erfahrung.

Ich hatte früher über einige Jahre Autos eines bestimmten Typs besonders geliebt. Weil meine Geldmittel noch knapp waren, konnte ich mir nur ältere Modelle leisten, die entsprechend reparaturanfällig waren. Lief ein solcher Wagen meinem Eindruck nach besonders gut, konnte es passieren, daß ich meine Frau spontan darauf hinwies, wie phantastisch der Wagen doch laufen würde. Diese spontanen Äußerungen habe ich dann irgendwann tunlichst unterlassen, nachdem ich etliche Male erfahren mußte: kaum gesagt, ging das Auto kaputt. Offenbar hatte ich schon längst irgendetwas wahrgenommen, das auf das drohende Malheur hinwies, und meine spontane Lobpreisung war ein magisch anmutender Versuch, das ahnungsbewußt antizipierte Ärgernis noch abzuwenden.

---

[33] Es ist sorgfältig von dem zu unterscheiden, was Freud mit „Vorbewußtem" gemeint hat, das, im Moment unbewußt, jederzeit und problemlos bewußt gemacht werden kann. Insofern gehört das Vorbewußte für Freud zum System „Bw".

Nun einige klinische Beispiele, die veranschaulichen sollen, wie ein ahnungsbewußtes Wissen zum Ausdruck kommen und beobachtbar werden kann.

Einer meiner Patienten äußerte wiederholte Male mit einem gewissen Erstaunen, nachdem es uns gelungen war, psychodynamisch relevante Zusammenhänge herauszuarbeiten und zu verstehen: „Wissen Sie, es ist komisch, aber ich habe das Gefühl, dies alles, wenn auch nicht so klar und in allen Zusammenhängen, irgendwie immer schon gewußt zu haben". Um hier möglichen Mißinterpretationen vorzubeugen, sollte ich darauf hinweisen, daß der Patient eher dazu neigte, mich zu idealisieren; ich konnte mir in den jeweiligen Zusammenhängen also recht sicher sein, daß seine Äußerungen nicht als Ausdruck seines Bemühens zu verstehen waren, mich zu übertrumpfen oder meine Leistungen zu entwerten.

Manche Träume von Patienten – mir ist das aber auch aus eigener Erfahrung geläufig – bringen in relativ wenig verschlüsselten, sehr direkt und einfach interpretierbaren Bildern oder szenischen Abläufen eine innere Wirklichkeit zum Ausdruck, die in dieser Deutlichkeit und Einfachheit vorher noch niemals „gesehen" worden war. Solche Träume können, erinnert man sich ihrer und bedenkt man sie im Wachzustand, mit einem ausgeprägten Evidenzerleben einhergehen, das ängstigen, u. U. aber auch sehr entlasten kann: der Traum hat einen bestimmten Wirklichkeitsaspekt sehr gut auf den Punkt gebracht. Dieses Wissen muß es aber vorher schon in irgendeiner Form in unserem Gehirn gegeben haben, denn sonst wäre eine solche treffsichere Ausdrucksgebung im Traum kaum vorstellbar.

Gelegentlich berichten Patienten von Gedanken oder Phantasien, die in dem Moment ihres Auftretens überraschend gewirkt hatten, weil sie in den Kontext des seinerzeitigen bewußten Erlebens nicht hineinzupassen schienen. Beispielhaft erwähne ich einen Patienten, der, für ihn völlig überraschend, plötzlich von seiner Frau verlassen worden war. Mit einer Verzögerung von wenigen Tagen war er daraufhin in eine mittelschwere Depression gefallen, die ihn schließlich zu mir geführt hatte. Sehr viel später, im Verlauf der analytischen Psychotherapie bei mir, berichtete er spontan von einer Begebenheit, die sich in den ersten Stunden nach dem Fortgang seiner Frau zugetragen hatte. Der Patient hatte einen Freund getroffen, um die abrupte Veränderung seiner Lebenssituation zu besprechen. Im Verlauf dieses Gespräches hatte er plötzlich und für ihn selbst in dem Moment völlig überraschend geäußert: „Mensch, hoffentlich werde ich nicht depressiv!" – wobei er mir nachdrücklich und überzeugend versicherte, zu diesem Zeitpunkt „noch keine Spur depressiv" gewesen zu sein. Diese Episode war dem Patienten eingefallen, nachdem wir im Verlauf der Behandlung auf zeitlich viel weiter zurückliegende, häufig nur Stunden andauernde Phasen depressiver Einbrüche gestoßen waren, die er aber niemals in sein Selbstverständnis eines kraftvollen, belastungsfähigen, selbstbewußten und unkomplizierten Mannes hatte integrieren können. Dieser Patient hatte also offensichtlich schon am Tag des Verlassenwerdens hellsichtig eine Depression vorausgeahnt, die wenige Tage später quälende Realität werden sollte.

Ein solches vorauseilendes Erahnen von Gefahren begegnet uns auch unmittelbar in laufenden Behandlungen, und Indikatoren dafür sind direkt beobachtbar: Veränderungen in der Sitzposition wie z. B. unvermittelte Abwendungen, Veränderungen im mimischen, plötzlich z. B. angstvoll-angespannten Ausdruck, in der Art der plötzlich gepreßten und harten Stimmodulation etc. Gelingt es, diese Veränderungen im Hier und Jetzt zu analysieren, so können wir häufig etwas von Vorgängen erfahren, die blitzschnell in dem Patienten abgelaufen sind und eine Art Alarmreaktion ausgelöst haben. Diese Alarmreaktion ist aber unspezifisch: ein diffuses Unbehagen, das plötzliche Gefühl, ein Thema beenden oder wechseln zu wollen, der plötzliche Drang, den Behandlungsraum verlassen zu müssen, das Gefühl, „irgendwie" sei es zu dicht, zu eng, zu gefährlich geworden – oft begleitet von dem Ahnungsbewußtsein, dies alles habe mit mir, dem Behandler, der Beziehung zu mir oder dem Thema zu tun, auf das das gegenwärtige therapeutische Geschehen hinauszulaufen drohe. Entsprechend sind auch die inneren Vorgänge, die die Alarmreaktion ausgelöst haben, in Spuren erinnerbar, hatten aber im Moment des Erlebens primär den Charakter unbestimmter Anmutungen, die sich noch nicht zu sinnlich oder kognitiv eindeutigen Wahrnehmungen, Erinnerungen, Gefühlen oder Gedanken geordnet hatten. Die Patienten hatten also zu einem Zeitpunkt alarmiert reagiert, da das Bedrohliche für sie noch gar nicht präzise identifizierbar gewesen war. Diese Reaktionen scheinen unterhalb der Erkennungsschwelle, vor Eintritt in das phänomenale Bewußtsein und auf der Grundlage eines noch sehr vorläufigen, unscharfen „Wissens" zu erfolgen.

Diese Beobachtungen lassen sich zu empirischen Forschungsergebnissen zur sogenannten unterschwelligen Wahrnehmung und unterschwelligen Wahrnehmungsabwehr in Beziehung setzen. So konnten beispielsweise Wiener und Schiller (1960) neben anderen experimentell nachweisen, daß Reize, die nicht eindeutig erkennbar und verbalisierbar sind, immer noch verwertbare Teilinformationen liefern. Diese Informationen – die also in Teilaspekten bewußt sind, ohne daß aber die Gesamtinformation klar bewußt würde – erlauben es, Hypothesen zu bilden, ob ein unterschwelliger Reiz vermutlich bedrohlich ist oder nicht.

So würde zwanglos erklärbar, weswegen Probanden mit meßbar erhöhter emotionaler Erregung reagieren, obwohl das Reizobjekt noch gar nicht sicher identifiziert worden ist. Koeppler (1972) hat in einer sorgfältigen Untersuchung hierfür bestätigende empirische Befunde vorgelegt.

Die Annahme, daß teilbewußte Repräsentanzen für die Selbstregulation zweckgerichtet verwertbar sind, kann auch herangezogen werden, um das Phänomen verständlicher zu machen, daß die Abwehr in der Regel äußerst zielsicher funktioniert (vgl. A.-E. Meyer et al. 1977), obwohl sie per definitionem unbewußt sein soll. Wir können vermuten, daß sie in vielen Fällen auf der Basis eines Wissens aktiviert und ausgesteuert wird, das eben nicht wirklich unbewußt, sondern ahnungsbewußt ist.

Patienten übermitteln uns mit dem gesprochenen Wort und außerhalb des gesprochenen Wortes – durch die Art, *wie* etwas gesagt wird – vieles, das nur angedeutet wird, das verschleiert oder bruchstückhaft bleibt, mit fehlenden Versatzstücken. Wie werden diese Informationen vom Analytiker nutzbar gemacht? Vermutlich über Vorgänge, die den beschriebenen im Patienten ähnlich sind. Der Analytiker nimmt diese Teilinformationen auf, die in ihm Anmutungen, Gestimmtheiten, noch unscharfe Wahrnehmungen oder Gedanken entstehen lassen. Diese ergänzt er nun – im Rahmen eines Prozesses, der ihm wiederum nur teilbewußt ist – zu sinnträchtigen, psychodynamisch plausiblen Ganzheiten. Er macht also seinerseits auch Wahrscheinlichkeitsannahmen. Dabei kann er sich natürlich nicht, wie der Patient selbst, auf dessen subjektiv-realen Erfahrungshintergrund beziehen. Er rekonstruiert dessen Erfahrungshintergrund vielmehr hypothetisch unter Rückgriff auf seine eigenen Mittel und Werkzeuge: Er identifiziert sich mit dem Patienten, nutzt seine eigenen Theoriekenntnisse, seine persönlichen Modelle von sich selbst bzw. seiner eigenen Welt und jene vom Patienten, die sich in seinem Gehirn schon formiert haben.

So erfahren wir vieles über Patienten, ohne uns klar bewußt jederzeit darüber Rechenschaft ablegen zu können. Der Prozeß empathischer Eindrucksbildung ist aber kein geheimnisvoller Vorgang, der etwa vom Unbewußten des einen zum Unbewußten des anderen verläuft. Eine solche Vorstellung mag faszinierend sein, empirisch haltbar ist sie nicht, weil es „das Unbewußte", als ein in sich geschlossenes System verstanden, nicht gibt. Der Empathieprozeß operiert zwar häufig unterhalb des Niveaus sinnlich klarer und eindeutiger Wahrnehmungen, Emotionen oder Kognitionen, ein Mysterium ist er deshalb aber noch nicht. Er bleibt ein Hirngeschehen, das hochorganisiert ist, und sich vermutlich deshalb nur begrenzt der Selbstreflexion erschließt, weil in kürzester Zeit eine riesige Informations-/Eindrucksmenge verarbeitet wird, die es zu ordnen gilt.

Teil V

Zusammenfassende Betrachtung der strukturtheoretischen Überlegungen und Schlußfolgerungen für die Diagnostik und die Regulation des Erlebens

Die grundlegende Strukturkonzeption

Die Überlegungen zu einer seelischen Strukturtheorie sind auf der Grundlage moderner neurobiologischer Vorstellungen von der Funktionsweise des Gehirns entwickelt worden. Nicht Konstrukte wie „Ich" oder „Selbst" sind die angemessenen theoretischen Orte, um den Strukturbildungsprozeß zu lokalisieren, sondern das Gehirn selbst, das dank seiner unvorstellbar komplexen Netzwerkstruktur fähig ist, endogene und exogene sensorische Informationen zu sinnvollen Informationsgehalten zu verarbeiten. Die Repräsentationen von sensorischen Reizmustern sind in einer phänomenalen Weise genau, weil die Großhirnrinde über topographisch exakte Karten verfügt, wie insbesondere für das visuelle und somatosensorische System nachgewiesen werden konnte. Dennoch sind die inneren Wirklichkeiten, die im Gehirn entstehen, keine Abbildungen nach Art einer Fotografie. Die Wirklichkeiten, die das Gehirn hervorbringt, sind immer Konstruktionen, wie sich am Beispiel der optischen Täuschungen leicht veranschaulichen läßt. Sie werden zudem, wenn sie bedrohlich oder kränkend sind oder aus anderen Gründen nicht in unser Wunschbild hineinpassen, unter dem Einfluß von Abwehrprozessen verändert.

Verschiedene Neuronenverbände sind aufgabenspezifisch und parallelverteilt aktiv, um ein aktuelles Geschehen zu repräsentieren. Die Integration der diversifizierten Detailanalysen ist eine Kollektivleistung der am Repräsentationsprozeß beteiligten Neuronenverbände. Dieser Prozeß wird vom Gehirn als Gesamtsystem selbstorganisiert gesteuert – und nicht von einer übergeordneten zentralen Lenkungseinheit, wie wir vermuten möchten, wenn wir unserer Selbstbeobachtung folgen, die sich in dieser Hinsicht komplett irrt.

Das neuronale Wachstum und die Verknüpfung der Neuronen zu einem Netzwerk sind schon während der embryonalen Entwicklung nicht ausschließlich genetisch determiniert, sondern das Ergebnis einer Wechselwirkung zwischen genetischen und epigenetischen Faktoren. Nach der Geburt wird das neuronale Netzwerk primär in Abhängigkeit von individuellen lebensgeschichtlichen Erfahrungen verändert. Genauer: Die synaptischen Verbindungen zwischen den Neuronen werden erfahrungsabhängig verstärkt oder geschwächt. Neben diesen funktionellen Veränderungen der Synapsenstärken kommt es unter bestimmten Bedingungen – intensive, länger andauernde oder häufig wiederholte ähnliche Erfahrungen – sehr wahrscheinlich auch beim Menschen zu morphologischen Veränderungen der Hirnstruktur, weil präsynaptische Nervenendigungen multipel ausfingern, Dendriten wachsen und neue Synapsen gebildet werden. Schließlich verweisen neuere empirische Befunde noch auf eine dritte Möglichkeit, wie sich das Gehirn erfahrungsbedingt verändern kann: die Neubildung von Neuronen (Neurogenese), deren Bedeutung für die neuronale Plastizität des menschlichen Gehirns gegenwärtig allerdings überhaupt noch nicht beurteilbar ist.

In Abhängigkeit von und im Zusammenhang mit subjektiv belastenden oder traumatisierenden Ereignissen verändert sich wahrscheinlich in vielen Millionen, vielleicht Milliarden Neuronen – vermutlich primär in jenen, die an der Repräsentation des aktuellen Geschehens teilhaben – die Expression der Gene. Die Folgen sind unterschiedlich, je nachdem, ob die Erbsubstanz Trägerin einer Disposition für psychische Erkrankungen bzw. sonstige pathologische Merkmalsausprägungen ist oder nicht. Im ersten Fall besteht die Gefahr, daß die pathologisch veränderte Genstruktur exprimiert und die genetische Disposition als phänotypische Krankheit manifest wird. Im zweiten Fall verändert sich lediglich die Regulation der Genexpression, wobei die Genstruktur selbst aber gesund ist und bleibt. In beiden Fällen kann die initial veränderte Genexpression kaskadenartig weitere biologische Veränderungen nach sich ziehen (Expression weiterer Gene, Synthetisierung bestimmter Proteine etc.), die zu längerfristigen Veränderungen der neuronalen Verknüpfungsstruktur des Gehirns führen.

Es ist anzunehmen, daß die Gedächtnisbildung solchen zeitlich überdauernden funktionellen und morphologischen Veränderungen des neuronalen Netzwerkes entspricht. Die Konsequenz ist, daß neue Erfahrungen primär entlang der konsolidierten neuronalen Bahnen verarbeitet und repräsentiert werden. Das Ergebnis ist aber nicht, daß aktuelle Erfahrungen lediglich Reproduktionen alter Erfahrungen sind. Sie sind vielmehr immer auch in einem genuinen Sinne neu – zum einen, weil kein aktuelles Geschehen die perfekte Kopie eines früheren ist, zum anderen, weil sich das Gehirn dank seiner neuronalen Plastizität erfahrungsabhängig ständig strukturell verändert, so daß ein aktuelles Geschehen selbst dann, wenn es die vollkommene Wiederauflage eines vorangegangenen wäre, anders repräsentiert werden würde, da sich das Gehirn selbst in der Zwischenzeit (funktionell, morphologisch) verändert hat. Daraus folgt, daß sich das aktuelle Erleben und die mnestisch gespeicherten bisherigen Erfahrungen in zirkulären Rückkopplungsschleifen fortwährend wechselseitig beeinflussen.

Ich habe das aktuelle Erleben als die subjektive Wirklichkeit bestimmt, die das Gehirn in diesem Moment gerade entwirft. Des Erlebens können wir uns, partiell zumindest, bewußt werden. Mit dem Akt des Bewußtwerdens tauchen bestimmte Inhalte auf: Gefühle, Gedanken, Erinnerungen, Phantasien etc., wir selbst schließlich als Person, die sich dieser Inhalte gewärtig ist. Jetzt haben wir die Welt der Neurobiologie verlassen und die Welt der Psychologie, der Seele, des Geistes oder der Geistseele betreten. Damit hatte sich die Frage gestellt, wie sich die beiden Welten aufeinander beziehen. Statt einer dualistischen hatten wir, auf das Hirn-Seele-Problem bezogen, eindeutig eine monistische Position vertreten, mit dem Ergebnis, daß seelische Prozesse neurophysiologische Prozesse sind – nur eben solche besonderer Art. Ihnen sind Qualitäten eigen, die wir seelisch oder geistig zu nennen gelernt haben. Neurophysiologische Prozesse, die seelisch-geistige Qualitäten besitzen, werden modellhaft vorstellbar, wenn man einem emergentistisch-identitätstheoretischen Gedankengang folgt: In einer gedachten Hierarchie aufsteigend komplexer Aktivitätsmuster tauchen irgendwann Konfigurationen neuronaler Aktivität auf, denen die Qualitäten des Seelischen oder Geistigen eigen sind. Diese Erregungsmuster verursachen unser seelisches Erleben nicht, sie *sind* es vielmehr – so zumindest die Position, die hier vertreten und zu begründen versucht wurde. Warum das Gehirn zu dieser phänomenalen Leistung fähig ist, wird m.E. auf Dauer sein Geheimnis bleiben, weil noch so erfolgreiche neurophysiologische Anstrengungen, seelische auf neurophysiologische Prozesse zurückzuführen, niemals werden erklären können, *daß* ein Muster neuronaler Aktivität unvermittelt das Erleben ist.

Das Erleben eines momentanen episodischen Geschehens weist deutlich Ordnungsstrukturen auf. Wir können verschiedene Personen unterscheiden, nehmen uns selbst in Relation zu den Positionen der anderen wahr, erkennen in dem Geschehen irgendeine Art von Sinn, können dessen Fortgang sogar in begrenztem Umfang antizipieren, etc. Vieles davon wird möglich, weil das Gehirn auf systematisierte Vorerfahrungen – die Struktur, die es sich selbst gegeben hat –

zurückgreifen kann. Wodurch aber werden Personen von dem Umfeld, in dem sie sich bewegen, unterscheidbar? Singer und Mitarbeiter haben, wie dargestellt, auf der Grundlage ihrer empirischen Ergebnisse eine elegante Modellvorstellung entwickelt: Details werden voneinander abgegrenzt und jeweils als Entitäten repräsentiert, weil die Aktionspotentialsalven jener Neuronen, die die einzelnen Details einer komplexen Szene repräsentieren, synchronisiert werden, die jeweiligen Aktivitätsmuster untereinander aber zeitlich nicht korrelieren. Aber selbst dann, wenn sich dieses attraktive Modell in der Zukunft weiter bestätigen ließe, blieben noch viele Fragen offen. Wie z.B. wird aus verschiedenen Details *ein* Bild und aus der Folge von Bildern *eine* Episode?

Ich habe die Ansicht vertreten, daß die Entwicklung der seelisch-geistigen Struktur vom Erleben ihren Ausgang nimmt. Das Gehirn – das Organ, das die Strukturbildung leistet – entwirft bzw. konstruiert in ununterbrochener Folge subjektive Wirklichkeiten, die es im natürlichen Lebensprozeß zu Episoden zusammenfaßt und zu generalisierten Erfahrungsbildungen ausarbeitet, die ihrerseits wiederum als dynamische Lebenskonstrukte das Repertoire der Gestaltungsprinzipien bilden, die im Verbund mit den parallel hierzu entwickelten Funktionen die Regulation des Erlebens steuern. Die episodischen Erinnerungen und die dynamischen Lebenskonstrukte sind die Inhalte der Struktur, einschließlich des unbewußten, ahnungsbewußten oder auch bewußten Wissens um die Möglichkeiten und Grenzen der verfügbaren Funktionen. Das im bisherigen Leben erworbene und systematisierte Erfahrungswissen eines Menschen formiert sich in seinem Gehirn zu einem persönlichen organisierten Weltmodell. In diesem Modell haben sich ungeheuer viele Erfahrungen niedergeschlagen, die im einzelnen nicht erinnerbar sind. Andere Ereignisse, vor allem aber Personen, sind erinnerbar: Mutter, Vater, die Großeltern, sonstige wichtige Bezugspersonen etc. Diese Menschen haben aber nicht *einen* Platz gefunden, sondern viele, was heißt, daß es z.B. nicht die eine Mutter gibt, sondern viele Mütter. Es hängt im wesentlichen von der inneren und äußeren Situation ab, in der sich ein Mensch gerade befindet, welche Mutter beispielsweise aus der Erinnerung abgerufen oder in der Phantasie figuriert wird.

Das subjektive Weltmodell eines Menschen (seine Struktur) hält also virtuell eine enorme Vielfalt potentiell manifestierbarer Wirklichkeitsentwürfe bereit. Diese Vielfalt wird durch zwei Faktoren eingeschränkt: die genetische Ausstattung, die den Rahmen der Entwicklungsmöglichkeiten grundsätzlich festlegt, und die bisherigen Lebenserfahrungen, die in bestimmten, zeitlich überdauernden funktionellen und morphologischen Hirnveränderungen festgeschrieben worden sind und zur Folge haben, daß ein aktuelles Erleben nur nach Maßgabe der strukturellen Bedingungen gestaltet werden kann, die das Gehirn bis dato entwickelt hat.

Die Überlegungen zu einer seelisch-geistigen Strukturtheorie waren dann inhaltlich spezifiziert worden.

Das allgemeine Strukturschema und verschiedene Differenzierungsebenen

In Abbildung 38 sind in dem stark umrandeten Kasten die Merkmalskategorien und deren einzelne Strukturmerkmale in der Ordnung zusammenfassend aufgelistet worden, in der sie bisher besprochen worden sind. Dieser Teil ist aus der Abbildung 35 übernommen worden. Jeder Kategorie bzw. jedem Merkmal entspricht eine bestimmte strukturtheoretisch interessierende Perspektive, unter der die Lebensgeschichten von Patienten betrachtet werden können.

Stellen wir uns nun vor, daß wir einen bestimmten Merkmalsaspekt ins Auge gefaßt haben, zu dem uns Beobachtungen und Befunde aus Erstinterview oder laufender Behandlung vorliegen. Es handele sich etwa um den Aspekt „Identifikationen", hier eingegrenzt auf die Identifikation eines Patienten mit seinem Vater. Unser diagnostischer Befund – von dem wir annehmen, daß er durch Beobachtungsmaterial gut gestützt ist – lautet beispielsweise: Der Patient ist mit der Aggressivität seines Vaters, die sich insbesondere gegen Schwächere richtet, identifiziert.

Diagnostische Aussagen dieser Art, die sich auf jeweils einen Aspekt des allgemeinen Strukturschemas beziehen, können nun unter verschiedenen Gesichtspunkten weiter ausdifferenziert werden. Dementsprechend sind in Abbildung 38 verschiedene Betrachtungsebenen unterschieden worden.

Die *erste* Ebene ist auf den Ausprägungsgrad eines Beobachtungsmerkmals bezogen: Wie stark ist der Patient mit seinem Vater identifiziert? Bei anderen Strukturaspekten geht es darum zu bestimmen, wie lebendig oder intensiv ein Erinnerungsbild ist, wie prägnant einzelne dynamische Lebenskonstrukte bzw. Gestaltungsprinzipien hervortreten, oder wie ausgeprägt bestimmte Funktionen, stehen sie nun im Dienste der Abwehr oder der Progression, entwickelt worden sind.

In der *zweiten* Ebene fragen wir nach der Affinität eines Merkmals zur Kernstruktur: Handelt es sich bei der Vateridentifikation um ein Merkmal, das das Identitätsgefühl des Patienten zentral bestimmt, das diesbezüglich also besonders wichtig ist, weil es seine Identität als Per-

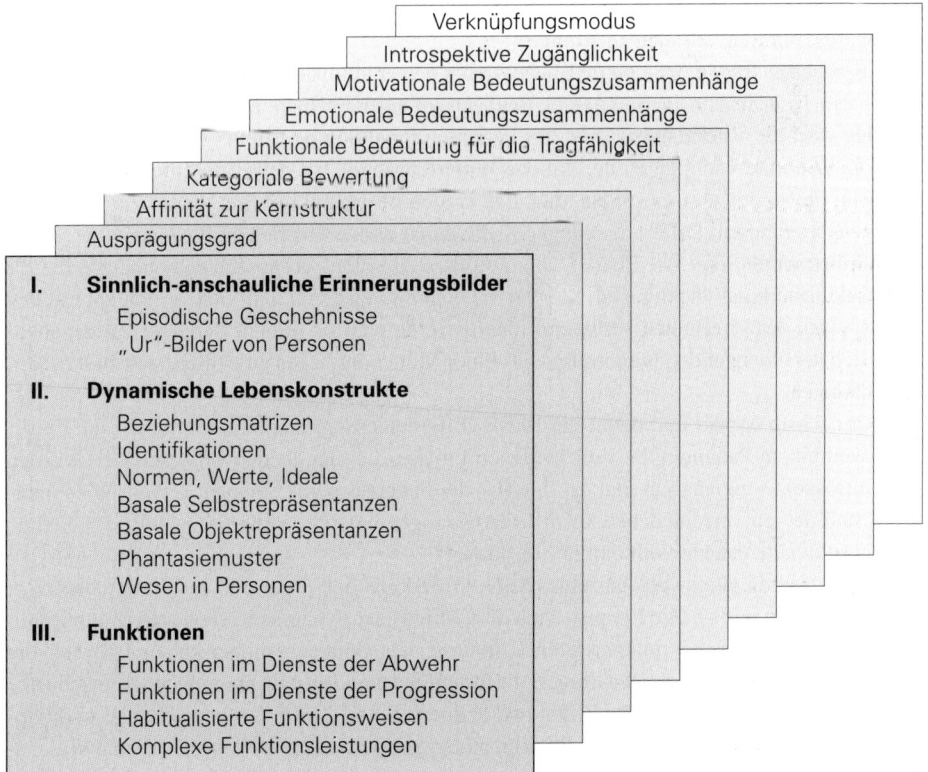

Abb. 38 Das allgemeine Strukturschema mit acht Differenzierungsebenen

son einerseits sichert, ihn andererseits aber auch besonders gefährdet – dann nämlich, wenn die Vateridentifikation bedroht wird oder z.B. infolge massiv enttäuschender Erfahrungen, die er mit dem Vater macht, in sich zusammenfällt?

In der *dritten* Ebene bewerten wir das jeweilige Beobachtungsmerkmal qualitativ: positiv, negativ, falsch-positiv, falsch-negativ oder defizitär? Der Bezugspunkt ist die Tragfähigkeit der Struktur. Wir schließen hierbei die Möglichkeit ein, daß ein Strukturmerkmal, z.B. die Vateridentifikation des Patienten, verschieden zu qualifizierende Elemente enthält. So mag es also sein, daß sich der Patient in Identifikation mit seinem Vater in vielen Situationen aggressiv-wehrfähig erlebt, er sich in dieser Hinsicht also von seiner Struktur durchaus „getragen" fühlt. Gleichzeitig ist nun aber vorstellbar, daß er hintergründig eine Ahnung davon hat, daß die vermeintliche aggressive Stärke seines Vaters und damit – qua Identifikation – auch seine eigene „falsch-positive" Züge trägt: Vater und Sohn attackieren die Schwächen der anderen, weil sie Gefühle von Hilflosigkeit oder Angst bei sich selbst nicht ertragen können.

Ausgehend von diesen kategorialen Bewertungen können wir uns dann fragen – *vierte* Ebene –, ob ein Beobachtungsmerkmal oder einzelne seiner Elemente die Tragfähigkeit der Struktur stärken oder schwächen. Die Antwort ergibt sich bei den Einschätzungen: positiv, negativ und defizitär schon unmittelbar aus diesen Qualifizierungen selbst. Sie ist aber im Falle falsch-positiver und falsch-negativer Bewertungen problematischer und kann nur im Kontext der anderen Strukturaspekte beurteilt werden. Grundsätzlich schwächen sie zwar die Tragfähigkeit der seelisch-geistigen Struktur; klinisch ist aber immer wieder beobachtbar, daß sich ein Mensch durch falsch-positive oder falsch-negative Realitätsverzerrungen über lange Zeit durchaus stabilisieren kann, unter Umständen sogar besser, als wenn er die Realität wahrnehmen würde, ohne sie ertragen zu können.

Als nächstes fragen wir – *fünfte* Ebene – nach den emotionalen Bedeutungszusammenhängen, in denen ein Strukturmerkmal steht. Bezogen auf unser Beispiel: Durch welche spezifischen Gefühle wird die Vateridentifikation des Patienten inhaltlich bestimmt? In seinem Fall spielt z.B. die Wut eine wichtige Rolle. Welche Wuterfahrungen hat der Patient mit seinem Vater gemacht, die so prägend geworden sind, daß er sich überhaupt mit ihm identifiziert hat? Der Übergang von diesem Differenzierungsgesichtspunkt zum folgenden ist fließend.

Wir betrachten – *sechste* Ebene – die motivationalen Bedeutungszusammenhänge, die für ein Strukturmerkmal wichtig sind. So mag es beispielsweise sein, daß sich der Patient mit den Wutaspekten des väterlichen Verhaltens identifizierte, weil sie seinem Bedürfnis entgegenkamen, sich der einengenden Fürsorglichkeit seiner Mutter entziehen zu wollen, sich also zu verselbständigen.

Der nächste Aspekt und damit die *siebte* Differenzierungsebene fokussiert auf die Frage, inwieweit einem Patienten die verschiedenen Inhalte, die hier ebenenweise skizziert worden sind, introspektiv zugänglich sind: Ist sich also der Patient unseres Beispiels seines „Wie-Vater-Sein" und dessen verschiedener Ausdifferenzierungen bewußt, ahnungsbewußt oder bleiben ihm diese Inhalte nahezu vollkommen verborgen?

Bislang ist nur ein jeweils einzelnes Strukturmerkmal betrachtet und ausdifferenziert worden. Jetzt fragen wir – *achte* Ebene – nach dem Modus der dynamisch relevanten Verknüpfungen mit Befunden, die wir unter anderen Strukturgesichtspunkten erhoben haben: Läßt sich die Vateridentifikation des Patienten mit z.B. bestimmten lebendigen Erinnerungen an episodische Erfahrungen, die er mit der väterlichen und anderen Autoritätsfiguren gemacht hat, verknüpfen? Ist sie in komplex organisierte Strukturbildungen wie beispielsweise bestimmte Wesensstrukturen (oder „Wesenspersonen" im Patienten) eingebunden? Ist die Vateridentifikation mit bestimmten Funktionen im Dienste der Abwehr oder Progression verkoppelt?

Strukturtheoretisch orientierte Einzelfall-Diagnostik: Die Lebensgeschichten von Patienten nacherzählen und deuten

Die verschiedenen Kategorien und Unterkategorien des allgemeinen Strukturschemas und die acht Differenzierungsebenen, auf die die einzelnen Merkmalsaspekte bezogen werden können, um sie inhaltlich zu spezifizieren, bilden ein insgesamt recht komplexes diagnostisches System. Diese zusammenfassende Übersicht stellt lediglich einen idealtypischen Orientierungsrahmen bereit, um den diagnostischen Prozeß unter strukturtheoretischen Gesichtspunkten zu systematisieren. Es ist kein rigides Ordnungssystem, an das man sich sklavisch zu halten hätte. Es impliziert z.B. nicht, daß jeder Strukturaspekt auf jeder Ebene überhaupt spezifiziert werden könnte oder Strukturaspekt und Differenzierungsebene bei jedem Patienten gleich wichtig wären.

Es empfiehlt sich, die Relevanz eines einzelnen Befundes (eines Strukturmerkmals und dessen Ausdifferenzierung auf den verschiedenen Ebenen) einzuschätzen, indem man sich folgende Fragen vorlegt: Ist dieser Befund *unverzichtbar wichtig*, um einen Patienten verstehen zu können? Ist er *wichtig*, ohne unverzichtbar zu sein? Sind bestimmte Merkmale lediglich *beobachtbar*, ohne wichtig oder unverzichtbar zu sein? Ein Bezug auf dieses diagnostische System mag schließlich hilfreich sein, weil es den Diagnostiker oder Behandler darauf aufmerksam macht, daß ihm zu einzelnen Strukturaspekten potentiell wichtige Informationen fehlen, oder daß er Informationen, die ihm vorliegen, bislang nicht hinreichend in seine diagnostischen Überlegungen einbezogen hat.

Dieses System stellt keinesfalls den Versuch einer operationalisierten Strukturdiagnostik dar. Ich halte einen solchen Versuch prinzipiell für wenig sinnvoll, wofür vor allem zwei Gründe wesentlich sind. Erstens kann jeder einzelne Strukturaspekt nur beurteilt werden, wenn er im Kontext aller anderen betrachtet wird. Zweitens geht der innere Zusammenhang zwischen den Teilstrukturen, d.h. die Art und Weise, wie ein Mensch ganzheitlich seine Erfahrungsgeschichte organisiert hat, verloren, wenn die Teilstrukturen künstlich isoliert betrachtet werden. Nehmen wir den recht typischen und in seiner dynamischen Entwicklung relativ transparenten Fall einer Patientin, die im Alter von sechs Jahren durch den Tod ihrer Mutter früh traumatisiert worden war. Im weiteren Verlauf ihres Lebens ist es ihr gelungen, diese frühe Traumatisierung relativ gut zu kompensieren: Sie war fähig, Beziehungen einzugehen, sich beruflich zu entfalten, schließlich zu heiraten und selbst Mutter zu werden. Als ihr Mann sie dann aber betrügt und schließlich wegen einer jüngeren Frau verläßt, dekompensiert sie und entwickelt eine mittelschwere neurotische Depression, in deren Rahmen u.a. das Erleben des frühen Mutterverlustes reaktiviert wird. Die einzelnen kategorialen Merkmale (frühe Traumatisierung durch den Tod der Mutter, Entwicklung guter Kompensationsmechanismen, Retraumatisierung durch das neuerliche Verlassenwerden, infolgedessen schließlich Dekompensation) sind zwar isolierbar, treten in ihrer Bedeutung aber erst hervor, wenn sie als Elemente eines komplexen und in sich kohärenten Entwicklungsprozesses begriffen und dynamisch aufeinander bezogen werden.

Wie können die verschiedenen diagnostischen Befunde, die wir bei einem Patienten erhoben haben, zu einem integrierten Verstehensmodell zusammengeführt werden? Der beste Weg scheint mir zu sein, die Geschichte seines Lebens zu erzählen. Den Ausgangspunkt bildet der Bericht des Patienten selbst, das, was wir z.B. im Rahmen eines psychoanalytischen Erstinterviews von ihm an objektiven, subjektiven und szenisch-interaktionellen Informationen erhalten haben. Auf dieser Grundlage wird dann versucht nachzuzeichnen, wie er seine bisherige

Erfahrungsgeschichte strukturell organisiert hat. Wir erzählen also sein Leben nach – jetzt aber so, daß wir seine Entwicklung deuten, also hypothetisch zu rekonstruieren versuchen, wie sich sein Strukturbildungsprozeß vollzogen hat. Zur Veranschaulichung greife ich auf ein früher bereits publiziertes Beispiel zurück (Deneke 1993, S. 121 f, 134 ff). Zu diesem Zeitpunkt war die hier vorgelegte Strukturtheorie gedanklich zwar schon grob skizziert, aber noch nicht ausformuliert worden.

Zunächst die wichtigsten *Daten aus den Erstinterviews*:

Es handelt sich um einen 39jährigen Patienten, der bei einem Kollegen in Behandlung ist.[34] Der Patient hatte dem Kollegen im Erstinterview berichtet, daß er in den letzten Monaten zunehmend mehr „Zusammenbrüche" erlebt habe. Er sei dann „sehr depressiv, heule nur noch". Zeitlich parallel dazu habe sich eine intensive Arbeitsunlust entwickelt, verbunden mit der Angst, völlig arbeitsunfähig zu werden und aus diesen Stimmungstiefs überhaupt nicht wieder herauszufinden. Auch die Beziehung zu seiner Freundin sei zunehmend unerträglicher geworden.

Gefragt nach seiner frühen Lebensgeschichte, versank der Patient zunächst in Schweigen, um dann sehr leise zu antworten: „Schlimm." Danach begann er ziemlich verzweifelt zu weinen. Über dieses Weinen schien er zunächst beschämt zu sein, dann aber erstaunt, weil er – wie er allmählich wieder verbalisieren kann – eine solche Gefühlsbewegung nicht erwartet habe. Der Kollege erfuhr dann weiter:

Der Patient ist das erstgeborene von insgesamt drei Kindern. Eine Schwester ist eineinhalb Jahre, ein Bruder drei Jahre jünger. Die Mutter habe beide jüngeren Geschwister, insbesondere aber den jüngeren Bruder vorgezogen. Der Vater habe sich wenig um die Familie gekümmert, sei sehr autoritär gewesen und habe ihn auch häufig geschlagen. Der Vater habe auch „immer Frauengeschichten" gehabt. Die Mutter habe ständig versucht, nach außen „den Schein zu wahren". Von ihr habe er schon „früh mitgekriegt: lieben bedeutet leiden". Das Gefühl, „zu wenig Liebe zu bekommen", habe er schon als Kind gehabt. Oft habe er versucht, die Mutter zu provozieren. Einmal habe er sie so gereizt, daß sie ihn außer sich mit einem Kübel kalten Wassers übergossen hat.

In seiner Not habe er sich schon früh von der Familie isoliert, habe sich später tagelang in den Keller zurückgezogen, um Flugzeugmodelle zu bauen oder sei stundenlang durch die Wälder der Umgebung gestreift. Er habe auch kaum Freunde gehabt. Schon damals sei er „egozentrisch" gewesen, in der Schule immer „anti". Daß er schließlich doch noch einen Schulabschluß geschafft habe, sei einem Lehrer zu verdanken, zu dessen „Hofnarr" er sich gemacht hatte. Überhaupt habe er oft den Clown gespielt – um die Lehrer zu ärgern und sich bei den Mitschülern beliebt zu machen.

Um eine Berufsausbildung beginnen zu können, habe er mit 16 Jahren das Elternhaus verlassen und sei in eine fremde Stadt gegangen. Die Trennung von den Eltern sei nicht schmerzlich gewesen. Er habe sich dann „linken Gruppen" angeschlossen, um „die Welt zu verbessern", wie er selbstironisch kommentiert. Es sei wohl insbesondere das Gefühl der Benachteiligung gegenüber dem jüngeren Bruder gewesen, das ihn „die Ideale von Gleichheit und Gerechtigkeit" habe hochhalten lassen.

Eine erste längere Frauenbeziehung habe sich sehr bald problematisch entwickelt. Schon diese erste Freundin habe er ständig „umerziehen" und „beherrschen" wollen, habe wiederholt auch zugeschlagen, „wenn sie mich kränkte, weil ich in ihren Augen nichts war". Häufig habe er auch sexuelle Nebenbeziehungen gehabt, woran dann nach der ersten auch weitere spätere Freundschaften gescheitert seien. In vielen Frauenbeziehungen sei es ihm vor allem um „Sex" gegangen.

---

[34] Die Behandlung wird von mir supervidiert. Ich danke dem Kollegen, der ungenannt bleiben möchte, um die Identität seines Patienten zu schützen, für die freundliche Überlassung des Materials.

Der Patient ist in einer großen Computerfirma tätig. Seine Kollegen würden ihn mögen, weil er „lustig und selbstironisch" sein könne.

Der Analytiker hatte zunächst das Gefühl, daß der Patient ihn spürbar vorsichtig, verhalten mißtrauisch prüfte. Er hatte sich dann aber von dem heftigen Weinen zu Beginn des ersten Interviews sehr berührt gefühlt und zunehmend mehr den Eindruck gewonnen, daß der Patient „eine ehrliche Haut" ist, der sich ernsthaft erforschen möchte. Schließlich hatte ihn auch die Fähigkeit des Patienten, zwischendurch immer wieder in humorvoll-selbstironische Distanz zu sich selbst gehen zu können, beeindruckt, so daß er dem Patienten schließlich einen analytischen Behandlungsplatz bei sich angeboten hatte. Der Patient hatte spürbar dankbar reagiert und die Behandlung begonnen.

Es folgt jetzt die *Darstellung der im Nacherzählen gedeuteten Lebensgeschichte* des Patienten:

Der Patient hat weder in der Beziehung zur Mutter noch zum Vater stabile und zuverlässige Beziehungserfahrungen machen können, die in ihm das Grundgefühl hätten verankern können, ein geliebter Sohn zu sein. Den Vater hat er als einen Mann erlebt, der extrem egoistisch ist, der sein Leben nur darauf ausgerichtet hat, seine eigenen, vor allem sexuellen Bedürnisse zu befriedigen, und der ihm zugleich so beängstigend aggressiv und übermächtig erschienen ist, daß er die offene Konfrontation mit ihm gescheut hat. Die Mutter hat er als hilflos-schwach erlebt, unfähig, ihn gegen den Vater schützen zu können. Sie hat ihn zudem noch in seinem Unwerterleben erheblich dadurch verstärkt, daß sie den jüngeren Bruder vorgezogen hat. So hat der Patient beide – Vater und Mutter – hassen gelernt. Er hat also auch im Vater nicht das Liebesobjekt gefunden, das die Liebesdefizite aus seiner Mutterbeziehung hätte ausgleichen können.

Dieses bestimmende und leitende Grundgefühl, ein ungeliebtes Kind zu sein, hat er auf verschiedene Weisen zu verarbeiten versucht: Er isolierte sich und suchte sein beschützendes und zuverlässiges Zuhause in der Natur; im trotzigen Anti gegenüber der Familie und später in der Schule hat er seine Wut- und Haßgefühle über die erfahrene Zurückweisung abzuführen versucht, verbunden mit dem Bestreben, wenigstens in der Rolle des Provokateurs und Hofnarren auf sich aufmerksam zu machen und sich narzißtisch aufzuwerten. Auf diesem Wege dürfte er häufig aktiv das reinszeniert haben (die Wassereimer Szene mit der Mutter verdeutlicht es), was er passiv erleidend als sein vermeintliches Schicksal erlebt: gestraft, ausgestoßen, verachtet, entwertet, also nicht geliebt zu werden. So macht er aus der Not der Einsamkeit eine Tugend, geht den Weg einer zu frühen Autonomisierung, die sich aber nicht aus einer stabilen Bindungserfahrung entwickeln und darauf hat gründen können.

Diese frühe Selbstabgrenzung hatte aber vermutlich zur Folge, daß er sich in seinen intensiven Liebes- und Bindungswünschen zunehmend weniger hilflos-passiv erleben mußte, so daß er schließlich ohne größere seelische Not den Fortgang aus dem Elternhaus in eine weit entfernte Großstadt schaffte.

Hier glückt ihm nun mit dem Anschluß an sogenannte linke Gruppen eine nahezu ideal kompromißhafte Selbstorganisation: Er kämpft ersatzweise gegen alle gehaßten inneren Objekte gleichzeitig – gegen den übermächtigen Vater, die scheinheilige Mutter mit ihrer verlogenen Außenfassade, den vermeintlich privilegierten und unbewußt beneideten Bruder – während er *zugleich* diesen Kampf erstmals nicht allein führen muß, sondern gemeinsam mit Gleichgesinnten in einer idealisierten, besseren Antifamilie.

Seine Beziehungen zu Frauen werden vermutlich von einem zentralen Motiv geleitet: Er darf seine intensiven Liebeswünsche nicht spüren, weil sich daran die Angst knüpft, das alte Trauma – von der Mutter nicht geliebt, zurückgewiesen worden zu sein – könnte sich wiederholen. Die Wege, die er beschreitet, um diese Gefahr zu bannen, sind in Teilidentifikation mit dem Vater gewählt. Das heißt, er übernimmt jenes Verhalten des Vaters, das er in seinen Konsequenzen selbst als negativ erfahren hat und daher bewußt als verachtungswürdig ablehnen mußte, das er aber vermutlich unbewußt zugleich als Ausdruck männlicher Potenz gegenüber Frauen und als Zeichen männlicher Unabhängigkeit von Frauen/Müttern bewundert hat. So versucht er, Frauen nach seinem Willen zu formen, sie als selbständige und achtungswürdige Wesen zu entwerten, er sexualisiert die Beziehung zu ihnen übermäßig und beweist sich, daß sie in dieser Funktion (also als Sexualobjekte) austauschbar und beherrschbar sind. Er identifiziert sich also unbewußt mit dem „schlechten" Vater, was zur Folge hat, daß er zwar wenigstens auf diesem Wege den Vater gefunden hat, aber um einen hohen Preis: Jetzt ist er auch „schlecht" wie der Vater, verachtet sich in diesen Vaterähnlichkeiten selbst.

Das alte Zurückweisungstrauma aus der frühen Mutterbeziehung bleibt bis in die Gegenwart unbewußt dynamisch wirksam, was sich darin zeigt, daß er auf vergleichsweise geringfügige Enttäuschungen oder Kränkungen durch Frauen überschießend aggressiv reagiert. Diese Aggressionen sind in ihrer unbewußten Motivierung wenigstens zweifach determiniert: Sie dienen der Befriedigung von Rachegelüsten und sollen im Kern die Mutter treffen, die ihn nicht angenommen hat, und sie stehen zugleich in der Funktion, eigene Liebes- und Nähewünsche abzuwehren.

So müssen denn Frauenbeziehungen schicksalhaft unentrinnbar scheitern, womit sich tragischerweise auch für sein Leben das Mutterwort bestätigt: Lieben bedeutet leiden. Der Patient hat sich also schlußendlich auch noch in einer Teilidentifikation mit seiner Mutter gefangen.

Für die gegenwärtige Krise des Patienten läßt sich keine klar umschreibbare Auslösesituation identifizieren. Es handelt sich mit großer Wahrscheinlichkeit vielmehr eher um eine schleichend depressive Entwicklung, die zunehmend weniger – z.B. durch Sexualisierung von Frauenbeziehungen, durch Selbstbestätigungen über die Rolle des „Hofnarren", durch Identifikation mit einer marxistisch-antikapitalistischen Ideologie etc. – kompensierbar wurde. Die Nutzung dieser Kompensationsmöglichkeiten wird jedoch angesichts des Alters des Patienten zunehmend schwieriger. Außerdem scheint ihm seine Unfähigkeit, intensivere emotionale Beziehungen zu Frauen eingehen zu können, schmerzvoller bewußt geworden zu sein, was wiederum auch mit seinem Älterwerden zusammenhängen dürfte.

Soweit die im Nacherzählen gedeutete Lebensgeschichte.

Dieses Beispiel eines strukturtheoretisch orientierten Verstehensmodells ist so aufgebaut, daß der Chronologie der lebensgeschichtlichen Entwicklung des Patienten gefolgt wurde. Ein solches Vorgehen ist sinnvoll und empfehlenswert, weil sich die Strukturbildung natürlicherweise auch chronologisch vollzieht. Es wird versucht, das Verstehenskonzept aus der subjektiven Erlebensperspektive des Patienten zu entwickeln und dabei nachzuvollziehen, wie sich sein inneres Modell von seiner persönlichen Welt entfaltet, welche Funktionen er ausgebildet, warum sich seine Struktur so und nicht anders entwickelt hat. Wir erzählen also eine Geschichte seiner Beziehungen, zugleich eine Geschichte der Schicksalsverläufe, die seine Wünsche und Gefühle im Rahmen dieser Beziehungen genommen haben, und schließlich eine Geschichte der Funktionen, die er entwickelt hat, um seine Beziehungen, seine Wunschbefriedigungen und Gefühle jederzeit so steuern zu können, daß er in den Kernelementen seiner Struktur, seinem Identitäts-Selbst, nicht gefährdet wird.

Mit der gewählten Darstellungsform, der deutenden Nacherzählung, geht einher, daß wir uns möglichst umgangssprachlich ausdrücken, was zugleich den Vorteil mit sich bringt, die Strukturvorstellungen in eine Sprachform gebracht zu haben, die für den Dialog mit dem Patienten unmittelbar genutzt werden kann, ohne sie aus einer erfahrungsfernen Theoriesprache erst wieder rückübersetzen zu müssen. Der weitgehende Verzicht auf eine Fachterminologie hat aber noch weitere Gründe:

1. Der Rückgriff auf theoretische Begriffe birgt die Gefahr in sich, daß das Verständnis des Patienten bestimmten Leitlinien folgt, die von der Theorie und deren innerer Logik bestimmt werden, nicht aber von den lebensgeschichtlichen Entwicklungsbedingungen eines Patienten. Diese Leitlinien mögen theorieimmanent schlüssig sein. In der Anwendung auf den Einzelfall aber können sie u. U. falsch sein und damit auf fatale Weise verschleiern, daß ein Patient nicht richtig verstanden worden ist.

2. Viele theoretische Konzepte sind inhaltlich alles andere als eindeutig bestimmt. Ich verweise in diesem Zusammenhang gern auf die sogenannte „Projektive Identifikation" – ein Abwehrmechanismus, der häufig herangezogen wird, um die seelische Funktionsweise von schwer gestörten Patienten (mit einer Borderline-Störung beispielsweise) zu erklären. Die projektive Identifikation hat aber, sehr überspitzt ausgedrückt, so viele inhaltliche Bedeutungen wie Autoren, die sich ihrer als Begriff bedienen.

3. Die Verwendung theoriesprachlicher Begriffe verleitet leicht zu der Annahme, einen Vorgang bereits verstanden und erklärt zu haben, sobald man ihn theoretisch auf einen Begriff gebracht hat. Wenn aber beispielsweise über einen Patienten gesagt wird, daß er sich des Abwehrmechanismus der projektiven Identifikation bedient, hat man zunächst nichts anderes getan, als einen interaktionellen Vorgang in eine bestimmte Theoriesprache zu übersetzen. Insoweit ist lediglich zum Ausdruck gebracht worden, daß ein Patient ein bestimmtes, in dieser Theoriesprache als projektive Identifikation zu bezeichnendes Verhalten zeigt. Damit ist weder verstanden noch erklärt, *warum* er es tut, oder warum er u. U. gar nicht anders kann, als es zu tun. Wir wollen aber aus seiner Erlebensperspektive das Warum verstehen und dabei vermeiden, daß der Rückgriff auf eine psychomechanistische Terminologie etwas als Erklärung ausgibt, was seiner Natur nach *nur Beschreibung* in einer anderen, eben einer bestimmten Theoriesprache ist.

Auch in die hier gewählte Form der umgangssprachlichen Strukturbeschreibung fließen natürlich theoretische Implikationen ein. Die impliziten Denkstrukturen sind aber nicht metapsychologisch-spekulativ. Es wird z. B. nicht davon ausgegangen, daß sich die seelische Entwicklung unter dem Primat der Triebe vollzieht. Die klinische Bedeutung von Trieben bleibt grundsätzlich unangetastet, wenn es sich auch als notwendig erwiesen hat, die duale Triebkonzeption in Zweifel zu ziehen und das Motivationskonzept um innere Beweggründe zu erweitern, die nicht primär triebhafter Natur sind. Statt von Grundannahmen über die Natur des Menschen auszugehen, die a priori gesetzt werden, aber nicht beweisbar sind, haben wir die strukturtheoretischen Überlegungen auf ein natürliches, biologisches Fundament gestellt: das Gehirn, das in ununterbrochener Folge subjektive Wirklichkeiten entwirft und die Flut des Erlebten zu überdauernden Strukturen verarbeitet. Daß im Rahmen des Strukturbildungsprozesses u.a. auch Triebansprüche reguliert und verarbeitet werden müssen, versteht sich dabei als selbstverständlich, rechtfertigt aber nicht die Annahme, daß Triebansprüche und deren Regulierung als alleinige und ausschließliche Führungsgrößen für den Strukturbildungsprozeß zu betrachten sind.

Diagnostische Aussagen über Patienten sind zunächst einmal nichts als Hypothesen. Es gilt, sie mit guten Gründen zu untermauern, wobei man externe und interne Validierungsbemühungen unterscheiden könnte.

Eine *externe Validierung* wäre z.B. denkbar über Fragebogendaten, die der Patient unabhängig von der Erstinterview-Situation liefert. Bezogen auf unsere Form der Strukturbeschreibung – die im Nacherzählen gedeutete Lebensgeschichte eines Patienten –, ist diese Validierungsmöglichkeit aber praktisch nicht nutzbar. Der Grund ist einfach: Fragebogendaten, die ohnehin nicht per se „objektiv" sind, sondern ihrerseits auch interpretiert werden müssen, können keine komplexen, dynamischen und kausalen Beziehungen zwischen verschiedenen Strukturaspekten erfassen – schon gar nicht im Einzelfall. Für Ratingskalen und kategoriale Diagnosesysteme gilt prinzipiell das gleiche.

Die Methode der Wahl für externe Validierungsbemühungen ist statt dessen die Supervision. Dies gilt für die klinische Alltagsroutine wie gleichermaßen auch für Forschungsvorhaben, die das Ziel verfolgen, den Lebensentwurf von Patienten nachzuzeichnen und zu verstehen. Diese Position haben wir in einer speziellen Forschungsgruppe erarbeitet und realisiert.[35]

Die *interne Validierung* – die Validierung innerhalb der Analytiker-Patient-Dyade – wirft, ohne dies hier detailliert diskutieren zu wollen, eine Reihe problematischer Fragen auf, weil die Objektivität möglicher Validierungskriterien mit z.T. durchaus guten Gründen in Zweifel gezogen werden kann. Grünbaum (1988) hält z.b. jede dyadeninterne Validierung für fragwürdig, weil nicht sicher auszuschließen sei, daß sie das Ergebnis suggestiver Beeinflussung des Patienten ist. Grundsätzlich kann Grünbaum kaum widersprochen werden. Schließlich sind wechselseitige Beeinflussungen in lebendigen zwischenmenschlichen Beziehungen, also auch solche zwischen Analytiker und Patient, nur natürlich und prinzipiell unvermeidbar.

Grünbaum argumentiert aber rein formallogisch. Weil er selbst kein Psychoanalytiker ist, fehlt ihm der Erfahrungshintergrund, um eine Form der Validierung anerkennen zu können, die ich für sehr wichtig halte (vgl. Deneke 1993): das emotional-kognitive Evidenzerleben bei Patient und Analytiker. Damit ist nicht die schlichte verbale Zustimmung des Patienten gemeint, sondern die Art und Weise, *wie* er einem Deutungsangebot zustimmt: seine Betroffenheit, ernste Nachdenklichkeit, seine Freude, sein Schmerz, seine Dankbarkeit oder auch seine Wut. Diese unmittelbare Beziehungserfahrung löst nun u. U. in uns selbst als Diagnostiker oder Behandler gleichermaßen ein Evidenzgefühl aus, eine Gewißheit, daß diese Reaktion des Patienten authentisch ist – authentischer Ausdruck dessen, daß ein Patient eine Aussage als auf ihn persönlich zutreffend, als „richtig" anerkannt hat. Diese Evidenzgefühle sind eine Erfahrung von Gewißheit, die Patient und Analytiker miteinander erlebt haben. Sie sind nicht objektiv zu machen. Objektive Beweiskraft haben sie auch nicht. Ein Positivist wird sie niemals akzeptieren. Dennoch sind diese Erfahrungen das beste Validierungskriterium, das ich kenne.

Strukturabhängige Regulationsprozesse

Die Abhandlung endet mit einem Blick auf die Regulation des Erlebens, das der subjektiven Wirklichkeitserfahrung des Augenblicks entspricht und einem ständigen Veränderungsprozeß unterliegt. Die Inhalte des Erlebens entstammen drei Quellen. Erstens erreichen uns über unsere Sinnesorgane Ereignisse aus der Außenwelt, die vom Gehirn verarbeitet und repräsentiert werden. Zweitens führen körperinterne Veränderungsprozesse zu zentralen Repräsentationen, die z.B. als Schmerz, sexuelle Erregung oder muskuläre Anspannung wahrnehmbar werden. Schließlich bringt das Gehirn selbst Inhalte hervor, die, als *imaginierte* Wirklichkeiten, in Gestalt von Erinnerungen, Zukunftsszenarien, gedanklichen Konstruktionen, sexuellen, aggressiven, angstvollen oder größenwahnsinnigen Phantasien in Erscheinung treten. Diese Unterscheidung ist selbstverständlich idealtypisch. Im natürlichen Lebensprozeß sind die unterschiedenen

---

[35] Dieser psychoanalytischen Forschungsgruppe gehören an: B. Bühring, F.-W. Deneke, S. Höppner-Deymann, U. Lamparter, M. Oppermann, U. Stuhr, M. Trukenmüller.

Inhalte eng verschränkt. Zudem werden sie stets von mehr oder weniger intensiven Gefühlen begleitet, die – unter den verschiedenen Aufgaben, die die Gefühle wahrnehmen – vor allem in der Funktion stehen, die Inhalte subjektiv bedeutungsvoll werden zu lassen. Die Gefühle verleihen dem Erleben sinnliche Qualitäten. Sie machen es erst lebendig und tragen insoweit wesentlich dazu bei, daß ein Mensch überhaupt motiviert wird, sein gegenwärtiges Erleben bewahren oder es verändern zu wollen.

Kehren wir ein letztes Mal zu dem Eingangsszenario zurück. Irgendwie müssen wir mit dem bedrohlichen Ereignis, dem schweren Unfall einer geliebten Person, fertig werden. Aber wie? Wir hatten einige unter unendlich vielen vorstellbaren Möglichkeiten durchgespielt: Erinnerungen an ähnliche Katastrophenereignisse waren aufgetaucht. In irrationalen Phantasien hatten wir die Idee, wie ein Kind einfach flüchten zu wollen. Wir hatten den intensiven Wunsch gespürt, eine hilfreiche Person möge uns beistehen und uns Kraft geben. Anfänglich waren wir wie gelähmt. Allmählich aber waren unsere kognitiven und psychomotorischen Funktionen dann wieder verfügbar. Der behandelnde Stationsarzt hatte uns Vertrauen eingeflößt. Später wurde uns bewußt, daß er uns an einen Arzt erinnerte, zu dem wir als Kind Vertrauen gefaßt hatten. Auf dem Weg zum Krankenzimmer hatten wir uns in beklemmenden Bildern vorgestellt, was uns dort erwarten würde. Der neurologische Konsiliarius hatte uns schließlich Hoffnung gemacht. Wir waren ruhiger geworden. Am Krankenbett sitzend haben wir uns die mögliche Zukunft vorzustellen versucht. Zugleich waren viele Erinnerungsbilder lebendig geworden, die uns mit dem Unfallopfer verbinden. Plötzlich war uns der Tage zurückliegende Streit eingefallen, und es war uns deutlich geworden, daß wir in den letzten Stunden schon wiederholte Male vage an diesen Streit und die beklemmende Frage gedacht hatten, ob Streit und Unfall etwas miteinander zu tun haben könnten.

Wie immer der einzelne diese oder ganz andere Situationen intern repräsentiert und durch äußere Handlungsschritte oder inneres Handeln (Planen, Abwehren, Erinnern, Phantasieren etc.) zu verändern sucht – seine Bemühungen erfolgen strukturabhängig. Die Struktur läßt sich als latente, virtuelle, ruhende, jederzeit aber manifestierbare Wirklichkeit verstehen. Sie kann sich auf direktem oder indirektem Wege manifestieren. *Direkt* dann, wenn sinnlich-anschauliche Erinnerungsbilder reproduziert werden – die zwar niemals mit dem Originalerleben identisch sein können, dennoch aber auf ein episodisches Geschehen verweisen, das einstmals zumindest in ähnlicher Weise erlebt worden war –, oder wenn etwas wiederbelebt wird, was wir schon ein- oder viele Male gedacht, gewünscht, gefühlt, phantasiert oder körperlich empfunden haben. Die Struktur manifestiert sich *indirekt*, wenn die Regulation des Gegenwartserlebens dynamischen Lebenskonstrukten, also Ordnungs- und Gestaltungsprinzipien folgt, die aus Einzelerfahrungen zu generalisierten Erfahrungsbildungen ausgearbeitet wurden, oder wenn in enger Kopplung mit den dynamischen Konstrukten bestimmte Funktionen aktiviert werden, die ihrerseits vielfach wiederholt, ausdifferenziert und eingeübt worden sind.

Jede dieser strukturdeterminierten Aktivierungen erfolgt in einer Weise, die gesetzmäßig ist. Es handelt sich dabei aber nicht um eine allgemeine, überindividuell gültige, sondern eine individualspezifische Gesetzmäßigkeit. Warum? Erinnern wir uns daran, daß die lebensgeschichtlichen Erfahrungen des einzelnen vermutlich in bestimmten funktionellen und morphologischen Veränderungen der Netzwerkstruktur des Gehirns niedergelegt sind. Die einzelnen Merkmalsaspekte eines Gegenwartsgeschehens werden nun vorrangig entlang jener synaptischen Verbindungsbahnen verarbeitet, die durch Vorerfahrungen selektiv und spezifisch für *diese* Merkmalsaspekte verstärkt worden sind. Die Aktivitätsmuster, die sich aufbauen, erregen wiederum andere neuronale Teilnetze und so weiter. Dieser fließende neuronale Erregungsprozeß entspricht in unserer Selbstwahrnehmung der Erfahrung, daß bestimmte Inhalte in Folge weitere Inhalte anstoßen, sich also ein Assoziationsfluß entwickelt. Die resultierenden

Inhalte, deren Veränderungen und die assoziativen Verbindungen zwischen den Inhalten können wir interpretieren und versuchen, ihren geheimen und bedeutungsvollen Sinn zu ergründen.

Daß wir in einer gegebenen Situation aber genau *diese* Inhalte als subjektive Wirklichkeit erfahren, und die subjektive Wirklichkeit sich in genau *dieser* Weise verändert, ist ein Prozeß, der – neurobiologisch betrachtet – zwangsläufig so und nicht anders verläuft. Die Zwangsläufigkeit selbst hat ausschließlich neurobiologische Gründe. Warum müssen wir zu dieser Schlußfolgerung gelangen? Erinnern wir uns daran, daß das momentane Erleben einem jeweilig spezifischen neuronalen Aktivitätsmuster entspricht. Es *ist* dieses Aktivitätsmuster, wie sich mit einiger Plausibilität hatte herausarbeiten lassen. Dieses Muster entsteht nicht als Zufallsprodukt. Es ist vielmehr determiniert, weil es den Bedingungen folgt, die den neuronalen Strukturen immanent sind, in denen die individuelle Lebenserfahrung überdauert. Es ergeben sich somit überhaupt nur deshalb interpretierbare, psychologisch sinnvolle Ordnungsstrukturen und Ereignisfolgen, weil ihnen bestimmte neurobiologische Ordnungsstrukturen und Ereignisfolgen zugrunde liegen, wobei wir allerdings nicht einmal näherungsweise in der Lage sind (s. die Diskussion des Hirn-Seele-Problems), sie als spezifische Aktivitätsmuster auch identifizieren zu können. Daraus ergeben sich Konsequenzen, wie an zwei Beispielen veranschaulicht werden soll.

Ein kurzer kritischer Exkurs: Die Wiederkehr des Verdrängten und der sogenannte Wiederholungszwang

Die psychoanalytische Abwehrtheorie basiert auf der Annahme, daß abgewehrten Inhalten eine „Kraft" eigen ist, die sie ins Bewußtsein drängen läßt. Demzufolge müssen fortlaufend Gegenkräfte (zusammengefaßt: die Abwehr) mobilisiert werden, um zu verhindern, daß die verdrängten Inhalte bewußt werden. Im Zuge unserer Überlegungen haben wir nun aber zu bedenken, daß das Verdrängte auch in neuronalen Veränderungsstrukturen niedergelegt ist. Wenn uns jetzt von außen Ereignisse erreichen, die einen Bezug zum abgewehrten Inhalt aufweisen, oder wenn der Fluß der Assoziationen Inhalte lebendig werden läßt, die mit den verdrängten verwandt sind, so erhöht sich die Wahrscheinlichkeit, daß jeweilig dasselbe geschieht: Die abgewehrten Inhalte werden automatisch koaktiviert.

Dies wird möglich, weil die lebensgeschichtlichen Erfahrungsbildungen im allgemeinen Strukturschema hatten wir drei Klassen von Strukturmerkmalen unterschieden: sinnlich-anschauliche Erinnerungsbilder, dynamische Lebenskonstrukte und Funktionen – im neuronalen System des Gehirns systemisch verknüpft sind. Diese Verknüpfung hat zur Folge, daß sich verschiedene Merkmale einer Klasse und solche verschiedener Klassen wechselseitig aktivieren können – und zwar entlang jener synaptischen Verbindungen, die während der Erfahrungs- und Strukturbildung selektiv verstärkt worden waren. Das in früheren Zusammenhängen dargestellte Erinnerungsexperiment mit einem Wahrnehmungsautomaten (Edelman 1993) hatte diesen Vorgang modellhaft veranschaulicht. Statt weiterhin eine geheimnisvolle Kraft annehmen zu müssen, die die Wiederkehr des Verdrängten bewirkt, läßt sich dieses Phänomen sehr viel einfacher neurobiologisch erklären – als schlichte Konsequenz aus der Tatsache, daß die Strukturbildung auf neuronaler Ebene erfahrungsabhängig erfolgt, womit einhergeht, daß immer dann mit erhöhter Wahrscheinlichkeit abgewehrte Inhalte aktiviert werden, wenn im Gegenwartserleben Inhalte auftauchen, die mit den abgewehrten verwandt sind. Dieses erste Beispiel leitet unmittelbar zum nächsten über.

Wir sehen in der Klinik (und nicht nur dort) immer wieder Patienten, die auf die eine oder andere Weise Lebensumstände reproduzieren, die großes persönliches Leid und Unglück mit sich bringen. Viele Psychoanalytiker neigen dazu, solche Wiederholungsphänomene ursächlich auf das Wirken eines Wiederholungszwanges zurückzuführen. Der Wiederholungszwang läßt sich beschreiben als „nicht bezwingbarer Prozeß *unbewußter* (Hervorhebung: F.-W. D.) Herkunft, wodurch das Subjekt sich aktiv in unangenehme Situationen bringt und so alte Erfahrungen wiederholt, ohne sich des Vorbildes zu erinnern, im Gegenteil den sehr lebhaften Eindruck hat, daß es sich um etwas ausschließlich durch das Gegenwärtige Motiviertes handelt" (Laplanche u. Pontalis 1992, S. 627). Dieses von Freud eingeführte Konzept ist bis in die Gegenwart nicht befriedigend theoretisch geklärt worden (vgl. Mertens 1992). Ich nehme an, daß Klärungen grundsätzlich unmöglich sind (und entsprechende Bemühungen sich eigentlich erübrigen), weil es nicht mehr haltbar ist, Wiederholungsphänomene weiterhin *kausal* durch einen speziellen „Zwang", ein Wirkprinzip mit eigener Dynamik, irgendeiner Zweck- und Zielorientierung oder Intentionalität erklären zu wollen. Es bieten sich statt dessen weniger spekulative, erkenntnistheoretisch sparsamere und vor allem naturwissenschaftlich begründbare Erklärungsmodelle an. Wie in früheren Zusammenhängen ausführlicher dargestellt und vorangehend kurz zusammengefaßt, kann das Gehirn gar nicht anders, als Bedürfnisse z. B. so befriedigen und neue Beziehungen so gestalten zu wollen, wie es den etablierten Prinzipien entspricht, die im Prozeß der selbstorganisierten Strukturbildung erfahrungsabhängig entwickelt und auf neuronaler Ebene festgeschrieben worden sind. Reproduktionen des Ähnlichen oder nahezu Gleichen sind die unausweichliche Folge, und dieses um so mehr, je öfter die Prinzipien durch vorangegangene ähnliche Regulationsprozesse verstärkt worden sind.

Hüten wir uns also vor Kategorienfehlern und nehmen wir nicht dort psychologische Kausalitäten an, wo allein neurobiologische angemessen sind.

Ahnungsbewußte Inhalte und deren Funktion

Die subjektive Wirklichkeitserfahrung ist facettenreich und vielschichtig. Dieses Facettenreichtums sind wir uns aber im Akt des Erlebens zumeist nur unvollständig bewußt, weil sich die Komplexität in der Regel auf bestimmte Inhalte und Funktionsabläufe reduziert, jene, auf die gerade der Aufmerksamkeitsfokus gerichtet ist. Diese Inhalte sind uns phänomenal bewußt. Der Aufmerksamkeitsfokus selbst kann dabei enger oder weiter gestellt sein. Er wandert ständig, häufig gemächlich, kann u. U. aber auch in Sekundenbruchteilen abrupt verlagert werden, so daß in rascher Folge wechselnde Inhalte und Funktionsabläufe unser bewußtes Erleben beherrschen. Dies geschieht z. B. dann, wenn uns Ereignisse treffen, die, wie im Fall des Eingangsszenarios, vorübergehend oder längerfristig unsere Verarbeitungskapazität übersteigen.

Das Gegenwartserleben umfaßt aber mehr und wird durch mehr als das vordergründig Bewußte mitgestaltet. Wir hatten gesehen, daß kognitiv und dynamisch unbewußte Inhalte prinzipiell in der Lage sind, das bewußte Erleben und Handeln zu beeinflussen. Die Belege für die Wirksamkeit unbewußter Einflüsse gehen aber auf vergleichsweise einfache Experimentalsituationen zurück: beispielsweise unterschwellig eingespielte Wahrnehmungsreize oder, schon komplexer, hypnotische Aufträge. In klinischen Situationen sind die Inhalte, die vorgeblich unbewußt gehalten werden, zumeist aber sehr viel komplexer und subjektiv bedeutungsvoller. Damit stellt sich ein Kardinalproblem. Woher weiß das Gehirn um komplexe Sachverhalte wie z. B. Phantasien, die es so zielgerichtet unbewußt hält? Auf irgendeine Weise muß es einen Zugriff haben. Es muß über eine Art „Zwiewissen" (A.-E. Meyer 1976) verfügen, etwas wissen und es zugleich nicht wissen. Wie anders sollte man die Treffsicherheit der Abwehr sonst erklären? Die Antwort auf diese Fragen scheint mir vergleichsweise einfach zu sein: Die vorgeblich unbewußten Inhalte sind dann, wenn sie die Wirklichkeitserfahrung beeinflussen, in Wahrheit nicht unbewußt, sondern ahnungsbewußt. Es sind Gedankenfetzen, vorfertige Pläne, verschwommene Erinnerungsbilder, diffuse Gestimmtheiten, undeutliche düstere oder euphorische Gefühle, schemenhafte Handlungsskizzen oder vage Zukunftsphantasien, die, wenn sie sich auch außerhalb des Aufmerksamkeitsfokus befinden, dennoch da sind und zum ganzheitlichen Gegenwartserleben dazugehören. Solchen ahnungsbewußten Inhalten ist als besondere Qualität eigen, daß sie unbestimmt sind. Der Grad ihrer Unbestimmtheit variiert kontinuierlich mit (wie oben dargestellt) unendlich vielen Abstufungen unterschiedlicher Bewußtheit.

Zur Veranschaulichung greife ich auf ein Phänomen zurück, das den Älteren unter uns noch erinnerbar sein wird. Die frühen Fernsehgeräte hatten ein Problem, das bei schlechter Wetterlage oder fehlender Hochantenne zutage trat: sie trennten die einzelnen Programme nicht sicher. So konnte es passieren, daß man neben dem eingestellten Hauptprogramm noch ein weiteres Programm sah, das mal undeutlicher, mal deutlicher sichtbar war, so daß es mitunter sogar möglich wurde, dem zweiten Geschehen wenigstens ungefähr folgen zu können. So ähnlich verhält es sich auch mit dem Strom des Erlebens. Neben dem vordergründig bewußten gibt es ein Hintergrunderleben, das sich gelegentlich, wenn auch zumeist schemenhaft, aus Fragmenten zu einem eigenen, relativ geschlossenen inneren Geschehen formiert. In früheren Zusammenhängen, als ich entwickelt habe, was ich unter einem „Wesen in Personen" verstehe – ein dynamisches Lebenskonstrukt, das aus bestimmten Selbst- und Objektrepräsentanzen, Beziehungsmatrizen, Erinnerungsbildern, zugehörigen Bedürfnissen, Gefühlen, Funktionsmustern etc. zu einer komplexen Struktureinheit zusammengefügt worden ist –, hatte ich eine bemerkenswerte Patientin erwähnt. Diese introspektiv sehr begabte Frau geriet häufig in Situationen, in denen sie sich äußerlich absolut orientiert, reaktionssicher, adäquat und unauffällig bewegte, und das Geschehen zugleich – wie sich allmählich herausarbeiten ließ – gänzlich anders erlebte, so als sei sie immer noch „das Kind mit dickem Kopf und klobigen Händen", das nichts kann, nichts weiß, das sich gelähmt, häßlich, abstoßend und zutiefst unwert fühlt.

Von diesem Beispiel ausgehend, läßt sich ein weiteres Phänomen veranschaulichen: Ein Hintergrunderleben kann u. U. gänzlich in den Vordergrund rücken. Damit ist dann eine Situation entstanden, in der Ahnungsbewußtes bewußt wird oder besser: das Bewußtsein vollkommen beherrscht, wobei es aber weiterhin diffus, unbestimmt, kaum verstehbar, fremd und mehr oder weniger unheimlich bleibt. Natürlich ist es genauso möglich, daß vormals ahnungsbewußte Inhalte dann, wenn sie in den Aufmerksamkeitsfokus geraten, eine klarere Kontur gewinnen und in sinnvoller und hilfreicher Weise genutzt werden können, um die Gegenwartserfahrung optimal zu regulieren.

Es fragt sich, worin die Funktion zu sehen ist, die ahnungsbewußte Inhalte im Hintergrund eines Gegenwartserlebens wahrnehmen. Zunächst einmal sollten wir davon ausgehen, daß die Aktivierung ahnungsbewußter genauso wie diejenige bewußter Inhalte strukturdeterminiert erfolgt, und auch die gleichen neuronalen Verarbeitungswege benutzt werden. Ahnungsbewußte Inhalte werden schließlich gleichermaßen auch in Abhängigkeit von äußeren oder körperinternen oder imaginierten Ereignissen aktiviert, wobei wiederum den begleitenden Bedürfnissen und Gefühlen eine wesentliche Führungsrolle zufällt.

Ihre wesentliche Funktion scheint mir darin zu bestehen, daß sie ein Gegenwartsgeschehen im Licht der bisherigen Erfahrungsgeschichte *möglichst umfassend* ausleuchten. Dazu gehört, daß nicht nur vielfältige Erinnerungen geweckt werden, die Bezüge zum Gegenwartsgeschehen aufweisen, es werden zugleich auch Erfahrungsprinzipien, Erwartungsstrukturen, Funktionen etc. in aktiver Bereitschaft gehalten, die gegebenenfalls genutzt werden können, um neue Erfahrungen zu verstehen, einzuordnen und die Regulation des aktuellen Erlebens zu optimieren. Die

Fähigkeit, antizipatorisch ein auf die Situation abgestimmtes Repertoire möglicher Reaktionen bereitzuhalten, ist von Vorteil, weil sie sichert, daß der Bewältigung und Anpassung dienliche Ressourcen rasch mobilisierbar sind. In dieser Perspektive wird nachvollziehbar, wie sinnvoll es ist, daß sich eine solche Fähigkeit im Evolutionsprozeß entwickelt hat.

Vergleichen und bewerten

Das Gehirn entwirft nicht nur ständig subjektive Wirklichkeiten, es funktioniert zugleich als ein System, das diese Wirklichkeiten auch fortwährend bewertet und prüft, ob z. B. potentielle Gefährdungsmomente auftauchen. In Behandlungssituationen erfahren wir gelegentlich sehr direkt etwas von dieser Überwachungs- und Kontrolltätigkeit. So berichtete mir beispielsweise ein Patient spontan, nachdem ich ihm etwas gesagt hatte, das ihn betroffen gemacht hatte: „Wissen Sie, worauf Sie hinauswollten, wußte ich schon, bevor Sie zuende geredet hatten; gleichzeitig merkte ich, daß sich alles in mir sträubte; ich wollte nicht, daß Sie Recht haben." Es scheint, als liefen solche Vergleichs- und Bewertungsprozesse parallel zur eigentlichen Repräsentationsarbeit im Gehirn ab.

Um vergleichen und bewerten zu können, benötigen wir ein Bezugssystem. In der gedanklichen Konzeption, die dieser Abhandlung zugrunde liegt, stellt die seelisch-geistige Struktur dieses Bezugssystem bereit. Die Struktur, das organisierte persönliche Weltmodell eines Menschen, ist keine abstrakte Entität, die nur theoretisch von Bedeutung ist. Vielmehr werden im Sinne eines sehr realen Geschehens jeweils aktuell benötigte Teilstrukturen mobilisiert. Sie werden vom ruhenden in den aktivierten Zustand überführt und manifestieren sich beispielsweise als bestimmte Erinnerungen an bestimmte frühere Ereignisse oder Personen, verbunden mit bestimmten Wünschen, Hoffnungen oder Ängsten – wie am Beispiel des Eingangsszenarios veranschaulicht.

Auf diese Weise hat unser Gehirn den Zugriff auf unsere Erfahrungsgeschichte, die allgemeinen Erfahrungsprinzipien und Funktionen, die es aus sich selbst heraus entwickelt hat. Es kann überprüfen, ob und wie sich das Gegenwartserleben in diesen Bezugsrahmen einfügt. Kongruenzen und Divergenzen tauchen auf, die emotional und kognitiv bewertet werden. Und es werden – wenn nötig – Regulationsvorgänge eingeleitet, um das Erleben erneut zu stabilisieren. Auf diese Weise wird das Erleben in sehr vielen Alltagssituationen problemlos reguliert. Die zugrundeliegenden Regulationsprozesse laufen sehr rasch ab, zumeist automatisiert, und können nur sehr selten introspektiv umfassend rekonstruiert werden. Wenn keine intensiven Gefühle der Angst, Wut oder Niedergeschlagenheit beispielsweise lebendig werden, wir uns statt dessen ausgeglichen, gelassen, zufrieden, vielleicht sogar glücklich fühlen, so ist dies der beste Indikator für gelungene Regulationsvorgänge.

Die Rolle der Kernstruktur

Um ein Wirklichkeitserleben – sei es nun bewußt oder ahnungsbewußt – bewerten zu können, genügt es nicht, Teilstrukturen als aktuelle Bezugssysteme zu aktivieren. Wir benötigen auch Bewertungskriterien. Damit kommt die Kernstruktur ins Spiel. Zur Erinnerung: Die Kernstruktur war so bestimmt worden, daß sie die emotional hochbedeutsamen Strukturmerkmale umfaßt, die unsere Eigenart als Person ausmachen. Sie sichern unser Identitätsgefühl und gefährden es zugleich unter bestimmten Bedingungen. Insofern hatte ich die Kernstruktur auch als „Identitäts-Selbst" bezeichnet – notabene: ein Konstrukt, das es nicht wirklich gibt, das nichts macht oder bewirkt, das vielmehr nur als gedankliches, also ideelles System eingeführt wurde, um den Strukturmerkmalen, die in subjektiver Perspektive sehr wichtig sind, einen theoretischen Ort zuzuweisen und dem Ort einen Namen zu geben.

Welche Inhalte oder Funktionen tatsächlich wichtig sind, weil sie die Tragfähigkeit der Struktur entscheidend beeinflussen, kann nicht aus objektivierender Distanz eingeschätzt werden. Empirisch aufgewiesene Risiko- und Schutzfaktoren sind hilfreich, liefern aber nur Hinweise. Eine realitätsgerechte *individuelle* Beurteilung ist notwendig, aber nur möglich, wenn wir der subjektiven Perspektive von Patienten folgen. Es gibt viele Kandidaten: beglückende oder quälende Erinnerungen; Niederlagen oder Triumphe; Bilder von uns selbst oder anderen; erlaubte oder unerlaubte lustvolle, angstbesetzte, quälende, verfolgende, sexuelle, aggressive oder destruktive Phantasien; erfüllte oder unerfüllte Wünsche; Gefühle, die uns häufig wiederkehrend oder dauerhaft begleiten; Ideale oder Glaubensüberzeugungen; Pläne, die wir beharrlich verfolgen; Fähigkeiten und Fertigkeiten, oder umgekehrt das beängstigende, kränkende oder beschämende Wissen um eklatante Mängel.

Die Strukturmerkmale, die das Identitäts-Selbst bilden, sind wie alle übrigen auch mit Blick auf die Tragfähigkeit der Struktur unterschiedlich qualifizierbar. Dementsprechend treten sie auch auf unterschiedliche Weise in Funktion, je nachdem, welche Merkmale der Kernstruktur in einer Situation aktiviert werden. Wenn überwiegend „positive" Kernstrukturen wie z.B. gelungene Identifikationen oder stabil verankerte Beziehungserfahrungen aktiviert werden, für die wir dankbar sind, und die wir wie einen Schatz hüten, werden wir uns trotz äußerer oder innerer Bedrohungen immer noch von basaler Hoffnung und Zuversicht getragen fühlen. Anders dagegen, wenn stabilisierende Inhalte und Funktionen in Frage gestellt oder solche Strukturmerkmale belebt werden, die die Tragfähigkeit der Struktur schwächen, weil sie als negativ, falsch-positiv oder falsch-negativ zu qualifizieren sind. Die Destabilisierung kann also auf verschiedene Weisen geschehen:

a. Die lebensbejahend-positiven Grundüberzeugungen können durch herbe Gegenerfahrungen erschüttert werden.

b. Traumatische Erfahrungen können aus der Erinnerung auftauchen oder durch neue Traumatisierungen wiederbelebt werden.

c. Die Funktionen im Dienste von Abwehr oder Progression und entsprechend auch alle weiteren komplexer organisierten Funktionen können durch Krankheit, Alter, überfordernde neue Aufgaben, aktualisierte Konflikte etc. geschwächt werden.

d. Die falsch-positiven oder falsch-negativen Elemente des persönlichen Weltmodells können als nichtecht enttarnt werden. In der Regel versuchen Menschen, solche falschen Lebenskonstruktionen mehr oder weniger verzweifelt so lange wie irgend möglich aufrechtzuerhalten. Sie bauen sie um, wenn Gefährdungen drohen oder die Divergenzen zur Realitätserfahrung unüberbrückbar groß werden. Dies kann mitunter ein Leben lang gut gehen. Häufig sind es dann jedoch vergleichsweise unbedeutende Ereignisse, die das Gebäude zum Einsturz bringen. Nicht diese Auslöser sind dann aber relevant (wenn sich überhaupt welche finden lassen), sondern die zugrundeliegenden Kernstrukturen selbst, die, weil falsch-positiv oder falsch-negativ, nur Regulationsprozesse erlauben, die prinzipiell zur Destabilisierung neigen.

e. Schließlich können wir in Situationen geraten, die einzelne Strukturdefizite erbarmungslos bloßlegen, und es können uns Ereignisse treffen, die die Kapazität unserer Struktur, das Erlebte verarbeiten zu können, grundsätzlich überfordern. Die empirische Risikoforschung (vgl. Egle 1997) hat inzwischen einige wichtige biographische Faktoren, die das Erkrankungsrisiko signifikant erhöhen, identifizieren können. In klinischer Perspektive sind es vor allem die folgenden Faktoren (häufig kombiniert), die Erstmanifestationen oder Rezidive von psychischen oder psychosomatischen Erkrankungen begünstigen: Objektverluste, schwere narzißtische Kränkungen, aktuell nicht lösbare oder chronisch ungelöste Konflikte und/oder Ereignisse, die latente Konflikte wiederbeleben. Generell gilt, daß diese Faktoren in kritischen Entwicklungsphasen oder Umbruchzeiten besonders wirkmächtig sind.

Die Regulation des Erlebens: Eine ständige Wanderungs-bewegung zwischen stabiler und instabiler Organisation

Es gelingt uns mit wechselndem Erfolg, die Wirklichkeiten, die unser Gehirn in permanenter Folge entwirft, subjektiv befriedigend zu gestalten. Die mehr oder weniger gelungenen oder mißlungenen Bemühungen lassen sich auf einem gedachten Kontinuum mit unendlich vielen Abstufungen anordnen. Unsere Position auf diesem Kontinuum ist praktisch niemals konstant. Sie verändert sich ständig und dies mit wechselnder Geschwindigkeit. Beginnen wir mit dem einen Pol und stellen wir uns einen Menschen vor, dem es gelingt, sein Erleben optimal zu regulieren:

Er kann seine persönlichen Wünsche und jene, die auf andere gerichtet sind, befriedigen. Er ist fähig, seine Ideale, Zielvorstellungen, Sehnsüchte, Zukunftspläne etc. beharrlich zu verfolgen. Er kann Verantwortung übernehmen, ohne darüber seine Eigeninteressen zu vergessen. Er ist in der Lage, sich zu schützen, wenn er sich überfordert fühlt. Er kann reale Bedrohungen, Konflikte, sonstige Belastungen und damit einhergehende Gefühle wahrnehmen, richtig einschätzen und realitätsgerecht darauf reagieren. Er erkennt und akzeptiert, daß er nicht nur gut ist, sondern Phantasien ausbildet, Handlungsimpulse verspürt oder Gefühle wie z.B. Mißgunst oder Neid hat, die gesellschaftlich gemeinhin als verpönt gelten. Er kann die guten Erfahrungen, die er gemacht hat, dankbar bewahren und anerkennen, daß auch die schlechten Erfahrungen zu seiner Geschichte und damit zu ihm gehören. Er verzichtet weitgehend auf falsche positive oder negative Konstruktionen. Es gelingt ihm mit fast spielerischer Sicherheit, flexibel und jeweils der Situation angemessen zwischen den beiden Grundströmungen zu wechseln: sich neugierig, interessiert, handlungs- und zur Not kampfbereit der Welt gegenüber zu öffnen und sich im Bedarfsfall zurückzuziehen, um in sich selbst oder in vertrauten Nähebeziehungen Sicherheit und Ruhe zu finden. Er ist fähig wahrzunehmen und zu bejahen, daß sein Leben trotz aller Wechselfälle in der Folge von Vergangenheit, Gegenwart und Zukunft ein kontinuierlicher und in sich kohärenter Prozeß ist. Er fühlt sich „ganz", ausgeglichen und behaglich, der Zukunft gegenüber zuversichtlich und hoffnungsvoll. Er kann sich freuen, wobei er dann, wenn er sich situationsangemessen deprimiert, wütend, rachsüchtig etc. erlebt, in der Lage ist, auch diese Gefühle und zugehörige Impulse entweder innerlich zu tolerieren oder gegebenenfalls hörbar und unmißverständlich auszudrücken. Von einem Menschen, dem es gelingt, seine Lebenswirklichkeit in dieser Weise zu gestalten, würde ich sagen, daß er „gesund" ist – eingedenk der Schwierigkeit (ich persönlich glaube: Unmöglichkeit), seelische Gesundheit exakt definieren zu können.

Wenn einem Menschen eine solche optimale Regulierung nicht gelingt, sucht er nach einer nächstbesten etc., bis er sich in der Folge von Des- und Reorganisation schließlich stabilisieren kann. Werden diese Zyklen demgegenüber anhaltend erfolglos durchlaufen, nähert er sich in einem Prozeß zunehmender Destabilisierung allmählich dem anderen Pol des Kontinuums und macht Erfahrungen, die, wie sich auch empirisch aufweisen ließ (vgl. Deneke u. Hilgenstock 1989), komplex konfiguriert sind:

Er kann sich nur noch grenzwertig oder schließlich überhaupt nicht mehr stabilisieren, verbunden mit der Gefahr, in psychotische Wirklichkeitskonstruktionen ausweichen zu müssen. In diesen Bereichen grenzwertiger Regulierung wird er von Lähmungs- und Hilflosigkeitsgefühlen geradezu überflutet. Er fühlt, daß er dem bedrohlichen Gegenwartserleben aus eigener Kraft nicht mehr begegnen kann. Eine konstruktive oder progressive Selbstrettung ist ihm nicht mehr möglich. Er hat das normalerweise wie selbstverständlich vorhandene Gefühl verloren, daß das eigene Leben ein Prozeß ist, der sich zeitlich kontinuierlich fortentwickelt. Es ist ein Untergangserleben – in dem Wissen aber, daß das Leben dennoch unerbittlich weitergeht.

In diesen Grenzzuständen psychischer Regulationsmöglichkeiten – Winnicott (1974) sprach von „primitiven Agonien" – erlebt er intensive Gefühle. Das beherrschende Gefühl ist die Angst. Die Angst selbst wird als zeit- und grenzlos erlebt. Sie geht mit dem Empfinden einher, daß die eigene Person und jedwede sonstige Ordnungsstrukturen zerfallen oder sich irgendwie auflösen könnten (vgl. Kohut 1979). In solchen Zuständen hat ein Mensch eine Art innerer Gewißheit, daß die Sprache ein untaugliches Mittel ist, um das auszudrücken, was in ihm vorgeht. Er fühlt sich existentiell allein, intuitiv überzeugt davon, anderen nicht wirklich vermitteln zu können, wie es um ihn steht. Diese intuitive Gewißheit ist im Kern durchaus realistisch, weil viele Menschen (auch viele Psychotherapeuten) nicht fähig sind, empathisch auf das bedrohliche Geschehen zu reagieren, dessen Zeuge sie werden. Diese anderen müssen sich gegen das beobachtbare Geschehen wehren, weil es latente Ängste in ihnen selbst mobilisiert, die sie nicht haben integrieren können.

Neben dieser zutiefst existentiellen Angst, dem Vernichtungserleben, das verbunden ist mit dem Gefühl, dem Geschehen niemals – weder zeitlich noch räumlich – entkommen zu können, wird die Erfahrung grenzwertiger Regulationszustände durch weitere archaische Gefühle und Weisen des Erlebens bestimmt (vgl. Deneke u. Hilgenstock 1989): Ein Mensch fühlt sich als Person zutiefst entwertet, wie ein „Nichts". Intensive depressive Gefühle von Sinnlosigkeit und Leere beherrschen ihn. Es tauchen elementar destruktive Handlungsimpulse auf, die sich vornehmlich gegen die eigene Person wenden und eng verbunden sind mit dem Gefühl, keine Kontrolle über die eigenen Affekte und Impulse zu haben. Er hat sein archaisches Hoffnungspotential verloren. Er versucht, dem bedrohlichen Geschehen durch Rückzug in Derealisations- oder Depersonalisationszustände zu entkommen oder es zu bewältigen, indem er es auf spezifische Erlebensinhalte und Empfindungen (vgl. Mentzos 1984) eingrenzt und damit konkretisiert: ein Kleinheitsselbst oder ein negatives Körperselbst. Die soziale Isolierung und die Belebung archaischer Rückzugsphantasien, Tagträume von heilen und beschützenden Welten, sind weitere elementare Mechanismen, um das Abgleiten in eine unkontrollierbare Dekompensation aufzufangen.

Wenn ein Mensch im Verlauf des Dekompensationsprozesses psychotisch wird, so geht damit eine qualitativ radikal veränderte Form der Wirklichkeitsgestaltung einher. Aber auch sie bleibt Teil eines Regulationsprozesses, der lebenslang ununterbrochen fortdauert – auch dann, wenn Wirklichkeiten entworfen werden, die in ihrer Neu- und Andersartigkeit verrückt erscheinen. Mit anderen psychischen oder psychosomatischen Erkrankungen bzw. Symptombildungen verhält es sich prinzipiell nicht anders. Sie markieren nicht Endpunkte eines Prozesses. Vielmehr haben sich in der Folge fortwährend variierender Wirklichkeitsgestaltungen bestimmte Möglichkeiten und Gefahren realisiert, die unter vielen weiteren in der seelisch-geistigen Struktur auch bereitliegen. Die Symptombildung ist also nur eine (wenn auch wenig optimale) unter anderen Regulationsmöglichkeiten. Symptome entwickeln sich in der Zeit. Darin verdeutlicht sich ihr Prozeßcharakter, der im übrigen auch daran erkennbar wird, daß Symptome in ihrer Intensität und Qualität fluktuieren, wobei die Symptomentwicklung häufig allerdings qualitative Sprünge aufweist.

Symptome bringen zum Ausdruck, daß es einem Menschen vorübergehend oder längerfristig nicht gelungen ist, unter den Bedingungen seiner Struktur bessere Regulationsmöglichkeiten zu finden. Wir sollten die Symptombildung aber nicht ausschließlich als defensives oder defizitäres Regulationsgeschehen begreifen. Sie enthält häufig auch konstruktive Elemente (vgl. Overbeck 1977). So wird bei vorwiegend somatischer oder psychosomatischer Leitsymptomatik ein gesellschaftlich tolerierter und legitimierter Rückzugsraum eröffnet, der Um- und Neuorientierungen möglich macht, zumindest dann, wenn es nicht zu Chronifizierungen oder einem Krankheitsprozeß kommt, der mit Organschädigungen einhergeht. Mit der Ausbildung einer somatischen Leitsymptomatik geht häufig auch einher, daß Patienten sich von seelischem Belastungs- oder Konfliktdruck entlastet fühlen (primärer Krankheitsgewinn). In jedem Fall aber sind Symptome für die Betroffenen *unabweisbare* Zeichen dafür, daß etwas mit ihnen nicht stimmt, und nicht selten können sie von Patienten auch als solche sinnvolle Zeichen genutzt werden. Dann z. B., wenn es den Patienten gelingt wahrzunehmen, daß sie schon seit u. U. langer Zeit mit untauglichen Mitteln versucht haben, innere Wirklichkeiten zu verleugnen, abzuwehren oder durch übermäßige Anstrengungen zu kompensieren, anstatt sich ihnen zu stellen und nach konstruktiveren Lösungsmöglichkeiten zu suchen.

Am Beispiel der Symptombildung läßt sich am sinnfälligsten und erlebensunmittelbar veranschaulichen, daß – je nachdem, wo wir uns auf dem gedachten Kontinuum gerade befinden – qualitativ gänzlich verschiedene neuronale Teilstrukturen aktiviert werden. Dies hat Konsequenzen. In neurobiologischer Perspektive müssen wir nämlich erwarten, daß sich jede Position und jede Veränderungsbewegung auf dem Kontinuum selbst verstärken. Wenn jedes Erleben mit einem bestimmten Aktivitätsmuster identisch ist, ergibt sich daraus, daß mit erhöhter Wahrscheinlichkeit weitere neuronale Muster erregt werden, die aufgrund systematischer Vorerfahrungen eines Menschen selektiv und bevorzugt mit den neuronalen Strukturen verkoppelt sind, die gegenwärtig aktiviert sind. Wir reproduzieren also mit erhöhter Wahrscheinlichkeit und wiederum aus neurobiologischen Gründen zwangsläufig in zeitlicher Folge ein Erleben, das dem vorangegangenen ähnlich ist. Dieser Selbstverstärkungsmechanismus wirkt wie ein Magnet, der die Regulation des Erlebens in seinem Einzugsbereich festhält, sie gleichsam bannt, womit einhergeht, daß die potentielle Vielfalt der Regulationsmöglichkeiten zunehmend (wie sich gleichermaßen mit dem Bild des Magneten veranschaulichen läßt) eingeschränkt wird. Die Folgen dieses Mechanismus sind natürlich besonders fatal, wenn ein Mensch mehr und mehr in ein Erleben hineingerät, das von Dekompensation bedroht wird oder bereits dekompensiert ist.

Wir erweitern jetzt wieder unsere Perspektive und betrachten den gesamten Lebensprozeß, in dessen Verlauf ein Mensch viele inhaltliche Strukturen und Regulationsmodi entwickelt hat. Einzelne sind im Zusammenhang eines Erlebens entwickelt worden, das emotional und motivational besonders bewegend war, oder sie sind in zahllosen Wiederholungen reaktiviert worden. Auf diese Weise wurden sie selektiv verstärkt und allmählich habituell. Mit anderen Worten, sie sind innerhalb des Repertoires strukturell verankerter Inhalte und Funktionsweisen dominant geworden, weil sie das Erleben, durchschnittlich gesehen, mit größerer Durchschlagskraft als andere nach ihrem Muster gestalten. Die Folgen zeigen sich dann auch im beobachtbaren Erleben und Verhalten und erlauben den diagnostischen Rückschluß auf eine z. B. depressive, narzißtische, „hysterische", paranoide, schizoide, antisoziale, zwanghafte etc. Struktur (bzw. „Persönlichkeitsstörung", wenn entsprechende diagnostische Kriterien erfüllt sind).

Wir können zusammenfassen: Das Erleben wird strukturabhängig reguliert. In übergeordneter Perspektive wird die Regulation durch zwei wirkmächtige Faktoren beeinflußt: den Selbstverstärkungsmechanismus und die dominanten Strukturen, die erfahrungsabhängig selektiv verstärkt worden sind. Beide Faktoren greifen ineinander, wenn im Zusammenhang des Gegenwartserlebens dominante Strukturen aktiviert werden.

Die komplexe Wirklichkeitserfahrung ist in sich gegliedert. Bestimmte Inhalte sind im Fokus der Aufmerksamkeit. Sie sind phänomenal bewußt. Wenn jetzt eine Gefahr z. B. kognitiv eindeutig erkannt und dementsprechend ein Angstsignal ausgelöst wird, können wir zielgerichtet Operationen einleiten, um der Gefahr angemessen zu begegnen – mit der Folge, daß sich die Angst zurückbildet. Die Signalangst hat in diesem Fall ihre Funktion erfüllt.

Andere Inhalte befinden sich außerhalb des Aufmerksamkeitsfokus. Sie sind in gradueller Abstufung ahnungsbewußt. Weil sie ahnungsbewußt sind (aber nicht unbewußt), hat das Gehirn einen Zugriff auf sie. Es kann sie nutzen, um ein Gegenwartsgeschehen komplex zu erfassen, frühzeitig Gefahrenmomente zu erkennen und sich angemessen darauf vorzubereiten, indem z. B. bestimmte Funktionen in aktive Bereitschaft versetzt werden. Ahnungsbewußte Inhalte erlauben dem Gehirn allerdings keine sicheren Urteile. Sie versetzen es aber in die Lage abzuschätzen, wie wahrscheinlich es ist, daß ein Gegenwartsgeschehen z. B. gefährlich werden könnte. Auf der Grundlage solcher *Wahrscheinlichkeitsannahmen* wird es möglich, frühzeitig Regulationsprozesse einzuleiten, um uns zu schützen – lange bevor eine Gefahr sinnlich eindeutig und bewußt erkennbar wird und häufig genug mit der Konsequenz, daß die Gefährdung erst gar nicht sinnlich eindeutig erkannt werden muß. Ich nehme an, daß unser Gehirn über Frühwarnsysteme verfügt – die sogenannte Selbstbeobachtung dürfte jener Teil dieser Systeme sein, der introspektiv zugänglich ist –, die in erster Linie mit einem „Erkennen" im Sinne eines Ahnungswissens operieren.

Die Lebensgeschichte eines Menschen ist in spezifisch veränderten konsolidierten neuronalen Strukturen niedergelegt. Je nach aktueller Situation werden bestimmte Teilstrukturen aktiviert. Auf diese Weise wird es möglich, ein gegenwärtiges Geschehen im Bezugssystem der bisherigen lebensgeschichtlichen Erfahrungen zu beurteilen. Das Gehirn überprüft in außerordentlich schnell ablaufenden Vergleichs- und Bewertungsprozessen, so die Hypothese, ob zwischen dem Gegenwartserleben und den reaktivierten Vergangenheitserfahrungen (die aber ahnungsbewußt sein müssen) eine Affinität besteht und die in der Struktur verankerten Regulationsmöglichkeiten ausreichen, um das Gegenwartsgeschehen bewältigen zu können.

Eine kritische und alarmierende Situation entsteht dann, wenn im Zusammenhang mit einem Gegenwartserleben Elemente der Kernstruktur wiederbelebt werden. Jetzt gilt es, zwei Gefahren unterschiedlicher Art abzuwehren. Erstens müssen die Kernmerkmale, die die Tragfähigkeit der Struktur stützen und ein positives Identitätsgefühl sichern, unbedingt geschützt werden. Zweitens müssen die Gefahren begrenzt werden, die drohen, wenn Kernelemente aktiviert werden, die die Tragfähigkeit schwächen: Erinnerungen an traumatisierende Erlebnisse, negative Selbstbilder, Bilder entwertender und vernichtender Beziehungsobjekte, destruktive Phantasien, Identifikationen mit ihrerseits hilflosen und schwachen Objekten, isolierte und abgespaltene Wesen in Personen, Dispositionen zu depressiven Gefühlen oder zerstörerischen Impulsen, unrealisierbare Wünsche, Formen der Abwehrorganisation, die konstruktive Bewältigungsversuche erschweren oder unmöglich machen etc.

Wenn solche Kernstrukturen aktiviert werden, droht, daß die Regulation des Erlebens in einem sich selbst verstärkenden Prozeß zunehmender Destabilisierung in Grenzzustände oder (bei vorliegender genetischer Veranlagung) psychotische Zustände dekompensiert. Jeder Mensch versucht primär, seine Wirklichkeitskonstruktionen so zu gestalten, daß sie ihn befriedigen – Versuche, die natürlich durch seine strukturell vorgegebenen Möglichkeiten begrenzt werden. Letztlich aber sind alle Regulationen eines Menschen darauf ausgerichtet, Entwicklungen zu vermeiden, die ihn in dekompensierte Zustände abgleiten lassen könnten. Ich gehe davon aus, daß die meisten Menschen in archaischen Phantasien zumindest eine Ahnung von einem solchen möglichen Inferno haben. Einfach deshalb, weil sie irgendwann einmal in ihrem Leben (oder häufiger) Erfahrungen gemacht haben, die sie grenzwertige Zustände haben erleben lassen, und das Gehirn, ein unerbittlicher Registrator, sich etwas davon gemerkt hat.

Literatur

Adolphs R, Tranel D, Damasio AR. The human amygdala in social judgement. Nature 1998; 393: 470-4.

Ainsworth MDS, Blehar MC, Waters E, Wall S. Patterns of attachment. A psychological study of the strange situation. Hillsdale NJ: Lawrence Erlbaum Associates 1978.

Anthony EJ. Children at high risk for psychosis growing up successfully. In: The Invulnerable Child. Anthony EJ, Cohler BJ, eds. New York: Guilford Press 1987.

Applegarth A. Comments on aspects of the theory of psychic energy. J Am Psychoanal Ass 1971; 19:379–416.

Applegarth A. The structure of psychoanalytic theory. J Am Psychoanal Assoc 1973; 21:193–237.

Balint M. Primärer Narzißmus und primäre Liebe. Jahrbuch Psychoanalyse 1960; 1:3–34.

Barasalou LW. The content and organization of autobiographical memories. In: Remembering reconsidered: Ecological and traditional approaches to the study of memory. Neisser W, ed. Cambridge: Cambridge University Press 1988; 193–243.

Bartels J. Wirklichkeit. In: Europäische Enzyklopädie zu Philosophie und Wissenschaften. Sandkühler HJ, Hrsg. Hamburg: Meiner 1990.

Basch M. Die Kunst der Psychotherapie. München: Pfeiffer 1992.

Baumgart M. Psychoanalyse und Säuglingsforschung. Psyche 1991; 45:780–809.

Beebe B. Mother-infant mutual influence and precursors of self-object representation. In: Empirical Studies of Psychoanalytic Theories, Bd.2. Masling J, ed. Hillsdale NJ: The Analytic Press 1986; 27–48.

Beebe B, Lachmann FM. The organization of infant experience. The contribution of mother-infant mutual influence. Vortrag anläßlich der Konferenz der Am Psychological Assoc, Washington DC, 1986.

Bertalanffy L von. An outline of general systems theory. Br J Phil Sci 1950; 1:134–65.

Bieri P, Hrsg. Analytische Philosophie des Geistes. Königstein: Hain 1981.

Bieri P. Schmerz – eine Fallstudie zum Leib-Seele-Problem. In: Gehirn und Bewußtsein. Pöppel E, Hrsg. Weinheim: VCH Verlagsgesellschaft 1989; 125–34.

Bieri P. Was macht Bewußtsein zu einem Rätsel? In: Bewußtsein. Beiträge aus der Gegenwartsphilosophie. 2. Aufl. Metzinger T, Hrsg. Paderborn, München: Schöningh 1996.

Birbaumer N. Physiologische Psychologie. Berlin, Heidelberg, NewYork: Springer 1975.

Boesky D. The Concept of Psychic Structure. In: The Concept of the Structure in Psychoanalysis. Shapiro T, ed. Madison: International Universities Press 1991; 113–35.

Bondy B. Genetik der Schizophrenie. Nervenheilkunde 1993; 12:30–3.

Bowlby J. Attachment and loss. Vol.2: Separation: Anxiety and anger. New York: Basic Books 1973.

Bowlby J. Verlust, Trauer und Depression. Frankfurt/M.: Fischer 1983.

Bowlby J. Elternbindung und Persönlichkeitsentwicklung. Heidelberg: Dexter 1995.

Brach MA, Sott C, Belka C, Herrmann F. Molekulare Grundlagen der Tumorentstehung. Dtsch Med Wochenschr 1995; 120:73–9.

Braitenberg V, Schüz A. Cortex: hohe Ordnung oder größtmögliches Durcheinander? In: Gehirn und Kognition. Heidelberg: Spektrum Wissenschaft 1990; 182–94.

Bremner JD, Randall P, Scott TM, Bronen RA, Seibyl JP, Southwick SM, Delaney RC, McCarthy G, Charney DS, Innis RB. MRI-based measures of hippocampal volume in patients with PTSD. Am Journal Psychiatry 1995; 152: 973-81.

Brenner C. Grundzüge der Psychoanalyse. Frankfurt/M.: Fischer 1972.

Bretherton I. The origins of attachment theory: John Bowlby and Mary Ainsworth. Dev Psychol 1992; 28:759–75.

Buchheim A, Brisch KH, Kächele H. Einführung in die Bindungstheorie und ihre Bedeutung für die Psychotherapie. Psychother Psychosom med Psychol 1998; 48: 128–38.

Bunge M. Das Leib-Seele-Problem. Ein psychobiologischer Versuch. Tübingen: JCB Mohr (Paul Siebeck) 1984.

Chasseguet-Smirgel J. Creativity and perversion. New York: Norton 1984.

Chasseguet-Smirgel J, Goyena A. Core Fantasy and Psychoanalytic Change. In: Psychic Structure and Psychic Change. Horowitz MJ, Kernberg OF, Weinshel EM, eds. Madison: International Universities Press 1993; 233–62.

Ciompi, L. Zur Integration von Fühlen und Denken im Licht der „Affektlogik". Die Psyche als Teil eines autopoietischen Systems. In: Psychiatrie der Gegenwart 1. Kisker KP, Lauter H, Meyer JE, Müller C, Stromgren E, Hrsg. Berlin, Heidelberg, New York: Springer 1986.

Churchland PM. Betty Crocker's theory of the mind: A review of the rediscovery of the mind by John Searle. London Review Books 1994; 16:13–4.

Churchland PS. Die Neurobiologie des Bewußtseins. Was können wir von ihr lernen? In: Bewußtsein. Beiträge aus der Gegenwartsphilosophie. 2. Aufl. Metzinger T, Hrsg. Paderborn, München: Schöningh 1996.

Crick F. Was die Seele wirklich ist. Die naturwissenschaftliche Erforschung des Bewußtseins. München: Artemis & Winkler 1994.

Damasio A. Ich fühle, also bin ich. München: List 2000.

Dell PF, Goolishian HA. „Ordnung durch Fluktuation": Eine evolutionäre Epistemologie für menschliche Systeme. Familiendynamik 1981; 6:104–22.

Deneke FW. Das Selbstsystem. Psyche 1989; 43:577–608.

Deneke FW. Die Strukturierung der subjektiven Wirklichkeit. In: Mensch – Psychiatrie – Umwelt. Andresen J, Stark FM, Gross J, Hrsg. Bonn: Psychiatrie 1992.

Deneke FW. Das Selbst und seine Repräsentanzen: Wie kommt der Fall zu seiner Geschichte? In: Die Fallgeschichte. Stuhr U, Deneke FW, Hrsg. Heidelberg: Asanger 1993; 120–39.

Deneke FW. Die Regulation des Selbsterlebens bei Gesunden, psychosomatischen, psychoneurotischen und alkoholkranken Patienten – ein taxonomischer Forschungsansatz. Psychother Psychosom Med Psychol 1994; 44:250–66.

Deneke FW, Ahrens S, Bühring B, Haag A, Lamparter U, Richter R, Stuhr U. Wie erleben sich Gesunde? Psychother Psychosom Med Psychol 1987; 37:156–60.

Deneke FW, Hilgenstock B. Das Narzißmusinventar. Bern: Huber 1989.

Deneke FW, Hilgenstock B, Klinisches Motiv-Inventar. In Vorbereitung.

Deneke FW, Stuhr U. Das Komplexitätsproblem und der reduktionistische Lösungsweg – kritische Anmerkungen aus psychoanalytischer Sicht. Psychother Psychosom Med Psychol 1992; 42:357–61.

Diagnostisches und statistisches Manual psychischer Störungen DSM-IV. Göttingen, Bern: Hogrefe 1996.

Dornes M. Der kompetente Säugling. Die präverbale Entwicklung des Menschen. Frankfurt/M.: Fischer 1993.

Dorsch F, Häcker H, Stapf KH, Hrsg. Psychologisches Wörterbuch. 12. Aufl. Bern, Göttingen: Hans Huber 1994.

Eagle MN. Neuere Entwicklungen in der Psychoanalyse. Eine kritische Würdigung. München, Wien: Internationale Psychoanalyse 1988.

Ebeling W. Selbstorganisation. In: Philosophie und Naturwissenschaften. Hörz H, Liebscher H, Löther R, Schmützer E, Wollgast S, Hrsg. Berlin: Dietz 1991.

Edelman GM. Unser Gehirn – ein dynamisches System. Die Theorie des neuronalen Darwinismus und die biologischen Grundlagen der Wahrnehmung. München: Piper 1993.

Edelman GM. Göttliche Luft, vernichtendes Feuer. München: Piper 1995.

Edelman GM, Reeke GN. Selective networks capable of representative transformation, limited generalizations, and associative memory. Proc Natl Acad Sci USA 1982; 79:2091–5.

Egle UT, Hoffmann SO, Steffens M. Psychosoziale Risiko- und Schutzfaktoren in Kindheit und Jugend als Prädisposition für psychische Störungen im Erwachsenenalter. Nervenarzt 1997; 68:683–95.

Ekman P. Gesichtsausdruck und Gefühl: 20 Jahre Forschung von Paul Ekman. Paderborn: Jungfermann 1988.

Emde RN. Die endliche und die unendliche Entwicklung. I. Angeborene und motivationale Faktoren aus der frühen Kindheit. Psyche 1991; 45:745–79.

Emde RN, Sorce JF. The rewards of infancy: Emotional availability and maternal referencing. In: Frontiers of Infant Psychiatry. Call JD, Galenson E, Tyron RL, eds. New York: Basic Books 1983; 17-30.

Engel AK, König P, Singer W. Bildung repräsentationaler Zustände im Gehirn. In: Gehirn und Bewußtsein. Heidelberg: Spektrum Akademischer Verlag 1994; 42–6. (Erstmalig erschienen in Spektrum der Wissenschaft, September 1993.)

Erikson EH. Identität und Lebenszyklus. Frankfurt/M.: Suhrkamp 1973. (Erstveröffentlichung engl. 1959.)

Eriksson PS, Perfiliena E, Björk-Eriksson T, Alborn A-M, Norborg C, Peterson A, Gage FH. Neurogenesis in the adult human hippocampus. Nat Med 1998; 11: 1313-7.

Federn P. Ich-Psychologie und die Psychosen. Frankfurt/M.: Suhrkamp 1956.

Flohr H. Schwierigkeiten der Autocerebroskopie. In: Gehirn und Bewußtsein. Pöppel E, Hrsg. Weinheim: VCH Verlagsgesellschaft 1989; 61–71.

Fonagy P, Steele H, Steele M. Maternal Representation of Attachment during Pregnancy Predict the Organization of Infant-Mother Attachment at One Year of Age. Child Dev 1991; 62: 891–905.

Fonagy P, Steele M, Steele H, Higgitt A, Target M. The theory and practice of resilience. J Child Psychol Psychiatry 1994; 35:231–57.

Fremmer-Bombik E, Grossmann KE. Über die lebenslange Bedeutung früher Bindungserfahrungen. In: Frühe Schädigungen – späte Folgen? Petzold HG, Hrsg. Paderborn: Jungfermann 1993.

Freud A. Das Ich und die Abwehrmechanismen (1936). München: Kindler 1974.

Freud A. Zur Psychoanalyse der Kindheit. Die Harvard-Vorlesungen 1952. Frankfurt/M.: Fischer 1993.

Freud S. Studien über Hysterie (1895). In: Gesammelte Werke (G.W.), Bd. 1. Freud S. London: Imago Publishing 1940.

Freud S. Formulierungen über zwei Prinzipien des psychischen Geschehens (1911). In: Studienausgabe Bd. 3. Freud S. Frankfurt/M.: S Fischer 1975.

Freud S. Zur Einführung des Narzißmus (1914). In: Studienausgabe Bd. 3. Freud S. Frankfurt/M.: S Fischer 1975; 37–68.

Freud S. Das Unbewußte (1915). In: Studienausgabe Bd. 3. Freud S. Frankfurt/M.: S Fischer 1975.

Freud S. Vorlesungen zur Einführung in die Psychoanalyse (1917). In: Gesammelte Werke (G.W.), Bd. 11. Freud S. London: Imago Publishing 1940.

Freud S. Das Ich und das Es (1923). In: Studienausgabe Bd. 3. Freud S. Frankfurt/M.: S Fischer 1975.

Freud S. Das ökonomische Problem des Masochismus (1924). In: Studienausgabe Bd. 3. Freud S. Frankfurt/M.: S Fischer 1975.

Freud S. Hemmung, Symptom und Angst (1926). In: Studienausgabe Bd. 6. Freud S. Frankfurt/M.: S Fischer 1975.

Freud S. Neue Folge der Vorlesungen zur Einführung in die Psychoanalyse (1933). In: Gesammelte Werke (G.W.), Bd. 15. Freud S. London: Imago Publishing 1940.

Freud S. Konstruktionen in der Analyse (1937). In: Gesammelte Werke (G.W.), Bd. 16. Freud S. London: Imago Publishing 1940.

Freud S. Entwurf einer Psychologie (1950). In: Aus den Anfängen der Psychoanalyse. Freud S. Frankfurt/M.: S Fischer 1962; 299–384.

Gay P. Freud. Frankfurt/M.; S Fischer 1989.

George C, Kaplan N, Main M. The Adult Attachment Interview. Unpubl manuscript. Univ Calif Berkeley, Dept Psychol 1985.

Goller H. Emotionspsychologie und Leib-Seele-Problem. Stuttgart: Kohlhammer 1992.

Gould E, Tanapat P, McEwen BS, Flügge G, Fuchs E. Proliferation of granule cell precursors in the dentate gyrus of adult monkeys is diminished by stress. Proc Natl Acad Sci USA 1998; 95: 3168–71.

Gray CM, König P, Engel AK, Singer W. Oscillatory responses in cat visual cortex exhibit inter-columnar synchronization which reflects global stimulus properties. Nature 1989; 338:334–7.

Grossmann KE, Grossmann K. Bindungstheoretische Grundlagen psychologisch sicherer und unsicherer Entwicklung. Z Gesellschaft Wissenschaft Gesprächspsychother 1994; 96:26–41.

Grünbaum A. Die Grundlagen der Psychoanalyse. Eine philosophische Kritik. Ditzigen: Reclam 1988.

Gurvits T, Shenton M, Hokama H, Ohta H, Lasko N, Gilbertson M, Orr S, Kikinis R, Jolesz F, McCarley R, Pitman R. Magnetic resonance imaging (MRI) study of hippocampal volume in chronic combat related post-traumatic stress disorder. Biol Psychiatry 1996; 40: 1091–9.

Hadley JL. The Neurobiology of Motivational Systems. In: Psychoanalysis and Motivation. Lichtenberg JD. Hillsdale NJ: The Analytic Press 1989; 337–93.

Hartmann H. Bemerkungen zur psychoanalytischen Theorie des Ich (1950). In: Ich-Psychologie. Hartmann H. Stuttgart: Klett 1972.

Henseler H. Zur Entwicklung der psychoanalytischen Affekttheorie. Z Psychoanal Theorie Praxis 1989; 4:3–16.

Hörz H. Struktur. In: Philosophie und Naturwissenschaften. Hörz H, Liebscher H, Löther H, Schmützler E, Wollgast S, Hrsg. Berlin: Dietz 1991.

Hoffmann SO, Hochapfel G. Einführung in die Neurosenlehre und Psychosomatische Praxis. Stuttgart, New York: Schattauer 1987.

Hofstätter PR. Gruppendynamik. Reinbek: Rowohlt 1964.

Holt RR. Diskussionsbeitrag. In: The concept of psychic energy. Panel Report. Modell AH. J Am Psychoanal Assoc 1963; 11:605–618.

Holt RR. Drive or wish? A reconsideration of the psychoanalytic theory of motivation. In: Psychology versus Metapsychology: Essays in Memory of G. S. Klein. Gill MM, Holzmann PS, eds. New York: International Universities Press 1976.

Hubel DH. Auge und Gehirn: Neurobiologie des Sehens. Heidelberg: Spektrum Wissenschaften 1989.

Izard CE. Die Emotionen des Menschen. Weinheim: Beltz 1994.

Jacobson E. Das Selbst und die Welt der Objekte. Frankfurt/M.: Suhrkamp 1974.

Jenkins WM, Merzenich MM, Ochs MT, Allard T, Guic-Robles E. Functional reorganization of primary somato-sensory cortex in adult owl monkeys after behaviorally controlled tactile stimulation. J Neurophysiol 1990; 63:82–104.

Jessell TM. Das Nervensystem. In: Neurowissenschaften. Kandel ER, Schwartz JH, Jessell TM, Hrsg. Heidelberg, Berlin, Oxford: Spektrum Akademischer Verlag 1996a; 73–91.

Jessell TM. Die Entwicklung des Nervensystems. In: Neurowissenschaften. Kandel ER, Schwartz JH, Jessell TM, Hrsg. Heidelberg, Berlin, Oxford: Spektrum Akademischer Verlag 1996b; 93–115.

Joffe WG, Sandler J. Über einige begriffliche Probleme im Zusammenhang mit dem Studium narzißtischer Störungen. Psyche 1967; 21:151–65.

Kaas JH, Nelson RJ, Sur M, Lin CS, Merzenich MM. Multiple representations of the body within the primary somatosensory cortex of primates. Science 1979; 204:521–3.

Kalin NH. Neurobiologie der Angst. In: Gehirn und Bewußtsein. Heidelberg: Spektrum Akademischer Verlag 1994; 88-95. (Erstmalig erschienen in Spektrum der Wissenschaft, Juli 1993).

Kandel ER. Gehirn und Verhalten. In: Neurowissenschaften. Kandel ER, Schwartz JH, Jessell TM, Hrsg. Heidelberg, Berlin, Oxford: Spektrum Akademischer Verlag 1996a; 5–19.

Kandel ER. Neuronen und Verhalten. In: Neurowissenschaften. Kandel ER, Schwartz JH, Jessell TM, Hrsg. Heidelberg, Berlin, Oxford: Spektrum Akademischer Verlag 1996b; 21–41.

Kandel ER. Die Konstruktion des visuellen Bildes. In: Neurowissenschaften. Kandel ER, Schwartz JH, Jessell TM, Hrsg. Heidelberg, Berlin, Oxford: Spektrum Akademischer Verlag 1996c; 393–411.

Kandel ER. Zelluläre Grundlagen von Lernen und Gedächtnis. In: Neurowissenschaften. Kandel ER, Schwartz JH, Jessell TM, Hrsg. Heidelberg, Berlin, Oxford: Spektrum Akademischer Verlag 1996d; 685–714.

Kandel ER, Jessell TM. Sensorische Erfahrung und die Entstehung visueller Schaltkreise. In: Neurowissenschaften. Kandel ER, Schwartz JH, Jessell TM, Hrsg. Heidelberg, Berlin, Oxford: Spektrum Akademischer Verlag 1996; 477–93.

Kandel ER, Kupfermann I. Von den Nervenzellen zur Kognition. In: Neurowissenschaften. Kandel ER, Schwartz JH, Jessell TM, Hrsg. Heidelberg, Berlin, Oxford: Spektrum Akademischer Verlag 1996a; 327–52.

Kandel ER, Kupfermann I. Emotionale Zustände. In: Neurowissenschaften. Kandel ER, Schwartz JH, Jessell TM, Hrsg. Heidelberg, Berlin, Oxford: Spektrum Akademischer Verlag 1996b; 607–24.

Kandel ER, Mason C. Wahrnehmung von Form und Bewegung. In: Neurowissenschaften. Kandel ER, Schwartz JH, Jessell TM, Hrsg. Heidelberg, Berlin, Oxford: Spektrum Akademischer Verlag 1996; 431–57.

Kandel ER, Schwartz JH, Jessel TM. Essentials of Neural Science and Behavior. Stamford: Appleton & Lange 1995.

Kandel ER, Siegelbaum S. Einführung in die synaptische Übertragung. In: Neurowissenschaften. Kandel ER, Schwartz JH, Jessell TM, Hrsg. Heidelberg, Berlin, Oxford: Spektrum Akademischer Verlag 1996; 189–202.

Kaufmann C, Grunebaum H, Cohler B, Gamer E. Superkids: competent children of psychotic mothers. Am J Psychiatry 1979; 136:1398–402.

Kernberg OF. Borderline-Störungen und pathologischer Narzißmus. Frankfurt/M.: Suhrkamp 1978.

Kernberg OF. Schwere Persönlichkeitsstörungen: Theorie, Diagnose, Behandlungsstrategien. Stuttgart: Klett-Cotta 1988.

Kernberg OF. Psychic structure and structural change: An ego psychology – object relations theory viewpoint. In: The Concept of the Structure in Psychoanalysis. Shapiro T, ed. Madison: International Universities Press 1991; 315–37.

Kihlstrom JF. The cognitive unconscious. Science 1987; 237:1445–52.

Kihlstrom JF. The continuum of consciousness. Cognition Consciousness 1993; 2:334–54.

Klaus G, Liebscher H. System. In: Marxistisch-leninistisches Wörterbuch der Philosophie. Klaus G, Buhr M, Hrsg. Reinbek: Rowohlt 1972.

Klein GS. Psychoanalytic Theory. New York: International Universities Press 1976.

Köhler L. Neuere Forschungsergebnisse psychoanalytischer Mutter-Kind-Beobachtungen und ihre Bedeutung für das Verständnis von Übertragung und Gegenübertragung. Psychoanalyse 1982; 3:238–65.

Köhler L. Selbstpsychologie. In: Schlüsselbegriffe der Psychoanalyse. Mertens W, Hrsg. Stuttgart: Internationale Psychoanalyse 1993.

Köhler W. Psychologische Probleme. Berlin: Springer 1933.

König WH. Zur Neuformulierung der psychoanalytischen Metapsychologie: vom Energie-Modell zum Informations-Konzept. In: Neue Perspektiven der Psychoanalyse. Mertens W, Hrsg. Stuttgart: Kohlhammer 1981.

Koeppler K. Unterschwellig wahrnehmen – unterschwellig lernen. Stuttgart: Kohlhammer 1972.

Kohut H. Narzißmus. Frankfurt/M.: Suhrkamp 1973.

Kohut H. Die Heilung des Selbst. Frankfurt/M.: Suhrkamp 1979.

Kohut H, Wolf ES. Die Störungen des Selbst und ihre Behandlung. In: Die Psychologie des 20. Jahrhunderts, Bd. 10. Peters UH, Hrsg. München: Kindler 1980; 667ff.

Kolb B, Wishaw IQ. Fundamentals of human psychology. 3/E. New York: W. H. Freeman & Co. 1990.

Kolb B, Wishaw IQ. Neuropsychologie. Heidelberg: Spektrum Akademischer Verlag 1993.

Krause R. Zur Onto- und Phylogenese des Affektsystems und ihrer Beziehungen zu psychischen Störungen. Psyche 1983; 37:1016–43.

Krech D, Crutchfield RS. Grundlagen der Psychologie. Weinheim: Beltz 1971.

Kupfermann I. Cortex und Kognition. In: Neurowissenschaften. Kandel ER, Schwartz JH, Jessell TM, Hrsg. Heidelberg, Berlin, Oxford: Spektrum Akademischer Verlag 1996; 353–69.

Kupfermann I, Kandel ER. Lernen und Gedächtnis. In: Neurowissenschaften. Kandel ER, Schwartz JH, Jessell TM, Hrsg. Heidelberg, Berlin, Oxford: Spektrum Akademischer Verlag 1996; 667–84.

Kupfermann I, Schwartz JH. Motivation. In: Neurowissenschaften. Kandel ER, Schwartz JH, Jessell TM, Hrsg. Heidelberg, Berlin, Oxford: Spektrum Akademischer Verlag 1996; 625–41.

Laplanche J, Pontalis JB. Das Vokabular der Psychoanalyse. 11. Aufl. Frankfurt/M.: Suhrkamp 1992.

LeDoux J. Das Netz der Gefühle. München: Hanser 1998.

LeDoux JE. Das Gedächtnis für Angst. Spektrum Wissenschaft 1994; 8:76–83.

Lichtenberg JD. Psychoanalysis and Motivation. Hillsdale NJ: The Analytic Press 1989.

Lichtenberg JD. Motivational-funktionale Systeme als psychische Strukturen. Forum Psychoanalyse 1991; 7:85–97.

Liebscher H. System. In: Philosophie und Naturwissenschaften. Hörz H, Liebscher H, Löther H, Schmützler E, Wollgast S, Hrsg. Berlin: Dietz 1991.

Loch W. Mit Beiträgen von H Hinz. Grundriß der psychoanalytischen Theorie (Metapsychologie). In: Die Krankheitslehre der Psychoanalyse. Loch W, Hrsg von H Hinz. Stuttgart, Leipzig: S Hirzel 1999.

Loch W. Grundriß der Psychoanalytischen Theorie (Metapsychologie). In: Die Krankheitslehre der Psychoanalyse. Loch W, Hrsg. Stuttgart: S. Hirzel 1971.

Mahler MS, Pine F, Bergman A. Die psychische Geburt des Menschen. Frankfurt/M.: Fischer 1978.

Maier W, Lichtermann D. Die familiäre Häufung affektiver Erkrankungen. Nervenheilkunde 1993; 12:34–40.

Main M, Solomon J. Discovery of an insecure disorganized/disoriented attachment pattern: Procedures, findings and implications for the classification of behavior. In: Affective development in infancy. Brazelton TB, Yogman M, eds. Norwood NJ: Ablex 1986; 95–124.

Malsburg C von der, Schneider W. A neural cocktail-party processor. Biol Cybern 1986; 54:29–40.

Markowitsch HJ. Einwirkungen von Streß auf die Gedächtnisleistung. In: Hanse Wissenschaftskolleg, Hrsg. Determinanten menschlichen Verhaltens: Seele und Gehirn. Arbeitsbericht der Tagung vom Februar 2000. Delmenhorst 2000; 28-46.

Martin J, Jessell TM. Die sensorischen Systeme. In: Neurowissenschaften. Kandel ER, Schwartz JH, Jessell TM, Hrsg. Heidelberg, Berlin, Oxford: Spektrum Akademischer Verlag 1996; 375–92.

McDougall J. The „disaffected" patient: reflections on affect pathology. Psychoanal Q 1984; 53:386–409.

Meehl PE. The complete autocerebroscopist: a thought-experiment on Professor Feigl's mind-body identity thesis. In: Mind, matter and method. Feyerabend PK, Maxwell G, eds. Minneapolis: University of Minnesota Press 1966; 103–80.

Meissner WW. Internalisation and object relations. J Am Psychoanal Assoc 1979; 27:345–60.

Mentzos S. Neurotische Konfliktverarbeitung. Frankfurt: Fischer 1984.

Mertens W, Hrsg. Neue Perspektiven zur Psychoanalyse. Stuttgart: Kohlhammer 1981.

Mertens W. Kompendium psychoanalytischer Grundbegriffe. München: Quintessenz 1992.

Mertens W, Hrsg. Schlüsselbegriffe der Psychoanalyse. Stuttgart: Internationale Psychiatrie 1993.

Merzenich MM, Kaas JH, Wall JT, Nelson RJ, Sur M, Felleman DJ. Topographic reorganization of somatosensory cortical areas 3b and 1 in adult monkeys following restricted deafferentiation. Neuroscience 1983a; 8:33–55.

Merzenich MM, Kaas JH, Wall JT, Nelson RJ, Sur M, Felleman DJ. Progression of change following median nerve section in the cortical representation of the hand in areas 3b and 1 in adult owl and squirrel monkeys. Neuroscience 1983b; 10:639–65.

Merzenich MM, Nelson RJ, Stryker MP, Cynader M, Schoppman A, Zodk JM. Somatosensory cortical map changes following digit amputation in adult monkeys. J Comp Neurol 1984; 224:591–605.

Metzinger T. Einführung: Das Problem des Bewußtseins. In: Bewußtsein. Beiträge aus der Gegenwartsphilosophie. 2. Aufl. Metzinger T, Hrsg. Paderborn, München: Schöningh 1996.

Metzinger T, Hrsg. Bewußtsein. Beiträge aus der Gegenwartsphilosophie. 2. Aufl. Paderborn, München: Schöningh 1996.

Meyer AE. Probleme der Es-Ich-Überichgliederung. Psyche 1969; 8:561–91.

Meyer AE. Zur Psychoanalyse der Perversionen. Sexualmedizin 1976; 5:169–76.

Meyer AE. Das Leib-Seele-Problem aus der Sicht eines Psychosomatikers. Modelle und Widersprüche. Psychother Med Psychol 1987; 37:367–75.

Meyer AE, Stuhr U, Deneke FW. Arzt-Patient-Beziehung: Diagnostische und interaktionelle Aspekte aus psychoanalytischer Sicht. In: Lehrbuch der Medizinischen Psychologie. Deneke FW et al, Hrsg. Köln: Böhlau 1977; 272–93.

Meyer JK. The Concept of Adult Psychic Structure. In: The Concept of the Structure in Psychoanalysis. Shapiro T, ed. Madison: International Universities Press 1991; 101–12.

Mishkin M, Appenzeller T. Die Anatomie des Gedächtnisses. In: Gehirn und Kognition. Heidelberg: Spektrum Wissenschaft 1990; 94–104.

Modell A. The concept of psychic energy. J Am Psychoanal Assoc 1963; 11:605–18.

Morgan JI, Cohen DR, Hempstead JL, Curran T. Mapping patterns of c-fos expression in the central nervous system after seizure. Science 1987; 237:192–7.

Nagel T. Wie ist es, eine Fledermaus zu sein? In: Analytische Philosophie des Geistes. Bieri P, Hrsg. Königstein: Hain 1981.

Olds J, Milner P. Positive reinforcement produced by electrical stimulation of septal area and other regions of rat brain. J Comp Physiol Psychol 1954; 47:419–27.

Oppermann M. Zum Begriff „Gesundheit" in der Psychoanalyse – ein kurzer historischer Überblick. In: Salutogenese: ein neues Konzept in der Psychosomatik? Lamprecht F, Johnen R, Hrsg. Frankfurt/M.:VAS 1994; 183–9.

Overbeck G. Das psychosomatische Symptom – Psychische Defizienzerscheinung oder generative Ich-Leistung? Psyche 1977; 31:333–54.

Palm G. Assoziatives Gedächtnis und Gehirntheorie. In: Gehirn und Kognition. Heidelberg: Spektrum Wissenschaft 1990; 164–74.

Palmer SE. PDP: A new paradigm for cognitive theory. Contemp Psychol 1987; 32:925–8.

Papousek M. Frühe Phasen der Eltern-Kind-Beziehungen. Prax Psychother Psychosom 1989; 34:109–22.

Parens H. The Development of Aggression in Early Childhood. New York: Jason Aronson 1978.

Parens H. Toward a reformulation of the psychoanalytic theory of aggression. In: The Course of Life. Vol.2: Early Childhood. Greenspan SI, Pollock GH, eds. New York: International Universities Press 1990; 83–127.

Parens H. Neuformulierungen zur psychoanalytischen Aggressionstheorie und Folgerungen für die klinische Situation. Forum Psychoanal 1993; 9:107–21.

Penfield W. Speech, Perception and the Uncommited Cortex. In: Brain and Conscious Experience. Eccles JC, ed. Berlin, Heidelberg, New York: Springer 1966; 217–37.

Penfield W. The Mystery of the Mind: A Critical Study of Consciousness and the Human Brain. Princeton: Princeton University Press 1975.

Penfield W, Perot P. The brain's record of an auditory and visual experience. Brain 1963; 86:595–696.

Peterfreund E. Information, Systems, and Psychoanalysis. An Evolutionary Biological Approach to Psychoanalytic Theory. New York: International Universities Press 1971.

Peterfreund E. On information and system models for psychoanalysis. Int Rev Psychoanal 1980; 7:327–45.

Plomin R. Developmental behavioural genetics. Child Dev 1983; 54:253–9.

Plomin R, Owen MJ McGuffin P. The genetic basis of complex human behaviors. Science 1994; 264:1733–9.

Pöppel E, Held R, Forst D. The residual function after brain wounds involving the central visual pathways in man. Nature 1973; 243:295–6.

Pöppel E (Hrsg.) Gehirn und Bewußtsein. Weinheim: VCH 1989.

Posner MI. Seeing the mind. Science 1994; 262:673–4.

Post RM. Transduction of psychosocial stress into the neurobiology of recurrent affect disorder. Am J Psychiatry 1992; 149:999–1010.

Prigogine J, Stengers J. Dialog mit der Natur. Neue Wege naturwissenschaftlichen Denkens. München: Piper 1981.

Pulver SE. Narzißmus: Begriff und metapsychologische Konzeption. Psyche 1972; 26:34–57.

Pulver SE. Psychic Structure, Function, Process, and Content: Toward a Definition. In: The Concept of the Structure in Psychoanalysis. Shapiro T, ed. Madison: International Universities Press 1991; 165–89.

Quirk GJ, Repa JC, LeDoux JE. Fear conditioning enhances auditory short-latency responses of single units in the lateral nucleus of the amygdala: Simultaneous multichannel recordings in freely behaving rats. Neuron 1995; 15: 1029–39.

Raichle ME. Bildliches Erfassen von kognitiven Prozessen. Spektrum der Wissenschaft 1994; 6:56–63.

Rapaport D. Die Struktur der psychoanalytischen Theorie. Stuttgart: Klett 1959.

Rauch S, van der Kolk BA, Fisler R, Alpert N, Orr S, Savage C, Jenike M, Pitman R. A Symptom Provocation Study using Positron Emission Tomography and Script Driven Imagery. Arch Gen Psychiatry 1996; 53: 380–7.

Rochlin G. Aggression reconsidered: A critique of psychoanalysis. Psychoanal Inq 1982; 2:121–32.

Rohde-Dachser C. Psychoanalytische Therapie bei Borderlinestörungen. In: Praxis der Psychotherapie. Senf W, Broda M, Hrsg. Stuttgart, New York: Thieme 1996.

Rohracher H. Kleine Charakterkunde. Wien, Innsbruck: Urban & Schwarzenberg 1963.

Rosenblatt AD, Thickstun JT. Energy, information and motivation: a revision of psychoanalytic theory. J Am Psychoanal Assoc 1977; 25:537–58.

Rosenfield J. The Invention of Memory: A New View of the Brain. New York: Basic Books 1963.

Rosenfield J. Das Fremde, das Vertraute und das Vergessene. Frankfurt/M.: S Fischer 1992.

Roth G. Das Gehirn und seine Wirklichkeit. Kognitive Neurobiologie und ihre philosophischen Konsequenzen. Frankfurt/M.: Suhrkamp 1994.

Roth S, Newman E, Pelcovitz D, van der Kolk BA, Mandel FS. Complex PTSD in victims exposed to sexual and physical abuse: Results from the DSM-IV field trial for postraumatic stress disorder. J Traum Stress 1997; 10: 539–55.

Routtenberg A. Das Belohnungssystem des Gehirns. In: Gehirn und Nervensystem. 9. Aufl. Heidelberg: Spektrum Wissenschaft 1988; 160–7.

Sachsse U. Grundlagen der Traumaforschung. In: Hanse Wissenschaftskolleg, Hrsg. Determinanten menschlichen Verhaltens: Seele und Gehirn. Arbeitsbericht der Tagung vom Februar 2000. Delmenhorst 2000; 9–19.

Sacks O. Eine Anthropologin auf dem Mars. Reinbek: Rowohlt 1995.

Sagar SM, Sharp FR, Curran T. Expression of c-fos protein in brain: metabolic mapping at the cellular level. Science 1988; 240:1328–31.

Sandler J. Unbewußte Wünsche und menschliche Beziehungen. Psyche 1982; 36:59–74.

Sandler J, Sandler AM. On the development of object relationships and affects. Int J Psychoanal 1978; 59:285–96.

Schachter S, Singer J. Cognitive, social, and physiological determinants of emotional state. Psychol Rev 1962; 69:379–99.

Schacter DL. Wir sind Erinnerung. Reinbek bei Hamburg: Rowohlt 1999.

Scharff C, Kirn JR, Grossmann M, Macklis JD, Nottebohm F. Targeted neuronal death affects neuronal replacement and vocal behavior in adult songbirds. Neuron 2000; 25: 481–92.

Schepank H. Zur Genetik der Persönlichkeitsstörungen und Neurosen. Nervenheilkunde 1993; 12:47–51.

Schepank H. Zwillingsschicksale. Gesundheit und psychische Erkrankungen bei 100 Zwillingen im Verlauf von drei Jahrzehnten. Stuttgart: Enke 1996.

Schott D. Funktion. In: Philosophie und Naturwissenschaften. Hörz H, Liebscher H, Löther H, Schmützler E, Wollgast S, Hrsg. Berlin: Dietz 1991.

Schwartz F. Psychic Structure. Int J Psychoanal 1981; 62:61–72.

Schwartz JH, Kandel ER. Modulation der synaptischen Übertragung: Second-Messenger-Systeme. In: Neurowissenschaften. Kandel ER, Schwartz JH, Jessell TM, Hrsg. Heidelberg, Berlin, Oxford: Spektrum Akademischer Verlag 1996; 249–73.

Searle JR. Die Wiederentdeckung des Geistes. München: Artemis & Winkler 1993.

Shalev A. Psychophysiological and Neuroanatomical Predictors of PTSD. Paper presented at the 15th Annual Meeting: Bridging Gaps Across Disciplines, Cultures and Theoretical Perspectives. Miami, Florida, USA 1999.

Shatz CJ. Das sich entwickelnde Gehirn. In: Gehirn und Bewußtsein. Heidelberg:Spektrum Akademischer Verlag 1994; 2–11. (Erstmalig erschienen in Spektrum der Wissenschaft, November 1992.)

Singer W. Zur Selbstorganisation kognitiver Strukturen. In: Gehirn und Bewußtsein. Pöppel E, Hrsg. Weinheim:VCH 1989; 45–59.

Singer W. Hirnentwicklung und Umwelt. In: Gehirn und Kognition. Heidelberg: Spektrum Wissenschaft 1990; 50–65.

Singer W. Time as coding space? Current Opinion in Neurobiology 1999; 9: 189–94.

Spitzer M. Zebrafinken und ein bahnbrechender neurobiologischer Existenzbeweis. Nervenheilkunde 2000; 8: 467–8.

Stein MB, Hannah C, Koverola C, McClarty B. Neuroanatomic and cognitive correlates of early abuse. American Psychiatric Association Syllabus and Proceedings Summary 1995; 148: 113.

Steinbacher K. System/Systemtheorie. In: Europäische Enzyklopädie zu Philosophie und Wissenschaften. Sandkühler HJ, Hrsg. Hamburg: Meiner 1990.

Stern DN. The Interpersonal World of the Infant. New York: Basic Books 1985. Deutsch: Die Lebenserfahrung des Säuglings. Stuttgart: Klett-Cotta 1992.

Stern DN. Tagebuch eines Babys. München: Piper 1991.

Stern DN. One way to build a clinically relevant baby. Infant Mental Health J 1994; 15:36–54.

Stuhr U, Deneke FW, Hrsg. Die Fallgeschichte. Heidelberg: Asanger 1993.

Thomä H, Kächele H. Lehrbuch der psychoanalytischen Therapie. Berlin, Heidelberg: Springer 1985.

Thompson RF. Das Gehirn. Von der Nervenzelle zur Verhaltenssteuerung. 2. Aufl. Heidelberg, Berlin, Oxford: Spektrum Akademischer Verlag 1994.

Tomkins SS. Script Theory: Differential Magnification of Affects. In: Nebraska Symposium on Motivation. Dienstbier RA, ed. Lincoln: University of Nebraska Press 1979.

Torrey EF. Are we overestimating the genetic contribution to schizophrenia? Schizophr Bull 1992; 18:159–70.

Tronick D, Als H, Adamson L, Wise S, Brazelton T. The infant's response to entrapment between contradictory messages in face-to-face interaction. J Am Acad Child Psychiatry 1978; 17:1–13.

Tulving E. Episodic and semantic memory. In: Organization of Memory. Tulving E, Donaldson W, eds. New York: Academic Press 1972.

Unger J, Spitzer M. Bildung neuer Nervenzellen in alten Gehirnen? Nervenheilkunde 2000; 2: 65–8.

van der Kolk BA. Das Trauma in der Borderline-Persönlichkeit. Persönlichkeitsstörungen 1999; 3: 21–9.

van der Kolk BA, Burbridge JE, Suzuki J. Die Psychobiologie traumatischer Erinnerungen. Klinische Folgerungen aus Untersuchungen mit bildgebenden Verfahren bei Patienten mit Posttraumatischer Belastungsstörung. In: Adoleszenz und Trauma. Streeck-Fischer, Hrsg. Göttingen: Vandenhoeck & Ruprecht 1998; 57–78.

van der Kolk BA, Fisler R. Dissociation and the fragmentary nature of traumatic memories: Overview and exploratory study. J Traum Stress 1995; 8: 505–25.

Vogel G. Death triggers regrowth of zebra finch neurons. Science 2000; 287: 1381.

Wallerstein RS. Assessment of Structural Change in Psychoanalytic Therapy and Research. In: The Concept of the Structure in Psychoanalysis. Shapiro T, ed. Madison: International Universities Press 1991; 241–61.

Wiener M, Schiller PH. Subliminal perception or perception of partial cues. J Abnorm Soc Psychol 1960; 61:124–37.

Winnicott DW. Reifungsprozesse und fördernde Umwelt (1965). München: Kindler 1974.

Winnicott DW. Fear of breakdown. Int Rev Psychoanal 1974; 1:103–7.

Zeanah CH, Anders TF, Seifer R, Stern DN. Implications of research on infant development for psychodynamic theory and practice. J Am Acad Child Adolesc Psychiatry 1989; 28:657–68.

Zeki S. A Vision of the Brain. London: Blackwell 1993.

Zeki S. Das geistige Abbild der Welt. In: Gehirn und Bewußtsein. Heidelberg: Spektrum Akademischer Verlag 1994; 32–41. (Erstmalig erschienen in Spektrum der Wissenschaft, November 1992.)

Zelnick LM, Buchholz ES. Der Begriff der inneren Repräsentanz im Lichte der neueren Säuglingsforschung. Psyche 1991; 45:811–46.

Sachverzeichnis

DAS DENKEN HERAUSFORDERN

Manfred Spitzer
Geist, Gehirn und Nervenheilkunde
Grenzgänge zwischen
Neurobiologie, Psychopathologie
und Gesellschaft

2000. 95 Seiten, 16 Abbildungen, 1 Tabelle, kart.
DEM 39,–/ATS 285,–/CHF 36,–
ISBN 3-7945-2037-8

Manfred Spitzer
Ketchup und das kollektive Unbewusste
Geschichten aus der
Nervenheilkunde

2001. 112 Seiten,
8 Abbildungen, kart.
DEM 39,–/ATS 285,–/CHF 36,–
ISBN 3-7945-2115-3

Das Wissen um unser wichtigstes Organ, das Gehirn, geht uns alle an. Daher sind die Ergebnisse der Neurowissenschaft nicht nur für Neurologen und Psychiater von Bedeutung, sondern für alle, die verantwortungsvoll mit sich, ihren Mitmenschen und der Welt umgehen wollen.

Für diese Leser wurde dieses faszinierende, unterhaltsame Buch geschrieben, das als Lektüre auf die Schreibtische von Medizinern und Politikern ebenso gut passt wie auf die Nachttische von Nervenärzten und die Klapptische der Zugabteile.

Der Autor: Prof. Dr. Dr. Manfred Spitzer, Jahrgang 1958, studierte Medizin, Psychologie und Philosophie in Freiburg, wo er sich auch zum Psychiater weiterbildete und die Habilitation für das Fach Psychiatrie (1989) erlangte. Er war von 1990 bis 1997 als Oberarzt an der Psychiatrischen Universitätsklinik Heidelberg tätig.

Zwei Gastprofessuren an der Harvard-Universität und ein weiterer Forschungsaufenthalt am Institute for Cognitive and Decision Sciences der Universität Oregon prägten seinen Forschungsschwerpunkt im Grenzbereich der kognitiven Neurowissenschaft und Psychiatrie.

Seit 1997 hat er den neu eingerichteten Lehrstuhl für Psychiatrie der Universität Ulm inne und leitet die seit 1998 bestehende Psychiatrische Universitätsklinik in Ulm.

Seit 1999 gemeinsam mit Prof. D. Soyka Herausgeber der „Nervenheilkunde", der auflagenstärksten Zeitschrift in diesem Bereich.

Die Ungewöhnlichkeit und Originalität der Gehirnforschung ist kaum zu überbieten: Würde man so manche wissenschaftliche Originalarbeit in Science-Fiction-Büchern lesen, hätte man den Eindruck, dass der Autor maßlos übertreibt. Dabei ist die Wirklichkeit der Neurowissenschaft phantastischer als jedes Sci-Fi-Abenteuer:

▶ Um dem Gehirn bei der Arbeit zuzuschauen, werden mit Magnetfeldern oder mit Antimaterie Bilder der Gehirnfunktion gemacht.

▶ Um das Ausmaß angeborener Sprachfähigkeit zu erfassen, hören Neugeborene und Affen hollandische und japanische Sätze, vorwärts und rückwärts.

▶ Um bessere Unfallverhütungssysteme für Autos zu basteln, schauen Heuschrecken Star Wars, während man die Aktivierung bestimmter Neuronen in ihrem Nervensystem ableitet.

Diese Liste ließe sich beliebig verlängern. Neues und Ungewöhnliches lernt man besser, wenn man Spaß dabei hat. Daher sind manche Geschichten mit einem Augenzwinkern zu lesen, wenn auch die Inhalte durchaus real sind, unser Denken herausfordern und manchmal sogar sehr ernst zu nehmen sind.

Das Buch richtet sich an Psychiater, Psychologen, Neurologen und an Manager und Lehrer sowie an jeden, der Spaß daran hat zu wissen, wie sein wichtigstes Organ, das Gehirn, funktioniert, und der sich zugleich Gedanken darüber macht, was dieses Wissen für uns Menschen bedeutet.

http://www.schattauer.de

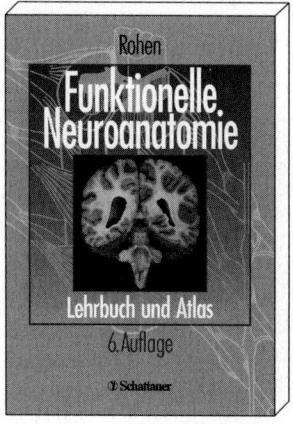